Informatik—Fachberichte

Band 160: H. Mäncher, Fehlertolerante dezentrale Prozeßautomatisierung. XVI, 243 Seiten. 1987.

Band 161: P. Peinl, Synchronisation in zentralisierten Datenbanksystemen. XII, 227 Seiten. 1987.

Band 162: H. Stoyan (Hrsg.), Begründungsverwaltung. Proceedings, 1986. VII, 153 Seiten. 1988.

Band 163: H. Müller, Realistische Computergraphik. VII, 146 Seiten. 1988.

Band 164: M. Eulenstein, Generierung portabler Compiler. X, 235 Seiten. 1988.

Band 165: H.-U. Heiß, Überlast in Rechensystemen. IX, 176 Seiten. 1988.

Band 166: K. Hörmann, Kollisionsfreie Bahnen für Industrieroboter. XII, 157 Seiten. 1988.

Band 167: R. Lauber (Hrsg.), Prozeßrechensysteme '88. Stuttgart, März 1988. Proceedings. XIV, 799 Seiten. 1988.

Band 168: U. Kastens, F. J. Rammig (Hrsg.), Architektur und Betrieb von Rechensystemen. 10. GI/ITG-Fachtagung, Paderborn, März 1988. Proceedings. IX, 405 Seiten. 1988.

Band 169: G. Heyer, J. Krems, G. Görz (Hrsg.), Wissensarten und ihre Darstellung. VIII, 292 Seiten. 1988.

Band 170: A. Jaeschke, B. Page (Hrsg.), Informatikanwendungen im Umweltbereich. 2. Symposium, Karlsruhe, 1987. Proceedings. X, 201 Seiten. 1988.

Band 171: H. Lutterbach (Hrsg.), Non-Standard Datenbanken für Anwendungen der Graphischen Datenverarbeitung. GI-Fachgespräch, Dortmund, März 1988, Proceedings. VII, 183 Seiten. 1988.

Band 172: G. Rahmstorf (Hrsg.), Wissensrepräsentation in Expertensystemen. Workshop, Herrenberg, März 1987. Proceedings. VII, 189 Seiten. 1988.

Band 173: M. H. Schulz, Testmustergenerierung und Fehlersimulation in digitalen Schaltungen mit hoher Komplexität. IX, 165 Seiten. 1988.

Band 174: A. Endrös, Rechtsprechung und Computer in den neunziger Jahren. XIX, 129 Seiten. 1988.

Band 175: J. Hülsemann, Funktioneller Test der Auflösung von Zugriffskonflikten in Mehrrechnersystemen. X, 179 Seiten. 1988.

Band 176: H. Trost (Hrsg.), 4. Österreichische Artificial-Intelligence-Tagung. Wien, August 1988. Proceedings. VIII, 207 Seiten. 1988.

Band 177: L. Voelkel, J. Pliquett, Signaturanalyse. 223 Seiten. 1989.

Band 178: H. Göttler, Graphgrammatiken in der Softwaretechnik. VIII, 244 Seiten. 1988.

Band 179: W. Ameling (Hrsg.), Simulationstechnik. 5. Symposium. Aachen, September 1988. Proceedings. XIV, 538 Seiten. 1988.

Band 180: H. Bunke, O. Kübler, P. Stucki (Hrsg.), Mustererkennung 1988. 10. DAGM-Symposium, Zürich, September 1988. Proceedings. XV, 361 Seiten. 1988.

Band 181: W. Hoeppner (Hrsg.), Künstliche Intelligenz. GWAI-88, 12. Jahrestagung. Eringerfeld, September 1988. Proceedings. XII, 333 Seiten. 1988.

Band 182: W. Barth (Hrsg.), Visualisierungstechniken und Algorithmen. Fachgespräch, Wien, September 1988. Proceedings. VIII, 247 Seiten. 1988.

Band 183: A. Clauer, W. Purgathofer (Hrsg.), AUSTROGRAPHICS '88. Fachtagung, Wien, September 1988. Proceedings. VIII, 267 Seiten. 1988.

Band 184: B. Gollan, W. Paul, A. Schmitt (Hrsg.), Innovative Informations-Infrastrukturen. I.I.I. – Forum, Saarbrücken, Oktober 1988. Proceedings. VIII, 291 Seiten. 1988.

Band 185: B. Mitschang, Ein Molekül-Atom-Datenmodell für Non-Standard-Anwendungen. XI, 230 Seiten. 1988.

Band 186: E. Rahm, Synchronisation in Mehrrechner-Datenbanksystemen. IX, 272 Seiten. 1988.

Band 187: R. Valk (Hrsg.), GI – 18. Jahrestagung I. Vernetzte und komplexe Informatik-Systeme. Hamburg, Oktober 1988. Proceedings. XVI, 776 Seiten.

Band 188: R. Valk (Hrsg.), GI – 18. Jahrestagung II. Vernetzte und komplexe Informatik-Systeme. Hamburg, Oktober 1988. Proceedings. XVI, 704 Seiten.

Band 189: B. Wolfinger (Hrsg.), Vernetzte und komplexe Informatik-Systeme. Industrieprogramm zur 18. Jahrestagung der GI, Hamburg, Oktober 1988. Proceedings. X, 229 Seiten. 1988.

Band 190: D. Maurer, Relevanzanalyse. VIII, 239 Seiten. 1988.

Band 191: P. Levi, Planen für autonome Montageroboter. XIII, 259 Seiten. 1988.

Band 192: K. Kansy, P. Wißkirchen (Hrsg.), Graphik im Bürobereich. Proceedings, 1988. VIII, 187 Seiten. 1988.

Band 193: W. Gotthard, Datenbanksysteme für Software-Produktionsumgebungen. X, 193 Seiten. 1988.

Band 194: C. Lewerentz, Interaktives Entwerfen großer Programmsysteme. VII, 179 Seiten. 1988.

Band 195: I. S. Bátori, U. Hahn, M. Pinkal, W. Wahlster (Hrsg.), Computerlinguistik und ihre theoretischen Grundlagen. Proceedings. IX, 218 Seiten. 1988.

Band 197: M. Leszak, H. Eggert, Petri-Netz-Methoden und -Werkzeuge. XII, 254 Seiten. 1989.

Band 198: U. Reimer, FRM: Ein Frame-Repräsentationsmodell und seine formale Semantik. VIII, 161 Seiten. 1988.

Band 199: C. Beckstein, Zur Logik der Logik-Programmierung. IX, 246 Seiten. 1988.

Band 200: A. Reinefeld, Spielbaum-Suchverfahren. IX, 191 Seiten. 1989.

Band 201: A. M. Kotz, Triggermechanismen in Datenbanksystemen. VIII, 187 Seiten. 1989.

Band 202: Th. Christaller (Hrsg.), Künstliche Intelligenz. 5. Frühjahrsschule, KIFS-87, Günne, März/April 1987. Proceedings. VII, 403 Seiten. 1989.

1989.

Band 203: K. v. Luck (Hrsg.), Künstliche Intelligenz. 7. Frühjahrsschule, KIFS-89, Günne, März 1989. Proceedings. VII, 302 Seiten. 1989.

Band 204: T. Härder (Hrsg.), Datenbanksysteme in Büro, Technik und Wissenschaft. GI/SI-Fachtagung, Zürich, März 1989. Proceedings. XII, 427 Seiten. 1989.

Band 205: P. J. Kühn (Hrsg.), Kommunikation in verteilten Systemen. ITG/GI-Fachtagung, Stuttgart, Februar 1989. Proceedings. XII, 907 Seiten. 1989.

Band 206: P. Horster, H. Isselhorst, Approximative Public-Key-Kryptosysteme. VII, 174 Seiten. 1989.

Band 207: J. Knop (Hrsg.), Organisation der Datenverarbeitung an der Schwelle der 90er Jahre. 8. GI-Fachgespräch, Düsseldorf, März 1989. Proceedings. IX, 276 Seiten. 1989.

Band 208: J. Retti, K. Leidlmair (Hrsg.), 5. Österreichische Artificial-Intelligence-Tagung, Igls/Tirol, März 1989. Proceedings. XI, 452 Seiten. 1989.

Band 209: U. W. Lipeck, Dynamische Integrität von Datenbanken. VIII, 140 Seiten. 1989.

Band 210: K. Drosten, Termersetzungssysteme. IX, 152 Seiten. 1989.

Informatik-Fachberichte 249

Herausgeber: W. Brauer
im Auftrag der Gesellschaft für Informatik (GI)

P. A. Gloor   N. A. Streitz (Hrsg.)

Hypertext und Hypermedia

Von theoretischen Konzepten zur
praktischen Anwendung

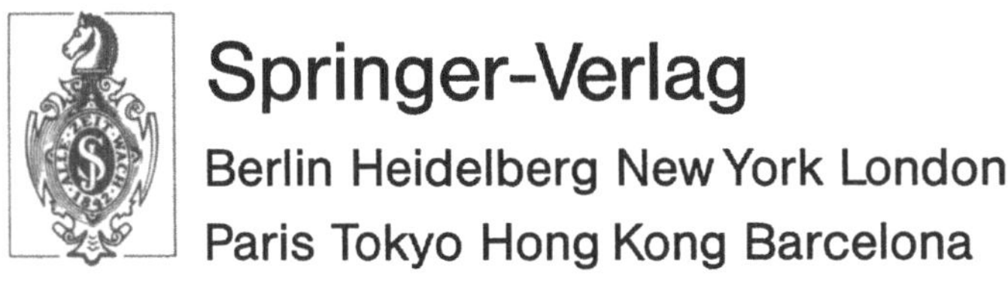

Springer-Verlag

Berlin Heidelberg New York London
Paris Tokyo Hong Kong Barcelona

Herausgeber

Peter A. Gloor
Gruppe für Angewandte Informatik AG (GfAI)
Ruchstuckstr. 21, CH-8306 Brüttisellen

Norbert A. Streitz
Institut für Integrierte Publikations-
und Informationssysteme (IPSI), GMD
Dolivostr. 15, D-6100 Darmstadt

CR Subject Classification (1987): H.0, H.2, H.3.5, I.2.5, K.3.1

ISBN-13: 978-3-540-53089-3   e-ISBN-13: 978-3-642-84282-5
DOI: 10.1007/978-3-642-84282-5

Softcover reprint of the hardcover 1st edition 1990

2145/3140-543210 – Gedruckt auf säurefreiem Papier

Vorwort

Die Begriffe "Hypertext" und "Hypermedia" stehen sowohl für ein neues Konzept als auch für den Einsatz neuer Techniken zur Realisierung dieses Konzeptes. Das Hypertext-Konzept kann durch die nicht-lineare Struktur elektronischer (Hyper)Dokumente und die Möglichkeit des maschinengestützten Erstellens und Verfolgens assoziativer Verweisketten innerhalb und zwischen Dokumenten charakterisiert werden. Finden dabei multimediale Inhalte entsprechende Berücksichtigung, ist die Erweiterung zu "Hypermedia" gegeben. Das Potential und die sich abzeichnende Verbreitung des Konzeptes in einer Vielfalt von Realisierungen rechtfertigt die Feststellung, daß Hypertextsysteme den Beginn der Entwicklung einer neuen Generation von Informations- und Publikationssystemen darstellen. Warum dies im einzelnen so ist, wird bei der Lektüre dieses Buches deutlich werden. Anders als ca. fünf Jahre zuvor das Konzept des "Desktop Publishing" für einen Ausschnitt von (bekannten) Tätigkeiten im Büro bisher nicht gekannte Möglichkeiten eröffnete, erlaubt die Verwendung von Hypermedia-Techniken den Einsatz des Personal Computers oder der (vernetzten) Workstation in völlig neuen Anwendungsbereichen. So findet sich der Computer in Film- und Tonstudios im produktiven Einsatz, als Umgebung zum Erstellen und "Lesen" von individualisierbaren, interaktiven, elektronischen Zeitungen und für das Erstellen und Benutzen von elektronischen Handbüchern. Außerdem kann er zum Erstellen von interaktiven Lehr-/Lernwelten, die in ihrer Verwendung über den traditionellen computerunterstützten Unterricht weit hinausgehen, und als Medium für das kooperative Arbeiten in räumlich und zeitlich verteilt arbeitenden Gruppen verwendet werden. Damit können Computer auch in Anwendungswelten eingesetzt werden, die sich grundsätzlich von traditionellen Computeranwendungen unterscheiden, z.B. auch solchen, die bis heute dem (Kunst-)Handwerker vorbehalten waren und in denen bis vor kurzem nur wenige Vorausschauende Einsatzmöglichkeiten für den Computer gesehen haben.

Bei aller Begeisterung ist aber auch festzuhalten, daß das Hypertext-Konzept und die Hypermedia-Technik nicht erst in den letzten Jahren entstanden sind. (Dabei wollen wir an dieser Stelle nicht auf Vorläufer eingehen, wie sie sich z.B. auch in der Nicht-Linearität gewöhnlicher Lexika zeigen, die auch schon in ihren Realisierungen als Papier-Dokumente eine Fülle von Querverweisen aufweisen.) Bereits 1945 wurde von Vannevar Bush ein erstes maschinenunterstütztes Hypertext-System mit Namen Memex beschrieben, das noch mit mechanischen Hilfsmitteln realisiert werden sollte. In den 60er Jahren wurde von Ted Nelson der Begriff "Hypertext" für das Konzept nichtlinearer Dokumentstrukturen geprägt. Pioniere wie Doug Engelbart realisierten als erste Hypertext-Ideen auf den damals verfügbaren Computern. Allerdings fanden diese Arbeiten kaum ein breites Interesse. Ab Anfang und Mitte der 80er Jahre folgte dann eine Zeit der Entwicklung von Prototypen, die aber vornehmlich nur in Forschungsinstituten existierten. Den eigentlichen Durchbruch schaffte das Hypertext- (und vor allem Hypermedia-) Konzept erst in den letzten drei Jahren. Das Interesse der Wissenschaftler äußerte sich darin, daß verschiedene bedeutende internationale Konferenzen zu diesem Thema veranstaltet wurden und rege Aufmerksamkeit fanden. Für das Interesse in der Praxis war es entscheidend, daß wichtige Hard- und Softwarehersteller (allen voran Apple mit HyperCard) erste einsatzfähige Hypermediasysteme auf den Markt gebracht haben und damit die Grundlage für das Erstellen echter Produkte lieferten.

Nachdem sich nun die Beschäftigung mit Hypertext/ Hypermedia auch in den deutschsprachigen Ländern ausweitete, war es an der Zeit, einen entsprechenden Überblick zusammenzustellen. Dies geschieht mit dem hier vorgelegten Band. Er enthält die gesammelten Beiträge von zwei Fachtagungen, die kürzlich zu diesem Zweck veranstaltet wurden: die Vorträge der Hypertext/Hypermedia-Fachtagung, die am 6. April 1990 in Basel veranstaltet wurde, und des Workshops "Hypertext/ Hypermedia '90", der am 23./24. April 1990 in Darmstadt stattfand. Auf der Darmstädter Tagung wurde zwischen Langvorträgen und Projektpräsentationen unterschieden; diese Unterscheidung findet sich in der Länge der Beiträge wieder (Projektbeschreibungen wurden auf maximal 5 Seiten beschränkt). Damit umfaßt dieser Band die meisten aktuellen Aktivitäten und Projekte im deutschen Sprachraum. Auf diesen Veranstaltungen wurden grundlegende Ideen und Konzepte vorgestellt, lauffähige Systeme - Forschungsprototypen und kommerzielle Systeme - vorgeführt und der Einsatz für praktische Anwendungen demonstriert. Im Zusammenhang mit der Veranstaltung dieser Tagungen wurden sowohl in der Schweizer Informatiker Gesellschaft (SI) als auch in der (deutschen) Gesellschaft für Informatik (GI) dem Thema Hypertext/Hypermedia gewidmete Fachgruppen gegründet.

Für den vorliegenden Band wurden die Beiträge der beiden Tagungen nach inhaltlichen Gesichtspunkten neu zusammengestellt und gruppiert. Das am Anfang stehende Kapitel enthält die eingeladenen Vorträge von Basel (Streitz) und Darmstadt (Russell), in denen grundsätzliche, konzeptuelle Überlegungen zur Beziehung von Hypertext und der Repräsentation sowie der Kommunikation von Wissen dargestellt werden. Es folgt ein Kapitel, in dem Hypertextsysteme behandelt werden, die als Autorensysteme die Erstellung von Hyperdokumenten in den Vordergrund der Betrachtung stellen. Daran schließt sich eine Gruppe von Beiträgen an, die sich vornehmlich mit dem Zugriff auf Informationen (Information Retrieval) beschäftigen. Ein weiteres Kapitel fokussiert die Beiträge, die die Verbindung von Hypertextsystemen mit Expertensystemen und Datenbanken thematisieren. Die Bedeutung der Gestaltung von Benutzerschnittstellen für Hypertextsysteme wird durch die Beiträge in dem gleichnamigen Kapitel deutlich. Die sehr engen Verbindungen von Hypertext, Ausbildung und Lernen spiegeln sich in einem weiteren Kapitel wider. Schließlich wurde auch bewußt Raum gelassen für die Darstellung außergewöhnlicher Hypertextbeispiele und Anwendungen wie z.B. der Konversion einer mittelalterlichen Weltkarte in ein Hypertext-Dokument oder des Einsatzes von Hyperdokumenten in der Analyse von Filmen.

Zum Abschluß möchten wir dieses Vorwort auch dazu nutzen, allen denjenigen zu danken, die durch ihren Einsatz bei der Vorbereitung und Durchführung zum Gelingen der beiden Tagungen beigetragen haben.

Zürich und Darmstadt, im Juli 1990   Peter Gloor, Norbert Streitz

Inhalt

4. Hypertext, Datenbanken und Expertensysteme

5. Benutzerschnittstellen von Hypertextsystemen

6. Hypertext für Ausbildung und Lernen

7. Anwendungen des Hypertextkonzepts

IX

Hypermedia and Representation

Daniel M. Russell
Xerox Palo Alto Research Center
Palo Alto, California, 94304, USA

Abstract

Hypermedia is, *de facto*, a kind of representation medium. Its use has profoundly affected the way we think about the nature of representation with respect to interpretation and representation use.

Here I examine the connections between AI and hypermedia by surveying a variety of current efforts to place AI into hypermedia, or vice versa. These discussions are grounded by examples drawn from our experiences with Notecards (the Xerox hypermedia system) and IDE (a Xerox instructional design system built on top of Notecards).

Because of these experiences in using hypermedia as our representational medium, we have had a shift in thinking about representations. These changes come about as a consequence of building and using hypermedia systems that use tools from artificial intelligence. Not only has this experience made us understand the relationship between hypertext structures and representation *per se* more deeply, but it also indicates some possibly fruitful paths for the development of future hypertext systems.

1   Introduction

Is there a connection between artificial intelligence and hypermedia? On the surface, it may not be apparent, but I believe that there is a deep relationship between using hypermedia as a representational substrate and the effect that such use has on our understanding of representation.

Hypermedia is a rich representational system that lends itself to over-representation -- the condition of including far too much data on a topic, usually in an exotic, unparsable format. Creating AI programs to use hypermedia representations requires that those programs deal with the wide range of datatypes found in a hypermedia database, and that they function with limited ability to interpret the database contents.

Limitations on an program's ability to use portions of a representation shows that representations do not exist in a kind of perfect, application-independent, Platonic space. Instead, representations are grounded in a particular context of use. Representation and interpretation are coupled together with expectations about what an interpreter can do with a given representation structure.

This paper begins by outlining some of the basic properties of hypermedia to set a context for the following discussion of how hypermedia is used as a representational substrate by AI programs. After examining the different ways in which hypermedia can be used in conjunction with AI programs, I return to the issue of the limits of interpretation, and why hypermedia-based AI applications suggest that semiformal representations challenge standard ideas about representation and interpretation.

2   What is hypertext?   Agreements on Definitions

Hypermedia is basically a simple idea: containers (nodes) can contain multimedia substances (text, graphics, animations, video, etc.), and links can relate pieces of substances to other pieces in other containers. Containers are displayed on the computer screen as cards, or some other editor, and links usually appear as special indicators in the body of a substance that is being edited.

The Dexter model for hypermedia [Hal90] describes these ideas more precisely. This model decomposes hypermedia into three layers: (1) *storage layer* -- implements nodes, links, and node composite data structures, detailing how each of the hypermedia constructs are implemented; (2) *user support mechanisms* - specifies how the user interface of hypermedia objects appears, and also specifies how user actions in the interface cause changes in the data model; (3) *content structure* -- giving the mapping from nodes and node contents into storage level data structures and implementation details.

Implicit in the description of the Dexter model is a *consistency contract* between the layers. When a change is made by the user to a hypermedia-base at the interface, the consistency contract ensures that correct changes happen at the intervening levels, and that all layers of the model are kept consistent.

3 AI applications on hypermedia bases

There are at least three separate ways to integrate hypermedia representations into an AI system.[1]

1] *Hypermedia as wallpaper.* Hypermedia symbol structures are disconnected from use as representation, acting simply as reference materials or output from an interpreter. For instance, in a version of the Information Lens [Mal88] built atop Notecards, incoming messages are parsed, decisions are made by a rule-set that sorts the message into mail topic cards. Texas Instruments HyperTrans system parses standard linear documents into hypermedia documents using a combination of linguistic techniques[2]. The Carnegie Group has created an integrated maintenance advisor -- IMAD -- that uses a diagnostic expert system to index into a hypermedia document base for its interface with the human operator. [Hay89]

2] *Hypermedia as simple representation.* IDE is a CAD tool for analysis, for information organization, and transformation into some output format. [Rus89] Each card in an IDE representation has slots and specified kinds of fillers, but it does not implement a complete frame-based system (e.g., there are no *if-added*, *if-required*, etc.) IDE places a simple representation creation tool in the hands of the user, providing an organized way to structure knowledge about a domain in an environment that allows easy access to the contents of the hyperspace. A schema describes the structure of a hyperspace symbol structure. That is, the schema describes the way cards and links may hook together by specifying new card types, link types and the legal ways cards may be instantiated. [Jor89] In standard IDE, the interpretation of the hypermedia is provided by the user of the hyperspace, rather than by a program. (But see below for the surprising counterexample.)

3] *Hypermedia symbol structures with interpretation.* The most interesting case is when a hypermedia symbol structure is interpreted by a program. For example, in Frisse's retrieval system [Fri89] -- Bayesian rules of evidence are used in an iterative fashion to focus in on portions of the hyperspace that are relevant to a users' inquiry. Here, the representation is partly in the structure of individual nodes, but also partly in the tool. [Fri89]. During 1988, Jeff Shrager and Keith Downing[3] implemented an ATMS (Assumption-based Truth Maintenance System) in Notecards at PARC, using individual cards to represent clauses with links representing the relationships between clauses. Using the Notecards programmer's interface in Interlisp, the ATMS code used Notecards data structures (e.g., card properties) to implement the required

---

[1] To keep the terminology clear, a *symbol structure* refers to an instance of a representation. KL-ONE is a representation; an instance of a KL-ONE network is a symbol structure.

[2] Czichon, C. Personal communication.

[3] Shrager, J. Personal communication.

representational features. Again, this is an instance of a hypermedia system being used as a *bona fide* representation, with associated problem solver and a specific instance of the representation.

4 Hypermedia as representation

The information in a symbol structure is held partly in the form of the symbols (the particular symbols selected, and the relations they have with other symbols), and partly in the information about the symbols, their containers, and their relations (the types of the symbols).

A *hypermedia* symbol structure holds information in its structure and content, but because node and link types participate in a type hierarchy, type information can be used as class information. A link type, for example, can determine role specifications (as in KL-ONE). In addition to mapping properties of hypermedia onto elements of representation schemes, the consistency contracts between user interface and underlying data model can be extended by using the hypermedia's programming interface. (Commonly, a hypermedia system supports an associated programmer's interface that allows for easy construction of additional hypermedia behaviors.)

Thus, with these capabilities, it is straightforward to implement simple versions of semantic nets, frame systems, or other standard knowledge representation techniques. [Car90]

Why does using hypermedia as representation system work?

Despite the missing knowledge representation features (standard hypermedia model offers no forward-chaining, no slot constraints, no active values, no if-needed, etc.), we find hypermedia users building symbol systems -- and using them as representations -- for several reasons.

Because of its simplicity, the representational properties often emerge over time, rather than being designed into a hyperspace from the beginning. To some degree, this is probably due to lack of all the representational overhead and the straightforward, appealing interface offered to the user.

Hypermedia also usually allows for fairly well-integrated, task-oriented programming in the interface language. Users may define new datatypes easily, extending the hypermedia, and may construct new functionality for the system as a whole.

One subtle feature that hypermedia provides is the ability to reify a non-independent object. In other words, by using local links, a relation can be made between entities that has a separable existence from the rest of the symbol structure. For example, a link can be created that ties a portion of a card (the local source link anchor) in a relation (the link type) to another portion of a card (the destination link anchor). In doing this, a user creates substructure that doesn't divide the structure -- the link in effect lies on top of the cards, indicating which subpieces are relevant, and stand in a particular relationship to other content.

None of this is particularly surprising: this is a slight recasting of the standard hypermedia model growing out of object-oriented programming. What is special about hypermedia with respect to these issues of representation? The answer lies in a shifting of our view of what representation is and how it works under interpretation.

5   A shift in views on representation

The classical view has been that a representation is devised independently of use. In some ways, the view is that representation captures a position-independent, or an almost Platonic perspective on a domain.

Hypermedia is a rich environment: a typical hyperspace may include text, graphics, video, sound or other essentially non-interpretable entities. As we build representations in a hypermedia base, we tend to include "too much" or extraneous material (from the perspective of a program that will use the hyperspace) since the original motivation was to create a useful body of knowledge for a human user. Over time, however, the desire grew to build tools that could assist the user with navigating and manipulating the hyperspace. Instead of simply having a complex representation for human use, we now find ourselves writing interpreters that can use the hypermedia representations despite the extra materials in the symbol structures. Thus, we create programs that use the hypermedia representations we construct despite their richness.

John Searle writes [Sea90] that a representation is "formal" if it is syntactically formed and may be syntactically parsed into constituents that may be assigned a semantics. By this definition, hypermedia representations are *semi-formal,* since portions of the hyperspace may be uninterpretable for a given program. However, note that this is true only for a given, specific program. A program may still use uninterpretable portions of a representation as the basis of an inference (e.g., to deduce that an author wrote something, you need only know that there is a book, you don't need to read it). But more to the point, a single representation might have more one interpreter, and more than a single interpretation.

Interpretation. The interpretation of the symbol structure is, in the last analysis, operationally defined by the program that operates on it. Interpretation is computation that is contingent on the content and form of a symbol structure. The portions of a symbol structure that may affect a computation determines its interpretability. For example, a video snippet in a node might affect a computation by its presence or absence, but the snippet itself is non-interpretable unless some computation can examine its contents and answer some question about its internal structure. Thus, there are relative degrees of interpretability: it may be simple to determine the length of a video snippet (the number of frames / the frame rate), but more difficult to identify the actors on the video by name.

An example is our re-use of an IDE knowledge base for a purpose different than its original design.

6 *Multiple interpretations of representations*

During 1988, IDE was used by a group of instructional analysts to create an analysis of commercially available laser printers. This IDE analysis was built to aid instructional designers as they created a course on laser printing fundamentals. The orginal design of the resulting hyperspace relied heavily on printing systems being described in terms of functions, subsystems, nominal failure modes, and so forth. IDE supported the analysts in creating new cards, prompting for describing information in each card slot, and then linking cards together to form a large (roughly 3,000 cards) hyperspace network.

However, once the hyperspace was created, it became clear that it would be possible to re-interpret the network in terms of conceptual clusters, rather than as simple laser printer functional system descriptions. To that end, we wrote a clustering tool that translated each card in the analysis hyperspace into a word-stemmed descriptor by passing the textual description of each card through a morphological analyzer. (See Figure 1.) Concept clusters were then formed by grouping cards with similar word-stem profiles, and with similar positions within their hyperspace context (i.e., card type, incoming and outgoing links) into similar buckets. After a bit of tweaking of bucket size parameters, and similarity thresholds, we created a set of over fifty buckets that held subgraphs of the incoming hyperspace that had been identified as similar by this algorithm.

In showing the results of this clustering to subject matter experts, we found that several of the clusters identified higher-level abstractions than the experts had considered in their analyses. This occurred because the word-stemmer understood synonyms for this domain, and was able to find cards (by examining the text descriptions) that matched with synonym group profiles of other cards occurring in similar contexts (i.e., the surrounding cards and links).

Essentially, we had constructed one representation with a particular goal in mind, and then found a new interpretation of that symbol system.

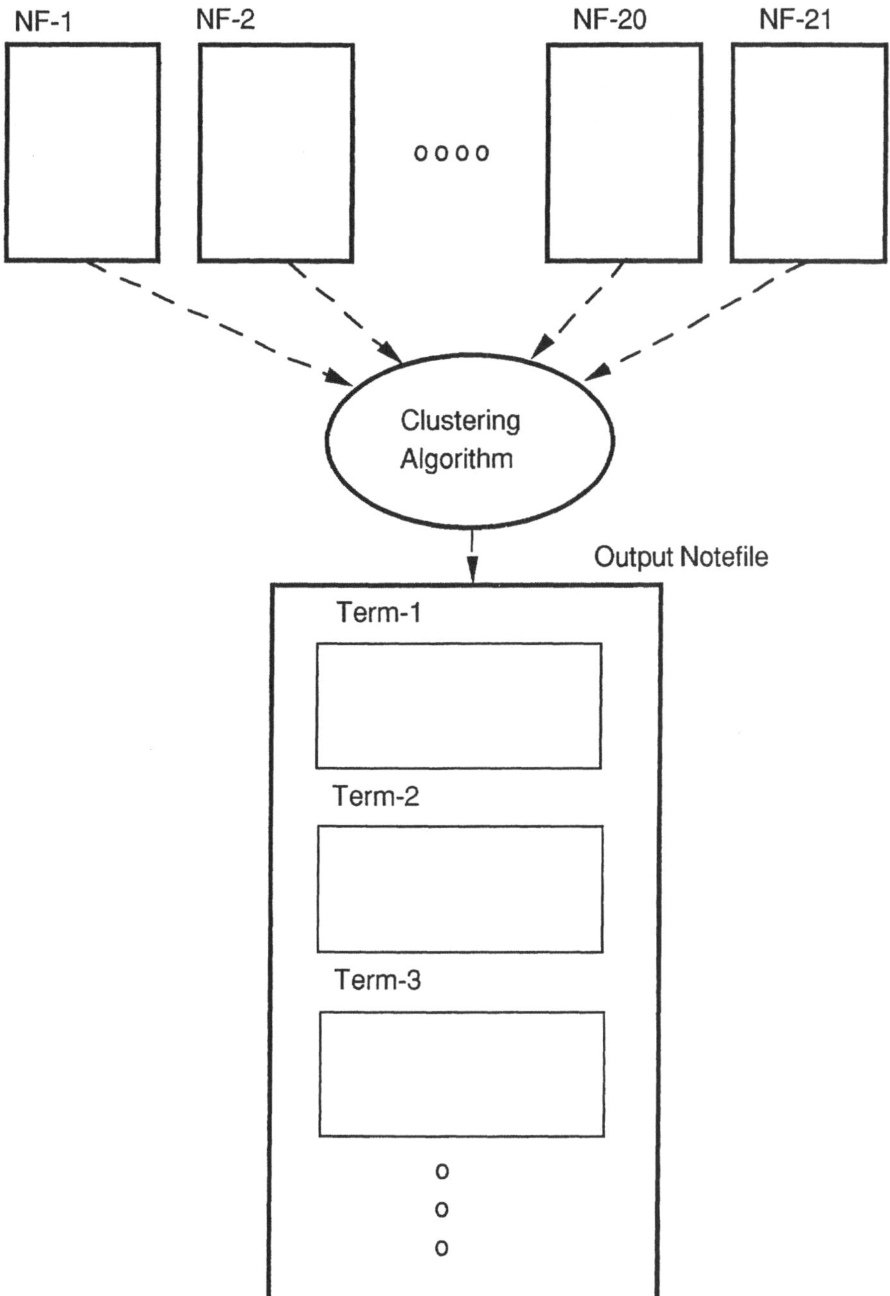

Figure 1: Re-analyzing a large hyperspace from a new perspective required a new interpretation of card fields. Each of the 21 notefiles (NF) represented a semi-formal analysis of a laser printer. Previously uninterpretable information from cards became usable by a using a word-stemming morphological analysis with a clustering algorithm, producing newly identified clusters of similar nodes in the hyperspace.

7   Semiformality

As we see from Section 6, a representation is interpretable relative to an interpreter. Hypermedia representations support representation engineering by *not providing* a predetermined semantics, but rather, through simplicity and richness, give a representation engineer freedom to work. Within a hypermedia, it is easy to prototype symbol structures. This is partly due to the simplicity of the hypermedia interface, the ability to easy extend the set of "datatypes" (node formats), and perhaps most importantly -- to the ability to create multiple, overlapping representations in a single hyperspace (reification of non-independent objects).

Of course, the downside of these properties is that it is also easy to create representations that are intractable to work with formally. In our experience with semiformal systems, however, the largest hurdle is not specifying the formal properties of a representation, but rather, creating a representation system that captures the knowledge about a domain in a form that is understandable by the authors.

A hypermedia representation system also encourages "rich" representations. Nodes commonly hold raw text, images, or video clips that have little formal meaning to an interpreter.

However, this leads to a view of representations being *coupled* to different interpreters, no one of which has a complete view of the knowledge contained within a hypermedia representation. An interpreter must work with what is available within the symbol structure and be able to ignore encapsulated (and currently uninterpretable) symbol structure fragments. This is what we refer to as *semiformality* -- representations that do not provide completely specified semantics for every object. And it is this quality that makes hypermedia representation systems particularly useful for engineering and using knowledge representations.

8   Summary

Knowledge representation has something to learn from the hypermedia experience. While formal representations are laudable, they seem inadequate to the real-world tasks of daily knowledge engineering. Not only must their semantics be completely specified, but their relative paucity of expression leaves them unfriendly for human use. Hypermedia representations offer contain a richness of content that is desirable to support human users, while simultaneously allowing reinterpretation when a new interpreter becomes available, or when a different perspective on the knowledge is required.

Acknowledgements

Thanks to Sanjay Mittal, Danny Bobrow, Bill Clancey, and Peter Pirolli for helping me with the ideas contained in this paper. A special thanks to all of the IDE people over the years... for making such ideas real in the first place.

References

[Car90]   Carlson, D. A., Ram, S. "HyperIntelligence: The Next Frontier" *Comm. of the ACM,* 33:3, (March, 1990)

[Cro90]   Croft, W. B., Turtle, H. "A Retrieval Model for Incorporating Hypertext Links," *Proc. of Hypertext '89,* Pittsburgh, PA (November, 1989): 213-224

[Fri90]   Frisse, M., Cousins, S. B."Information Retrieval from Hypertext: Update on the Dynamic Medical Handbook Project," *Proc. of Hypertext '89,* Pittsburgh, PA (November, 1989): 199-212

[Hal90]   Halasz, F., Schwartz, M "The Dexter Hypertext Reference Model," *NIST Hypertext Standardization Workshop,* Gaithersburg, MD (Jan, 1990)

[Hay89]   Hayes, P., Pepper, J., "Towards an Integrated Maintenance Advisor," *Proc. of Hypertext '89,* Pittsburgh, PA (November, 1989):119-127

[Jor89]   Jordan, D. S., Russell, D. M., Jensen, A-M., Rogers, R. "Facilitating the Development of Representations in Hypertext with IDE," *Proc. of Hypertext '89,* Pittsburgh, PA (November, 1989): 93-104

[Mal87]   Malone, T. W., et al."Intelligent Information-Sharing Systems", *CACM, 30 (5),* (May, 1987): 390-402

[Mar87]   Marshall, C. "Exploring Representation Problems Using Hypertext," *Proc. of Hypertext '87,* Chapel Hill, NC (November, 1987): 253-268

[Rus88]   Russell, D. M. "The IDE-Interpreter," in *Intelligent Tutoring Systems: Lessons Learned"* J. Psotka, D. Massey, S. Mutter (eds.), L. Erlbaum Associates, Hillsdale, JN (1988)

[Rus89]   Russell, D. M., Burton, R., Jordan, D., Rogers, R., Jensen, A-M, Cohen, J. "Creating Instruction with IDE," Xerox Parc Technical Report, SSL-P88-00076, to appear in *Intelligent Tutoring Systems,* (1990)

[Sea90]   Searle, J. "Can machines think?", *Scientific American,* April, (1990)

Hypertext:
Ein innovatives Medium zur Kommunikation von Wissen

Norbert A. Streitz

Institut für Integrierte Publikations- und Informationssysteme (IPSI)
Gesellschaft für Mathematik und Datenverarbeitung (GMD)
D - 6100 Darmstadt

e-mail: streitz@darmstadt.gmd.dbp.de

Zusammenfassung

Der Beitrag beginnt mit einer kurzen einführenden Darstellung der Konzepte "Hypertext" und Hypermedia" und ihrer Bedeutung für die Entwicklung einer neuen Generation von Informations- und Publikationssystemen. Dabei wird auf z.Zt. bestehende Defizite dieser Systeme hingewiesen und die Berücksichtigung von Entwicklungen in anderen Gebieten (Datenbanken, Information Retrieval, Expertensysteme, Mensch-Computer-Interaktion) gefordert. Im zweiten Teil des Beitrags werden - ausgehend von den zuvor spezifizierten Bedingungen für die Kommunikation von Wissen - die theoretischen Grundlagen und die darauf basierenden Designentscheidungen für die Entwicklung des Hypertext-Autorensystems SEPIA (Structured Elicitation and Processing of Ideas) dargestellt.

1   Ausgangslage

Hypertextsysteme repräsentieren den Beginn der Entwicklung einer neuen Generation von Informations- und Publikationssystemen und dies sowohl mit Bezug auf die Möglichkeiten für eine benutzerorientierte Gestaltung der Mensch-Computer-Schnittstelle als auch für die aufgabenzentrierte Bereitstellung von Funktionalität zur Unterstützung einer Vielzahl von Arbeitstätigkeiten. Die damit aufgestellte Behauptung, daß ein entscheidender, wenn nicht sogar radikaler Wandel möglich sein wird, spiegelt sich auch in dem Titel dieses Beitrages wieder: Hypertext - ein innovatives Medium zur Kommunikation von Wissen. Dies verlangt natürlich nach Erläuterungen und Beweisen, die es dann gestatten, den Ort und das Ausmaß des postulierten Veränderungspotentials zu erkennen und entsprechend zu bewerten. Dazu soll mit diesen Ausführungen ein Beitrag geleistet werden.

Die so formulierten Erwartungen an Hypertextsysteme werden aber nicht alleine durch die Charakteristika des Hypertext-Konzeptes erfüllt werden können. Vielmehr betrachten wir das Hypertext-Konzept als den Kristallisationskern für die Entwicklung einer neuen Generation von Informationssystemen. Die Verwendung des Hypertext-Konzeptes ermöglicht eine Neuorientierung beim Entwurf von Informationssystemen, die sich insbesondere an den Informations- und Unterstützungsbedürfnissen des Benutzers ausrichten kann. Diese Ausrichtung ist kein grundsätzlich neuer Aspekt. Sie ist Bestandteil des Ansatzes benutzerorientierter Gestaltung wie er in der Software-Ergonomie seit einiger Zeit gefordert wird (vgl. u.a. Balzert et al., 1988; Streitz, 1988, 1990). Es ist aber zu beobachten, daß der Anspruch der Software-Ergonomie, Basisstrategien für den Entwurf interaktiver Systeme bereitzustellen, bisher nicht in dem Ausmaße eingelöst und akzeptiert wurde, wie es erforderlich wäre. In vielen Fällen wurden und werden software-ergonomische Überlegungen nur als Zusatzmaßnahmen konzipiert und realisiert[1]. Die prinzipiellen und neuen Strukturierungsmöglichkeiten bei Hypertextsystemen erlauben es nun, in bisher noch nicht gekannter Weise bekannte Forderungen neu umzusetzen, bzw. auch neue aufzustellen. Wie diese Möglichkeiten aussehen und auf welche Art und Weise sie realisiert werden können, das wird in diesem Beitrag am Beispiel des Entwurfs eines wissensbasierten Autorensystems für Hypertextumgebungen gezeigt.

Damit der soeben postulierte Anspruch eingelöst werden kann, bedarf es der Berücksichtigung und Integration existierender oder auch noch zu entwickelnder Unterstützung aus den folgenden Bereichen:

- Mensch-Computer-Interaktion und Software-Ergonomie

- Datenbank-Management-Systeme, Information Retrieval, wissensbasierte Systeme

- Publikations- und Dokumentationssysteme

Damit ist gemeint, daß die zur Zeit existierenden Hypertextsysteme nur als eine erste Demonstration der elementaren Grundprinzipien anzusehen sind. Sie sollen und können uns neugierig machen auf das, was noch zu erwarten ist. Die zur Zeit noch bestehenden Defizite sollen hier nicht alle im Detail wiederholt werden (siehe dazu z.B. die Darstellungen von Conklin, 1987; Halasz, 1987, 1988; Meyrowitz, 1989; Russell, 1990 - in diesem Band).

Die Gestaltung der Mensch-Computer-Schnittstelle von Hypertextsystemen läßt in vielen Fällen noch Wünsche offen und macht nur selten von den im Hypertext-Konzept inhärent angelegten Möglichkeiten Gebrauch. Dies ist aber auch nicht verwunderlich, da es einerseits zusätzliche Probleme zu bewältigen gilt (z.B. das Orientierungs-/Navigationsproblem: "getting lost in hyper space") und es andererseits noch zuwenig Erfahrung mit entsprechenden Realisierungen gibt.

---

[1] vgl. auch die Überlegungen zu den zuvor für die Software-Ergonomie getroffenen Unterscheidungen zwischen Nachlauf-, Begleit- und Vorlaufforschung (Streitz, 1988).

Weiterhin ist festzuhalten, daß es in den meisten z.Zt. kommerziell verfügbaren Hypertextsystemen keine geeignete auf Hypertextstrukturen ausgelegte Datenbankunterstützung für die Verwaltung großer Datenmengen gibt - wie sie aber in realistischen Anwendungen erforderlich ist. Ein vergleichbarer Aspekt ist die Bereitstellung von effizienten Zugriffsmöglichkeiten, wie sie bei großen Informationsmengen notwendig sind. Leider hat die Gegenüberstellung des in Hypertextsystemen bisher dominanten Konzeptes (freies und exploratives Suchen im Stil des "browsing"-Paradigmas) zu dem des klassischen Information Retrieval (i.e. formale, nicht oder selten an Vorwissensstrukturen des Benutzers orientierte Abfragesprachen) bisher dazu geführt, daß man nicht das jeweils Beste beider Welten sinnvoll zusammenführte. Vielmehr gab es einen - teilweise unsinnigen - Streit, wer denn nun das überlegenere Konzept hat[2].

Darüberhinaus vermissen wir bisher den Einsatz und die Integration von wissensbasierten Techniken in Hypertextsystemen, bzw. die Ergänzung von Expertensystemen um Hypertextkomponenten. Dabei bieten sich für "beide Seiten" bisher nicht ausgeschöpfte Möglichkeiten an. So können einerseits die eher an subjektiven Regeln orientierten Repräsentationsmöglichkeiten für Wissen in Hypertextstrukturen um formale Repräsentationsformalismen ergänzt werden. Dies erlaubt dann, mit Hilfe von Inferenzmechanismen Berechnungen über Hypertextstrukturen ausführen zu können. Andererseits können Wissensbasen von existierenden Expertensystemen um Hypertextkomponenten ergänzt werden. Damit können zusätzlich diejenigen Teile relevanten Wissens abgelegt werden, die für eine formale Repräsentation (bisher noch) nicht erschlossen werden können, aber für den umfassenden Einsatz von Expertensystemen relevant sind.

Während existierende Publikationssysteme komfortable WYSIWIG-Editoren oder Formatierer mit Preview-Möglichkeiten bereitstellen, eine Vielzahl von Fonts und umfangreiche Layoutmöglichkeiten anbieten, Dokumenttypdefinitionen erlauben und z.T. variantenreiche Dokumenten- und Versionsverwaltung ermöglichen, findet man dies kaum oder gar nicht in existierenden, insbesondere den kommerziell verfügbaren Hypertextsystemen. Obwohl Hypertextsysteme einerseits die Zukunft des (elektronischen) Publizierens mit einer neuen Orientierung versehen, bleiben sie andererseits hinter den zum State-of-the-Art gehörenden Anforderungen in Bezug auf Komfortabilität und Publikationsqualität weit zurück. Auch Hypertextdokumente müssen den bekannten hohen Gestaltungsansprüchen genügen.

Die hier nur kurz skizzierten Defizite zeigen gleichzeitig auch die Richtungen auf, in denen sich ein großer Teil der Weiterentwicklung von Hypertextsystemen vollziehen wird. Trotz der zu beobachtenden und auch in diesem Band dokumentierten Aktivitäten und Fortschritte benötigt dies natürlich Zeit. Es ist nicht zu erwarten, daß ein Konzept, das erst seit drei, vier Jahren in das Bewußtsein von Entwicklern von Informationssystemen einzudringen beginnt, bereits ausgereifte und für alle befriedigende Lösungen

---

[2] wie dies z.B. in einer Reihe von Diskussionen auf der ACM-Conference HYPERTEXT '89 (November 5-8, 1989) in Pittsburgh (USA) zu beobachten war.

hervorbringt. Schließlich befinden wir uns am *Anfang* einer Entwicklung, aber einer sehr vielversprechenden.

2 *Hypertext und Hypermedia*

Es gibt bereits eine Vielzahl von Quellen, in denen das Hypertext-Konzept beschrieben wurde und in denen Definitionen gegeben wurden. Wir beziehen uns im wesentlichen darauf und verweisen z.B. auf die Ausführungen der Hypertext-Pioniere Bush (1945), Engelbart (1963) und Nelson (1965) und und auf die danach erfolgten Charakterisierungen, wie sie z.B. von Conklin (1987), Fiderio (1988), Smith & Weiss (1988) gegeben wurden. Weiterhin erscheint uns die Unterscheidung zwischen Hyper*text* und Hyper*media* sinnvoll und notwendig. Unsere Verwendung dieser Begriffe fassen wir hier noch einmal zusammen, um damit auch unsere Ausgangsbasis für die folgenden Ausführungen deutlich zu machen.

- **Hypertext ⇒ struktureller Aspekt**

  Mit Hypertext meinen wir eine Kategorie von (elektronischen) Dokumenten, deren definierende Merkmale mit sog. nicht-linearen Netzwerkstrukturen und assoziativen Verweisketten - innerhalb und zwischen Dokumenten - bei denen Zyklen möglich sind, am besten beschrieben werden. Dabei verwenden wir eine verallgemeinerte Vorstellung des Begriffs "Dokumente" und meinen damit Medien zur Repräsentation, Kommunikation und Rezeption von Wissen. Traditionelle, klassische Dokumente, wie z.B. auf Papier gedruckte Bücher, sind durch im Prinzip hierarchische Organisationsstrukturen charakterisiert, die eine sequentielle Produktion, Präsentation und Rezeption von Informationen nahelegen[3]. Damit ist nicht gesagt, daß der Text - aus textlinguistischer oder kognitionswissenschaftlicher Sicht - keine internen Strukturen hat, die Netzwerkcharakter aufweisen. Sie sind vorhanden, werden aber nicht explizit kommuniziert. Damit ist auch ein Grund benannt, daß unterschiedliche Leser bei ihrer Textanalyse zu unterschiedlichen Ergebnissen kommen können. Dieser Umstand macht es auch für die maschinelle Textanalyse und Übersetzung so schwierig, satzübergreifende Strukturen zu erkennen und adäquat auszuwerten. Für die Charakterisierung von Hypertexten ist besonders wichtig, daß die zum Einsatz kommenden Verweisketten als "machine-supported links" nur in elektronischen Dokumenten realisierbar sind. (Es würde den Rahmen dieses Beitrags sprengen, auf Realisierungsmöglichkeiten wie Mehrfenstersysteme, Aktivieren maussensitiver Bereiche zum Verfolgen von Verweisen, etc. einzugehen, obwohl gerade erst diese Techniken dem Hypertext-Konzept den Durchbruch ermöglichten.) Andererseits bedeutet

---

[3] Das bedeutet natürlich nicht, daß man lineare Bücher nicht auch nicht-linear lesen kann. Schließlich kann man nicht daran gehindert werden, in der Mitte des Buches zu beginnen, Seiten zu überspringen, einer Fußnote, einer Literaturquelle oder einem Querverweis nachzugehen. Es ist jedoch wichtig festzuhalten, daß die primäre Intention des Autors und die sequentielle Präsentation und Organisation - z.B. über fortlaufende Kapitelnummern und Seitenzahlen - eine lineare Rezeption voraussetzen. Wir nehmen an dieser Stelle Nachschlagewerke und Lexika aus, die viele Parallelen zur Hypertext-Idee aufweisen, aber nicht das maschinengestützte Verfolgen von Verweisen realisieren.

es aber nicht, daß ein "normales" elektronisches Dokument, in dem ich z.B. mit einer Suche-Finde-Funktion zu einem anderen Teil des Dokumentes "springen" kann, auch ein Hyper(text)-Dokument ist. In einem Hypertext muß die modulare Struktur aus Knoten (= "nodes"), die die Informationseinheiten enthalten, und Kanten (= "links"), die die Verbindungen darstellen, explizit vom Autor erzeugt worden sein. Damit ist sie kommunizierbar und kann vom Rezipienten nachvollzogen werden, d.h. die "node-link"-Strukturen sind navigierbar. Wir verzichten an dieser Stelle darauf, weitere definitorische Details und Abgrenzungen vorzunehmen.

- **Hypermedia ⇒ multi-medialer Aspekt**

Enthalten die Knoten eines dem Hyperdokument zugrundeliegenden Netzwerkes multimediale Inhalte, dann sprechen wir von Hypermedia. Dabei ist an über Text und einfache Strichzeichnungen hinausgehende Medienausprägungen wie z.B. Ton (Geräusche, Sprache, Musik), komplexe (objektorientierte) Grafiken, Stand- und Bewegtbilder, Video, Animationen und Simulationen gedacht. Diese können entweder alleine oder in mehrfacher Kombination in Erscheinung treten. Will man diese Inhalte von Knoten effizient unterstützen, so sind entsprechende Speichermedien notwendig, wie z.B. Bildplatte, CD-ROM, DVI ("digital video interactive"). Es ist festzustellen, daß die multimedialen Aspekte das zunächst eher strukturell innovative Hypertext-Konzept mit zusätzlicher Attraktivität versieht und zu seiner Verbreitung entscheidend beitragen wird. Aber auch hier gilt: nicht alles, was unterschiedliche Medien verwendet und damit multimedial ist, ist auch hypermedial.

Vorbereitend für das nächste Kapitel wollen wir noch auf eine Besonderheit von Hypertext-Strukturen hinweisen. Bei den in der Literatur anzutreffenden Definitionen wird meistens nur von "links", Verweisen, Verknüpfungen, etc. geprochen. Damit sind Verweise im Sinne von "zeigen auf" gemeint, dem nach erfolgten Aktivieren des Ausgangspunktes ("source") das "Anzeigen" des Inhaltes des Knotens folgt, auf den der "link" zeigt. Diese auch "points_to" genannten Verweise stellen aber nur elementare Ausprägungen des Hypertext-Konzeptes dar. Interessanter - und für die wirklich innovativen Anwendungen unbedingt notwendig - sind sog. getypte Verweise ("typed links"). Diese tragen einen Bezeichner ("label"), der ihre Bedeutung kennzeichnet. Dabei ist wiederum zu unterscheiden, ob dieser "label" nur eine "angeheftete" Textmarke ist, oder ob mit ihm auch eine spezifische im Rechner repräsentierte Semantik verbunden ist. Diese könnte sich z.B. so ausdrücken, daß bestimmte Verweise nur in definierten Kontexten sichtbar und aktivierbar sind, oder daß bei der Aktivierung mit diesem "link" assoziierte und für ihn spezifische Operationen - z.B. eine Tonfolge oder eine Animation - ausgeführt werden. Unter getypten Verweisen verstehen wir Beziehungen innerhalb einer Hypertextstruktur, die eine im Prinzip maschinenverarbeitbare Semantik aufweisen.

3 Kommunikation von Wissen

Kommunikation von Wissen ist - für unsere Zwecke hier vereinfacht gesehen - zunächst als Prozeß des Austausches von Informationen, die mit zusätzlichen Strukturen versehen sind, zu verstehen. Weiterhin ist festzustellen, daß Kommunikation (von Wissen) in jedem Fall an ein bestimmtes Medium gebunden ist. Neben gesprochener Sprache sind geschriebene Texte/ Dokumente als die klassischen Medien der Kommunikation anzusehen. Da im Rahmen dieses Beitrags keine Darstellung und Diskussion der Grundlagen kommunikativen Verhaltens beabsichtigt oder möglich ist, fassen wir unsere Ausgangsposition in den folgenden vier Grundannahmen zusammen.

Annahme 1: Wissen ist beim Menschen in komplexen Netzwerkstrukturen repräsentiert.

Annahme 2: Publizieren ist eine Form der Kommunikation von Wissen.

Annahme 3: Schreiben ist nicht nur Textproduktion, sondern auch Wissensproduktion.

Annahme 4: Lesen ist nicht passive Textrezeption, sondern Integration und Konstruktion von Wissen.

Gemäß Annahme 1 gehen wir davon aus, daß das zu kommunizierende Wissen beim Autor in Form komplexer Wissensstrukturen vorliegt, die u.a. als Netzwerkstrukturen konzipiert werden können (für einen Überblick siehe z.B. Brachman & Levesque, 1985). Die Aufgabe des Autors beinhaltet, daß er sowohl aus dem vorhandenen Material relevante Elemente auswählt als auch auf der Basis des existierenden Wissens neue Wissenselemente generiert. Im Zusammenhang mit dieser Auswahl und Generierung ist Umstrukturierung erforderlich. Dabei werden Vor- und Zwischenprodukte in Bezug auf Form und Struktur so aufbereitet, wie es dem Autor für die von ihm ins Auge gefaßte Zielgruppe angemessen erscheint. Annahme 2 betont die Notwendigkeit der Veröffentlichung (Publizieren) für das Kommunizieren von Wissen. Veröffentlichung wiederum erfordert den Prozeß der Externalisierung. Dabei ist zu beachten, daß die Externalisierung interner Wissensrepräsentationen natürlich nicht "pur" erfolgt, sondern einem komplexen Abbildungs- und Transformationsprozeß unterworfen ist. Annahme 3 hebt hervor, daß der Prozeß des Schreibens nicht einfach darin besteht, existierendes Wissen, bzw. relevante Ausschnitte davon, in Form von Texten zu externalisieren, sondern daß Textproduktion immer auch mit Wissensproduktion verbunden und damit eine epistemische Tätigkeit ist.

Neben den allgemeinen Randbedingungen der Text-/Wissensproduktion (Gegenstandsbereich, Umfang, Zielgruppe, Intentionen des Autors, etc.) gibt es bei der Verwendung klassischer Dokumenttypen (z.B. gedrucktes Buch) als Medium der Kommunikation spezielle Randbedingungen. Die zentrale und überaus dominante Anforderung klassischer Dokumente ist die der "Linearisierung". Diese erfordert vom Autor, daß er komplexe, assoziativ verknüpfte Wissensstrukturen in eine lineare Abfolge bringen muß (siehe auch Abb.1)[4]. Die Entscheidungen, welche Informationen zuerst und welche später, z.B. erst auf der zweiten,

---

[4] Auch in diesem Beitrag stand der Autor vor der Aufgabe, einen sequentiellen Pfad durch das Netzwerk seiner Ideen und Konzepte zu definieren und dann zu vermitteln. So wäre z.B. eine eher zwiebelschalenartige Struktur mit einem Nukleus - der zentralen Idee - und verschiedenen "Ausfallstraßen" von diesem Zentrum, die aber wiederum über "Querstraßen" untereinander verbunden sind - um auch gleich noch die Metaphern zu mischen - vielleicht angemessener für die Vermittlung dieser Thematik gewesen. Es ist natürlich unumstritten, daß Designentscheidungen über die Anordnung von Textelementen auch bei nicht-linearen Dokumenten getroffen werden müssen.

der dritten oder der letzten Seite genannt werden, stellen zusätzliche Anforderungen für den Autor dar. Diese Entscheidungen sind vergleichbar mit Designentscheidungen, wie sie in anderen Kontexten auftauchen. Auf die von uns dazu konzipierte Sichtweise des Schreibens als "design problem solving" gehen wir bei der Darstellung der theoretischen Grundlagen für den Entwurf des Hypertext-Autorensystems SEPIA in Kapitel 4 ein.

Annahme 4 schließlich thematisiert die Beobachtung, daß die Rezeption von Wissen immer auch mit Integrationsprozessen gekoppelt ist, die zum Aufbau neuer Wissensstrukturen führen. Damit stellen sich auf der Seite des Rezipienten - wegen der teilweise inversen Prozesse des Lesens - die zum Schreiben äquivalenten Probleme ein. Auch der Leser verfügt über eine komplexe, netzwerkartige Wissensrepräsentation des Gegenstandsbereiches. Diese kann mehr oder weniger vollständig sein, kann in Teilen mit der des Autors kompatibel, aber natürlich auch sehr diskrepant sein. In jedem Fall muß er das lineare Dokument enkodieren und es dann de- oder entlinearisieren, damit er die darin vorhandenen Wissenselemente in seine Repräsentation einbauen kann (siehe Abb.1).

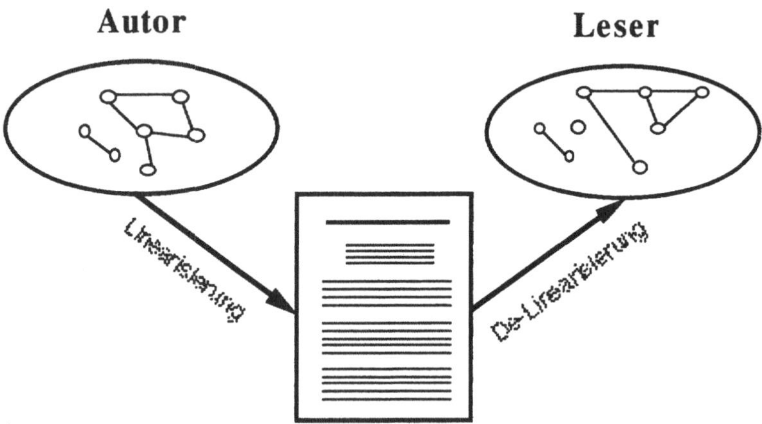

Abb. 1 Produktion und Rezeption linearer Dokume

Enkodierung, Transformation und Integration bringen aber unweigerlich Veränderungen der ursprünglichen Information mit sich. Wenn auch im Ausmaß von Fall zu Fall verschieden, sind damit doch fast immer Informationsverluste verbunden. Wie wir aus der Forschung zum Textverstehen wissen (van Dijk & Kintsch, 1983), ist Lesen im Sinne der verstehenden Rezeption immer auch mit Konstruktion verbunden. Während der aktive Aufbau von Strukturen oft mit einer Stärkung der Verstehens- und Behaltensleistung verbunden ist, kann Konstruktion aber auch dazu führen, daß neue Strukturen generiert werden, die keine Entsprechung in dem Ausgangstext haben (Kintsch, 1988). Damit kann ein Teil der Kommunikationsabsicht des Autors in Frage gestellt werden, nämlich die Vermittlung einer ausgewählten

Teilmenge von Wissen in einer definierten Form[5]. Es kann aber auch andere Intentionen des Autors geben, z.B. den Aufbau neuer, leserspezifischer Strukturen anzuregen; Strukturen, für die die Textvorlage nur als Ausgangspunkt fungiert.

Es ist nun unsere These, daß die Notwendigkeit der Linearisierung für den Autor und die sich daraus ergebende Folgeaktivität der De-Linearisierung für den Leser einen durch die Struktureigenschaften des verwendeten Mediums verursachten Zwang darstellen, der für die Kommunikation von Wissen nicht förderlich ist. Die in dem Kontext dieses Beitrags zu ziehende Schlußfolgerung liegt auf der Hand: Das Hypertext-Konzept stellt mit seinen inhärent nicht-linearen Strukturen den Ausgangspunkt dar für die Entwicklung eines innovativen Mediums, das für den Austausch von Wissensstrukturen besser geeignet ist als klassische, lineare Dokumentstrukturen. Um dieses Potential voll nutzen zu können, sind Hypertextsysteme zu entwickeln, die Dokumentstrukturen unterstützen, die Wissensstrukturen adäquat repräsentieren können. Auf diese Weise werden Autoren in die Lage versetzt, in größerem Ausmaße als bisher Teile ihrer Wissensstrukturen explizit kommunizierbar zu machen. Dies geschieht, indem sie zuvor nur intern vorhandene Strukturen externalisieren, d.h. nach einem Transformationsprozeß für andere explizit machen. Dazu bedarf es natürlich einer größeren Strukturvielfalt, als derjenigen, die wir z.Zt. in existierenden Hypertextsystemen antreffen. Im nächsten Abschnitt zeigen wir am Beispiel argumentativer Strukturen, welche Typen für Knoten und Relationen man definieren und dem Autor zur Verfügung stellen muß, um entsprechende Strukturen zu repräsentieren. Der Leser erhält dann eine explizitere Präsentation dieser Strukturen als dies bisher möglich war. Dabei sind auf Seiten des Autors gewisse Regeln einzuhalten, damit der Leser in die Lage versetzt wird, diese für den Aufbau seiner Wissensrepräsentation zu verwenden. Auch der Vorgang des Aufbaus und der Integration ist gewissen Transformationen unterworfen, basiert aber auf zuvor definierten Hypertextstrukturen, die nun in vielfältiger Weise verwendet werden können.

4   *Das wissensbasierte Hypertext-Autorensystem SEPIA*

Um die zuvor gemachten Ausführungen zum Innovationspotential des Hypertextkonzeptes beispielhaft zu demonstrieren, beschreiben wir das Hypertext-Autorensystem SEPIA, das am Institut für Integrierte Publikations- und Informationssysteme (IPSI) der Gesellschaft für Mathematik und Datenverarbeitung (GMD) in Darmstadt entwickelt wird. Dabei ist zu beachten, daß es sich im Rahmen dieses Beitrages nur um eine Kurzdarstellung handeln kann. Eine ausführlichere Beschreibung findet sich z.B. in Streitz et al. (1989). Die für die Realisierung dieser Ideen konzipierte Systemarchitektur wird ausführlich in dem Beitrag von Haake & Schütt (1990, in diesem Band) beschrieben.Für eine ausführliche Darstellung des von SEPIA

---

[5] Wir beziehen uns hierbei auf Texte, die primär der Vermittlung von Faktenwissen dienen sollen. Daß in anderen Dokumentklassen und Literaturgattungen Veränderungen, die durch Transformationsprozesse auf Seiten des Lesers verursacht werden, vom Autor antizipiert und stimuliert werden und oft als Stilmittel eingesetzt werden, ist uns bewußt. Die Freiheiten und die Anregungen zur Konstruktion einer eigenen Lesersicht sind es dann vielfach, die einen Text lesenswert machen.

verwendeten Objektmanagement (die applikationsunabhängige Hypertextmaschine HypeBase, die auf einem Datenbankmanagementsystem aufsetzt) wird auf Schütt & Streitz (1990) verwiesen.

4.1 Autorensysteme vs. Rezeptionssysteme

Bei der Analyse der Funktionalität von Hypertextsystemen lassen sich Systeme danach unterscheiden, ob sie primär dem "authoring" oder dem "browsing" dienen (Halasz, 1988; Streitz et al., 1989). Wenn wir uns bei unserer eigenen Systementwicklung und deshalb auch in diesem Beitrag vornehmlich mit dem "authoring" beschäftigen, dann gibt es dafür zwei Gründe:

1) Es ist unsere Beobachtung, daß existierende Hypertextsysteme vor allem als "delivery systems" eingesetzt werden. Bisher beschäftigen sich nur wenige Anwendungen und Forschungsarbeiten mit den Problemen der dedizierten Unterstützung von Autoren. Dies liegt u.a. auch daran, daß für viele Anwender und deshalb auch für viele Systementwickler immer noch die Strategie "turning (linear) text into hypertext" im Vordergrund steht. Dabei werden dann - oft mehr schlecht als recht - existierende Texte nachträglich in Segmente aufgeteilt, in eines der kommerziellen Hypertextsysteme importiert und ein wenig nachbearbeitet. Daß dabei die eigentlichen Vorteile von Hypertextstrukturen nicht richtig zum Tragen kommen, darf einen nicht verwundern. Natürlich schließen wir diesen Aspekt der Produktion von Hypertext-Dokumenten nicht aus. Wir sind aber der Meinung, daß die inhärenten Vorteile des Hypertext-Konzeptes erst dann richtig genutzt werden, wenn Hyperdokumente von Grund auf mit speziell darauf ausgerichteten Autorenwerkzeugen erstellt werden.

2) Wir vertreten außerdem die Position daß die eigentlichen Herausforderungen im Bereich der Forschung auf dem Gebiet des "authoring" liegen. Dies gilt sowohl für die Entwicklung der theoretischen Grundlagen - d.h. von Theorien des Schreibens und der Wissensproduktion - als auch für den Entwurf und die Realisierung von speziellen Unterstützungswerkzeugen für diese Tätigkeiten. Dabei kommt der Tatsache oder zumindest der Ansicht, daß das Erstellen von Hyperdokumenten neue Freiheiten ermöglicht, aber auch völlig neue Fertigkeiten erfordert, die wir z.Zt. nur in Ausschnitten kennen, eine besondere Bedeutung zu.

4.2 Benutzerorientiertes und aufgabenzentriertes Systemdesign

Unsere Systementwicklung ist durch die folgenden vier Leitlinien geprägt: Benutzerorientiertes, aufgabenzentriertes, modellgeleitetes und technologiebewußtes Systemdesign. Mit "benutzerorientiert" beziehen wir uns auf eine Art der Gestaltung der Mensch-Computer-Schnittstelle, die sich an den Grenzen und Fähigkeiten der menschlichen Informationsverarbeitung orientiert. Nun ist aber die benutzerfreundlichste Software nicht von großem Nutzen, wenn sie nicht auch Funktionalität in dem Ausmaße bereitstellt, wie sie der Benutzer zur Erledigung seiner Aufgaben bzw. der Lösung seiner Probleme benötigt. Vor diesem Hintergrund bedeutet "Aufgabenzentriertheit", daß Strukturmerkmale der zu unterstützenden Arbeitstätigkeiten von Beginn an beim Entwurf der Software berücksichtigt werden. Dies setzt eine detaillierte Aufgabenanalyse der zu unterstützenden Arbeitstätigkeiten voraus. Sowohl die Gestaltung der Mensch-Computer-Interaktion als auch die Bereitstellung von Funktionalität sollten dem

Prinzip der "kognitiven Kompatibilität" folgen (Streitz; 1987, 1988). Kognitive Kompatibilität ist eine Anforderung an die auf beiden Seiten (Computersystem und Benutzer) existierenden oder während der Interaktion aufgebauten Wissensrepräsentationen. Mit der Forderung nach "modellgeleitetem" Systemdesign gehen wir noch einen Schritt weiter. Damit wird die Idee verfolgt, daß das Vorhandensein oder die Entwicklung einer Theorie ein sehr viel tiefer gehendes Verständnis zur Folge hat. Dies sollte dann Vorhersagen über die zu unterstützenden Tätigkeiten erlauben, die bei einer rein deskriptiven Analyse nicht berücksichtigt würden. Dies bezieht sich sowohl auf den Gesamtverlauf als auch auf das Auftreten bestimmter Zustände, Zwischenprodukte, Teilhandlungen, etc. Diese Art von Informationen - auf lokaler und auf globaler Ebene - ermöglichen es dann, daß Designentscheidungen zu Aspekten getroffen werden können, die sonst nicht antizipiert werden könnten. Dabei favorisieren wir kognitive Modelle, weil sie aufgrund ihrer Terminologie und ihres Beschreibungsinventars ohne aufwendige Transformationen bei der Formulierung von Designentscheidungen. verwendet werden können. "Technologiebewußtes" Systemdesign schließlich soll darauf hinweisen, daß die Realisierung der Ideen von der Technologie abhängig ist, die z.Zt. zur Verfügung steht oder in absehbarer Zukunft verfügbar sein wird. Damit sind zwei Aspekte angesprochen. Einerseits wirkt verfügbare Technologie einschränkend, andererseits kann sie aber auch anregend sein. Die Basistechnologie von Hypertextsystemen weist ganz eindeutig beide Aspekte auf. So stellt die Verfügbarkeit von maschinengestützten Verweismechanismen eine einfache, aber weitreichende Anregung für den Entwurf und die Implementation innovativer Informations-systeme dar. Andererseits sind die meisten kommerziell verfügbaren Hypertextsysteme noch nicht in der Lage, den Anforderungen nach getypten Verweisen oder graphischen "Browsern" gerecht zu werden.

4.3   Schreiben als "design problem solving"

Entsprechend den soeben aufgestellten Forderungen ist es notwendig, eine Theorie des Schreibens als Basis zur Modellierung der Autorentätigkeit zur Verfügung zu haben, bzw. eine solche bereitzustellen. Die Erforschung von Schreibprozessen steht aber noch am Anfang (Kintsch, 1987). Wir verfolgen dabei einen Ansatz, der aus kognitionswissenschaftlicher Perspektive Schreiben als Produktion von Wissen und als Designaktivität konzipiert. Dieser Ansatz wird von uns zur Zeit weiterentwickelt und ist an anderer Stelle ausführlicher dargestellt (Hannemann, et al. 1990). Neuere empirische Befunde führten dazu, daß das bislang vorherrschende Phasenkonzept des Schreibens aufgegeben und der Schreibprozeß als rekursiver Prozeß charakterisiert wurde. Dieser Prozeß kann in Form wiederholter Evaluations-Revisions-Zyklen beschrieben werden, in denen die Ziel-vorstellungen über das geplante Dokument sowie Inhalt und Form des bislang erzeugten Textes solange modifiziert werden, bis ein befriedigender Endzustand erreicht ist. Die genannten Merkmale weisen Schreiben als die Lösung eines Design-Problems aus[6]. Dabei handelt es sich um einen zielgerichteten Prozeß, der sich entsprechend der allgemeinen Problemraum-Hypothese von

---

[6] Dazu ist anzumerken, daß Lösungen eines Design-Problems nicht mit richtig oder falsch bewertet werden können. Eine Lösung kann immer nur "besser" oder "schlechter" als eine andere sein. Damit gehört Schreiben als "design problem solving" in die Klasse der "ill-defined problems".

Newell (1980) in einer Problemraum-Architektur modellieren läßt. Die von uns vorgenommene Differenzierung der Problemraum-Architektur stützt sich auf eine Aufgabenanalyse des Schreibens, auf empirische Untersuchungen der Schreibforschung und auf eine kritische Diskussion bereits existierender Modellvorstellungen (Hayes & Flower, 1980; Scardamalia & Bereiter, 1987). Auf dieser Basis unterscheiden wir drei Problemräume, die zu verschiedenen Wissensbasen des Autors korrespondieren, auf denen wiederum unterschiedliche Prozesse arbeiten: Im "Inhalts-Raum" erfolgt mit Hilfe von Abruf- und Inferenzprozessen, die auf dem Wissen des Autors über den Gegenstandsbereich operieren, die inhaltliche Erschließung des Textes. Im "Planungs-Raum" werden mit Hilfe des strategischen Wissens der Aufbau und die Struktur des Dokumentes sowie die Organisation aller am Erstellungsprozeß beteiligten Aktivitäten geplant. Im "Rhetorischen Raum" wird unter Nutzung der erzeugten Inhalte und der Ergebnisse im Planungsraum das Dokument auf der Wort-, Satz- und Paragraphenebene generiert. Hier findet der Designprozeß für das Endprodukt (=Dokument) statt Die Problemräume fungieren als Module, die fortlaufend untereinander Ergebnisse und Anforderungen austauschen und damit den Designprozeß vorantreiben.

4.4 Anforderungen an Autorensysteme und Designentscheidungen

Eine der Hauptorientierungen für den Einsatzbereich von SEPIA ist die Unterstützung von Autoren bei der Gesamtheit der vielfältigen und komplexen Planungs- und Problemlöseprozesse wie sie im Rahmen der Dokument- bzw. Wissensproduktion auftreten. Dabei stehen die kreativen Aspekte der Ideengenerierung und Strukturierung, ihre Ausformulierung und Umsetzung in ein (Hyper)Dokument im Vordergrund. So werden z.B. spezielle Werkzeuge für die Layoutgestaltung nicht als Teil von SEPIA entwickelt, sondern aus anderen Publikationsumgebungen importiert und integriert. Weiterhin spielt die Unterstützung des Zugriffs auf externe Informationsquellen (z.B. Datenbanken) und auf zuvor vom Autor, bzw. seinen Koautoren erzeugte Dokumente sowie die Integration von Teilmengen dieser Informationen in das zu erstellende Dokument eine wichtige Rolle. Neben dieser Fokussierung allgemeiner Anforderungen an ein Autorensystem leiten wir aus den eher grundlagenorientierten Überlegungen zum Schreiben und zu Problemlöseprozessen spezifische Forderungen ab.

Eines der innovativen Ziele[7] der SEPIA-Entwicklung ist es, Problemlöser bei der Externalisierung von primär nur intern verfügbaren Wissensrepräsentationen kognitiv kompatibel und aktiv zu unterstützen. Damit soll zweierlei erreicht werden: Einerseits wird die Gedächtnisbelastung reduziert, da der Autor Zwischenprodukte des Schreibprozesses - in verschiedenen Formen externalisiert - auslagern und später über Wiedererkennensprozesse für den Problemlöseprozeß wieder nutzbar machen kann. Andererseits - und dies ist ein qualitativer Unterschied gegenüber Notizen auf Papier - sollen diese Zwischenprodukte wiederverwendbar sein, d.h. sie können entweder in ihrer Orginalform oder nach geeigneten

---

[7] Auf weitere Ziele der SEPIA-Entwicklung wie z.B. die Unterstützung kooperativen Arbeitens kann hier nicht eingegangen werden. Für eine Darstellung der wissensbasierten Unterstützung wird auf Haake & Schütt (1990, in diesem Band) verwiesen .

Transformationen in dem Dokument verwendet werden. Sie sind nicht verloren für eine weitere Bearbeitung durch den Autor und dies gilt über den Zeitraum der Erstellung des aktuellen Dokumentes hinaus. Basierend auf der zuvor in Abschnitt 4.3 gemachten Unterscheidung verschiedener Problemräume der Problemlöseaktivität und der Anwendung des Prinzips der "kognitiven Kompatibilität" lautet unsere Forderung nun, daß für jede dieser Aktivitäten spezifische Handlungs-/Aktivitätsräume ("acivity spaces") bereitgestellt werden[8]. Diese Aktivitätsräume sollen sowohl strukturelle Hilfen (z.B. die Verwendung von Notationsschemata) zur Verfügung stellen als auch prozedurale Hilfen (z.B. das Ausführen generischer problemspezifischer Operationen, die speziell beim Schreiben auftreten). Eine weitergehende These ist, daß die Möglichkeiten zur Externalisierung zusätzliche Hilfen für die Entwicklung und darauf folgende Überarbeitung von Ideen darstellen[9].

4.5   Argumentationsstrukturen als Hypertextstrukturen

Um die von uns vorgeschlagenen innovativen Möglichkeiten für den Einsatz von Hypertexttechnologie exemplarisch zu demonstrieren, stellen wir eine spezielle Autorenaktivität in den Mittelpunkt: Argumentieren und argumentative Texte. Sie ist einerseits gut strukturierbar und andererseits hat sie weitreichende Implikationen für eine Vielzahl von Anwendungen. Für einen Überblick über das, was unter Argumentation verstanden wird, wie man argumentatives Verhalten und zugeordnete Strukturen modellieren kann, und wie erste Ansätze zum computerunterstützten Argumentieren realisiert werden, verweisen wir auf die Literatur (Toulmin, 1958; Kunz & Rittel, 1970; Kopperschmidt, 1985; Marshall, 1987; Conklin & Begeman, 1987; Smolenski et al., 1988).

Wir beziehen uns nun hauptsächlich auf die Vorschläge von Toulmin (1958), der für Argumentationsstrukturen das in Abbildung 2 wiedergegebene Schema postuliert hat. Dabei handelt es sich um eine halbformale Repräsentation. Eine Argumentation besteht danach aus einer Behauptung ("claim"), die über eine "so"-Relation durch eine Aussage über eine Beobachtung oder eine Tatsache ("datum") unterstützt wird. Die durch diese "so"-Relation ausgedrückte Schlußfolgerung kann nun weiter begründet werden. Dies wird durch ein "warrant" und die Relation "since" repräsentiert. Aber auch die Gültigkeit des "warrant" kann natürlich hinterfragt werden. Zu dessen Absicherung kann man ein "backing" einführen, das oft in der

---

[8] Diese Designidee findet sich in Teilen auch im Konzept der "cognitive modes" des Autorensystems "Writing Environment" von Smith et al. (1987, 1988) und bei der Verwendung der "Rooms"-Metapher von Card & Henderson (1987).

[9] An dieser Stelle weisen wir auf die interessanten Ausführungen von Kleist in seinem lesenswerten Essay "Über die allmähliche Verfertigung der Gedanken beim Reden" hin. Er berichtet darin über seine Beobachtungen, daß bereits das Reden über noch unfertige und nicht zu Ende gedachte Ideen den Wissensgenerierungs- und -strukturierungsprozeß entscheidend voranbringt. Dabei muß der Gesprächspartner über kein sachspezifisches Wissen verfügen. Entscheidend ist der durch das Reden ausgeübte "Zwang", die Ideen zu externalisieren und dabei in eine strukturierte Form zu bringen. Diese Anforderungen führen dazu, daß man sich selbst sehr viel klarer über das zu bearbeitende Problem wird.

Bezugnahme auf eine allgemeine wissenschaftliche Theorie und/oder einen Korpus an gesicherten empirischen Beobachtungen besteht. Die im "claim" aufgestellte Behauptung kann aber auch eingeschränkt werden. Dazu dient das "rebuttal", in dem Bedingungen aufgeführt werden, unter denen die Behauptung nicht gültig ist. Das "rebuttal" ist ein guter Ausgangspunkt für die Entwicklung von Gegenargumenten.

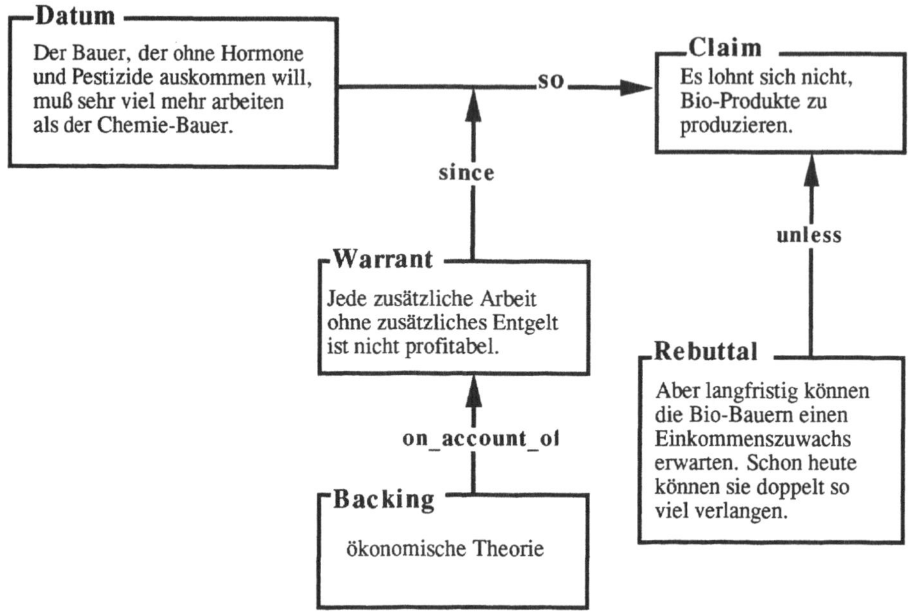

Abb. 2   Ein Argumentationsschema nach Toulm

Wir können an dieser Stelle nicht weiter auf die Verwendungsweise des Toulmin-Schemas und die teilweise sehr subtilen Unterscheidungen sowie die in der Zwischenzeit von Toulmin (1984) selbst oder auch von uns (Streitz et al., 1989) vorgenommenen Weiterentwicklungen eingehen. Vielmehr soll diese Form der Repräsentation von Argumentationsstrukturen als ein Beispiel dienen für die Realisierung neuer Möglichkeiten zur Kommunikation von Wissen.

Nach dem zuvor Gesagten liegt es nun auf der Hand, daß man Autoren, die sich argumentativ mitteilen wollen, die Elemente und Relationen des Toulmin-Schemas als getypte Knoten-Link-Struktur in einer Hypertextumgebung zur Verfügung stellt. Damit können Argumentationsstrukturen, die zuvor in einer Textpassage nur implizit kommuniziert werden konnten, nun externalisiert und damit explizit kommuniziert werden. Um Autoren bei den für Argumentationen spezifischen Prozessen zu unterstützen, haben wir in dem Design von SEPIA eine speziell für diese Aktivität zugeschnittene Umgebung vorgesehen. Diese ist als ein zusätzlicher Aktivitätsraum - dem "Argumentationsraum" - realisiert. Objekte und Operationen in diesem Raum erlauben dem Autor, Argumentationen explizit zu repräsentieren. Dabei gehen wir über das auf *ein* Argument eingeschränkte Toulmin-Schema hinaus und ermöglichen den Aufbau von Argumentationsstrukturen in Form von Hypertext-Netzwerken. Mit der Unterstützung der Externalisierung und der Verwendung einer halbformalen Repräsentation sind eine Reihe von Vorteilen verbunden. Die aus der Externalisierung resultierenden Möglichkeiten der Speicherung und dem schnellen Wiederfinden von Informationen reduzieren einerseits die Gedächtnisbelastung. Andererseits erlaubt die mit der Externalisierung verbundene Visualisierung die Verwendung der beim Menschen gut ausgebildeten Mustererkennungsfähigkeiten. Schließlich stellt die Externalisierung eine geeignete Basis für den expliziten Austausch von Argumentationen in einer Gruppensituation (z.B. zwischen Autor und Koautor) dar, wobei die Hypertexttechnologie zusätzlich das Anbringen von Kommentaren auf direkte Weise unterstützt.

4.6   Aktivitätsräume in SEPIA

Die zuvor in Abschnitt 4.4 aufgestellten Anforderungen wurden bei dem Entwurf von SEPIA entsprechend berücksichtigt. Abbildung 3 zeigt nun die aus den Designentscheidungen resultierenden vier Aktivitätsräume, die im Rahmen einer Mehrfensterarchitektur realisiert werden. Deren Rolle und Funktionalität entspricht weitgehend den zuvor im Rahmen der Theorie des Schreibens identifizierten und im Abschnitt 4.3 skizzierten Eigenschaften der Problemräume in der Problemraum-Architektur des "design problem solving". Obwohl nachfolgend die vier Räume in einer bestimmten Reihenfolge dargestellt werden (dies ist eben ein lineares Dokument !) ist bei der Benutzung von SEPIA zu beachten, daß der Autor sich in beliebiger Abfolge in den vier Aktivitätsräumen aufhalten und von einem in den anderen wechseln kann ("travelling through activity spaces"). Dabei kann er Objekte zwischen den Räumen kopieren und "links" innerhalb der einzelnen, aber auch zwischen verschiedenen Aktivitätsräumen verwenden.

Der *Planungsraum* dient dazu, die zu behandelnden Themen ("issues") zu notieren und zu strukturieren. Dabei kann der Autor eine grafische Darstellung der Querbeziehungen und (evtl. hierarchischen) Abhängigkeiten zwischen verschiedenen Themen verwenden. Hier ist auch der Ort, noch zu erledigende Teilaufgaben zu notieren. Dazu gehört es - je nach nach Arbeitsstil - u.a. auch, bestimmte Strategien, die das Vorgehen insgesamt bestimmen, zu elaborieren und zu notieren.

Im *Inhaltsraum* hat der Autor die Möglichkeit, den Gegenstandsbereich des Dokumentes aufzuarbeiten und seine Sicht der Zusammenhänge zwischen Konzepten, Fakten, etc. zu repräsentieren (z.B. in einer einem semantischen Netzwerk ähnlichen Form). Weiterhin ist dies der Raum, in dem der Autor sich auf eigene (z.B. von ihm oder Koautoren zuvor erstellte Dokumente) beziehen kann. In einer weiteren Ausbaustufe wird er die Möglichkeit haben, über eine geeignete Schnittstelle auf externe Informationsquellen (z.B. bibliografische oder Volltext-Datenbanken, Nachschlagewerke) zugreifen zu können. So interessiert sich ein Autor bei der Erstellung eines Artikels über die Vor- und Nachteile von Bio-Produkten z.B. für die Preisentwicklung von Bio-Produkten. Diese kann er sich dann als grafische Darstellung anzeigen lassen (siehe Abb. 3) und - wenn er will - auch in sein Hyperdokument integrieren.

Der *Argumentationsraum* dient dazu, die einem argumentativen Text zugrundeliegenden Argumentationsstrukturen zu entwickeln und diese dann als externalisierte Repräsentation zur Verfügung zu haben. Dies geschieht in einem modifizierten und erweiterten Toulmin-Schema (siehe Abschnitt 4.5.). Dabei kann der

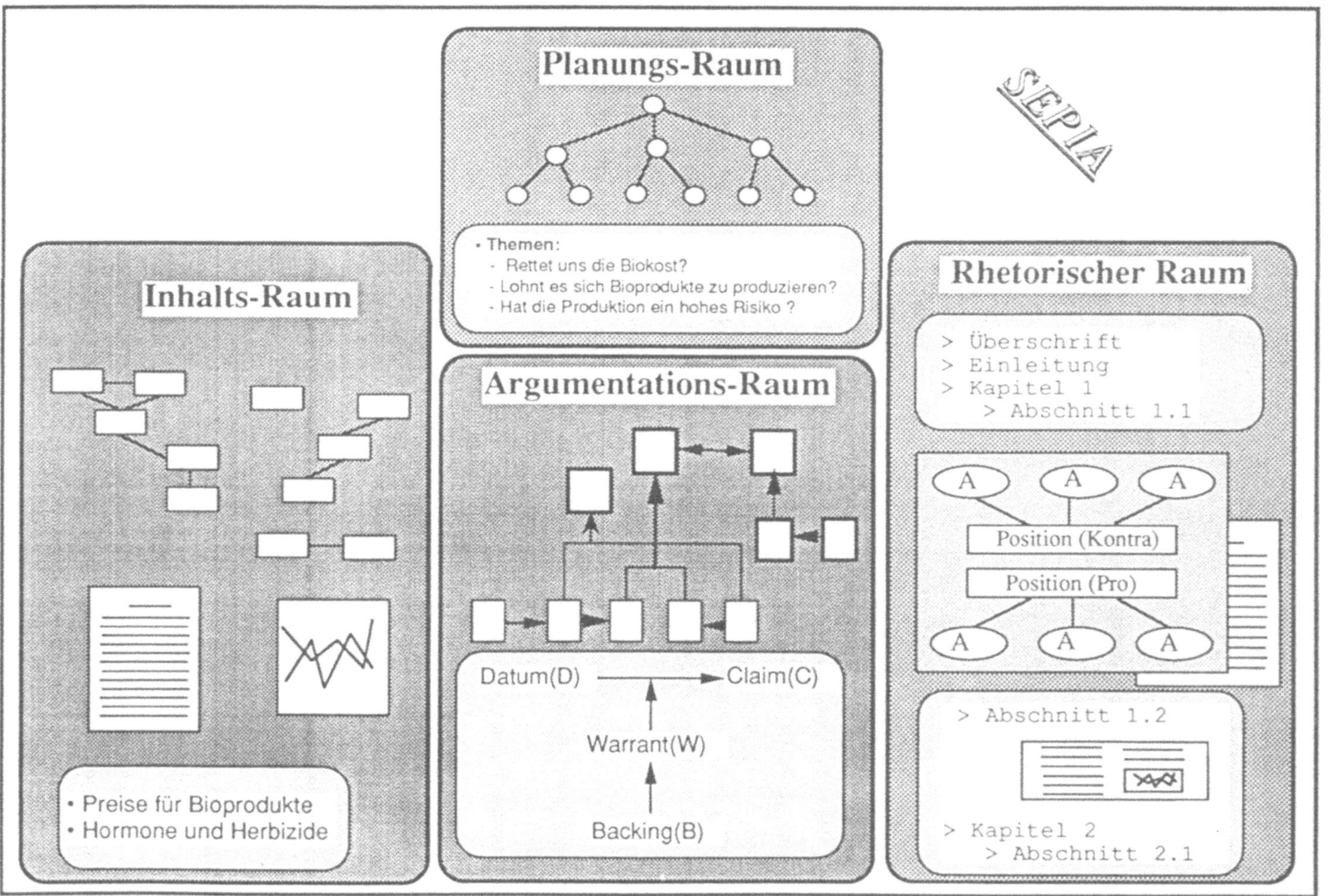

Abb. 3   Die vier Aktivitätsräume des Hypertext-Autorensystems SEPIA

Autor nicht nur seine eigene Sichtweise des Problems repräsentieren, sondern auch mögliche Gegenargumente antizipieren. Diese Repräsentation stellt dann eine Basis für die Verwendung von Argumenten im
rhetorischen Raum dar und ist davon klar zu unterscheiden. In anderen Problemlösekontexten kann der
Argumentationsraum z.B. zur Vorbereitung von Entscheidungsprozessen verwendet werden.

Im *rhetorischen Raum* schließlich wird das endgültige (Hyper)Dokument "hergestellt", d.h. die globale
rhetorische Struktur wird entworfen und mit Inhalt gefüllt. Dazu werden Argumentationen - in hoffentlich
überzeugender Art - innerhalb des Dokumentes eingesetzt, werden Fakten aus dem Inhaltsraum importiert
und bei der Darstellung von Sachverhalten verwendet, werden Übergänge zwischen Teilen neu
geschrieben, werden "links" definiert und realisiert, etc. In diesem Raum kann sowohl auf globaler Ebene
(z.B. Segmentation und Plazierung einer Argumentationskette) als auch auf lokaler Ebene, d.h. auf der
Satz- und Wortebene, operiert werden. Dadurch daß sowohl die argumentative als auch die rhetorische
Struktur des Dokumentes über definierte Knoten-Link-Beziehungen explizit vorliegt, bestehen vielfältige
Möglichkeiten für die weitere machinelle Bearbeitung und Verwendung des Dokuments, bzw. seiner
Komponenten (z.B. für die maschinelle Textanalyse und Übersetzung, für die Generierung eines für eine
neue Sichtweise modifizierten Dokumentes oder auch sog. "guided tours" durch ein Hyperdokument).

5 *Schlußbemerkung*

Der Tenor dieses Beitrags war bisher sehr optimistisch und voller Erwartungen an zukunftige Entwicklungen. Es soll aber nicht unterschlagen werden, daß es eine Reihe von bisher ungelösten Problemen gibt,
bzw. viele jetzt noch nicht bekannte Probleme noch zu erwarten sind. Dabei steht wiederum die
Autorentätigkeit an zentraler Stelle. Obwohl zuvor argumentiert worden ist, daß das Hypertext-Konzept uns
neue Möglichkeiten zur Externalisierung und Kommunikation von Wissen verschafft, wissen wir z.B. noch
zuwenig über geeignete Präsentationsformen und Navigationsunterstützung für diese bisher nur impliziten
Strukturen. Weiterhin gibt es bisher keine Richtlinien oder gar Standards für das Design von
Hyperdokumenten, die vergleichbar wären mit klassischen Gliederungsvorschriften von linearen
Dokumenten. So argumentiert z.B. Landow (1987), daß wir für die Realisierung von "links" eine neue
Rhetorik benötigen. Autoren und Rezipienten müssen noch viele Erfahrungen mit Hyperdokumenten
machen. Diese können dann zu einer genauso hochstehenden, aber anderen Kriterien genügenden,
Hyperdokument-Kultur führen wie sie sich bisher bei der Produktion und Rezeption linearer Dokumente
ausgebildet hat.

Literatur

Balzert, H., Hoppe, U., Oppermann, R., Peschke, H., Rohr, G. & Streitz, N. (Hrsg.) (1988). *Einführung
in die Software-Ergonomie.* Berlin: de Gruyter.

Brachman, R. & Levesque, H. (Eds.) (1985). *Readings in knowledge representations.* Los Altos, CA.:
Morgan Kaufman Publ.

Bush, V. (1945). As we may think. *Atlantic Monthly*, <u>176</u> (1), 101-108.

Card, S.K., & Henderson, A.(1987). A multiple, virtual-workspace interface to support user task switching. In J. M. Carroll, & P.P. Tanner (Eds.), *Proceedings of the CHI und GI '87 Conference on Human Factors in Computing Systems*, (pp. 53-59). Toronto. New York: ACM,

Conklin, J. (1987). Hypertext: An introduction and survey. *IEEE Computer Magazine*, <u>20</u>(9), 17-41.

Conklin, J., & Begeman, M.L. (1987). gIBIS : A hypertext tool for team design deliberation. In: *Proceedings of the Hypertext '87 Workshop*, (pp. 247-251.). Chapel Hill, NC,

Dijk, T.A. van, & Kintsch, W. (1983). *Strategies of discourse comprehension*. New York, NY: Academic Press.

Engelbart, D. (1963). A conceptual framework for the augmentation of man's intellect. In P. Howerton (Ed.), *Vistas in information handling* (pp. 1-29). Spartan Books.

Fiderio, J. (1988). Hypertext: A grand vision. *BYTE* 13(10), 234 - 244 (October 1988).

Haake, J. & Schütt, H. (1990). Eine Systemarchitektur für ein wissensbasiertes Hypertext-Autorensystem. In P. Gloor & N. Streitz (Hrsg.), *Hypertext und Hypermedia: Von theoretischen Konzepten zu praktischen Anwendungen*. (in diesem Band) Informatik-Fachberichte. Heidelberg: Springer.

Halasz, F.G. (1987) Reflections on Notecards: Seven issues for the next generation of hypermedia systems. In: *Proceedings of the HYPERTEXT '87 Workshop*. (pp. 345 - 365). Chapel Hill, NC.

Halasz, F.G. (1988) Reflections on Notecards: Seven issues for the next generation of hypermedia systems. *Communication of the ACM*, <u>31</u>, 836-852.

Hannemann, J., Thüring, M. & Streitz, N. (1990). Schreiben als "Design Problem": Darstellung und Integration neuerer Theorien und Befunde der Schreibforschung. Vortrag auf dem *Kongreß der Deutschen Gesellschaft für Psychologie* in Kiel.

Hayes, J.R., & Flower, L.S. (1980). Identifying the organisation of writing processes. In L.W. Gregg, & E.R. Steinberg (Eds.), *Cognitive processes in writing*. (pp. 3-30). Hillsdale, NJ: Lawrence Erlbaum.

Kintsch, W. (1987). Foreword. In C. Bereiter, & M. Scardamelia, *The psychology of written composition*. (pp. 9-12). Hillsdale, NJ: Lawrence Erlbaum.

Kintsch, W. (1988) The role of knowledge in discourse comprehension: A construction integration model. *Psychological Review*, <u>95</u>(2), 163-182.

Kopperschmidt, J. (1985). An analysis of argumentation. In T.A. van Dijk (Ed.), *Handbook of discourse analysis: Vol. 2. Dimensions of discourse* (pp. 159-168.) London: Academic Press.

Kunz, W., & Rittel, H. (1970). *Issues as elements of information systems* (Working paper 131). Berkeley, CA: University of California, Center for Planning and Development Research.

Landow, G. (1987). Relationally encoded links and the rhetoric of hypertext. In: *Proceedings of the HYPERTEXT '87 Workshop* (pp. 331 - 343). Chapel Hill, NC.

Marshall, C. (1987). Exploring representation problems using hypertext. In: *Proceedings of the HYPERTEXT '87 Workshop* (pp. 253 - 268). Chapel Hill, NC.

Meyrowitz, N. (1989) Hypertext - Does it reduce cholesterol, too? Keynote address at the *ACM-Conference HYPERTEXT '89* Pittsburgh, PA. (November 5-8, 90).

Nelson, T. (1965). A file structure of the complex, the changing, and the indeterminate. In: *Proceedings of the 20-th National ACM-Conference* (pp. 84 - 100). Cleveland, OH.

Newell, A. (1980). Reasoning, problem solving, and decision processes: The problem space as the fundamental category. In: R. Nickerson (Ed.), *Attention and performance VIII.* (pp. 693-71). Hillsdale, N.J.: Lawrence Erlbaum.

Russell, D. (1990). Hypermedia and representation. In P. Gloor & N. Streitz (Hrsg.), *Hypertext und Hypermedia: Von theoretischen Konzepten zu praktischen Anwendungen.* (in diesem Band) Informatik-Fachberichte. Heidelberg: Springer.

Scardamalia, M., & Bereiter, C. (1987). Knowledge telling and knowledge transforming in written composition. In S. Rosenberg (Ed.), *Advances in applied psycholinguistics: Vol. 2. Reading, writing, and language learning.* (pp. 142-175). Cambridge: Cambridge University Press.

Schütt, H. & Streitz, N. (1990). Hyperbase: A hypermedia engine based on a relational database management system. Paper accepted for presentation at the European Conference on Hypertext - ECHT'90. To be published in: A. Rizk, N. Streitz & J. André (Eds.), *Hypertext: Concepts, systems, and applications.* Cambridge : Cambridge University Press.

Smith, J. & Weiss, S. (1988). An overview of hypertext. *Communications of the ACM, 37*(7), 816 - 819.

Smith, J.B., Weiss, S.F., & Ferguson, G.J. (1987). A hypertext writing environment and its cognitive basis. In: *Proceedings of the HYPERTEXT '87 Workshop,* (pp. 195-214). Chapel Hill, NC.

Smith, J.B., & Lansman, M. (1988). *A cognitive basis for a computer writing environment.* (Technical Report). Chapel Hill, NC: University of North Carolina, Department of Computer Science.

Smolensky, P., Fox, B., King, R., & Lewis, C. (1988). Computer-aided reasoned discourse or, how to argue with a computer. In R. Guindon (Ed.), *Cognitive Science and its application for human-computer interaction.* (pp.109-162). Norwood, NJ: Ablex.

Streitz, N.A. (1987). Cognitive compatibility as a central issue in human-computer interaction: Theoretical framework and empirical findings. In G. Salvendy (Ed.), *Cognitive engineering in the design of human-computer interaction and expert systems.* (pp. 75-82). Amsterdam: Elsevier.

Streitz, N.A. (1988). Mental models and metaphors: Implications for the design of adaptive user-system interfaces. In H. Mandl & A. Lesgold (Eds.), *Learning issues for intelligent tutoring systems.* (pp. 164 - 186). New York: Springer.

Streitz, N.A. (1988). Fragestellungen und Forschungsstrategien der Software-Ergonomie. In H. Balzert, U. Hoppe, R. Oppermann, H. Peschke, G.Rohr & N. Streitz (Hrsg.), *Einführung in die Software-Ergonomie* (S. 3 - 24). Berlin: de Gruyter.

Streitz, N.A. (1990). Psychologische Aspekte der Mensch-Computer-Interaktion. In C. Hoyos & B. Zimolong (Hrsg.), *Ingenieurpsychologie. Reihe "Enzyklopädie der Psychologie"* (S. 240 - 284). Göttingen: Hogrefe.

Streitz, N.A., Hannemann, J. & Thüring, M.(1989). From ideas and arguments to hyperdocuments: Travelling through activity spaces. In *Proceedings of ACM-Conference HYPERTEXT '89* (pp. 343 - 363). Pittsburgh, PA. (November 5-8, 90).

Toulmin, S. (1958). *The uses of argument.* Cambridge: Cambridge University Press.

Toulmin, S, Rieke, R, & Janik, A. (1984). *An introduction to reasoning.* Second Edition.New York: Macmillan.

Vom lokalen Hypertext zum verteilten Hypermediasystem

M.Hofmann[1], R.Cordes[2],
H.Langendörfer[1], E.Lübben[1], H.Peyn[1],
K.Süllow[2], T.Töpperwien[1]

[1] TU Braunschweig
Inst. f. Betriebssysteme und Rechnerverbund
Bültenweg 74/75
D-3300 Braunschweig
Tel.: [+49] 531 391 3249
BITNET: hofmann@dbsinf6.bitnet
UUCP: unido!infbs!hofmann.uucp

[2] Telenorma TE/V
Kleyerstr. 94
D-6000 Frankfurt 1

Tel.: [+49] 69 272 3761
FAX: [+49] 69 272 3315

Abstract

This article describes two aspects of current hypermedia research: open hypertext systems and individual user contexts. The first aspect is supported by protocols, architectures, and codes that are a matter of current standardization. The second aspect is discussed on the background of the prototype system CONCORDE. This hypertext system enables application-specific user-support by typed and constrained links as well as private contexts.

On the way from local hypertext systems to distributed hypermedia environments, both aspects have to be considered: open hypertext relates objects of various applications; individual user contexts are supported by dedicated tools, objects, and link types.

1   Thematik und Struktur des Artikels

In diesem Artikel werden zwei Trends diskutiert, die bei der Entwicklung und Implementierung von Hypertextsystemen in letzter Zeit eine entscheidende Rolle gespielt haben: die **Offenheit** von Hypertextsystemen sowie die **individuelle Unterstützung** einzelner Benutzer und Anwendungen.

Bereits am Beginn der Hypertextentwicklung stand die Vorstellung, daß Hypertext eine allgemein zugängliche, unbegrenzte Informationsstruktur sein müsse ("offener Hypertext", siehe z.B. [Nels87]). Eine Kritik dieser Ansicht findet sich bei [Rask87]. Offenheit bedeutet, in Anlehnung an die Begriffsbestimmung bei [Pearl89], daß ein Hypertextsystem Verweise zwischen Objekten verschiedener autonomer Anwendungen verwalten kann. Die Anwendungen selbst sind völlig beliebig; es kann sich dabei auch um geschlossene Hypertextsysteme handeln.

Um diese Offenheit zu erreichen, müssen Austauschformate und Protokolle standardisiert werden. Austauschformate ermöglichen nicht nur das Verweisen auf Objekte fremder Anwendungen, sondern auch den Transfer dieser Objekte in die lokalen Umgebungen. Protokolle wie das von [Pearl89] geschilderte LinkService ermöglichen das Setzen von Verweisen; sie arbeiten mit Repräsentationen der Objekte, nicht mit den Objekten selbst. Daher wird in Abschnitt 2 zunächst der aktuelle Status einiger Standardisierungsbemühungen beschrieben.

Individuelle Unterstützung eines Benutzers ist stark von der jeweiligen Anwendung und der Erfahrung des jeweiligen Benutzers abhängig. Aspekte, die berücksichtigt werden müssen, sind softwareergonomische Gesichtspunkte wie individuell anpaßbare Benutzungsoberflächen, Benutzermodelle, flexible Werkzeuge und die Möglichkeit zum Halten privater Information.

Um diesen Trend zu beleuchten, wird der Prototyp des an der TU Braunschweig entwickelten Hypertextsystems CONCORDE vorgestellt. Dieses System kann eine spezielle Anwendung durch typisierte, mit Constraints versehene Verweise unterstützen und ermöglicht das Halten von privaten Informationsstrukturen. In Abschnitt 3 werden einige Bemerkungen zu anwendungsspezifischen Hypertextsystemen gemacht, die eine Einordnung von CONCORDE erleichtern.

CONCORDE basiert auf einer Client-Server–Konfiguration, deren Eignung für die Unterstützung eines offenen Hypertexts sowie von speziellen Anwendungen in Abschnitt 4 untersucht wird. Abschnitt 5 beschreibt dann das CONCORDE-System. Danach wird der graphische Browser vorgestellt, der beim individuellen Zugriff des Benutzers auf die im Hypertextsystem enthaltene Information das wichtigste Werkzeug ist (Abschnitt 6). Seine spezielle Funktionalität soll den "lost in hyperspace"–Effekt vermeiden. Weitergehende Konzepte verteilter Hypermediasysteme werden in Abschnitt 7 diskutiert.

Parallel zu diesen Trends verläuft eine Entwicklung, dem Benutzer in seiner Arbeitsumgebung über einfachen Text und formatierte Daten hinaus **multimediale Informationen** anzubieten. Hypertextsysteme mit derartigen Datentypen werden auch Hypermediasysteme genannt [HCL89]. Während bei Hypermediasystemen der Schwerpunkt der Datenmodellierung auf einer flexibel vernetzten Struktur ihrer Informationseinheiten liegt, bieten allgemeine multimediale Systeme meist komplexe, aber vorstrukturierte Einheiten wie Dokumente an (siehe z.B. MINOS [CTHPP86] und MuBIS [CBL88], [CHLB89]). Da der Schwerpunkt des Artikels auf der Präsentation des Prototypsystems CONCORDE und seiner Strukturierung von Hypertextinformation in einer verteilten Umgebung liegt, wird hier nicht weiter auf den Unterschied zwischen den verschiedenen Kategorien eingegangen. Viele der vorgestellten Konzepte der Strukturierung und des logischen Zugriffs lassen sich vom Hypertextsystem CONCORDE ohne weiteres auf Hypermediasysteme übertragen.

2 Standardisierungsansätze für verteilte Multimedia- und Hypermediasysteme

Im Bereich der multimedialen Systeme und der Hypertext- und Hypermediasysteme gibt es erste Ansätze, Austauschformate, Protokolle, Architekturen und Codierungen zu standardisieren. Diese **datentypspezifischen** bzw. **datentypübergreifenden** Standards werden ergänzt um **Kommunikationsprotokolle**, die eine verteilte, heterogene, offene Systemplattform für Multimedia und Hypermedia erlauben.

Datentypspezifische Standards existieren für Text (ASCII, ...), Graphik (GKS, PHIGS, ...), Image (TIFF, FAX G3, ...), Video (PAL, NTSC, RGB, QUV, ...), und auch Audio. Als **datentypübergreifende Standards** können ODA (Office Document Architecture[1]) und der ISO-CCITT Vorschlag DAPA (Digital Audio Processing Architecture) klassifiziert werden [Yasu89]. Auch die Aktivitäten innerhalb der MHEG (Multimedia Hypermedia Expert Group) können als datentypübergreifend angesehen werden. Die MHEG ist im SC2 des ISO-IEC JTC1 angesiedelt, wobei die Ergebnisse von MHEG auch in die DAPA-Aktivitäten einfließen.

Im Gegensatz zu den ODA-Vorschlägen, die sich stark an rein papierbasierten Dokumenten orientieren und die Datentypen Text, Grafik und Schwarzweiß–Bildinformation unterstützen, sind die MHEG-Ansätze weitreichender. Sie beziehen sich auch auf zeitabhängige Datentypen. Es werden Vorschläge für Audio, Farb- und Bewegtbildinformationen hinsichtlich Speicherung, Codierung, Repräsentation und Präsentation diskutiert. Dieser Ausgangspunkt spiegelt sich auch in einem ersten Versuch einer Begriffsbildung wider [Kretz89]. Es wird unterschieden zwischen:

- Storage Medium (physikalische Speicherung und Codierung von Informationen)

- Communication Medium (phys. Übertragungsmedien mit low-level Protokollen)

- Representation Medium (logische Repräsentation, konzeptionelles Modell)

- Presentation Medium (die physikalischen Präsentationsmöglichkeiten)

- Perception Medium (die Art der Sinneswahrnehmung durch den Nutzer)

Wesentliche Gemeinsamkeit zwischen ODA und MHEG ist die objektorientierte Strukturierung von Dokumenten bzw. den Objekten des "Representation Mediums". Dieser objektorientierte Ansatz unterstützt in beiden Fällen sowohl Basisobjekte (basics) als auch zusammengesetzte Objekte (compounds / composites). Weiterhin gibt es von der MHEG Vorschläge zur Synchronisation von unterschiedlichen Datentypen sowie die Einbeziehung von Verweisstrukturen sowohl auf Ebene des "Storage Mediums" als auch auf Ebene der Repräsentation und der Präsentation. Ein wichtiges noch zu lösendes Problem ist die Frage nach der Konvertierbarkeit der Datentypen (Media Conversions).

---

[1]Der Name Office Document Architecture wird in der ISO benutzt, während im CCITT und der ECMA das Akronym für Open Document Architecture steht.

Wesentliche Vorschläge für **Kommunikationsprotokolle** gibt es sowohl für den Bereich der lokalen Netze als auch den der öffentlichen Netze. Im lokalen Bereich werden Quasi-Standards wie TCP/IP, NFS oder auch X.Windows für unterschiedliche Domänen eingesetzt. Internationale Standards der ISO/OSI setzen vielfach auf Client-Server–Architekturen auf, so z.B. das ALS (Application Layer Structuring) oder auch das Distributed Office Application Model (DOAM). Weiterreichende Referenzmodelle der offenen Kommunikation werden innerhalb ODP (Open Distributed Processing) oder DAF (Distributed Application Framework) diskutiert.

3 Unspezifische und applikationsspezifische Hypertext-systeme

Betrachtet man einzelne Applikationen, so kann man Hypertextsysteme danach beurteilen, ob sie für beliebigen Inhalt bzw. verschiedene Anwendungen geeignet sind oder ob sie speziell für bestimmte Anwendungsklassen geschaffen wurden.

Wir erwarten, daß abgeschlossene "general purpose"–Hypertextsysteme auf die Dauer nur beschränkte Verbreitung (etwa im PC–Bereich) finden werden, da ihre Marktnische von Nicht-Standard-Datenbanksystemen und wissensbasierten Retrievalsystemen eingenommen ist. Möglicherweise lassen sich Hypertexttechniken als weiteres orthogonales Retrievalkonzept[2] in diese Systeme integrieren [CoSü89]. Diese Systemkategorie wird sich daher nahezu ausschließlich in Forschungslabors befinden, etwa für die Zwecke von Untersuchungen hypertextspezifischer Probleme. Wir erwarten, daß die an diesen Systemen erzielten Ergebnisse ihren Eingang in die allgemeine Gestaltung von Benutzungsoberflächen sowie den interaktiven Zugriff auf Informationssysteme finden werden.

Von Hypertextsystemen für spezielle Anwendungen hingegen erwarten wir eine stärkere Verbreitung. Derartige Systeme stellen neben ihrer hypertexttypischen Eigenschaft, Informationen flexibel zu vernetzen und dies an der Oberfläche auch kenntlich zu machen, anwendungsspezifische Werkzeuge, Objekte und Verweistypen zur Verfügung.

In HyperCard [Apple87], Hyperties [MaSh88] und KMS [AMY87] haben wir unspezifische Systeme vor uns. Sie kennen keine typisierten Verweise, die die Semantik von Anwendungen festlegen. Auch komplexere Objekte als etwa ein "Stapel" existieren nicht. Die Definition von komplexen Objekten kann Anwendungen stark bestimmen. So prägt die Existenz von Dokumenten als primäre Objekte [FuSt89] ein System in Richtung Büroapplikationen.

Ein System wie NoteCards [HMT87] ist noch recht unspezifisch, auch wenn seine Verweistypen schon auf einen bestimmten Zweck, das Erstellen von Texten (authoring), ausgerichtet sind. Noch stärker auf die Anwendung (ebenfalls Texterstellung) ausgerichtet ist SEPIA, nämlich durch die Unterstützung der kognitiven Prozesse beim Argumentieren [SHT89].

---

[2]Zu orthogonalen Retrievalkonzepten siehe auch [Eiru89].

Daneben existieren noch Systeme, die völlig auf ihre spezifische Aufgabe zugeschnitten sind. Hier ist der Prototyp des Hypertextsystems HyperMan [SaGü89] zu nennen, der das UNIX–Manual zu einem Hypertext aufbereitet. In die gleiche Klasse muß man Relnergo einordnen, das einen Katalog ergonomischer Begriffe verwaltet [CoSü89]. Das bekannte gIBIS [CoBe88] ist ebenfalls auf eine Anwendung (Entscheidungsunterstützung) festgelegt.

<table>
<tr><td>unspezifisches
Hypertextsystem</td><td></td><td></td><td>applikations-
spezifisches
Hypertextsystem</td></tr>
<tr><td>HAM
HyperCard
Hyperties
KMS
Link Service
Xanadu</td><td>NoteCards
HyperMan
Intermedia
WEBS</td><td>Concorde
SEPIA</td><td>gIBIS
HyperMan (Prototyp, Ende 1989)
Relnergo</td></tr>
</table>

Abb. 1: Anwendungsspezifische und unspezifische Hypertextsysteme

In HyperMan wird durch die Beschreibung der zu behandelnden Struktur festgelegt, welche Objektteile zu Knoten werden. Ebenso wird durch eine Bearbeitungssprache spezifiziert, welche Verweise generiert werden können. Bei gIBIS liegt die Festlegung der Applikation in der strikten Typisierung der Verweise und Knoten. Es gibt in gIBIS nur drei Knoten- und neun Verweistypen, die der Anwendung entsprechend gestaltet sind. Die Typisierung ermöglicht eine Kontrolle des Setzens von Verweisen und damit die Kontrolle der Validität und der Konsistenz des Hypertexts.

Applikationsspezifische Hypertextsysteme sind aufgrund ihrer Ausrichtung für die individuelle Unterstützung von Anwendungen naturgemäß bestens geeignet. Durch die Kontrolle werden Fehler und Inkonsistenzen vermieden. Nachteilig ist die Einschränkung der Flexibilität durch die Festlegung auf eine Anwendungsklasse.

4   Client-Server–Konfigurationen für Hypertextsysteme

Client-Server-Konfigurationen sind in der Lage, sowohl große Datenmengen zu halten und allgemeine Dienste bereitzustellen als auch lokale Dienste und spezielle Sichten auf den Datenbestand zu unterstützen. Diese Eigenschaften machen derartige Konfigurationen zu geeigneten Kandidaten für Hypertextumgebungen, die einem Benutzer einen **individuellen Zugriff** auf **allgemein verfügbare Daten** erlauben sollen.

Eine Unterstützung spezieller Anwendungen kann auf zwei Arten geschehen. Einerseits besteht die Möglichkeit, die Anwendung ausschließlich in den Clients zu unterstützen, andererseits kann man bereits den Server anwendungsspezifisch realisieren.

Im ersten Fall bietet ein derartiges System einen allgemeinen, unspezifischen Hypertext an, der für alle Systembenutzer zugänglich ist. Abb. 2 zeigt eine Architektur für ein solches System, die in einer heterogenen Systemumgebung etabliert werden kann. Die Anwendungen und die verschiedenen Werkzeuge, unter ihnen ein Werkzeug für Hypermediaeigenschaften, müssen durch eine Synchronisationseinheit untereinander verbunden werden. Diese Einheit synchronisiert zusätzlich Ein- und Ausgabemedien. Die Daten werden durch eine multimediale Datenbank zur Verfügung gestellt. Der Server bildet eine Art Hypertextmaschine wie HAM [CaGo88]. Spezifische Werkzeuge und **anwendungsbezogene Information** (bestimmte Objekte und Verweise) werden in dieser Modellierungsform in den Clients realisiert.

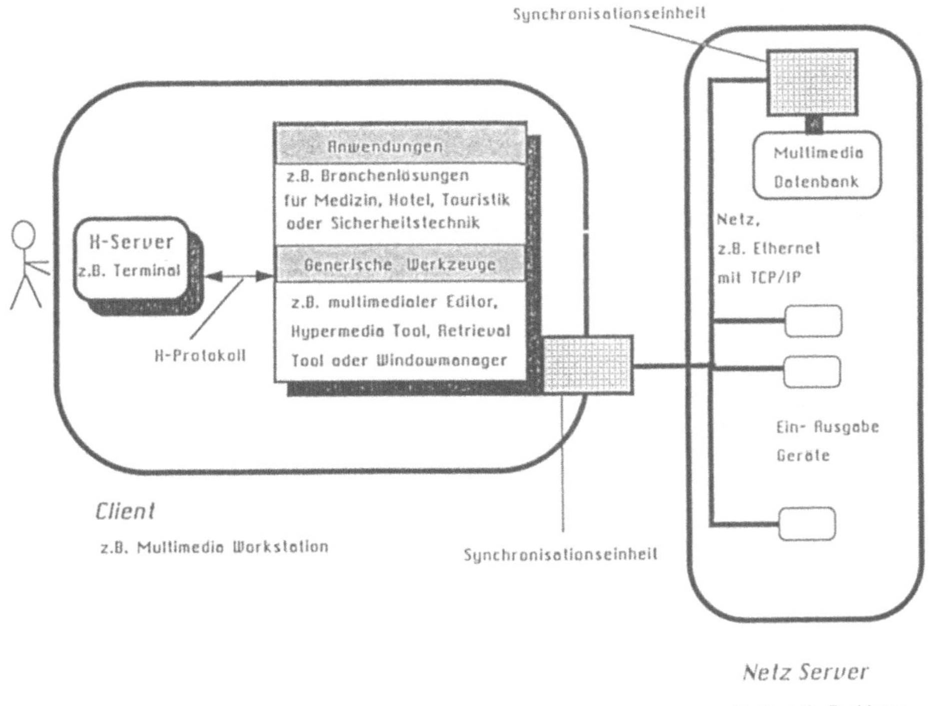

Abb. 2: Architektur eines verteilten allgemeinen Hypermediasystems

Hauptsächlicher Vorteil dieses Ansatzes ist, daß Informationen aller Art und ohne Beschränkung im Hypertext dargestellt werden. Beschränkungen gibt es nur für die einzelnen Clients. Schwierig ist hier die Zuordnung von "erlaubter" Information zu der jeweiligen Anwendung bzw. dem jeweiligen Client. Ferner kann der Hypertext sehr groß werden (keine thematische Begrenzung); die Verweiszahl einzelner Knoten ist relativ hoch; die im Hypertext enthaltenen Objekte sind sehr heterogen.

Im zweiten Fall wird bereits der Server auf die Anwendung zugeschnitten. Aufgabe der Clients ist es dann, einzelne Teile der Anwendung zu verwalten, individuelle Benutzerumgebungen bereitzustellen (siehe hierzu Abschnitt 5) und spezielle Werkzeuge anzubieten.

Dieses Vorgehen beschränkt das System auf eine Anwendung. Für die Anwendung irrelevante Verweise können in den Clients gehalten werden, so daß im Hypertext der Anwendung die Zahl der Verweise vergleichsweise niedriger als im ersten Ansatz ist. Auf die Offenheit, die mit dem ersten Ansatz ermöglicht wird, wird zwar verzichtet; dieser Ansatz bietet jedoch verstärkt die Möglichkeit individueller Lösungen.

5 Das Hypertextsystem CONCORDE

Wir stellen mit CONCORDE einen Ansatz vor, in dem der Hypertext des Servers auf ein bestimmtes Anwendungsgebiet zugeschnitten werden kann [HoLa89]. CONCORDE wird seit 1988 entwickelt; ein Prototyp ist in Smalltalk-80 auf einer SUN-3/60 implementiert. CONCORDEs Client-Server–Konfiguration ist die Basis für die in Abb. 3 gezeigte Software-Architektur.

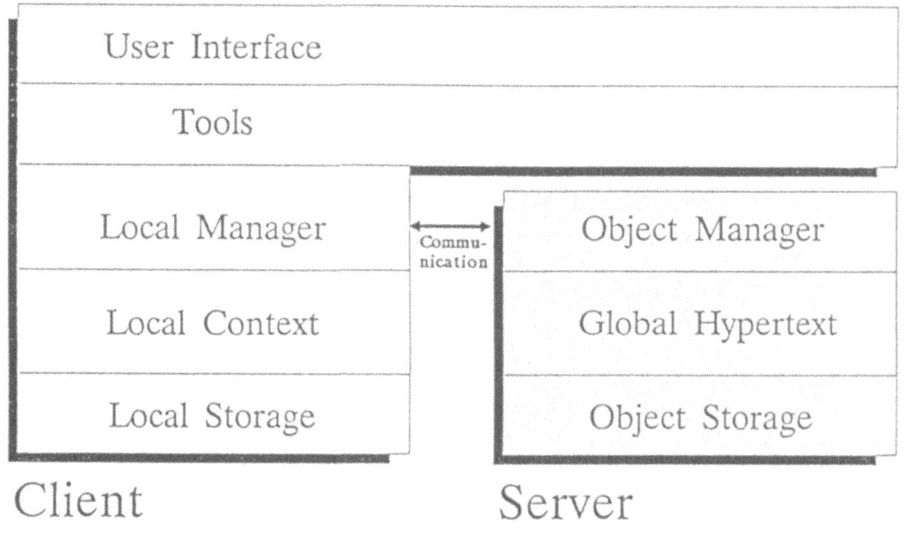

Abb. 3: Software-Architektur von CONCORDE

Der Server enthält Informationen in Form eines **globalen Hypertexts**. Dieser wird vom globalen Objektmanagement verwaltet. Der globale Hypertext enthält die Informationen des Anwendungsgebiets, die allgemein zugänglich sind. Durch Verknüpfung dieser einfach strukturierten, jeweils einer Objektklasse angehörenden Informationseinheiten (Kartenparadigma) entsteht das typische Hypertextgewebe.

Die Verweise im globalen Hypertext werden aus **vordefinierten Verweissorten** gebildet, d.h. sie sind **typisiert**. Ferner existiert zu jeder vordefinierten Sorte eine Menge **Constraints**. Typisiert bedeutet, daß für jedes Quellobjekt und für jedes Ziel eines Verweises vom Objektmanager überprüft wird, ob ein Setzen eines Verweises der betreffenden Sorte zwischen den Objekten überhaupt gestattet ist. Die Constraints, die zu jeder Verweissorte definiert sind, sind **anwendungsspezifisch**. Sie beziehen sich auf einen Verweistyp und beschreiben für ändernde Operationen, ob die durchzuführende Änderung gestattet ist. Dabei wird die Existenz von Objekten überprüft (Auswertung eines Prädikats).

Die Testanwendung wurde aus dem Bereich der Texterzeugung (authoring) gewählt. Die Verweissorten ermöglichen es, ein Drehbuch mit seinen wesentlichen Zusammenhängen darzustellen. Diese Anwendung dient ausschließlich der Erprobung des Prototypen. Im praktischen Einsatz soll darauf die inkrementelle Strukturierung einer Wissensbasis während des Wissenserwerbs (knowledge engineering) unterstützt werden. In der Testanwendung erzeugt der Objektmanager hinsichtlich der Constraints nur Warnungen (soft constraints).

Auf jedem Client existiert ein **lokaler Kontext**. Dieser besteht aus einer Menge von Werkzeugen und dem lokalen Datenbestand. Der Datenbestand setzt sich zusammen aus **Kopien** von Knoten aus dem globalen Hypertext und Verweisen der dort vordefinierten Sorten. Dazu kommen Verweise individuellen Typs und komplexe Objekte.

Individuelle Verweise werden ausschließlich im lokalen Kontext gehalten, unterliegen keiner (Typ–)Beschränkung und erlauben es, Informationen **privat zu vernetzen**. Ferner sind die lokalen Kontexte um eine spezielle Knotenklasse (PrivateNote), deren Instanzen das Abspeichern von privater Information ohne Rückschreiben in den globalen Hypertext gestatten, angereichert worden. Zusammenfassend stellen sich die Eigenschaften CONCORDEs wie folgt dar:

- Objektorientierte Modellierung und Implementierung (Smalltalk-80);

- Existenz eines globalen Hypertexts mit für alle Systembenutzer (lokale Kontexte) zugänglicher, aber anwendungsspezifischer Information;

- Applikationsspezifische, vordefinierte Verweissorten, deren Typ und Constraints vom System kontrolliert werden;

- Individuelle Vernetzung durch individuelle Verweise im Client; dadurch wird das Halten von privaten Informationsstrukturen erreicht;

- Vermeiden von Redundanz; das lokale Speichern individueller Verweise bewirkt, daß die Darstellung des globalen Hypertexts weniger Verweise aufweist, nämlich nur die für die Anwendung relevanten Verweise.

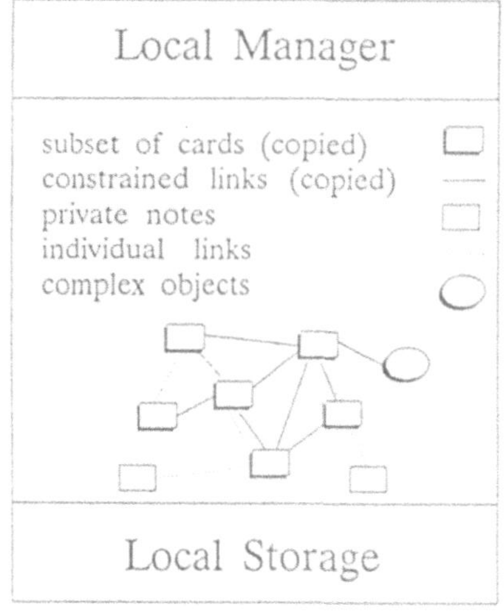

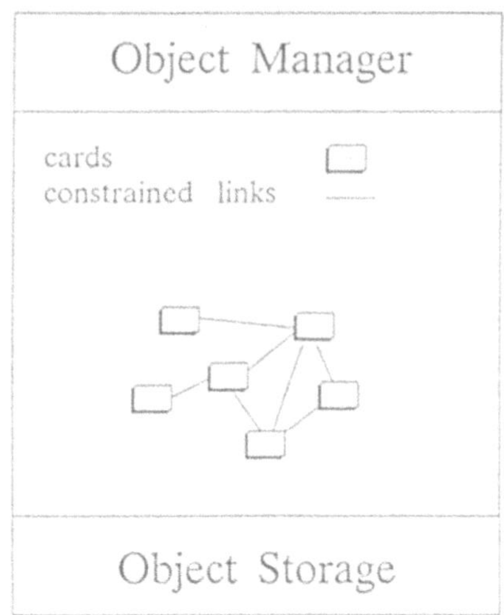

Abb. 4: Objekte des globalen Hypertexts und der lokalen Kontexte

- Unterstützung von Werkzeugen mit spezifischer Funktionalität, etwa dem Browser (siehe Abschnitt 6).

CONCORDE ist ein System, dessen Konzept mehrbenutzerfähig ist; der Prototyp ist aufgrund der gewählten Entwicklungsumgebung (Smalltalk-80) momentan nur ein Einbenutzersystem. CONCORDEs lokale Kontexte ermöglichen die Haltung privater Daten, der Server speichert jedoch zentral die allen Kontexten gemeinsamen anwendungsspezifischen Karten und Verweise. Während die Kontexte ein unspezifisches Verweisen zwischen den gehaltenen Karten ermöglichen, werden die Verweise des globalen Hypertexts auf eine bestimmte Anwendung hin ausgerichtet (deshalb auch "vordefinierte Verweise").

Derzeit ist als Anwendung die Erstellung eines Drehbuchs ("authoring") realisiert. Diese Anwendung dient als Testanwendung zur Erprobung der im Prototypen implementierten Konzepte. Es existieren die Kartenklassen Utensil (Unterklassen Requisit und Kostüm), Textstelle, Effekt, Ortsbeschreibung, Begriff, Regieanweisung, Person (Unterklassen Autor, Schauspieler und Charakter) sowie Komplexkarte (Stück, Szene, Szenario und Ausstattung). Zu diesen Klassen existieren passende Verweistypen. So gibt es zu jeder Textstelle einen Verweis des Typs Gesprochen_von, der auf eine Karte der Klasse Charakter zeigt.

Constraints folgender Art können ausgedrückt werden: Soll ein Alias-Verweis zwischen zwei Instanzen der Kartenklasse Charakter eingefügt werden, so müssen eine Instanz der Klasse Schauspieler sowie zwei Verweise des Typs Stellt_dar existieren, die diese Schauspielerkarte mit den zwei Charakterkarten verbinden. Die Integritätsbedingung stellt dann sicher, daß derselbe Schauspieler zwei Charaktere, die eigentlich dieselbe Person sind ("Dr. Jekyll und Mr. Hyde"), darstellt.

Nach Beendigung der Testphase werden wir den Prozeß der Wissensakquisition und der Kontrolle erworbenen Wissens für Expertensysteme unterstützen. Diese Anwendung wird in einem anderen Projekt der TU Braunschweig verwendet, in dem sich beim bisherigen Verlauf der Wissensakquisition Mängel gezeigt haben.

6 CONCORDEs Browser

Um näher vorzustellen, wie sich CONCORDE dem Benutzer präsentiert, wird kurz auf den Browser des Systems eingegangen [HoLa90]. Dieser ist das zentrale Werkzeug des Systems und beinhaltet nicht nur eine graphische Navigationsunterstützung, sondern auch einfache Editoren zur Kartengenerierung.

Oberste Priorität bei der Modellierung der Benutzungsoberfläche hatte für uns eine möglichst einfach erfaßbare Umsetzung von manuellen Tätigkeiten. Die Objekte, also Karten und Verweise, sollten "anfaßbar" sein, um so dem Benutzer eine leicht "begreifbare" Vorgehensweise anzubieten (direkte Manipulation).

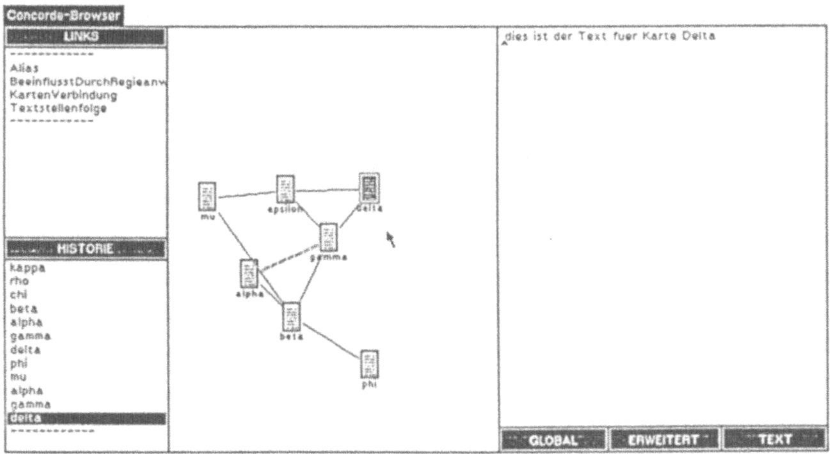

Abb. 5: Das Arbeitsfenster CONCORDEs

Abbildung 5 stellt einen Bildschirmabzug des Arbeitsfensters dar. Das Arbeitsfenster teilt sich senkrecht in drei sogenannte Scheiben. Links die Multifunktionsscheibe, in der Mitte die Scheibe des eigentlichen Browsers und rechts die Textscheibe. Unterhalb der Textscheibe befindet sich eine Schalterleiste, in der verschiedene Grundeinstellungen geschaltet werden können. Folgende drei Schalter werden angeboten:

Bereichsschalter: Mit diesem Schalter läßt sich der Bereich wählen, in dem der Browser arbeitet. Mit der Stellung **global** wird in den globalen Hypertext geschaltet. Sollen alle im lokalen Kontext vorhandenen Objekte angezeigt werden, so muß der

Schalter auf **lokal** stehen. Die Stellungen **predefined** und **userdefined** bedeuten, daß im lokalen Kontext gearbeitet wird, aber entweder nur die vordefinierten Verweistypen oder die individuellen Verweistypen angezeigt werden.

Umgebungsschalter: Hiermit kann die Größe der im Browser anzuzeigenden Umgebung einer Karte eingestellt werden. In der Stellung **direkt** wird nur die direkte Umgebung der Karte, also die unmittelbare Nachbarschaft, angezeigt. In der Stellung **erweitert** werden alle Karten, die mit den direkten Nachbarn verbunden sind, also höchstens zwei Verweise vom Ausgangsobjekt entfernt sind, angezeigt.

Attributschalter: Mit diesem Schalter können die in der Textscheibe anzuzeigenden Kartenattribute eingestellt werden. In der Stellung **text** wird nur der Inhalt der Karte angezeigt. Bei **system** werden außerdem alle Attribute der Karte, auch die Systemattribute, angezeigt. In diesem Modus ist es nicht möglich, die Attribute zu edieren oder Verweise zu setzen. Im Modus **user** werden neben dem Inhalt nur die Attribute angezeigt, die der Benutzer edieren darf (Anwendungsattribute).

Zentral für die folgenden Erläuterungen sind der Begriff der **mittleren** und der der **aktuellen Karte.** Die mittlere Karte ist das Objekt, auf das zuletzt manipulierend zugegriffen wurde; sie wird im Zentrum der Browserscheibe dargestellt. Die aktuelle Karte wird durch einen kurzen Mausklick angesprochen. Ihre Ikone wird in der Scheibe invertiert, ihr Inhalt in der Textscheibe gezeigt.

Anwahl einer Kartenikone durch längeres Klicken mit der Maus führt dazu, daß diese Karte neue mittlere Karte wird, die Kartenikone jetzt zentral in der Browserscheibe dargestellt und die Umgebung der neuen mittleren Karte in der Browserscheibe angezeigt wird. In Abbildung 5 ist *gamma* die mittlere Karte und *delta* die aktuelle.

In der Browserscheibe wird normalerweise die Umgebung der mittleren Karte angezeigt. Es kann zwischen der Darstellung der direkten Nachbarschaft und der erweiterten Nachbarschaft umgeschaltet werden (s.o.). Es wird versucht, die Umgebung durch einen schönen, leicht erfaßbaren, kreuzungsfreien Graphen abzubilden.

Um neue Verweise zu setzen, kann eine Kartenikone angewählt werden, es wird dann ein "Gummiband" zwischen dieser Kartenikone und dem Mauszeiger gebildet. Klickt der Benutzer eine zweite Ikone mit diesem Gummiband an, wird ein Verweis zwischen den beiden Karten generiert. Dazu können auch zwei Browser auf dem SUN-Bildschirm verwendet werden, was in vielen Fällen die Arbeit ungemein erleichtert.

Die Textscheibe dient zur Darstellung der Karteninhalte und für weitere textuelle Informationen. Wenn Karten Grafiken enthalten, können diese ebenfalls in der Textscheibe dargestellt werden.

Die Multifunktionsscheibe besteht aus zwei Listenscheiben und aus zwei Titelscheiben, die sich jeweils oberhalb der Listenscheibe befinden und anzeigen, welche Information sich in der Listenscheibe befindet. Klicken auf den Titelscheiben führt zur Umschalten der Inhalte der Listenscheiben. In der Multifunktionsscheibe lassen sich fünf Modi schalten:

Oasen/Historie: In diesem Fall werden in der oberen Listenscheibe alle als Oasen markierten Karten aufgelistet, also die Karten, zu denen der Benutzer häufig zurückkehren möchte. In der unteren Listenscheibe werden alle Karten, die der Benutzer sich bisher angesehen hat, abgespeichert. In beiden Listenscheiben kann der Benutzer durch Anklicken Karten auswählen, die dann neue aktuelle Karte werden.

Links/Historie: In der oberen Listenscheibe werden alle Verweisklassen der in der Browserscheibe dargestellten Verweise angezeigt. Wählt der Benutzer eine Verweisklasse aus, so blinken in der Browserscheibe alle Verweise dieser Klasse. In der unteren Listenscheibe wird wieder die Historieliste angezeigt.

Klassen/Karten: In der oberen Listenscheibe werden alle Kartenklassen des Systems aufgelistet. Wählt der Benutzer eine dieser Klassen an, werden in der unteren Listenscheibe alle Karten dieser Klassen aufgelistet. Hier kann der Benutzer durch Anklicken Karten auswählen, die dann neue aktuelle Karte werden.

Linktypen/Karten: Wie oben, nur werden jetzt in der oberen Listenscheibe alle Verweistypen angezeigt und in der unteren Listensscheibe alle Karten, von denen Verweise des angewählten Typs ausgehen.

Pools/Karten: In der oberen Listenscheibe werden Pools angezeigt. Pools sind benutzerdefinierte Mengen von Karten. In der unteren Listenscheibe werden alle Karten, die dem angewählten Pool zugeordnet sind, dargestellt.

7 Entwicklung von verteilten Hypermediasystemen

Beim Entwurf und der Realisierung verteilter Hypermediasysteme müssen einerseits Probleme bei der Integration und einheitlichen Handhabung unterschiedlicher Medien (Audio, Video, Still Image) gelöst werden, andererseits kommen noch spezielle Probleme verteilter Realzeitanwendungen hinzu (Prozeßsynchronisation unterschiedlicher Betriebsmittel wie Ein- und Ausgabeeinheiten).

Bei der **Realzeitsynchronisation** unterschiedlicher Medien wird zwischen der **Source Synchronization** – wie z.B. von Audio und Video in einem CD-Video System – und der **Receiver Synchronization** – im Endgerät des Anwenders – unterschieden [Kretz89]. Ferner wird über die Erweiterung systemnaher Sprachen [Stei89] und von Kommunikationsprotokollen wie X.Windows nachgedacht. Beim heutigen Stand wird meistens eine direkte, applikationsspezifische Synchronisation unterschiedlicher Medien durch Assemblersprachkonstrukte vorgenommen [ACM89]. Andere einfache Synchronisationsmechanismen werden z.B. im ISDN durch spezielles D-Kanal–Signalling bereitgestellt.

Zentrales Problem bei der integrierten Bearbeitung multimedialer Information ist die **Medienkonvertierung (media conversion)**. Ein einfaches Beispiel dafür ist die Weiterverarbeitung eines empfangenen Telefaxes der Gruppe 3 mit einem normalen Editor, ein anderes die "speech-to-text–Problematik" speziell im medizinischen Bereich. Dieses

Problem läßt sich momentan in seiner Allgemeinheit nicht lösen; in Teilbereichen existieren jedoch erste pragmatische Ansätze, z.B. Software für OCR (Optical Character Recognition) oder Konverter zwischen unterschiedlichen Graphik- und Imageformaten.

In einer heterogenen Hardwareumgebung wird ein zusätzliches Problem dadurch hervorgerufen, daß nicht alle Knoteninformationen eines Hypermedianetzes auf jeder Hardware bearbeitbar oder darstellbar sind (z.B. Farbgraphik auf einem S/W-Bildschirm). Einige der entstehenden Probleme lassen sich mit einfachen Medienkonvertierungen lösen, andere erfordern pragmatische Restriktionen. Bislang existiert noch kein umfassendes Konzept für ein System, das adaptiv die geeignete Präsentation festlegt.

8 Zusammenfassung

Das in diesem Artikel vorgestellte Konzept und der Prototyp CONCORDE sind unserer Meinung nach erste Schritte auf dem Weg vom lokalen Einbenutzer-Hypertext zu einer Hypermediaumgebung in vernetzten verteilten Systemen. CONCORDE diente als exemplarisches Beispiel und als Diskussionsgrundlage bestimmter Lösungsansätze. Mit dem gewählten Ansatz ist die Verbindung von Unterstützung anwendungsspezifischer Information und Bereitstellung individueller privater Kontexte möglich.

Arbeiten, die über die Ergänzung und Weiterentwicklung der aktuellen Implementierung hinausgehen, müßten das vorgestellte Konzept um eine Möglichkeit erweitern, auf nicht von CONCORDE verwaltete Objekte zu verweisen. Dies würde die Realisierung eines offenen Hypertextsystems bedeuten. Ein geeigneter Ansatz dazu wurde in Abschnitt 4 vorgestellt.

9 Quellenhinweise

Verzeichnis der im Text aufgeführten Systeme

CONCORDE	TU Braunschweig
gIBIS	MCC
HAM	Tektronix Comp. Research Lab.
HyperCard	Apple Inc.
HyperMan	TU München
Hyperties	Cognetics Corp.
Intermedia	Brown Univ.
KMS	Knowledge Systems Inc.
LinkService	SUN Inc.
NoteCards	Xerox Corp.
Relnergo	TU Braunschweig
SEPIA	GMD-IPSI
WEBS	Univ. Fribourg
Xanadu	Project Xanadu

Literatur

[ACM89] **Communications of the ACM**, Special Issue on Digital Video Interactive, Vol.32, No.7, Juli 1989

[AMY87] **R.Akscyn, D.McCracken, E.Yoder**, KMS: A Distributed Hypermedia System for Managing Knowledge in Organizations; in: Proc. Hypertext'87, Chapel Hill (NC), 1987, pp.1–20

[Apple87] **Apple Computer, Inc.**, HyperCard User Manual, 1987

[CaGo88] **B.Campbell, J.M.Goodman**, HAM — a General Purpose Hypertext Abstract Machine; in: CACM, Vol.31, No.7, Juli 1988, pp.856–861

[CBL88] **R.Cordes, R.Buck-Emden, H.Langendörfer**, Multimedia Information Management and Optical Disk Technologies as a Basis for Advanced Information Retrieval: in: Proc. RIAO88, M.I.T. Cambridge (MA), März 1988, pp.65–80

[CHL89] **R.Cordes, M.Hofmann, H.Langendörfer**, Layered Object-oriented Techniques Supporting Hypermedia and Multimedia Applications; in: Proc. WOODMAN'89, Rennes, Mai 1989, pp.286–296

[CHLB89] **R.Cordes, M.Hofmann, H.Langendörfer, R.Buck-Emden**, The Use of Decomposition in an Object-oriented Approach to Present and Represent Multimedia Documents; in: Proc. HICSS-22, Hawaii, Multimedia Software Track, Januar 1989, pp.820–828

[CoBe88] **J.Conklin, M.Begeman**, gIBIS: A Hypertext Tool for Exploratory Policy Discussion; in: ACM ToOIS, Vol6, No.4, Oktober 1988, pp.303–331

[Cord90] **R.Cordes**, On the way to hypermedia and multimedia services and terminals; in: Proc. Interactive Communication, Paris, Mai 1990

[CoSü89] **R.Cordes, K.Süllow**, Ein Hypertextsystem zur Unterstützung von Konstruktionsingenieuren und Arbeitswissenschaftlern; in: Proc. GI–Jahrestagung 1989, München, Oktober 1989

[CTHPP86] **S.Christodoulakis, F.Theodoridou, F.Ho, M.Papa, A.Pathria**, Multimedia Document Presentation, Information Extraction and Document Formation in MINOS; in: ACM ToOIS, Vol.4, No.4, Oktober 1986, pp.345–383

[Eiru89] **H.Eirund**, Integration orthogonaler Zugriffsverfahren in Dokumentarchiv-Systemen; in: Proc. 2nd Conf. SUN-User-Group, Wiesbaden, 1989

[FuSt89] **R.Furuta, D.P.Stotts**, Object Structures in Paper Documents and Hypertexts; in: Proc. WOODMAN'89, Rennes, Mai 1989, pp.147–151

[HCL89] **M.Hofmann, R.Cordes, H.Langendörfer**, Hypertext / Hypermedia; in: Informatik–Spektrum, "Aktuelles Schlagwort", Vol.12, No.4, pp.218–220

[HMT87] **F.G.Halasz, T.P.Moran, R.N.Randall**, NoteCards in a Nutshell; in: Proc. ACM Conference CHI/GI'87, Toronto, 1987, pp.45–52

[HoLa89] **M.Hofmann, H.Langendörfer**, Konzept eines Informationssystems zur Schaffung einer individuellen Arbeitsumgebung durch spezielle Hypertext–Verweise; in: Notizen zu Interaktiven Systemen, Heft 18, pp.113–132

[HoLa90] **M.Hofmann, H.Langendörfer**, Browsing as Incremental Access of Information in the Hypertext System CONCORDE; Proc. Interactive Communication, Paris, Mai 1990

[Kretz89] **F.Kretz**, Terminology for multimedia and hypermedia issues; MHEG89/036, Rev.1, Oktober 1989

[MaSh88] **G.Marchionini, B.Shneiderman**, Finding Facts vs. Browsing in Hypertext Systems; in: IEEE Computer, Vol.21, No.1, Januar 1988, pp.70–80

[Nels87] **T.H.Nelson**, All for One and One for All; Vorwort der Proc. Hypertext'87, Chapel Hill (NC), 1987, pp.V–VII

[Pearl89] **A.Pearl**, Sun's Link Service: A Protocol for Open Linking; in: Proc. Hypertext'89, Pittsburgh, November 1989, pp.137–146

[Rask87] **J.Raskin**, The Hype in Hypertext: A Critique; in: Proc. Hypertext'87, Chapel Hill (NC), November 1987, pp.325–330

[SaGü89] **F.Sarre, U.Güntzer**, Einsatz von Hypertextsystemen für Dokumentationen technischer Systeme am Beispiel der UNIX–Manuale; in: Notizen zu Interaktiven Systemen, Heft 18, pp.133–148

[SHT89] **N.A.Streitz, J.Hannemann, M.Thüring**, From Ideas and Arguments to Hyperdocuments: Travelling through Activity Spaces; in: Proc. Hypertext'89, Pittsburgh, November 1989, pp.343–364

[Stei89] **R.Steinmetz**, Synchronization Properties in Multimedia Systems; IBM-ENC Tech. Report Nr.43-8906, Heidelberg, 1989

[Yasu89] **H.Yasuda**, Standardization activities on multimedia coding in ISO; in: Signal Processing – Image Communication, Vol.1, No.1, Juni 1989, pp.3–16

Ein Programmeditor mit Hypertext-Fähigkeiten

Hanspeter Mössenböck
ETH Zürich
Institut für Computersysteme

Zusammenfassung

Programme werden nicht wie Prosatexte sequentiell vom Anfang bis zum Ende gelesen, sondern vielmehr selektiv. Man ist zu einem bestimmten Zeitpunkt nur an wenigen Prozeduren und an den von ihnen benutzten Daten interessiert. Diese Programmteile möchte man in einem Kontext sehen auch wenn sie textuell weit voneinander getrennt sind, wie etwa die Deklaration und die Benutzung von Variablen oder Prozeduren. Weiters möchte man manchmal Details sehen, manchmal aber auch nur die Steuerlogik oder das Programmskelett. All das sind typische Hypertext-Merkmale, die es nahelegen, Hypertext zur Entwicklung und Dokumentation von Programmen zu verwenden.

1. Einleitung

Programmeditoren sind konservative Werkzeuge. Während es in der Textverarbeitung seit langem üblich ist, Dokumente ansprechend zu gestalten und damit für Menschen leichter lesbar zu machen, basieren Programmeditoren auf einer Technologie, wie sie schon vor 20 Jahren üblich war: man editiert reine ASCII-Texte ohne verschiedene Schriftarten und Hervorhebungen, man kann keine Grafik in den Text einbetten (obwohl das zur Dokumentation von Programmen sehr nützlich wäre) und der Text wird einfach als Folge von Zeichen ohne jegliche Struktur betrachtet (obwohl Programme eine sehr reichhaltige Struktur haben, die selektives Lesen ermöglicht). Den Grund für die spartanische Ausstattung von Programmeditoren muß man eher in der Genügsamkeit der Programmierer suchen als in der Tatsache, daß bessere Formatier- und Strukturierungsmittel nicht auch die Lesbarkeit von Programmen fördern würden..

Der vorliegende Beitrag beschreibt den Editor *She* (<u>S</u>imple <u>H</u>ypertext <u>E</u>ditor), der – obwohl er ein allgemeiner Hypertext-Editor ist – speziell zur Entwicklung von Programmen gedacht ist. Die wesentlichen Eigenschaften von *She* sind:

- verschiedene Schriftarten und Schriftstile
- Expansion und Kollapierung von Textstücken
- Annotierung von Textstücken
- Verknüpfungen zwischen Textstücken
- Integration mit einem Compiler

Alle diese Eigenschaften sind besonders für die Entwicklung und Dokumentation von Programmen wichtig.

She ähnelt damit Editoren wie *Guide* [Brown87] unterscheidet sich aber von allgemeineren Systemen wie *Hypercard* [HC]. Abschnitt 2 beschreibt die Konzepte von *She* und zeigt einige Anwendungsmöglichkeiten. Abschnitt 3 skizziert die Implementierung und zeigt, wie man *She* auf einfache Weise erweitern kann. Abschnitt 4 schließlich versucht, *She* von anderen Systemen wie *Guide* und *Hypercard* abzugrenzen.

2. Konzepte von She

2.1 Kollapierung und Expansion

Das Lesen von Programmen ist mühsam, besonders dann, wenn man das Programm nicht selbst geschrieben oder sich schon lange nicht mehr damit befaßt hat. Es fehlt der Überblick, man findet überall Details, von denen man erst abstrahieren muß und man muß ständig zwischen verschiedenen Stellen hin und her blättern. Kommentare helfen ein wenig, aber wenn sie zu ausgiebig benutzt werden, können Sie die Probleme sogar verschlimmern: Programme werden dadurch noch mehr in die Länge gezogen und man sieht dann oft vor lauter Kommentaren die eigentliche Programmstruktur nicht mehr.

Was man braucht, ist die Möglichkeit, unnötige Details ausblenden zu können und sie nur dann anzuzeigen, wenn man ausdrücklich an ihnen interessiert ist. Aus diesen Überlegungen heraus erlaubt *She*, Textstücke zu kollapieren (auszublenden) und durch andere Textstücke (z.B. Pseudocode oder Kommentar) zu ersetzen (Bild 1). Durch Mausklick auf das entsprechende Textstück kann man zwischen beiden Repräsentationen umschalten. Auf diese Weise können Details verborgen werden, wenn der Leser nur an einem grundlegenden Verständnis des Programms interessiert ist.

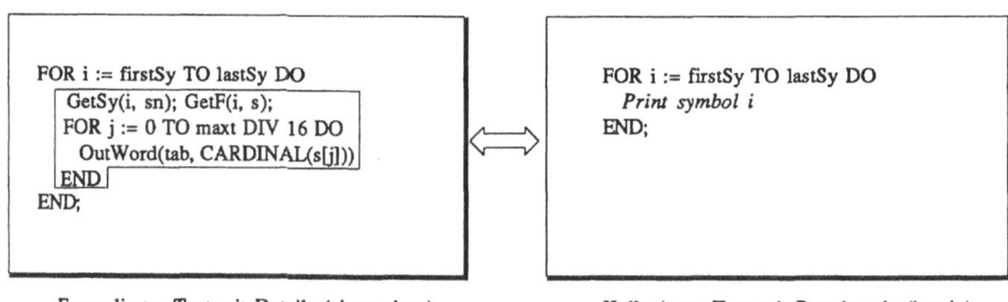

Expandierter Text mit Details (eingerahmt)   Kollapierter Text mit Pseudocode (kursiv)

Bild 1: Kollapierung und Expansion von Textstücken. Durch Mausklicks austauschbar.

Diese Funktion hat viele nützliche Anwendungen in der Aufbereitung von Programmtexten.

- *Ausblenden ganzer Anweisungsfolgen.* Anstatt aus einer Anweisungsfolge eine Prozedur zu machen, kann man sie auch einfach kollapieren. Prozeduren kosten Laufzeit und Code, sie können ein Programm "atomisieren" und erzwingen, daß man ständig im Programmtext blättern muß. Kollapierungen wirken hingegen eher wie Makros. Sie kosten keine Laufzeit und man kann sie jederzeit an derjenigen Stelle einblenden, an der sie benutzt werden, ohne blättern zu müssen. Im Gegensatz zu Makros sind Kollapierungen jedoch sprach*unabhängig*. Sie folgen keiner Syntax und man kann sie für Programmtexte in verschiedenen Sprachen verwenden.

- *Ausblenden komplizierter Ausdrücke*. Nicht nur Anweisungsfolgen, sondern auch Ausdrücke enthalten oft eine Fülle von Details, besonders wenn sie aus mehreren Termen zusammengesetzt sind. Der Leser möge selbst entscheiden, welche Repräsentation in Bild 2 besser verständlich ist.

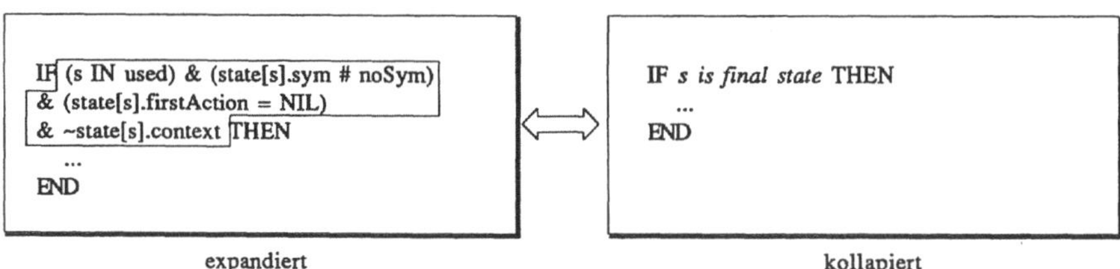

Bild 2: Ausblenden von Ausdrücken

Man beachte, daß der kollapierte Text zugleich ein Kommentar ist. Mit herkömmlichen Editoren müßte dieser Kommentar vor oder hinter dem Ausdruck angebracht werden und würde so das Programm aufblähen. Hier steht er *anstelle* des Ausdrucks und kostet keinen zusätzlichen Platz.

- *Ausblenden langer Kommentare*. Kommentare sind wichtige Dokumentationshilfen aber sie können Programme auch entstellen. Sie trennen zusammengehörende Anweisungen, ziehen sie auseinander und verschleiern so die Programmstruktur, die man bei dichten Programmen auf den ersten Blick sieht. Dabei liest man Kommentare für gewöhnlich nur ein einziges Mal, dann kennt man sie und kann auf sie verzichten. Indem man lange Kommentare kollapiert, kann man mit gutem Gewissen ausführlich kommentieren, ohne daß dadurch die Programmstruktur leidet (Bild 3).

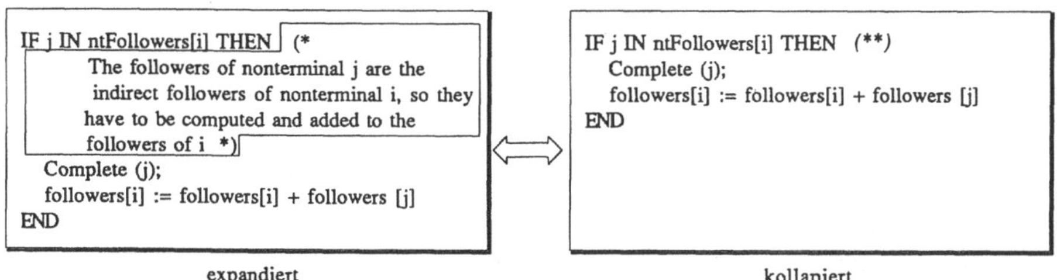

Bild 3: Ausblenden langer Kommentare

- *Programmskelett*. Wenn der Rumpf jeder Prozedur kollapiert wird, ergibt sich ein Programmskelett, das wie ein Inhaltsverzeichnis wirkt (Bild 4). Man kann gezielt eine oder zwei Prozeduren, an denen man interessiert ist, expandieren und sie nach "Gebrauch" wieder kollapieren. Dies verschafft einem den nötigen Überblick. Die kollapierte Form erinnert außerdem stark an ein Definitionsmodul. Man kann tatsächlich ein Implementierungsmodul so strukturieren, daß es im kollapierten Zustand sein eigenes Definitionsmodul ist. Das erspart eine Datei für das Definitionsmodul und garantiert die Konsistenz zwischen beiden Teilen (ein und derselbe Prozedurkopf gilt dann für beide Repräsentationen).

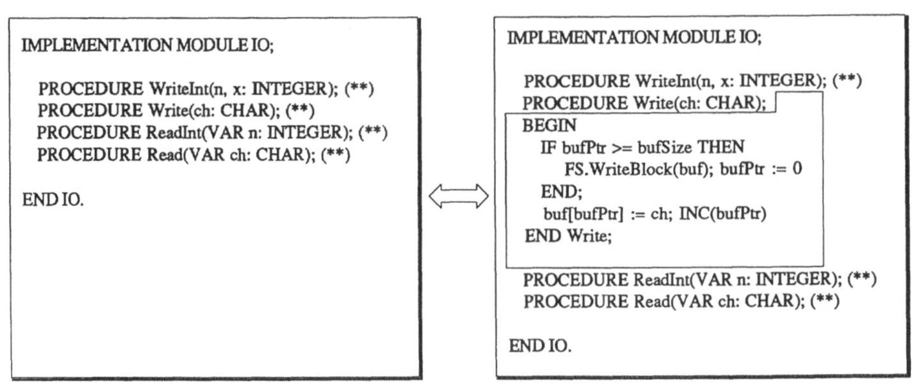

| kollapiertes Programmskelett | Prozedur Write wurde expandiert |

Bild 4: Programmskelett

* *Programmentwicklung mit schrittweiser Verfeinerung.* Wenn man ein Programm nach der Methode der schrittweisen Verfeinerung entwirft, beginnt man zunächst mit der Steuerlogik und beschreibt sie durch Pseudocode-Aktionen. Anschließend nimmt man sich eine Aktion nach der anderen vor und verfeinert sie durch detailliertere Pseudocode-Aktionen, bis die Aktionen so einfach sind, daß man sie direkt in einer Programmiersprache ausdrücken kann. Dieser Entwurf erfolgt meist mit Papier und Bleistift. Das fertige Programm existiert am Rechner dann nur noch in der letzten Verfeinerungsstufe. Man sieht ihm in der Regel nicht mehr an, aus welchen Aktionen es entstanden ist. Mit *She* ist es nun möglich, ein Programm direkt am Rechner in Pseudocode zu schreiben (Bild 5a) und anschließend ein Stück Pseudocode nach dem anderen zu einer expandierbaren Aktion zu machen, die man in ihrer expandierten Form mit neuem Text füllen kann (Bild 5b). Dies kann man über mehrere Stufen fortsetzen. Durch Kollapierung der expandierten Aktionen kann man jede der früheren Stufen wieder erreichen. Der gesamte Entwurfsprozeß ist also noch am fertigen Programm nachvollziehbar.

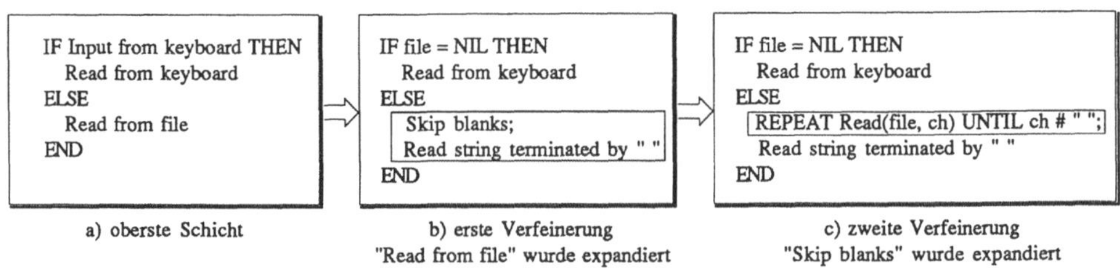

| a) oberste Schicht | b) erste Verfeinerung
"Read from file" wurde expandiert | c) zweite Verfeinerung
"Skip blanks" wurde expandiert |

Bild 5: Entwurf eines Programms mittels schrittweiser Verfeinerung

Kollapieren und expandieren von Text ist ein sehr nützliches Gestaltungsmittel. Kollapierungen können geschachtelt werden. Man kann sich gezielt eine oder mehrere Ebenen in den Text hinein "zoomen" und so das Programm auf derjenigen Abstraktionsebene sehen, die dem momentanen Verständnis am besten entspricht. Die Bedürfnisse eines Lesers ändern sich im Laufe der Zeit. Anfangs möchte er viele Kommentare und wenige Details, später ist es umgekehrt. Der Programmierer wird es dann schätzen, wenn er ein Programm in einem angemessenen Detailierungsgrad lesen kann.

2.2 Annotationen

Textstücke können mit anderen Texten (Kommentaren, Erläuterungen) annotiert werden. Durch einen Mausklick auf das Textstück wird die Annotation in einem kleinen Pop-Up-Fenster sichtbar (Bild 6) und bleibt sichtbar, solange man die Maustaste gedrückt hält. Der annotierte Text ist durch eine Unterstreichung gekennzeichnet.

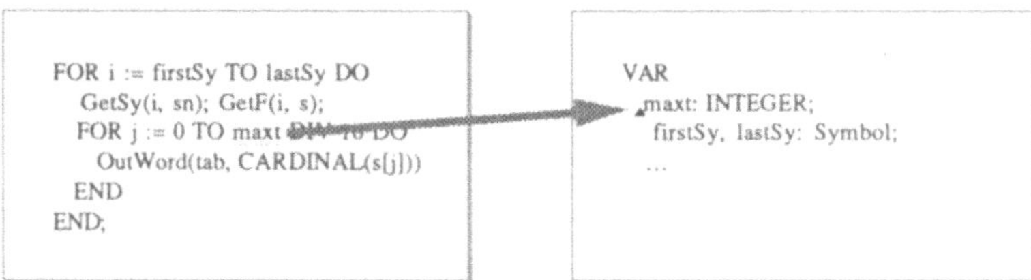

Bild 6: Annotation wird sichtbar, wenn Benutzer auf den sensitiven Text "maxt DIV 16" klickt.

Annotationen können verwendet werden, um schwierige Programmstellen oder Tricks zu erklären, ohne den Programmtext durch lange Kommentare aufzublähen. Der Leser holt sich die Information nur bei Bedarf und muß sie nicht immer sehen. Der Vorteil von Annotationen gegenüber Kollapierungen (mit denen sich ebenfalls Kommentare verstecken lassen) ist der, daß man Annotationen direkt einer bestimmten Programmstelle zuordnen kann (z.B. einer Variablen oder einem Operator). Besonders nützlich sind globale Annotationen (siehe Abschnitt 2.4).

2.3 Verknüpfungen

Programme sind keine linearen Texte, sondern bestehen aus einzelnen Stücken mit vielerlei Beziehungen. Beim Lesen einer Prozedur stößt man auf die Aufrufe anderer Prozeduren, worauf man zu diesen blättern muß, um zu sehen, was sie leisten. Das Blättern und Suchen ist eine zeit- und nervenraubende Tätigkeit, die man vereinfachen kann, wenn die zusammengehörenden Programmteile miteinander in Form von Hypertext verknüpft sind. *She* gestattet es, ein Textstück und eine Textposition miteinander zu verknüpfen. Wenn man mit der Maus auf den Startpunkt der Verknüpfung klickt, wird der Endpunkt in einem eigenen Fenster angezeigt (Bild 7).

Bild 7: Benutzung und Deklaration der Variablen "maxt" sind verknüpft. Ein Klick auf das benutzende Auftreten des Namens öffnet ein Fenster und setzt das Caret auf die Deklaration des Namens.

Verknüpfungen können auch zwischen Texten in verschiedenen Dateien hergestellt werden, z.B. zwischen einem Programmstück und seiner Dokumentation. Zielpunkt einer Verknüpfung kann sogar ein Grafikdokument sein, sodaß man durch einen Klick auf eine Programmstelle ein Bild der Datenstrukturen an dieser Stelle des Programms bekommen kann.

2.4 Globale Annotationen und Verknüpfungen

Im Gegensatz zu Prosatexten haben Programmtexte die Eigenschaft, daß einige wenige Namen sehr oft vorkommen. Oft möchte man eine Annotation nicht nur für ein einzelnes Auftreten eines Namens vornehmen, sondern für alle Auftreten im gesamten Dokument. Ebenso möchte man vielleicht nicht nur eine einzelne Programmstelle mit einer anderen verknüpfen, sondern alle Stellen, an denen ein bestimmter Name vorkommt. Solche globalen Markierungen können in *She* mit Hilfe eines sogenannten Wörterbuchs vorgenommen werden.

Jedem *She*-Dokument ist ein Wörterbuch zugeordnet. Das Wörterbuch ist ein gewöhnlicher Text, den man ein- und ausblenden kann und in den man mit dem Editor Namen eintragen kann. Wenn man einen Namen im Wörterbuch annotiert oder mit einer anderen Programmstelle verknüpft, dann gilt diese Markierung global für das ganze Dokument, d.h. man kann anschließend jedes Auftreten dieses Namens im Dokument anklicken und bekommt die entsprechende Annotation angezeigt oder folgt einer Verknüpfung. Man kann auf diese Weise bereits bei der Deklaration eines Namens diesen mit einer entsprechenden Annotation ins Wörterbuch eintragen und hat die Annotation dann bei jedem späteren Auftreten des Namens parat.

2.5 Sonstige Eigenschaften

Neben den üblichen Editierfunktionen bietet *She* die Möglichkeit, verschiedene Schriftarten und Schriftstile zu verwenden. Dadurch kann man zum Beispiel Prozedurköpfe in Fettschrift hervorheben oder Kommentare in einem kleineren Font setzen, damit sie weniger auffallen.

She kann bequem zusammen mit einem Compiler benutzt werden. Der Compiler kann aus dem Editor heraus gestartet werden. Eventuelle Fehler können direkt im Programmtext angezeigt und sofort korrigiert werden. *She* ist zur Zeit mit einem Oberon-Compiler integriert. Jeder Programmierer kann den Editor aber so erweitern, daß er auch mit anderen Compilern zusammenarbeiten kann (siehe Abschnitt 3.2).

3. Implementierung

She ist in Oberon [Wirth89] auf dem an der ETH Zürich verwendeten Arbeitsplatzrechner Ceres [Eberle87] implementiert. Oberon ist eine Sprache mit objektorientierten Eigenschaften, Oberon ist aber auch der Name des Betriebssystems, unter dem *She* läuft. Das Oberon-System stellt eine Reihe von Bausteinen (Fenster, Texte, Frames) zur Verfügung, die auf objektorientierte Weise erweitert und an die Bedürfnisse einer bestimmten Applikation angepaßt werden können. Als Hardware steht ein hochauflösender Bildschirm (1024 x 800 Punkte) und eine Dreiknopf-Maus zur Verfügung.

3.1 Textstruktur

Die in *She* verwendeten Texte haben eine gewisse Struktur: Ein Textstück kann expandierbar oder kollapierbar sein, es kann annotiert sein oder als Startpunkt einer Verknüpfung dienen. Solche Textstücke heißen *Segmente*. Die Positionen und Längen der Segmente werden in einer verketteten Datenstruktur gespeichert. Da Segmente auch geschachtelt auftreten können, ist diese Datenstruktur ein Baum (Bild 8). Der eigentliche Text wird in einer anderen Datenstruktur gespeichert, die bereits als abstrakter Datentyp vom Oberon-System zur Verfügung gestellt wird. *She*-Texte sind eine Typerweiterung (Unterklasse) der Oberon-Texte und daher mit diesen kompatibel.

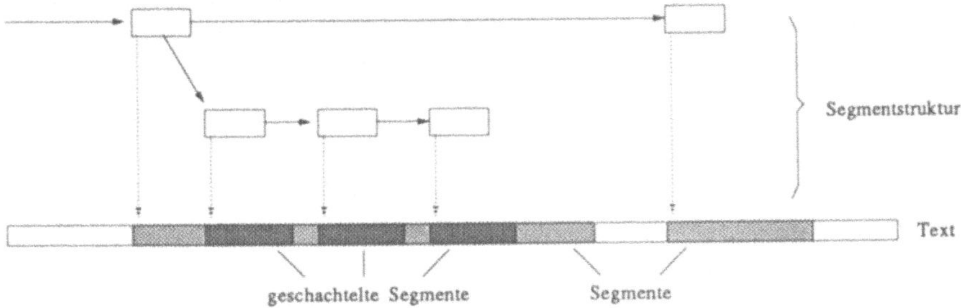

Bild 8: Datenstrukturen für Hypertext in *She*

Oberon-Texte können in sogenannten Text-Frames installiert werden. Frames sind rechteckige Flächen auf dem Bildschirm, die für die Darstellung eines bestimmten Inhalts (in diesem Fall Text) zuständig sind. Da Text-Frames mit Oberon-Texten arbeiten können, können sie automatisch auch mit *She*-Texten arbeiten, die eine Erweiterung davon sind.

Ein Text-Frame wiederum ist in einem Text-Viewer installiert, d.h. in einem Fenster, das verschoben, vergrößert und verkleinert werden kann und das für die Interpretation der Benutzereingaben (Mausklicks und Tastendrucke) verantwortlich ist. *She*-Viewers müssen auf Mausklicks anders reagieren als Oberon-Viewers, deshalb wurde auch hier eine Erweiterung des Grund-Datentyps Viewer vorgenommen. *She*-Viewers sind mit Oberon-Viewers kompatibel, daher kann das Betriebssystem mit ihnen arbeiten.

Bei jeder Text-Operation muß nicht nur der eigentliche Text, sondern auch die Segmentstruktur manipuliert werden, da die Lage und die Länge der Segmente verändert werden kann. Bei speziellen Mausklicks wird das kleinste Segment gesucht, das die Klick-Position enthält und die mit diesem Segment verbundene Aktion wird ausgeführt (Expansion/Kollapierung, Anzeige einer Annotation, etc.). Folgende Aufzählung zeigt die in *She* verwendeten Segmente und die in ihnen gespeicherten Informationen:

Segmentart	*Gespeicherte Informationen*
Expand-Segment	Hintergrundtext, Modus (expandiert oder kollapiert)
Annotations-Segment	Annotations-Text
Link-Segment	Zieldatei, Nummer des entsprechenden Target-Segments
Target-Segment	eindeutige Nummer innerhalb des Textes
Error-Segment	Fehlernummer

Jedes Link-Segment ist mit einem Target-Segment verbunden, das eine eindeutige Nummer hat und in einer anderen Datei liegen kann. Mehrere Link-Segmente können auf dasselbe Target-Segment zeigen. Durch Anklicken eines Link-Segments wird die Zieldatei ab der Position des Target-Segments angezeigt. Wurde die Zieldatei in der Zwischenzeit gelöscht oder umbenannt, geschieht nichts. Wurde das entsprechende Target-Segment gelöscht, wird die Zieldatei von Anfang an angezeigt.

Error-Segmente dienen zur temporären Speicherung von Fehlernummern. Der Oberon-Compiler liefert eine Liste von Fehlerpositionen und Fehlernummern. *She* fügt an jeder Fehlerposition ein Error-Segment mit der entsprechenden Fehlernummer ein. Mit einem Menükommando kann der Benutzer nach Error-Segmenten suchen und bekommt dann neben der Fehlerposition eine Fehlermeldung angezeigt, die der im Segment gespeicherten Fehlernummer entspricht. Die Error-Segmente verschieben sich bei Editieroperationen mit, sodaß die Fehlerpositionen auch nach Korrekturen einzelner Fehler noch stimmen.

She-Texte werden auf Datei so abgespeichert, daß zu Beginn der reine ASCII-Text in expandierter Form steht und anschließend die gesamte Strukturinformation folgt. Jeder Compiler kann daher den abgespeicherten Text compilieren.

3.2 Erweiterbarkeit

Durch eine objektorientierte Implementierungsweise ist es möglich, den Editor zu einem späteren Zeitpunkt zu erweitern und diese Erweiterungen dynamisch zu laden. Selten benutzte Kommandos müssen auf diese Weise nicht bereits in der Grundversion des Editors vorhanden zu sein.

Ein Beispiel für eine solche Erweiterung ist die Implementierung eines Kommandos, das in einem Oberon-Programm alle Prozeduren auf ihre Prozedurköpfe kollapiert. Man erhält dadurch ein Programmskelett wie es in Abschnitt 2.1 angesprochen wurde. Um diese Art von Erweiterbarkeit zu erklären, sind einige Worte über das Oberon-System nötig: Unter Oberon können mehrere Programme gleichzeitig laufen. Alle Fenster und die in ihnen dargestellten Texte sind im Hauptspeicher abgebildet und für alle Programme zugänglich. Man kann daher ein Programm schreiben, das auf einen *She*-Viewer zugreift, den in ihm angezeigten Text analysiert, entsprechende kollapierbare Segmente darüberlegt und sie kollapiert. Da in Oberon jedes Programm jedes andere bereits geladene Modul verwenden kann, kann das neu geschriebene Programm die

Module von *She* benutzen und muß zum Beispiel das Einfügen von Segmenten nicht selbst implementieren.

Ein anderes Beispiel ist die Integration des Editors mit einem anderen als dem Oberon-Compiler. Wenn man zum Beispiel aus dem Editor heraus einen Modula-Compiler starten und die gelieferten Fehlermeldungen direkt im Text anzeigen möchte, muß man ein Kommando schreiben, das sich wie oben beschrieben den *She*-Text aus einem *She*-Viewer besorgt, ihn an den Modula-Compiler übergibt und anschließend an den gemeldeten Fehlerpositionen Error-Segmente einfügt. Der Editor muß dazu nicht geändert werden, ja man muß nicht einmal seinen Quellcode kennen.

Man beachte, daß die Grundversion des Editors sprachunabhängig ist. Durch Erweiterungen können sprachspezifische Kommandos eingeführt werden, sodaß derselbe Editor mit verschiedenen Erweiterungen für unterschiedliche Sprachen eingesetzt werden kann.

4. Abgrenzung zu anderen Hypertext-Systemen

Verglichen mit anderen Hypertext-Systemen wie *Hypercard* [HC] ist *She* sehr einfach. Vor allem die Möglichkeiten zur grafischen Ausgestaltung von Dokumenten, wie sie in *Hypercard* am ausgeprägtesten sind, fehlen hier völlig. Am meisten beeinflußt wurde *She* von *Guide* [Brown87] und vor allem von der *Guide*-Implementierung für den Apple Macintosh. Andere Ideen kamen von [Baecker86], [Goldberg87], [Ince83] und [Zelkowitz84]. Folgende Punkte unterscheiden *She* von *Guide*:

* *She* ist auf das Schreiben von Programmen ausgerichtet. Insbesondere kann man *She*-Dokumente compilieren, was man mit *Guide*-Dokumenten nicht kann.
* *She* kennt globale Annotationen und Verknüpfungen. In *Guide* muß man jedes einzelne Auftreten eines Namens explizit annotieren. In *She* braucht man das nur ein einziges Mal im Wörterbuch zu tun und die Annotation gilt für das ganze Dokument. Diese Eigenschaft ist für die Dokumentation von Programmen äußerst nützlich, da in ihnen nur wenige Namen vorkommen, diese dafür aber sehr oft.
* *She* ist erweiterbar. Der Programmierer kann zur Grundversion des Editors weitere Kommandos hinzufügen, zum Beispiel, um automatisch alle Namen in einem Programm mit der Stelle ihrer Deklaration zu verbinden oder um alle Kommentare einer bestimmten Art zu kollapieren.
* *She* kennt nur einen einzigen Modus, in dem alle Editier- und Hypertext-Funktionen jederzeit ausführbar sind. *Guide* unterscheidet zwischen einem Editiermodus, bei dem ein Mausklick ein Caret in den Text setzt, und einem Ausführungsmodus, bei dem ein Mausklick eine Hypertext-Funktion bewirkt.
* *Guide* erlaubt das Einfügen von Grafik in Texten und gibt mehr Feedback als *She*. Zum Beispiel nimmt der Cursor eine andere Gestalt an, wenn er über sensitive Textstellen fährt.

Das Expandieren und Kollapieren von Texten erinnert an einen Outline-Editor. Allerdings bestehen zwei wichtige Unterschiede zwischen einem Outline-Editor und einem Hypertext-Editor wie *She* oder *Guide*:

* Ein Outline-Editor kann nur ganze Zeilen oder Absätze kollapieren, nicht aber ein Textstück innerhalb einer Zeile.
* In einem Outline-Dokument bedeutet Expandieren eines Textes, daß hierarchisch untergeordnete Texte

sichtbar werden. Der übergeordnete Text ist jedoch nach der Expansion ebenfalls noch sichtbar. Umgekehrt läßt eine Kollapierung nur die untergeordneten Texte verschwinden, der übergeordnete Text bleibt sichtbar. In *She* bedeutet Expansion und Kollapierung das Auswechseln eines Textes gegen einen anderen. Expansion und Kollapierung haben die gleiche Wirkung, allerdings ist einer der beiden Texte der expandierte (der zum Beispiel compiliert wird), der andere der kollapierte.

5. Schlußbemerkungen

Hypertext bietet viele Möglichkeiten, um das interaktive Lesen von Programmen zu erleichtern. Einige dieser Möglichkeiten wurden in *She* realisiert. Die wichtigsten Ziele dabei waren:

- Sprachunabhängigkeit. *She* kann für beliebige Sprachen (Modula, C, Lisp, etc.) verwendet werden. Dies ist möglich, weil ein Text nicht auf Grund seiner syntaktischen Struktur modelliert wird, sondern auf Grund seiner Bedeutung. Die Modellierung geschieht im Normalfall nicht automatisch sondern explizit nach den Vorstellungen des Benutzers.
- Einfachheit. Solange man die Hypertext-Fähigkeiten nicht benutzt, ist *She* ein gewöhnlicher Texteditor. Der Benutzer muß keine neuen Paradigmen lernen um damit zu arbeiten.
- Adäquatheit. *She* beschränkt sich auf wenige Funktionen, die speziell für das Modellieren von Programmen nützlich sind. Aufwendigere Funktionen, wie man sie etwa in *Hypercard* findet, wurden weggelassen.
- Erweiterbarkeit. Jeder Benutzer kann zusätzliche Kommandos implementieren und zwar in der Sprache, in der auch der Editor implementiert ist. Er muß also keine spezielle Sprache lernen.

She ist kein Demonstrations- oder Lernprogramm sondern ein professionelles Werkzeug zur Software-Entwicklung. Ich schreibe seit einem Jahr nicht nur sämtliche Programme damit, sondern auch alle anderen Texte wie Dokumentationen oder Electronic Mail.

Literatur

[Baecker86]   Baecker R.: Design Principles for the Enhanced Presentation of Computer Program Source Text. CHI'86 Proceedings, April 1986

[Brown87]   Brown P.J.: Turning Ideas into Products – The Guide System. Hypertext '87 papers, University of North Carolina at Chapel Hill, Nov. 1987

[Eberle87]   Eberle H.: Development and Analysis of a Workstation Computer. Ph.D. thesis, ETH Zürich, 1987

[Goldberg87]   Programmer as Reader. IEEE Software, Sept. 1987

[HC]   Hypercard-Benutzerhandbuch. Apple Computer Inc.

[Ince83]   Ince D.C.: A Software-Tool for Top-down Programming. Software – Practice and Experience, Vol. 13, 687-695, 1983

[Wirth89]   Wirth N.: From Modula to Oberon and The Programming Language Oberon. Report 111, Departement Informatik, ETH Zürich, Sept. 1989

[Zelkowitz84]   Zelkowitz M.V.: A Small Contribution to Editing with a Syntax-Directed Editor. SIGPLAN Notices, Vol. 15(5), 1984

SmallText<u>HOT</u>

Die Entwicklung eines
Hypertext-Systems in Smalltalk
zur Gestaltung von
Online-Benutzerdokumentationen

Heinz J. Aigner

Philips Kommunikations Industrie AG
Advanced Projects - Expert Systems
Eiserfelder Straße 316
D-5900 Siegen

Gisbert Dittrich

Universität Dortmund
Fachbereich Informatik
Postfach 50 05 00
D-4600 Dortmund 50

Zusammenfassung

SmallText<u>HOT</u> ist ein Projekt, das gemeinsam von der Philips Kommunikations Industrie AG, Siegen und der Universität Dortmund durchgeführt wird. In diesem Projekt wurde im Rahmen einer studentischen Projektgruppe ein Prototyp in Smalltalk implementiert, der eine als Hyperdokument verfaßte Online-Dokumentation einer Smalltalk-Applikation als Schnellhilfe verfügbar macht. Der zentrale Begriff zur Realisierung kontext-abhängiger Hilfe mittels Hypertext-Konstrukten ist die Applikationsverbindung.

1. Überblick und Vorbemerkungen

SmallText[HOT] ist ein Projekt, das gemeinsam von der Philips Kommunikations Industrie AG, Siegen und der Universität Dortmund durchgeführt wird. In diesem Projekt werden die Möglichkeiten der Gestaltung von intelligenten Hilfesystemen, On-Line-Manuals und Lehrprogrammen mittels Hypertext untersucht und der Prototyp eines Hypertext-Systems in Smalltalk implementiert, das die Erstellung von Hilfesystemen, Manuals und Lehrprogrammen ermöglicht. Der Name des Projektes **SmallText[HOT]** steht für die Begriffe **S**malltalk, Hyper**t**ext, **H**ilfesysteme, **O**nline-Dokumentation und **T**utorials. Das Projekt wurde im Dezember 1988 definiert und im März 1989 begonnen. Als Laufzeit des Projekts sind vorerst zwei Jahre veranschlagt.

In der ersten Phase, deren Laufzeit von April 1989 bis März 1990 festgelegt war, bestand das Projekt aus der Veranstaltung einer **studentischen Projektgruppe** an der Universität Dortmund, deren Betreuung durch die beiden Autoren übernommen wurde. Eine studentische Projektgruppe ist eine spezielle **Lehrveranstaltungsform**, die während des Hauptstudiums im Studiengang Diplom-Informatik an der Universität Dortmund absolviert werden muß. Sie vereinigt die Lehrveranstaltungsform eines Seminars, einer Spezialvorlesung, eines Fortgeschrittenenpraktikums und eines Kolloquiums. An ihr nehmen in der Regel 8 - 12 Studenten teil, die von mindestens 2 Betreuern, von denen mindestens einer zum Lehrkörper der Universität gehören muß, angeleitet werden. Diese Regelung ermöglicht die Beteiligung externer Partner und damit den **Know-How-Transfer** sowohl von der Hochschule in die industrielle Praxis als auch umgekehrt. Eine studentische Projektgruppe läuft über 2 Semester bei einer wöchentlichen Belastung von 14 - 16 Stunden für jeden Studenten. In dieser Phase des Projekts wurden wesentliche inhaltliche Ergebnisse in erster Linie von den Studenten erarbeitet. Auch in der zweiten Phase soll ein Großteil der Arbeit durch Studenten erbracht werden. Diese Phase ist für die Zeit von April 1990 bis Dezember 1990 geplant. Es ist daran gedacht, daß eine Gruppe von bis zu 5 Studenten aus der studentischen Projektgruppe bei der Philips Kommunikations Industrie AG ihre **Diplomarbeiten** erstellt.

Der Fortschritt des Projekts wird außer durch die erstellten Unterlagen und Berichte auch durch eine Reihe von **Prototypen** dokumentiert werden. Während der studentischen Projektgruppe wurden 3 Protoypen erstellt, von denen der letzte im folgenden beschrieben wird. In der zweiten Phase des Gesamtprojekts ist ebenfalls daran gedacht, verschiedene funktionale Stufen durch Prototypen zu belegen, hierzu liegen allerdings noch keine konkreten Pläne vor.

2. Smalltalk - Die Programmier- und Laufzeitumgebung

Sowohl Hardware- als auch Software-Umgebung für dieses Projekt wurden seitens des industriellen Partners, der Philips Kommunikations Industrie AG, vorgegeben. Die Entwicklung sollte auf **Personal Computern** im Industriestandard erfolgen, die mindestens mit einem Intel 80286-Prozessor ausgestattet sind. Als Programmier- und Laufzeitumgebung wurde **Smalltalk/V 286** der Firma Digitalk, Inc. ausgewählt [4], da Smalltalk/V 286 alle Möglichkeiten für die schnelle Erstellung auch funktional umfangreicher Prototypen bietet, nicht zuletzt wegen der natürlichen Einbettung des Ansatzes des objektorientierten Programmierens. Ein weiterer wichtiger Grund für diese Vorgaben ist, daß bei der Philips Kommunikations Industrie AG bereits Applikationen in Smalltalk/V 286 entwickelt werden und Hypertext-Möglichkeiten innerhalb dieser Umgebung eine Wertsteigerung der vorhandenen Applikationen bewirken können. Dazu muß aber sichergestellt sein, daß das zu entwickelnde Hypertext-System eine Systemarchitektur aufweist, die offen genug ist, um mit anderen Smalltalk-Applikationen kommunizieren zu können.

Smalltalk/V 286 besteht im wesentlichen aus einem Laufzeitmodul, einem Speicherabbild (Image) und Quellcode-Dateien. [4] Beim Starten des Systems lädt das Laufzeitmodul das **Image** in den Hauptspeicher des Computers. Das Image enthält alle Objekte, die das Smalltalk-System für seine Arbeit benötigt, sowie alle Objekte, die von seinen Benutzern erzeugt wurden. Sofern diese Objekte Klassen oder Methoden sind, steht deren Quellcode in den meisten Fällen zur Verfügung. Lediglich für den Compiler und die Primitiven des Laufzeitmoduls ist kein Quellcode vorhanden. Die gesamte Objekt-, Prozeß- und Fensterverwaltung kann allerdings eingesehen und nach eigenen Vorstellungen verändert werden. Diese Teile des Smalltalk-Systems steuern den Ablauf von Prozessen und die Kommunikation der Smalltalk-Objekte mit dem Benutzer über eine **fensterorientierte Benutzeroberfläche**. Smalltalk-Objekte, die primär mit einem Benutzer interaktiv kommunizieren, und die dazu notwendigen Fenster und Menüs werden im folgenden **Smalltalk-Applikationen** genannt. Von diesen Applikationen können mehrere parallel gestartet sein. Da jedoch nur ein Fenster im gesamten Smalltalk-System aktiv sein kann, kann immer nur eine Applikation mit dem Benutzer kommunizieren.

Desweiteren gehört zu Smalltalk/V 286 auch eine **Programmierumgebung**, die im wesentlichen aus dem "Class Hierarchy Browser" sowie aus diversen kleineren Hilfsprogrammen besteht. [4] Der Class Hierarchy Browser und die Hilfsprogramme sind Smalltalk-Applikationen nach obiger Definition. Für die Zwecke des Projektes erschien diese Programmierumgebung allerdings nicht als ausreichend, da sie weder das Arbeiten in Programmierteams noch die Identifikation von Quellode, der zu einer Applikation gehört, im Quellcode des Gesamtsystems unterstützt. Für diese Zwecke wurde in die Smalltalk/V-Umgebung noch der **Application Manager** der Firma Softpert Systems, Ltd. geladen. [7] Abbildung 1 zeigt die Programmier- und Laufzeitumgebung Smalltalk/V 286 mit Class Hierarchy Browser und Application Manager. Derzeit aktiv ist das Workspace-Fenster.

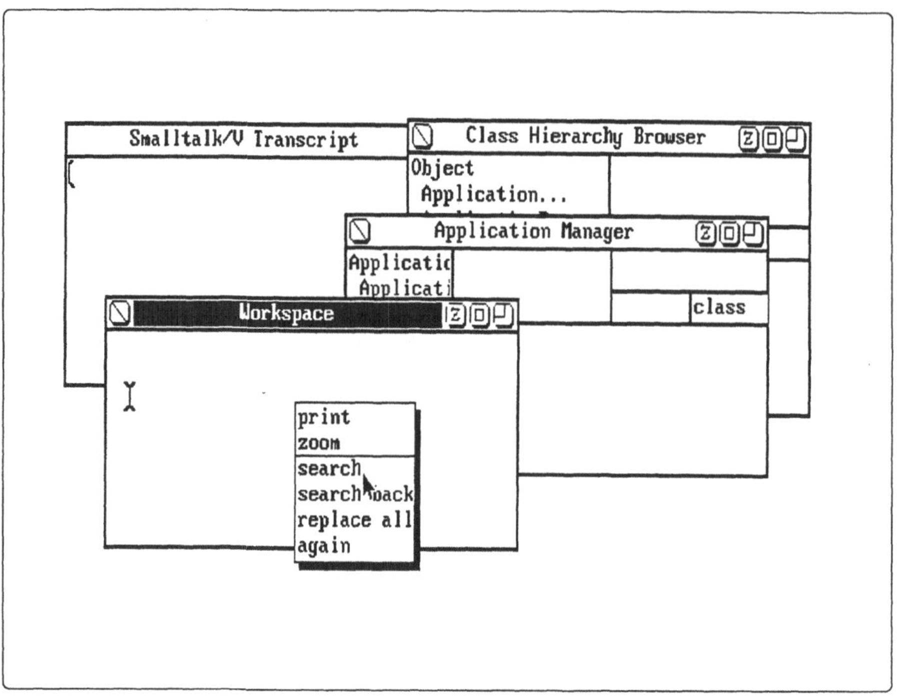

Abbildung 1: Die Programmier- und Laufzeitumgebung Smalltalk/V 286

3. Hypertext und Hypermedia

Eine der ersten Aufgaben, die während dieses Projektes zu lösen waren, war es, sich mit der Thematik "Hypertext und Hypermedia" auseinanderzusetzen und ein konsistentes **Begriffsgebäude** dazu vorzuschlagen, da in der existierenden Literatur eine Vielzahl von Begriffen mit unterschiedlichen Bedeutungen benutzt wird. [1, 2, 3, 5] Dazu arbeiteten sich die Studenten während zweier Seminare und eines Praktikums vor allem durch praktische Arbeit in diese Technologie ein. Aus diesem Begriffsgebäude werden im folgenden die für dieses Papier notwendigen Termini definiert.

Hypertext ist eine Form der Datenrepräsentation und -strukturierung. Deshalb muß es Primitive geben, die die Strukturierung von Daten ermöglichen. Dazu werden die folgenden Begriffe vorgeschlagen. Mit **Knoten** wird eine Menge von Daten, die in beliebiger Form, also durch beliebige Träger, dargestellt werden können, bezeichnet. Eine **Karte** ist die Darstellung eines solchen Knotens in einem Fenster auf dem Bildschirm eines Computers. Zusammenhängende Teilmengen eines Knotens können besonders ausgezeichnet werden. Diese Teilmengen werden **Quellen** genannt. Eine **Verbindung** ist dann die Zuordnung eines

Knotens zu einer Quelle. Diese Art der Verbindung, bei der eine explizit ausgezeichete Teilmenge eines Knoten als Quelle spezifiziert wird, heißt **explizite Verbindung**. Bei einer **impliziten Verbindung** wird als Quelle eine Bedingung spezifiziert, die eine konkrete Teilmenge des Knotens erfüllen muß, damit diese Verbindung verfolgt werden kann. Mit Hilfe von Knoten und Verbindungen kann ein Netzwerk aufgebaut werden, das Hyperdokument genannt wird. Die Strukturierung von Daten mittels Knoten und Verbindungen wird **Hypertext** bzw. **Hypermedia** genannt. Beide Begriffe werden also synonym verwendet, zur Darstellung von Daten werden beliebige Medien, wie Text, Bilder, Graphik, Musik, zugelassen. Im vorliegenden Prototypen sind jedoch nur reine Textknoten bzw. reine Graphikknoten implementiert.

Die Definitionen im vorigen Abschnitt betreffen vor allem Aspekte, die beim Erstellen von Hyperdokumenten beachtet werden müssen. Auch das Lesen von Hyperdokumenten verändert sich gegenüber dem Lesen von herkömmlichen Dokumenten. Hyperdokumente werden nicht mehr sequentiell gelesen, sondern durchgeblättert. **Blättern** in Hyperdokumenten bedeutet das Verfolgen von Verbindungen, dazu wird bei expliziten Verbindungen eine Quelle in einer Karte ausgewählt und der über die zugehörige Verbindung zugeordnete Knoten auf dem Bildschirm dargestellt. Bei impliziten Verbindungen wird eine Teilmenge des Knotens ausgewählt. Erfüllt diese Teilmenge die Bedingung, die die Quelle einer impliziten Verbindung ist, wird diese Verbindung verfolgt, d.h. der zugeordnete Knoten wird auf dem Bildschirm dargestellt. Unter dem **Pfad** zu einer Karte versteht man die Sequenz von Verbindungen, die verfolgt wurden, um zu dieser Karte zu gelangen.

Ein **Hypertext-System** ist dann ein Datenbank-Management-System, welches erlaubt, Knoten, die Daten in belieber Form enthalten, durch Verbindungen in Beziehung zueinander zu setzen, und welches das Verfolgen dieser Verbindungen maschinell unterstützt. Außerdem muß eine fensterorientierte Bildschirmoberfläche zur Darstellung der Daten vorhanden sein.

4. H - Hilfesysteme

Bevor das Projekt SmallText[HOT] gestartet wurde, existierte bei der Philips Kommunikations Industrie AG bereits ein Hilfesystem für Smalltalk-Applikationen, das kontext-abhängige Hilfe anbieten konnte. [5] Diesem Hilfesystem fehlten jedoch Hypertext-Möglichkeiten, die nun in einem ersten Prototypen mit den Konzepten des existierenden Hilfesystems gekoppelt werden sollten. Eine Erweiterung des alten Systems wurde verworfen, da es aufgrund seiner Systemarchitektur nicht ohne weiteres erweiterbar schien. Hauptanforderung an das Hilfesystem war also wie oben gesagt, daß zu jeder Situation einer Applikation **kontext-abhängige** Hilfe angefordert werden kann. Unter einer Situation einer Applikation wird hier allerdings kein interner Programmzustand verstanden, sondern eine **Dialogsituation**, d.h. ein Zustand der Benutzerschnittstelle zu einem bestimmten Zeitpunkt. Da in Smalltalk/V 286 die gesamte Kommunikation mit dem Benutzer über Fenster abläuft, bestimmt der Fensteraufbau im wesentlichen die Möglichkeiten des Benutzers zur Arbeit mit einer Applikation.

In Smalltalk/V 286 bestehen Fenster aus einem **Oberfenster** und mindestens einem **Teilfenster**. [4] Das Oberfenster oder Gesamtfenster ist für die Darstellung und die Verwaltung des gesamten Fensters zuständig. In Abbildung 2 kann man erkennen, daß das Oberfenster aus dem Titelbalken mit den Ikonen zur Fensterverwaltung und dem die Unterfenster umschließenden Rand besteht. Ein Unterfenster stellt dem Benutzer die Funktionalität der Applikation zur Verfügung, zu der das Fenster gehört. Dafür gibt es zum einen im Smalltalk-System Unterfenstertypen mit vordefinierter Funktionalität, wie z.B. Textfenster, Graphikfenster und Listenfenster. Diese Fenster sind auch in Abbildung 2 dargestellt. Desweiteren ist jedem Unterfenster ein **Menü** zugeordnet, das erscheint, wenn sich der Mauszeiger innerhalb des Unterfensters befindet und die rechte Maustaste gedrückt wird. Abbildung 2 zeigt das zum Textunterfenster gehörende Menü.

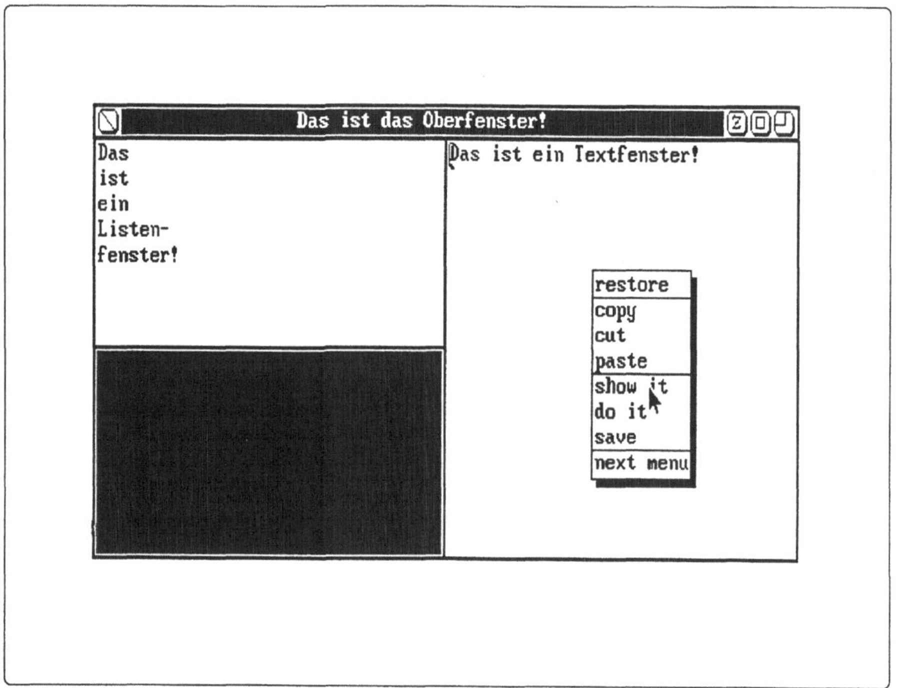

Abbildung 2: Ein Fensteraufbau in Smalltalk/V 286

Die Dialogsituation, in der sich das Smalltalk-System befindet, wird nun durch verschiedene **Faktoren** beeinflußt. Wie in Kapitel 2 erwähnt, ist die Kommunikation mit dem System nur über das aktive Fenster des Systems möglich. Da ein Fenster immer zu einer Applikation gehört, legt das aktive Fenster auch die aktive Applikation fest. Durch die Position des Mauszeigers innerhalb des Gesamtfensters und eventuell innerhalb eines Unterfensters wird bestimmt, welche Funktionen dem Benutzer zur Zeit zur Verfügung stehen, entweder die Verwaltungsfunktionen des Gesamtfensters oder die applikationsspezifischen Funktionen eines Unterfensters. Innerhalb eines Unterfensters kann dann auch das zugehörige Menü angezeigt sein, in dem vielleicht schon ein Eintrag selektiert ist, oder das Unterfenster befindet sich in einem speziellen Zustand, beispielsweise ist in einem Listenfenster ein Eintrag selektiert.

Im vorigen Abschnitt wurde beschrieben, welche Faktoren die Dialogsituation beschreiben, in der sich eine Applikation befindet. Im Idealfall ist für jede mögliche solcher Dialogsituationen ein Hilfetext angelegt worden, der bei Aufruf des Systems angezeigt werden könnte, d.h. die Anzeige des Hilfetextes ist von der gesamten Menge der bestimmenden Faktoren abhängig. Das hier vorliegende Hilfesystem soll aber auch zu solchen Situationen **adäquate Hilfe** aufgrund der Situationsbeschreibung anbieten können, zu denen keine explizite Hilfe angelegt wurde. Dazu wurden vier Hilfeklassen implementiert, spezielle Hilfe, Unterfensterhilfe, Fensterhilfe und globale Hilfe. Zu einer Situationsbeschreibung kann es also bis zu vier passende Hilfetexte geben, die sich nur in ihrer Spezialisierung unterscheiden. Um zu bestimmen, welcher Hilfetext einer Hilfeklasse zu einer Situationsbeschreibung gehört, wird bei der speziellen Hilfe die vollständige Situationsbeschreibung benutzt, bei allen anderen Hilfeklassen nur ein Teil davon.

Die Hilfeklasssen beschreiben folgende Situationen. Die **spezielle Hilfe** bezieht sich auf die momentan aktuelle Situation, z.B. befindet sich der Mauszeiger in einem Menü oder in einem Listenfenster, in dem ein Eintrag selektiert ist. Die **Unterfensterhilfe** bezieht sich auf alle Situationen, die innerhalb eines Unterfensters und seines Menüs vorkommen können. Die **Fensterhilfe** gilt für das gesamte Fenster und wird angezeigt, wenn sich der Mauszeiger innerhalb dieses Fensters befindet. Diese drei Hilfeklassen sind noch applikationsabhängig. Die **globale Hilfe** jedoch gilt für alle Applikationen und bezieht sich auf alle Fenster, die vom selben Typ wie das momentan aktuelle sind.

Bei der Realisierung des **vorliegenden Prototypen von SmallText[HOT]** wurde nun davon ausgegangen, daß die Applikation selbst ein Teil eines Hyperdokuments ist, dessen Knoten Programmzustände der Applikation sind und dessen Verbindungen die Übergänge zwischen diesen Zuständen sind. Die zugehörigen Hilfetexte sind in einem anderen Teil des Hyperdokuments abgelegt, dessen Knoten sind die Hilfetexte, zwischen ihnen können Verbindungen angelegt werden, die von den Quellen in den Knoten ausgehen, und auf andere Knoten zeigen. Diese Verbindungen sollen inhaltliche Beziehungen zwischen den Hilfetexten der Knoten modellieren und maschinell nachvollziehbar machen. Die Knoten werden durch Text- bzw. Graphikfenster im Smalltalk-System dargestellt. Als Träger für die in den Knoten enthaltenen Daten sind also Texte und Graphiken zugelassen. Quellen von Verbindungen werden in Textfenstern dadurch kenntlich gemacht, daß der zu ihnen gehörende Text kursiv dargestellt wird, in Graphikfenstern dadurch, daß sich über den Quellen die Form des Mauszeigers ändert.

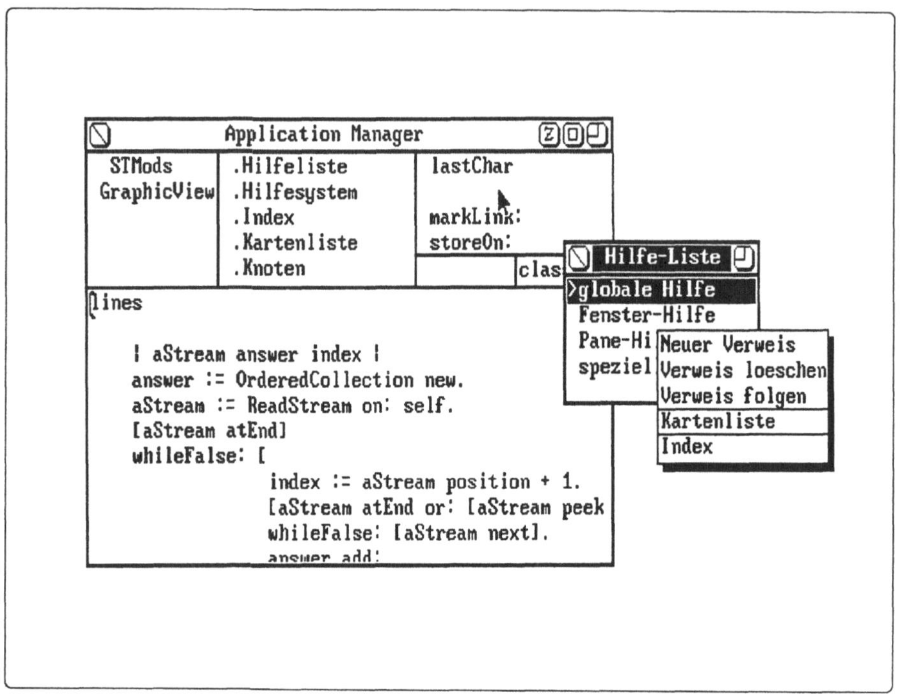

Abbildung 3: Die Hilfeliste für den Autor des Hilfesystems

Die Verbindung der beiden Teile des Hyperdokuments wird durch sogenannte Applikations-verbindungen hergestellt. Eine **Applikationsverbindung** ist eine implizite Verbindung, die als Quelle eine Situationsbeschreibung oder eine Teil davon besitzt. Als Ziel ist ihr ein Knoten zugeordnet, der den auf die Situationsbeschreibung zutreffenden Hilfetext enthält. Eine solche Applikationsverbindung wird dadurch verfolgt, daß das Hilfesystem durch Drücken der Taste <F1> gestartet wird. Hat der Benutzer das Hilfesystem als Autor gestartet, erscheint ein Listenfenster, das dem Autor des Hilfesystems anzeigt, in welchen Hilfeklassen bereits Texte für diese Situation existieren, also welche Applikationsverbindungen bereits angelegt wurden. In diesem Listenfenster kann der Autor nun eine neue Verbindung anlegen, eine schon bestehende löschen oder einfach eine bestehende verfolgen. Die Hilfeliste und das zugehörige Menü zeigt Abbildung 3. Ist das Hilfesystem im Lesermodus gestartet worden, wird die Applikationsverbindung verfolgt, deren Quelle die meisten Faktoren der Situationsbeschreibung ausnutzt, d.h. der speziellste der zur momentan aktuellen Situation verfügbare Hilfetext wird direkt angezeigt. Da zu einer Situation manchmal allerdings auch

allgemeinere Hilfe gewünscht werden könnte, etwa allgemeine Hilfe zur Arbeit mit einem Listenfenster, können sowohl Autor als auch Leser über das Menü des Textfensters, das den Zielknoten einer Applikationsverbindung enthält, auch die anderen Applikationsverbindungen verfolgen, die für die momentan aktuelle Situation zur Verfügung stehen. Es kann also jeweils der Spezialisierungsgrad an Hilfe gewählt werden, der zur Erklärung einer Situation angemessen erscheint. Abbildung 4 zeigt solch einen Zielknoten einer Applikationsverbindung und das Menü zum Verfolgen der anderen Applikationsverbindungen. In diesem Fall ist die gewählte Applikationsverbindung durch einen Doppelpfeil gekennzeichnet. Zu dieser Situation existieren auch keine weiteren Verbindungen, diese wären nämlich durch einen einfachen Pfeil gekennzeichnet.

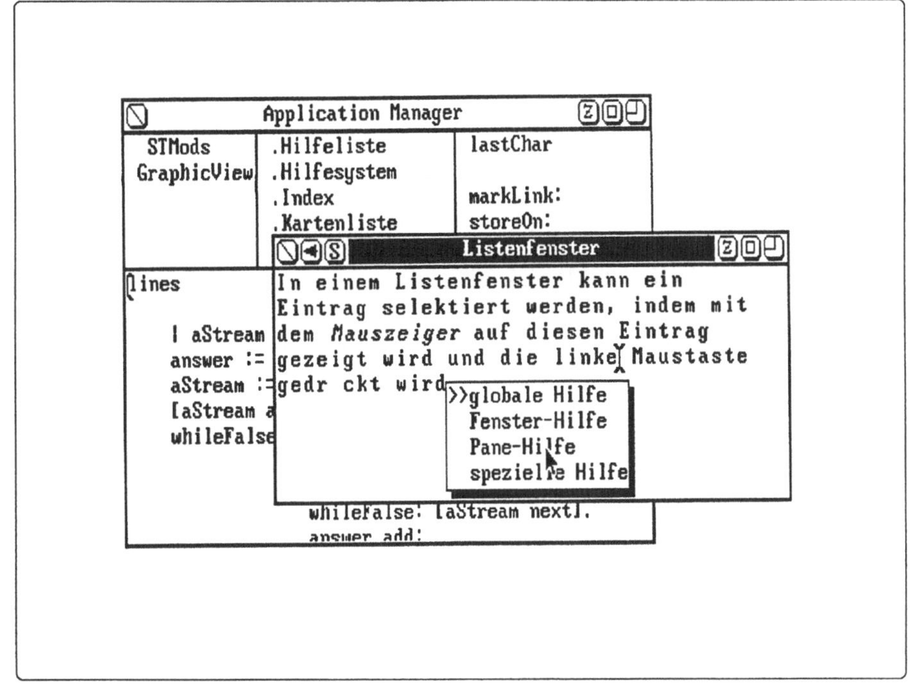

Abbildung 4: Das Ziel einer Applikationsverbindung

5. O - Online-Dokumentation

Im vorigen Kapitel wurde die Implementierung einer Schnellhilfe mittels Hypertext beschrieben. Auf Tastendruck erscheint ein situationsabhängiger Hilfetext, der einen kurzen Überblick über die gerade verfügbaren Funktionen gibt. Der Ausgangspunkt für die Vorüberlegungen zu diesem Projekt war jedoch, die gesamte Dokumentation für eine Applikation online zur Verfügung zu halten und als **Schnellhilfe, Lehrmaterial und**

Referenzhandbuch zu benutzen. Damit Online-Dokumentationen mit größerem Umfang noch vom Benutzer akzeptiert werden, müssen für die Gestaltung und das Lesen dieser Dokumentation weitere Hypertext-Möglichkeiten realisiert sein. In dem vorliegenden Prototypen von SmallText[HOT] stehen dem Autor einer Dokumentation Texte und Graphiken als Ausdrucksmittel zur Verfügung, d.h. die Hypertext-Knoten in diesem System können Texte und Graphiken beinhalten. Für diese Text- und Graphikknoten stehen die üblichen Editier- und Zeichenfunktionen zur Verfügung. Desweiteren kann der Autor explizite Verbindungen zwischen beliebigen Knoten anlegen, verfolgen, verändern oder löschen.

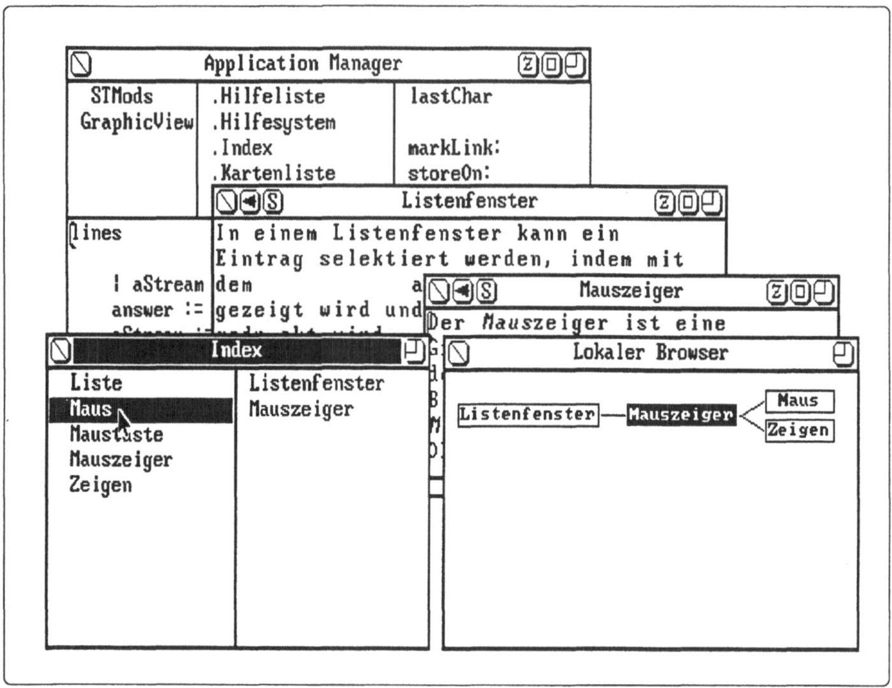

Abbildung 5: Hypertext-Werkzeuge in SmallText[HOT]

Um den Überblick über ein Hyperdokument zu erleichtern, das eine umfangreiche Dokumentation beinhaltet, bietet dieser Prototyp zwei Werkzeuge an, ein Schlüsselwortverzeichnis und einen lokalen Browser. Beide sind in Abbildung 5 dargestellt. Das **Schlüsselwortverzeichnis** oder der Index dient dazu, Schlüsselwortverbindungen zur Verfügung zu stellen. Im Idealfall wären diese Schlüsselwortverbindungen implizite Verbindungen. Der Leser würde ein Textstück in einem Knoten auswählen und das System würde alle Einträge in allen vorhandenen Knoten suchen, um diese Knoten dem Leser zur Ansicht anzubieten. Dieser Prozeß ist aber zu aufwendig und damit unzumutbar. In SmallText[HOT] wird deshalb vom Autor jedes Schlüsselwort, das er für wichtig genug ansieht, in den Index aufgenommen. Danach läßt er die Suche nach Referenzen ablaufen und wählt aus der Liste der angebotenen Knoten die wirklich relevanten aus. Der Leser wählt dann nur noch eines der nun fest vorgegebenen Schlüsselwörter und trifft die Auswahl aus den diesem Schlüsselwort zugeordneten Knoten. Aus impliziten Verbindungen werden also explizite Verbindungen gemacht, die schneller verfolgt werden können.

Das zweite Werkzeug für den Nutzer dieses Systems ist der **lokale Browser**. Er zeigt zum aktuell gewählten Knoten alle vorhandenen Vorgänger- und Nachfolgerknoten an und gibt damit einen Eindruck über die Einbindung des aktuellen Knotens in das Hyperdokument. Durch Auswahl eines Knoten im Browser läßt sich die zugehörige Verbindung sehr schnell vor- oder zurückverfolgen. Ein einfaches Zurückverfolgen des bisher gegangenen Pfades kann auch durch einfaches Wählen einer Ikone im Titelbalken einer Karte durchgeführt werden. Ebenso ist ein Rücksprung zum Anfangsknoten eines Pfades möglich.

6. T - Tutorials

Das Ziel des Gesamtprojekts ist die Nutzung der On-Line-Dokumentation als Grundlage für die Vermittlung von Wissen über das zu dokumentierende Software-Produkt. Neben den bisherigen Arten der Wissensvermittlung, Schnellhilfe und Nachschlageteil, wird für moderne und komplexe Software-Pakete das Lehren des Umgangs mit einem Produkt immer wichtiger. Als weitere Ausbaustufe ist deshalb für die zweite Phase des Gesamtprojekts die Erstellung von **Lehrsystemen** aus On-Line-Dokumentation mittels weitergehender Hypertext-Konstrukte vorgesehen. Dazu sind zum einen neue Arten von Knoten und zum anderen mindestens eine neue Art von Verbindungen notwendig. Knoten müssen auch in der Lage sein, Animationen (bewegte Bilder und Töne) und Programmabläufe darzustellen, Verbindungen müssen als Ziel Programmzustände oder Folgen von Programmzuständen zulassen.

In einem letzten Ausbauschritt wird der Einsatz von Hypertext-Techniken zur Gestaltung intelligenter Hilfesysteme, Nachschlagteile und vor allem Lehrsysteme untersucht. Dazu muß eine Form von **intelligentem Hypertext** gefunden werden, die es erlaubt, Knoten und Verbindungen situationsabhängig anzubieten. Diese Situationsabhängigkeit erlaubt die für intelligente Systeme notwendige Benutzer- und Schülermodellierung und gestattet eine benutzeradäquate Sicht auf ein Hyperdokument, das ein Software-Produkt beschreibt.

7. Ausblick

Zur Zeit befindet sich das Projekt zwischen der ersten und zweiten Phase, d.h. die studentische Projektgruppe ist mit der Erstellung des dritten Prototypen abgeschlossen. Die ersten Prototypen wurden trotz geringer Entwicklungszeit mit einem solchen Funktionsumfang implementiert, daß die **inkrementelle Realisierung** der vollen Funktionalität über mehrere

Prototypen durchführbar erscheint. Parallel zur Erweiterung der Funktionalitäten wird im zweiten Teil des Projekts die Portierung des Systems in **gängigere Fensterumgebungen** und in konventionelle Programmierumgebungen angegangen. Auch die **Integration in bestehende Forschungsvorhaben** bei der Philips Kommunikations Industrie AG (CD-ROM-Technologie, moderne Büroumgebungen) scheint schon während der zweiten Phase möglich zu sein.

8. Literatur

1.   BYTE, In depth: Hypertext. BYTE, Oktober 1988,
     pp. 234 - 266

2.   Communications of the ACM, Special Issue on Hypertext, Volume 31, No. 7 (1988)
     pp. 816 - 895

3.   Conklin, J.: Hypertext: An Introduction and Survey. IEEE Computer 20, No. 9 (1987),
     pp. 17 - 41

4.   Digitalk, Inc.: Smalltalk/V 286 Tutorial and Programming Handbook, 1988

5.   Hofmann, M., Cordes, R., Langendörfer, H.: Hypertext/Hypermedia.
     Informatik Spektrum, Band 12, Heft 4, August 1989,
     pp. 218 - 220

6.   Neuhaus, A.: Expertensysteme im Betrieb - Bestandsaufnahme, Klassifikation und Entwicklungen unter besonderer Berücksichtigung der Benutzeroberfläche von Konfiguriersystemen. Diplomarbeit FH Darmstadt, PKI AG 1989

7.   SoftPert Systems, Ltd.: Application Manager User Manual, 1988

Eine Systemarchitektur für ein wissensbasiertes Hypertext-Autorensystem

Jörg Haake   Helge Schütt
Institut für integrierte Publikations- und Informationssysteme (IPSI)
Gesellschaft für Mathematik und Datenverarbeitung (GMD)
D-6100 Darmstadt

e–mail: haake@darmstadt.gmd.dbp.de

1   Einleitung

In der Forschungsabteilung WiBAS der GMD wird das Autorensystem SEPIA (Structured Elicitation and Processing of Ideas for Authoring) für die komfortable Erstellung großer Hypertexte entwickelt. Es stellt für Autoren eine adäquate Arbeitsumgebung dar, in der sie sowohl aktiv im Produktionsprozeß als auch bei der Kooperation mit Koautoren unterstützt werden. Anwendungsbereich des Autorensystems ist zunächst die Produktion argumentativer Hypertexte, deren logische Struktur Argumentationsschemata (z.B. Toulmin [Tou58, MI89] oder gIBIS [CB87]) verwendet.

SEPIA vereinigt Ansätze aus den Forschungsgebieten Hypertext, Datenbanken, Künstliche Intelligenz (speziell adaptive Systeme) sowie der Kognitionswissenschaften. Die Einbeziehung solcher Ansätze in ein wissensbasiertes Hypertext-Autorensystem stellt besondere Anforderungen an die Systemarchitektur. Dazu gehören u.a. die Kopplung von kognitiv kompatiblen *Activity Spaces* mit Hypertextsystemen, die Integration von Hypertextsystemen mit wissensbasierten Techniken (zur Generierung adaptiven, aktiven Systemverhaltens), sowie die Integration von Hypertextsystemen und Datenbanktechnologie.

Die Entwicklung von SEPIA folgt dem *Rapid Prototyping*-Ansatz, um Designentscheidungen rasch überprüfen zu können. Besonderer Wert wird auf die inkrementelle Erweiterbarkeit des Systems gelegt.

Die vorgeschlagene Architektur eignet sich darüberhinaus als Forschungsplattform zur Entwicklung intelligenter, hypertextbasierter Applikationen, da sich durch Austausch der *Activity Spaces* und Rekonfigurationen der wissensbasierten Unterstützung andere Hypertextapplikationen realisieren lassen.

2   Anforderungen an die Funktionalität von SEPIA

Hypertext besteht aus Informationseinheiten (Knoten), die mittels assoziativen Verweisen (Links) nichtlinear zu einem Netz verknüpft sind. Ein Hypertextsystem ist ein Werkzeug zum Produzieren und Rezipieren von Hypertext. Gegenwärtige Hypertextsysteme unterstützen die Produktions- und Rezeptionsprozesse oft in unterschiedlicher Qualität. Insbesondere die Unterstützung der Autorentätigkeit läßt in den meisten Hypertextsystemen zu wünschen übrig (vergleiche Übersicht in [SHT89]).

Das Autorensystem SEPIA ([SHT89]) soll demgegenüber

1. kognitiv kompatibel zum Schreibprozeß des Autors sein,

2. der Erstellung von Hypertextdokumenten dienen,

3. den Autor bei seinen Tätigkeiten aktiv unterstützen,

4. mehrere Autoren bei der kooperativen Erstellung von Hyperdokumenten unterstützen.

Aus diesen Anforderungen ergeben sich die folgenden Lösungsansätze:

1. Die angestrebte kognitive Kompatibilität (orientiert an einem Modell des Schreibens von argumentativen Hypertexten) führt zur Entwicklung des Konzepts der *Activity Spaces*. Hierbei wird den identifizierten kognitiven Prozessen jeweils ein eigener *Activity Space* zugeordnet (*Planning Space* zur Planung, *Content Space* zur Ideengenerierung, *Argumentation Space* zur logischen Strukturierung, *Rhetorical Space* zum Dokumentdesign). Beziehungen zwischen den kognitiven Prozessen werden durch entsprechende Kopplungsfunktionen zwischen den *Activity Spaces* abgebildet. Jeder *Activity Space* wird durch ein spezifisches Werkzeug (dediziertes Fenster mit prozeß-spezifischen Funktionen zur Produktion und Manipulation des entstehenden Hypertextes) realisiert.

2. Die generische Hypertextfunktionalität wird durch die Realisierung der *Activity Spaces* (Anwendungsfunktionalität und Benutzerschnittstelle) und durch eine **Hypertext-Maschine** (Speicherfunktionalität von Hypertext, vergleiche [Hal88, CG88, SS90a]) bereitgestellt. Die Hypertextfunktionalität stellt dabei sicher, daß die Abhängigkeiten zwischen Objekten in verschiedenen *Spaces* transparent bleiben und bereits vorhandenes Material mit neuen Informationen angemessen integriert werden kann.

3. Aufbauend auf einem Modell der Aktivitäten, Ziele und Pläne des Autors sowie normativem Wissen über Hyperdokumente und ihren Entstehungsprozeß wird aktive Unterstützung abgeleitet (z.B. Generierung alternativer Hypertextstrukturen für eine Argumentationskette). Dazu wird Wissen über aktive Unterstützung in interaktiven Systemen (Coaching oder **Guiding** Strategien) benötigt (siehe auch [Wen87]).

4. Die kooperative Erstellung [Gre88] von Hyperdokumenten wird dadurch ermöglicht, daß mehrere Autoren parallel auf das Hypertextnetz zugreifen können und Kommunikations- und Koordinationsmittel sowie Versionenmechanismen bereitgestellt werden.

3   *Systemarchitektur von SEPIA*

Diese Lösungsansätze werden in drei Ausbaustufen realisiert. Aufbauend auf dem Grundsystem SEPIA I, das die Lösungsansätze 1 und 2 umfaßt, werden die Erweiterungen SEPIA II (verwirklicht zusätzlich Ansatz 3) und SEPIA III (verwirklicht zusätzlich Ansatz 4) implementiert.

SEPIA I: Autorensystem für Hyperdokumente (ein Autor, keine aktive Unterstützung)

Das Grundsystem umfaßt (siehe Abbildung 1):

- die E/A-Verwaltung für die Eingabeverarbeitung (Scheduling von Aktionen) und Ausgabe (Displayorganisation).

- die Activity Spaces, die die Funktionalität bereitstellen, die ein Autor benötigt. Diese umfaßt zum einen die generische Funktionalität der *Activity Spaces*, welche die Benutzerschnittstelle (z.B. generische Darstellungsfunktionen für Knoten/Links), die Anbindung an die Objektverwaltung,

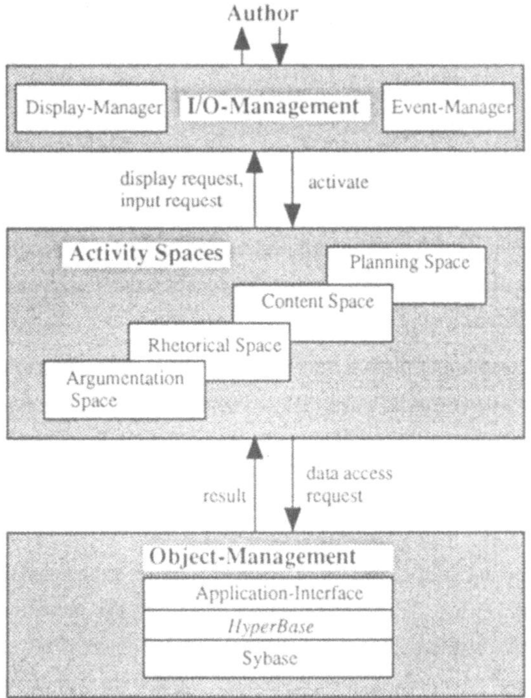

Abbildung 1: Architektur von SEPIA I

die Einbindung in den Kontrollfluß und die Kommunikation zwischen *Spaces* implementiert. Zum anderen werden die spezifischen Funktionen der *Spaces*, wie z.B. dedizierte Benutzerschnittstellen für die *Spaces*, applikationsspezifische Funktionen und Werkzeuge (z.B. spezifische Hypertextfunktionen zum Erzeugen und Modifizieren von Argumentationsstrukturen) realisiert.

- die Objektverwaltung zur gemeinsamen Datenhaltung (ohne aktive Unterstützung von kooperierenden Autoren) durch Bereitstellung von Funktionen zum Zugriff auf globale Daten (Knoten, Links, Attribute, Pfade), für die Bearbeitung von Queries und für die Manipulation der Hyperdokumentbestandteile (Erzeugen, Löschen, sowie ein Versions-, Synchronisations- und Transaktionskonzept).

SEPIA II: intelligentes Autorensystem (ein Autor, aktive Unterstützung), siehe Abschnitt 3.5

umfaßt zusätzlich die Protokollierung der Benutzeraktivitäten und die wissensbasierte Unterstützungskomponente sowie die notwendige Benutzeroberfläche (*Guiding Space, Elicitation Space*) für die Verarbeitung der Protokolldaten, Erzeugung intelligenten Feedbacks, Adaptation an das Benutzerverhalten und zur Verwaltung der notwendigen Wissensbasen.

SEPIA III: kooperatives Autorensystem (mehrere Autoren)

> Die Unterstützung kooperativer Autorentätigkeit wird durch einen weiteren *Activity Space* (*Coordination Space*) für die Metakommunikation mehrerer Autoren über ein Hyperdokument reflektiert. Die Abbildung der Diskussion auf das Medium Hypertext erlaubt u.a. die Nutzung von Verweisen auf Teile des diskutierten Hyperdokumentes. Im folgenden gehen wir auf diese Erweiterung nicht weiter ein.

Die Entwicklungen 2 und 3 basieren jeweils auf dem Grundsystem und können unabhängig voneinander realisiert werden. Eine Integration dieser beiden Entwicklungen führt dann zu einem wissenbasierten, kooperativen Hypertext-Autorensystem.

In den folgenden Abschnitten beschreiben wir die Struktur und die Aufgaben der verschiedenen Module genauer. Nach einem einführenden Beispiel betrachten wir zunächst die Objektverwaltung, danach die *Activity Spaces* und die E/A-Verwaltung, und schließlich die Erweiterung um die wissensbasierten Komponenten.

3.1 Daten- und Kontrollfluß in SEPIA

Der Daten- und Kontrollfluß in der Grundsystem-Architektur soll kurz anhand eines Beispiels illustriert werden. Dieses Beispiel geht davon aus, daß der Benutzer die folgende Argumentation modellieren möchte (basierend auf [Sea90]): "Programme sind formal (syntaktisch). Daher können Programme keine mentalen Phänomene produzieren. Weil Programme keinen mentalen Phänomene produzieren können und mentale Phänomene Grundlage menschlichen Denkens sind, können Computer nicht denken." SEPIA bietet dem Autor speziell für diesen Zweck den *Argumentation Space* an, der zur Erzeugung von Argumentationen, die einem Netzwerk entsprechen, dient [SHT89]. Dies stellt eine Erweiterung und Modifikation der von Toulmin [Tou58] vorgeschlagenen Struktur dar, wobei argumentative Ketten und verschiedene Ebenen der Argumentation abgebildet werden können (Beispiel siehe Abbildung 2). Eine solche Struktur besteht aus Knoten, die Aussagen enthalten, und Kanten, die diese Aussagen zueinander in Beziehungen (weil, unterstützt, widerspricht usw.) setzen.

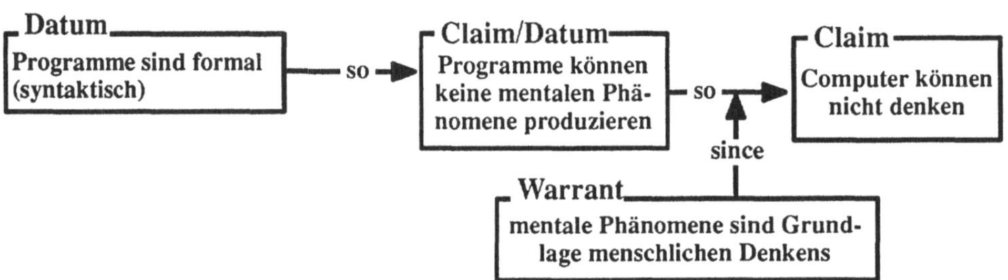

Abbildung 2: Beispiel einer Argumentationskette

Im Beispiel soll eine dem ersten Teil von Abbildung 2 entsprechende Struktur aufgebaut werden. Diese besteht aus einem Faktum (Datum), einer Behauptung, die gleichzeitig als Faktum dient (Claim/Datum) und einer Schlußfolgerung (so-Link). Darauf folgt eine weitere Behauptung (Claim), die über eine weitere Schlußfolgerung (so-Link) aus der ersten Behauptung (Claim/Datum) folgt, sowie einer Unterstützung (Warrant) und einer Unterstützungs-Beziehung (since-Link). Die mittlere Behauptung (Claim/Datum) übernimmt damit eine Doppelfunktion als Behauptung der ersten Folgerung, und als Ausgangspunkt / Faktum der zweiten Schlußfolgerung.

Die dazu notwendigen Aktionen umfassen:

1. Die Aktivierung des *Argumentation Space* und Anforderung der Auswahl einer spezifischen Operation dieses *Spaces*. Daraufhin verarbeitet der *Event-Manager* diese Anforderung und aktiviert das zugehörige *Argumentation Space*-Modul.

2. Dieses veranlaßt das Selektieren einer Operation (z.B. durch Anzeigen des Menüs (*Display-Manager*) und Auswahl eines Kommandos (*Event-Manager*)). Nach Auswahl der "Generiere Argument"-Operation wird das *Argumentation Space*-Modul erneut aktiviert und führt die zugehörige Funktion aus. Die dabei notwendige Interaktion (Dialog: Name der Knoten etc.) wird mittels der E/A-Verwaltung durchgeführt.

3. Die neuen Knoten und Links werden bei der Objektverwaltung angefordert, dort erzeugt, und an das *Argumentation Space*-Modul zurückgegeben.

4. Das *Argumentation Space*-Modul kann dann die Modifikation der neuen Knoten (z.B. Editieren seines Inhalts mit Hilfe eines Texteditors) zulassen.

5. Nach der Modifikation sorgt die Anwendungsschnittstelle der Objektverwaltung für eine persistente Speicherung der Knoten und Links.

3.2 Design der Objektverwaltung

Die Objektverwaltung stellt den anderen Systemmodulen Basisoperationen für Zugriff und Manipulation von Hyperdokumenten, eine Anfragesprache für Hypertextstrukturen, sowie Mittel zur Kommunikation zwischen Modulen zur Verfügung. Sie besteht aus den drei Komponenten Sybase, HyperBase, und einer Anwendungsschnittstelle, die im folgenden genauer beschrieben werden. Diese Trennung erfolgt, damit Änderungen auf Datenbankebene beziehungsweise auf der Ebene des Datenmodells unabhängig von Anwendungsprogrammen und den speziellen Erfordernissen von SEPIA vorgenommen werden können.

3.2.1 Das Datenbanksystem Sybase

Die Objektverwaltung benutzt zur Zeit das relationale Datenbanksystem *Sybase*. Dieses Datenbanksystem ist in einer Client-Server Architektur realisiert und wird mit Hilfe der Anfragesprache Transact-SQL benutzt, die neben den üblichen relationalen Operatoren von SQL noch die folgenden Ergänzungen aufweist:

◆ *skalare Variablen* und eine *Control-of-Flow Language*, die es erlaubt, eine Datenbank in prozeduraler Weise zu programmieren. Aufgrund dieser beiden Konstrukte hat Transact-SQL die Mächtigkeit einer Programmiersprache mit voller Berechenbarkeit.

◆ *Trigger*, mit deren Hilfe Prozeduren ereignisgesteuert ausgeführt werden,

◆ *Systemfunktionen*, die ohne den Umweg über ein Anwenderprogramm äußere Daten (Datum und Uhrzeit, Name des Benutzers etc.) feststellen können.

Mit Hilfe dieser Konzepte lassen sich in Transact-SQL Dinge formulieren, die sonst nur in einem Anwendungsprogramm darstellbar sind. Daher ist es möglich, alle datenintensiven Operationen (wozu insbesondere das Überprüfen von Integritätsbedingungen gehört) direkt im Datenbanksystem ausführen zu lassen. Im Sinne der Client-Server Architektur bedeutet das, daß die lokalen Rechner, auf denen die Benutzerprogramme laufen, alle datenintensiven Berechnungen an den gemeinsamen Server abgeben können. Dadurch sinkt die Belastung des Kommunikationsnetzwerkes und die Leistung des Gesamtsystems steigt. Diese Verteilung wird von HyperBase durchgeführt und bleibt der Anwendungsschnittstelle und allen darauf aufbauenden Schichten verborgen.

3.2.2   Die Hypertext-Maschine HyperBase

Auf Sybase setzt dann das Programm *HyperBase* auf. Dieses ist in C geschrieben, wird auf dem lokalen Rechner ausgeführt und bedient die Kommunikation mit der Datenbank. HyperBase ist eine Hypertext-Maschine (*Hypermedia Engine*), d.h. es stellt eine allgemeine, anwendungsunabhängige Schnittstelle für Hypertext-Systeme zur Verfügung. Das bedeutet im Einzelnen:

♦ HyperBase implementiert eine *objekt-orientierte Schnittstelle* auf ein allgemeines *Datenmodell* für Hypertext-Objekte.

♦ Es ist für die gemeinsame Datenhaltung *mehrerer Benutzer* ausgelegt, deren *Transaktionen* und *Zugriffsrechte* es verwaltet.

♦ Es enthält einen Interpretierer für eine *HyperText Query Language* (HTQL).

Das Datenmodell beschreibt dabei die folgenden Objekttypen:

♦ *Knoten* haben einen (nicht interpretierten) Inhalt.

♦ *Kanten* (Links) verbinden Knoten, Kanten und komplexe Objekte miteinander.

♦ *Komplexe Objekte* sind teilweise geordnete Sammlungen von Referenzen auf andere Objekte. Mit ihnen lassen sich Mengen, Listen etc. darstellen.

♦ Alle diese Objekte können beliebig viele benutzerdefinierte Attribute tragen.

♦ Alle diese Objekte haben eine bestimmte Menge systemdefinierter Eigenschaften, z.B. Autor, Erzeugungsdatum, Zugriffsrechte.

Im Rahmen dieses Datenmodells lassen sich bereits verschiedene Integritätsbedingungen formulieren, die von HyperBase abgeprüft werden (z.B. Wahrung der Objektidentität, Verhindern von Referenzen auf nicht (mehr) existierende Objekte, etc.).

HyperBase berücksichtigt den Zugriff mehrerer Benutzer auf gemeinsame Daten und benutzt das Transaktionskonzept von Sybase, um die höheren Transaktionen für Hypertext-Objekte zu realisieren und damit den Zugriff mehrerer Benutzer zu synchronisieren.

HTQL schließlich ist eine Anfragesprache, die Anfragen im Sinne des oben angegebenen Datenmodells erlaubt. HTQL ist dabei bezüglich des Datenmodells abgeschlossen, d.h. das Resultat einer Anfrage ist selber wieder ein Hypertext-Objekt. (Genauer: Ein komplexes Objekt, das die Objekte, die aufgrund der Anfrage gefunden wurden, als Unterobjekte enthält.) Außer den üblichen inhalts– und attributbezogenen Anfragen erlaubt HTQL, daß das durch die Links aufgebaute Netz als Graph interpretiert wird, aus dem Pfade und Teilnetze selektiert werden können. Insbesondere diese Pfadanfragen müssen in komplexe Ausdrücke von Transact-SQL übersetzt werden, d.h. HTQL ist eine problemorientierte Anfragesprache.

Außerdem erlaubt HTQL, daß das HyperBase zugrundeliegende Datenbankschema dem Benutzer verborgen bleibt. Damit sind Erweiterungen und Optimierungen des Datenbankschemas, das HyperBase benutzt, jederzeit möglich, ohne daß in den mit Hilfe von HyperBase realisierten Hypertextsystemen Änderungen erfolgen müssen.

3.2.3 Die Anwendungsschnittstelle

Auf HyperBase setzt eine *Anwendungsschnittstelle* auf, in der die vorgegebenen Objekttypen verfeinert werden. Zum Beispiel werden die Datenstrukturen der *Activity Spaces* oder vom Benutzer definierte Lesepfade (Guided Tours) als Sonderformen von komplexen Objekten definiert und ihre Eigenschaften (insbesondere Versionsverhalten, Präsentation und Navigationsverhalten (Browsing Semantics)) festgelegt.

Ebenso wird hier die Interpretation von Knoteninhalten z.B. dadurch festgelegt, daß jeder Knoten ein obligatorisches Attribut erhält, das ihn als Sound, Graphics, Animation, oder Video-Objekt kennzeichnet, dem wiederum ein bestimmter Editor zugewiesen ist. Die Semantik der Links wird dadurch definiert, daß festgelegt wird, wie eingebettete Links dargestellt und intern repräsentiert werden, und dadurch, daß ein Typsystem für Links bereitgestellt wird, mit dessen Hilfe ein Benutzer[1] bestimmte Eigenschaften von Links festlegen kann.

Wir gehen dabei allerdings davon aus, daß zumindest die strukturellen Deklarationen dieses Typsystems so beschrieben sind, daß sie auf einer möglichst tiefen Ebene ausgewertet werden können. Damit kann dann HyperBase so erweitert werden, daß es bereits für einige Eigenschaften Auswertungsmechanismen bereitstellt. Z.B. bedeutet die Deklaration "Der Graph, der von den Links des Typs 'so-Link' aufgespannt wird, muß zyklenfrei sein", daß HyperBase bei jedem Erzeugen eines Links dieses Typs feststellen muß, ob hierdurch ein Zyklus entsteht. Falls ein Zyklus entdeckt wird, so muß die Erzeugungsoperation abgebrochen und die anfordernde Applikation benachrichtigt werden. In dieser ist dann wiederum eine angemessene Fehlerbehandlung definiert.

Neben den für einen Benutzer sichtbaren Daten kann die Anwendungsschnittstelle auch die Datenbank als gemeinsamen Speicherbereich benutzen, mit Hilfe dessen z.B. Electronic Mail, Bulletin Boards und andere asynchrone Kommunikationsmittel unterstützt werden, die für das kooperative Arbeiten notwendig sind. Daneben kann die Anwendungsschnittstelle auch systemintern zur Synchronisation zwischen *Activity Spaces* benutzt werden, z.B. indem sie Semaphore [Dij68] oder Monitore [Hoa74] bereitstellt.

3.3 Design des Activity Space-Moduls

Activity Spaces stellen dem Benutzer aufgaben- oder prozeßorientierte Operationen zur Produktion und Manipulation des entstehenden Hypertextes zur Verfügung. In SEPIA existieren *Activity Spaces*, die von der kognitiven Modellierung abgeleitet wurden und dem Konzept der kognitiven Kompatibilität folgen. Weiterhin existieren *Spaces* die als Kommunikationsmedium zwischen Systemkomponenten und dem Autor dienen (siehe z.B. den *Guiding Space* und *Elicitation Space*, Abschnitt 3.5). Die zwischen den verschiedenen Teilprozessen der Hypertextproduktion bestehenden Interdependenzen müssen sich auch in den Beziehungen zwischen den *Activity Spaces* widerspiegeln. Z.B. müssen Veränderungen des Hypertextes, die in einem *Activity Space* durchgeführt werden und für andere *Activity Spaces* relevant sind, weiterpropagiert werden.

---

1. *Benutzer* bedeutet hier Benutzer von HyperBase, also jemand, der die Anwendungsschnittstelle programmiert, nicht ein Endbenutzer von SEPIA.

Einzelne *Activity Spaces* werden als Submodule (Spezialisierungen) des generischen *Activity Space*-Moduls realisiert. Dieses Modul stellt die allgemeine Rahmenfunktionalität für einen *Activity Space* in SEPIA zur Verfügung. Jeder *Activity Space* implementiert die Funktionen und das Interface der zugeordneten Aufgabenstellung auf kognitiv kompatible Art und Weise. Dabei werden generische Funktionen benutzt oder redefiniert (z.B. wird die allgemeine Operation create_node im *Argumentation Space* von den Argumentationsspezifischen Operationen create_datum, create_claim benutzt). Basis der Interaktion sind die von der E/A-Verwaltung exportierten Funktionen.

Die generische Funktionalität der *Activity Spaces* umfaßt folgende Funktionen:

♦ **Prozeßkontrolle** für Start und Initialisierung (ggf. Fenster geschlossen oder ikonisiert), Terminierung (auch von außen), Einstellung von Interaktionsmodi etc. von *Activity Spaces*.

    Durch *Inter-Space*-Kommunikation können Werte vordefinierter Parameter eines *Activity Space* von anderen *Activity Spaces* geändert werden.

♦ *Inter-Space*-**Kommunikation** für die asynchrone Nachrichtenübertragung zur Prozeßkontrolle/ Synchronisation zwischen *Activity Spaces* und Systemmodulen, sowie zum synchronen Zugriff auf einen gemeinsamen Speicher. Dieser wird vornehmlich durch Zugriff auf gleiche Hypertext-Objekte mittels der Anwendungsschnittstelle (siehe 3.2.3) realisiert. Die Anwendungsschnittstelle unterstützt sowohl die Kommunikation innerhalb einer SEPIA-Installation auf einer Workstation direkt, als auch die Kommunikation zwischen SEPIA-Installationen auf verschiedenen Workstations mit Hilfe von HyperBase. Letzeres wird hier nicht weiter behandelt.

♦ **generische Hypertextfunktionalität** (allgemeine Eigenschaften von Hypertext-Objekten, d.h. Knoten, Komplexen Objekten und Links). Wir unterscheiden folgende Gruppen von Funktionen:

• **Erzeugen** eines neuen Hypertext-Objektes des angegebenen Typs mit den angegebenen Attributen. Dieser kann entweder ein Knotentyp (aus einer endlichen Menge von vorgegebenen Basis-Knotentypen, oder vom Typ 'Komplexes Objekt'), oder ein Linktyp (aus einer endlichen Menge von vorgegebenen Basis-Linktypen) sein.

• **Löschen** eines Hypertext-Objektes unter Wahrung der mit dem Typ des Objektes definierten Constraints (diese sind in der Redefinition dieser Funktion für die spezielle Objektklasse anzugeben).

• **Modifizieren** eines Hypertext-Objektes durch Veränderung des Inhalts (durch den Aufruf eines speziellen Editors oder durch Bereitstellung entsprechender Zugriffsfunktionen auf die Bestandteile des Objektes) oder der Attribute (Erzeugen, Löschen oder Modifizieren von Attributen bzw. Attributwerten durch Toolaufruf oder direkte Modifikation).

• **Aktivieren** von Hypertext-Objekten:

Im Falle von Knoten gehört dazu das typgerechte Anzeigen im Fenster (Zeichenfläche) unter Einbeziehung der eingebetteten Links bzw. Ausführung der mit ihm verbundenen prozeduralen Semantik (dies alles in Abhängigkeit vom aktuellen *Activity Space*). Damit sind auch Knoten mit "leerem Inhalt" und prozeduraler Semantik (z.B. Berechnung einer Guided Tour oder eines Tabletop [Tri88]) möglich. Auch hier ist die Redefinition dieser Funktion je nach Knotentyp-Semantik notwendig.

Im Falle von Links meint das die Traversierung eines Links, und die damit verbundene Ausführung der prozeduralen Semantik, z.B. neues Fenster öffnen oder Text in ein Bestehendes kopieren. Hinzu kommt die Erzeugung der visuellen Präsentation (Icon, Textbereich etc.) des Links im Quell- und Ziel-Knoten in Abhängigkeit vom aktuellen *Activity Space*. Diese Funktion wird zur Anzeige eines Knoten benötigt.

In den Funktionsklassen zur Erzeugung, Modifikation und Aktivierung von Hypertext-Objekten wird die Benutzerschnittstelle eines *Spaces* festgelegt (Interaktionsform). Durch Redefinition der Funktionen in Abhängigkeit von Objekttyp und aktuellem *Activity Space* läßt sich vom Systementwickler spezifischere Hypertext-Funktionalität (z.B. create_argument, s.o.) erzeugen.

Zur Realisierung der generischen Funktionalität werden Funktionen anderer Module importiert. Dazu gehört die Objektverwaltung mit Funktionen zum: Erzeugen / Löschen von, sowie lesendem / schreibendem Zugriff auf Hypertext-Objekte(n) und Attribute(n), und Zugriff auf Teilnetze des Hypertextes durch Queries.

Von der E/A-Verwaltung werden Funktionen zur Ausgabe von Hypertext-Objekten und *Activity Spaces* (unter Formulierung von Präsentationsbedingungen, welche die Darstellung der Objekte festlegen) und Eingabe von Werten bzw. Kommandoauswahl importiert.

3.4   Design der E/A-Verwaltung

Dieses Modul umfaßt zwei Aufgabenbereiche. Der *Display-Manager* übernimmt die Präsentation der *Activity Spaces* und der darin darzustellenden Hypertext-Objekte. Die *Activity Spaces* beeinflussen die spezifische Darstellungsweise in einem *Space* durch die Definition von Präsentationsbedingungen für die Hypertext-Objekte (Knoten, Links, Graphstrukturen). Das Präsentations-Submodul berechnet hieraus die Darstellung eines gegebenen Hypertext-Subnetzes, wobei Wert auf eine der Aufgabe angemessene Präsentation gelegt wird.

Die Verarbeitung von Eingaben umfaßt die Aktivierung der entsprechenden *Spaces* (Scheduling-Problematik und direkte Manipulation von Hypertext wie z.B. die Reorganisation von graphisch repräsentierten Hypertextstrukturen) unter der Berücksichtigung vorheriger Eingabeanforderungen. Dazu kommt die Verwaltung verschiedener Interaktionsmodi (maskenorientierte Dialoge, Kommandoauswahl per Menü, direkte Manipulation, usw.).

3.5   Design der wissensbasierten Komponenten

Die Produktion von großen argumentativen Hypertexten ist ein komplexes Designproblem. Diese Komplexität beruht darauf, daß

♦ das Schreiben von Hypertext nicht nur die Produktion von Text, sondern auch den Aufbau von Netzen aus Knoten und Links, sowie die Definition von Organisationsstrukturen (Guided Tours etc.) erfordert.

♦ bei der Konstruktion eines Hypertextes Wissen des Autors über den Gegenstandsbereich explizit repräsentiert werden muß.

♦ die Repräsentation und Präsentation dieses Wissens auf eine spezielle Lesergruppe zugeschnitten (selektiert, aufbereitet und organisiert) werden muß. Dies erfordert eine neue Rhetorik für Hypertext (vergleiche [SHT 89]).

Typische Probleme eines Autors von Hypertexten resultieren aus den zentralen Tätigkeiten im Designprozeß: der Dekomposition und der Restrukturierung. Bei der Erstellung von Hyperdokumenten zeigt sich dies z.B. in der

- Wahrung von Konsistenzbedingungen für den entstehenden Hypertext bzw. das externalisierte Wissen über den Gegenstandsbereich (z.B. Widerspruchsfreiheit und Vermeidung von Zirkelschlüssen in argumentativen Hypertexten), und Wahrung dieser Bedingungen auch nach Änderungen durch den Autor im Revisionsprozeß.

- Ausrichtung des Hypertextes auf eine Zielgruppe, z.B. durch Selektion des Inhalts, Schaffen einer adäquaten Organisationsstruktur (Links, Pfade, Guided Tours, Indizes), sowie Ergänzungen und Übergänge.

SEPIA soll den Autor bei der Lösung dieser Probleme aktiv unterstützen, indem seine individuelle Arbeitssituation (Ziele, Präferenzen, aktueller Hypertext) auf mögliche Probleme/Konflikte untersucht und ggf. eine angemessene Hilfestellung/Reaktion generiert wird. Dazu soll Wissen über die individuelle Arbeitssituation, Wissen über die Produktion von argumentativen Hypertexten und Wissen über Anforderungen an argumentativen Hypertext genutzt werden.

SEPIA muß als interaktives System hierbei zwei Probleme lösen: Problemerkennung und Erzeugen von Unterstützung, sowie adäquate Vermittlung von Unterstützung.

Problemerkennung und Erzeugen von Unterstützung

Die Erkennung von Situationen, in denen die oben genannten Probleme auftreten, und die Generierung von Hinweisen / Lösungsvorschlägen umfaßt die Teilschritte

- Beobachtung der Autorentätigkeit und der Fortschritte beim Aufbau des resultierenden Hypertextes

- Überprüfen von potentiellen Problemsituationen durch Feststellung von Inkonsistenzen bzgl. der Anforderungen an argumentative Hypertexte (strukturelle Eigenschaften, Zielgruppenadäquatheit etc.) und durch Auswertung der Benutzeraktionen auf der Basis von Wissen über Hypertextproduktion.

- Bei Feststellung einer kritischen Situation (z.B. nach Berechnung von widersprüchlichen Hypertext-Komponenten) soll aktive Unterstützung generiert werden. Dazu ist eine adäquate Maßnahme zu planen, z.B. die Konstruktion zu ergänzender Hypertext-Teilnetze. Dies hängt natürlich auch vom situativen Kontext ab.

Adäquate Vermittlung der Unterstützung

Zur Umsetzung einer geplanten Unterstützungsmaßnahme in eine adäquate Interaktion ist Wissen notwendig über die Interaktionsmöglichkeiten, die Adäquatheit von Interaktion bzgl. eines individuellen Autors, sowie über den situativen Kontext (z.B. Situation in den gerade benutzten *Activity Spaces, focus of attention*). Ergebnis der Umsetzung ist die Initiierung einer entsprechenden Interaktion durch Instanziierung eines dedizierten *Activity Spaces* für die Vermittlung aktiver Hilfe: den sogenannten *Guiding Space*.

Am Beispiel der Vermittlung von Inkonsistenzen in einem Hypertext sollen Problematik und Lösung deutlich gemacht werden: In großen Hypertexten können Ursache und Wirkung von Inkonsistenzen in weit auseinanderliegenden Hypertext-Komponenten lokalisiert sein. Die Vermittlung dieser Situation erfordert die Abstraktion von Details der Netzstruktur und die Konstruktion und Darstellung (z.B. im *Fisheye View* [Fur86]) der wesentlichen Beziehungen zwischen den involvierten Hypertext-Komponenten. Der *Guiding Space* stellt diese Situation dar und stellt geeignete Werkzeuge zur Exploration und Modifikation der Konfliktsituation zur Verfügung. Die Verwendung eines *Guiding Space* pro Konflikt erlaubt dem Autor das parallele Management von verschiedenen Konflikten.

Architektur des wissensbasierten Autorensystems

Auf dem Grundsystem SEPIA I aufbauend werden die wissensbasierten Komponenten (*Knowledge-based Support*-Modul), sowie die benötigten Interaktionsmedien (*Guiding Space, Elicitation Space*) der Grundsystem-Architektur hinzugefügt. In der SEPIA-Architektur (siehe Abbildung 3) wirken sich diese Ansätze folgendermaßen aus:

Die notwendigen Wissensbasen *Author Profile* (initiale Autorenziele, Präferenzen, Zielgruppe etc.) und *Author Model* (aktuelle Ziele, *focus of attention*, Vorgehensweise, Wissensstand etc.), *Script Knowledge* (Dokumenttypabhängiges Wissen über Konsistenzkriterien und Überprüfungsvorgehen, sowie rhetorisches Wissen über Präsentation und Aufbau von Hyperdokumenten) und *Guiding Strategy* (Wissen über Erkennung von Defiziten, sowie Planung adäquater Unterstützung auf der Basis didaktischer Strategien) werden in der *KBMS*-Komponente einheitlich verwaltet und zugreifbar gehalten.

Die Beobachtung des Autors erfordert die Erhebung von Protokolldaten im *I/O-Management* und ihre subsequente Verarbeitung in der *Monitoring Component*. Diese modifiziert das *Author Model*, und aktiviert die *Elicitation* und *Guiding Component*.

Die *Elicitation Component* dient dazu, die Ziele und Pläne des Autors (z.B. in einem maskenorientierten Dialog im *Elicitation Space*) zu erheben. Als Ergebnis wird das *Author Profile* aktualisiert.

Die *Guiding Component* selektiert die individuell notwendigen Wissensbasen und überprüft die aktuelle Situation (*Evaluation*). Die Situation in jedem *Activity Space* wird durch die Menge der aktuell präsentierten und manipulierten Hypertext-Objekte definiert (sogenannter *Kontext*). Diese *Kontexte* werden im *Object Management* verwaltet und den wissensbasierten Komponenten zur Verfügung gestellt. Bei kritischen Situationen wird eine Unterstützungsmaßnahme geplant (*Planning*). Voraussetzung hierfür ist z.B. die Bereitstellung von Inferenzmechanismen, die auf den Wissensbasen und der Hypertextstruktur operieren. Dabei ist an eine *Blackboard*-Organisation (vergleiche [Hay85]) gedacht, die es mehreren dedizierten Mechanismen erlaubt, auf den Wissensbasen zu operieren. Der Zugriff auf die Hypertextstruktur kann direkt über das *Object Management* oder indirekt über *KBMS*-Wissensbasen, die als Filter fungieren, erfolgen.

Die Umsetzung der geplanten Maßnahme erfolgt, ebenso wie die Instanziierung anderer Interaktionen (z.B. der *Elicitation Component*), im *Interaction Management*. Dort werden die entsprechenden *Activity Spaces* konfiguriert und ihre Instanziierung beim *Activity Space*-Modul initiiert.

Vorteile der Architektur

Das Generieren aktiver Unterstützung verlangt die Analyse der Autorentätigkeit unter Berücksichtigung des Aktionspotentials in den *Activity Spaces*. Demgegenüber sollten Autorenmodell und Strategien möglichst allgemein formuliert werden können, um die modulare Weiterentwicklung von Spaces und Wissensbasen zu erlauben. Diese Architektur entkoppelt die Wissensbasen und die Operationalisierungen der Funktionalität in den *Activity Spaces* über die *Monitoring*, *Elicitation* und *Guiding Component*, in denen die Umsetzung

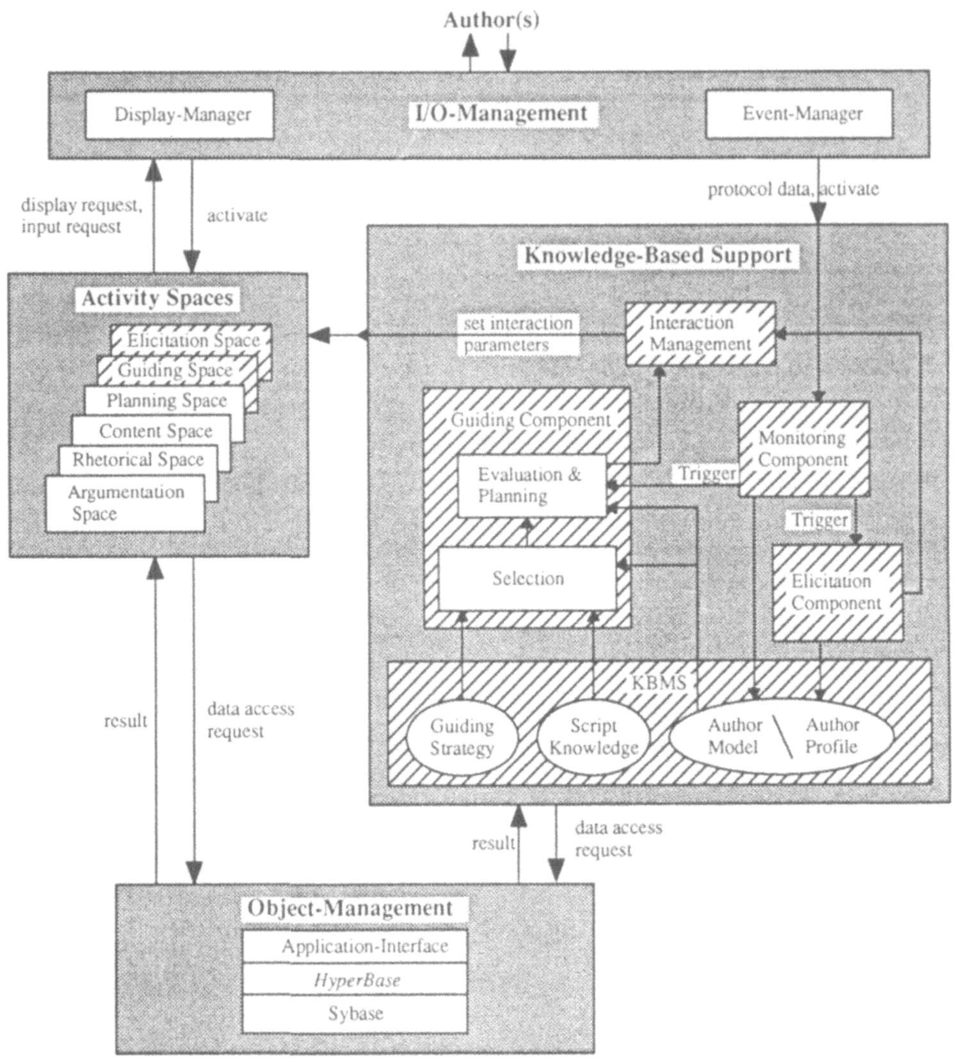

Abbildung 3: Systemarchitektur von SEPIA II

von spezifischen *Spaces* in die Wissensbasen und vice versa geleistet werden muß. Basierend auf dem Prinzip der kognitiven Kompatibilität [Str87] integriert sie Ansätze der Kognitionswissenschaften wie z.B. den *Design Prozeß*- und den *Problem Space*-Ansatz [New80] in die Interaktionsplanung und -umsetzung. Weiterhin werden Techniken der Benutzermodellierung (im Sinne der Künstlichen Intelligenz) in ein Hypertextsystem integriert, um individuelle Unterstützung zu erzeugen. Hierunter fällt insbesondere die modulare Ankopplung von Inferenzmechanismen zum Schlußfolgern in und über Hypertextstrukturen.

Schließlich unterstützt die Architektur auch die Integration der Adaptierbarkeit der Benutzeroberfläche in das *Interaction Management*. Dies ist mittels der Beeinflussung der Interaktionsstrukturen (z.B. Menüs, Dialoge) durch das Setzen spezieller Interaktionsparameter der *Activity Spaces*, mit Hilfe der *Inter-Space*-Kommunikation, möglich.

4 Realisierung von SEPIA

Bei der Entwicklung des Forschungsprototypen berücksichtigen wir die folgenden Anforderungen:

- ◆ Rapid Prototyping, um rasch Designentscheidungen überprüfen zu können,

- ◆ hohe Variabilität von Strategien und Funktionen der Systemkomponenten, um Teilresultate des Rapid Prototyping berücksichtigen zu können,

- ◆ schnelle Testbarkeit einzelner Komponenten,

- ◆ Wiederverwendbarkeit bzw. leichte Modifizierbarkeit von Komponenten.

Innerhalb der Module berücksichtigt das Design parametrisierbare Strategien und Schnittstellen sowie durch den modularen Aufbau eine hohe Wiederverwendbarkeit. Die Realisierung einer solchen Entwicklungsstrategie legt die Benutzung einer objektorientierten Programmierumgebung nahe. Aus diesen Gründen verwenden wir zunächst Smalltalk-80 auf SUN Workstations. Später ist eine Portierung auf C++ geplant. Die applikationsunabhängige Hypertext-Maschine *HyperBase* wurde in C mit Hilfe des Datenbanksystems Sybase entwickelt, und wird mit dem Smalltalk-80 System integriert. Sie soll später auf der Grundlage des bei IPSI entwickelten objekt-orientierten Datenbanksystems VODAK (Verteiltes Objekt-Orientiertes Datenbanksystem, siehe [KNS88, DKT88]) reimplementiert werden.

Zur Zeit werden die Benutzeroberflächen und Funktionalitäten der *Activity Spaces* unter Verwendung von SuperCard (Apple Macintosh) und WE [SWF87] (SUN) als Prototypen implementiert und getestet. Insbesondere der *Argumentation Space* und der *Rhetorical Space* wird gegenwärtig in der WE-Erweiterung AAA (vergleiche [SS90b]) getestet. Parallel dazu entsteht das Grundautorensystem SEPIA I (E/A-Verwaltung, generisches *Activity Space*-Modul und Objektverwaltung) in Smalltalk-80 auf der SUN. Der bestehende Prototyp von HyperBase wird zur Zeit mit dem Smalltalk-80 System (*Application Interface*) integriert.

5 Danksagung

Wir möchten an dieser Stelle unseren Kollegen Norbert Streitz, Jörg Hannemann, Werner Rehfeld, Wolfgang Schuler und Manfred Thüring für ihre anregenden Kommentare danken. Insbesondere Norbert Streitz hat durch sein intensives Korrekturlesen wesentlich zur Verbesserung dieser Arbeit beigetragen.

6 Literatur

[CB87]   J. Conklin and M. L. Begemann. gIBIS: A Hypertext Tool for Argumentation. In *Proceedings of the First ACM Workshop on Hypertext (Hypertext '87)*, pages 247 – 251, University of North Carolina at Chapel Hill, November 13 – 15, 1987.

[CG88]   B. Campbell and J. M. Goodman. HAM: A General Purpose Hypertext Abstract Machine. *Communications of the ACM*, 31(7):856 – 861, July 1988.

[Dij68]   E. W. Dijkstra. Cooperating Sequential Processes. In F. Genuys, editor, *Programming Languages*, pages 43 – 112, Academic Press, 1968.

[DKT88]   H. Duchêne, M. Kaul, and V. Turau. VODAK Kernel Data Model. In K. R. Dittrich, editor, *Proceedings of the 2nd International Workshop on Object-Oriented Database Systems*, pages 242 – 261, Springer Verlag, September 1988.

[FMM89] G. Fischer, R. McCall, and A. Morch. JANUS: Integrating Hypertext with a Knowledge-Based Design Environment. In *Proceedings of the 2nd ACM Conference on Hypertext (Hypertext '89)*, pages 105 – 117, Pittsburgh, PA, November 5 – 8, 1989.

[Fur86] G. W. Furnas. Generalized Fisheye Views. In *Proceedings of the 3rd ACM International Conference on Human Factors in Computing Systems (CHI-86)*, pages 16 – 23, Boston, MA, April 15 – 17, 1986.

[Gre88] I. Greif. *Computer-supported Cooperative Work: A Book of Readings*. Morgan Kaufmann Publishers. 1988.

[Hal88] F. G. Halasz. Reflections on Notecards: Seven Issues for the Next Generation of Hypertext Systems. *Communications of the ACM*, 31(7):836 – 852, July 1988.

[Hay85] B. Hayes–Roth. A Blackboard Architecture for Control. *Artificial Intelligence*, 26(3):251 – 321, 1985.

[Hoa74] C. A. R. Hoare. Monitors: An Operating System Structuring Concept. *Communication of the ACM*, 17(10):549 – 557, October 1974.

[KNS88] W. Klas, E. J. Neuhold, and M. Schrefl. On an object-oriented Data Model for a Knowledge Base. In R. Speth, editor, *Research into Networks and Distributed Applications — EUTECO 88*, North Holland, 1988.

[Mar87] C. C. Marshall. Exploring Representation Problems Using Hypertext. In *Proceedings of the First ACM Workshop on Hypertext (Hypertext '87)*, pages 253 – 268, University of North Carolina at Chapel Hill, November 13 – 15, 1987.

[MI89] C. C. Marshall and P. M. Irish. Guided Tours and On-Line Presentations: How Authors Make Existing Hypertext Intelligible for Readers. In *Proceedings of the 2nd ACM Conference on Hypertext (Hypertext '89)*, pages 15 – 26, Pittsburgh, PA, November 1989.

[New80] A. Newell. Reasoning, problem solving, and decision processes: The problem space as the fundamental category. In R. Nickerson (Ed.): *Attention and Performance VIII*. Hillsdale, N.J.: Erlbaum, 1980.

[Sea90] J. R. Searle. Ist der menschliche Geist ein Computerprogramm? *Spektrum der Wissenschaft*, März 1990, pages 40 – 47.

[SHT89] N. A. Streitz, J. Hannemann, and M. Thüring. From Ideas and Arguments to Hyperdocuments: Travelling through Activity Spaces. In *Proceedings of the 2nd ACM Conference on Hypertext (Hypertext '89)*, pages 343–364, Pittsburgh, PA, November 5–8, 1989.

[SS90a] H. Schütt and N. A. Streitz. HyperBase: A Hypermedia Engine Based on a Relational Database System. Submitted to *European Conference on Hypertext (ECHT '90)*, Paris, November 27 – 30, 1990.

[SS90b] W. Schuler and J. B. Smith. Author's Argumentation Assistant (AAA): A hypertext-based authoring tool for argumentative texts. Submitted to *European Conference on Hypertext (ECHT '90)*, Paris, November 27 – 30, 1990.

[Str87] N. A. Streitz: Cognitive compatibility as a central issue in human–computer interaction: Theoretical framework and empirical findings. In G. Salvendy (Ed.): *Cognitive Engineering in the Design of Human–Computer Interaction and Expert Systems* (pp. 75–82). Amsterdam: Elsevier, 1987.

[SWF87] J. B. Smith, S. F. Weiss, and G. J. Ferguson. A Hypertext Writing Environment and its Cognitive Basis. In *Proceedings of the 1st ACM Workshop on Hypertext (Hypertext '87)*, pages 195 – 214, University of North Carolina at Chapel Hill, November 13 – 15, 1987.

[Tri88] R. H. Trigg. Guided Tours and Tabletops: Tools for Communicating in a Hypertext Environment. *ACM Transactions on Office Information Systems*, 6(4):398 – 414, 1988.

[Tou58] S. Toulmin. *The Uses of Argument*. Cambridge University Press, 1958.

[Wen87] E. Wenger. *Artificial Intelligence and Tutoring Systems*. Morgan Kaufmann Publishers, 1987.

EINE SOFTWARE-UMGEBUNG FÜR DIE ERSTELLUNG VON HYPERMEDIA-DOKUMENTEN DURCH AUTORENGRUPPEN

Stefan Eherer, Matthias Jarke

Universität Passau
Fakultät für Mathematik und Informatik
Innstr. 33, D-8390 Passau

Udo Hahn

Albert-Ludwigs-Universität Freiburg
Linguistische Informatik/Computerlinguistik
Werthmannplatz, D-7800 Freiburg i. Br.

Zusammenfassung

Es werden die Entwurfsziele, grundlegenden Modellierungskonzepte und Implementierungsstrategien für eine Software-Umgebung beschrieben, die die kooperative Erstellung von
Hypermedia-Dokumenten durch mehrere Autoren (Co-Authoring) unterstützt. Das entsprechende System CoAUTHOR integriert Modelle für die Produktion von Hypermedia-
Dokumenten und rechnergestützte Gruppenarbeit. Implementationstechnisch wird die Verwaltung des Wissens von Textproduktions- und Gruppenprozessen durch ein hypermedia-
fähiges Wissensbanksystem (ConceptBase), die Speicherung und der Zugriff auf konkrete
Hypermedia-Objekte (Textfragmente, Bilder, Grafiken u.ä.) durch ein Multimedia-Datenbanksystem (MULTOS) und die Kommunikation in Autorengruppen durch ein mit diesen
beiden Systemen integriertes Echtzeitkonferenzsystem (ConferenceDesk) realisiert.

1   Einführung und Motivation des Systems

Gegenstand des vorliegenden Beitrags ist die Zusammenarbeit mehrerer Personen bei der Erstellung
von Texten. Dieser im folgenden auch als *Co-Authoring* bezeichnete Prozeß hat durch aktuelle informationstechnische Entwicklungen eine völlig neue Qualität erfahren:

- Das "klassische" lineare *Text*modell ist durch das Konzept von nicht-linearen, netzartig strukturierten *Hypertexten* [NELSON 1980, CONKLIN 1987] überlagert worden. Dieses Modell ist seiner-
  seits Grundlage für zusätzliche mediale Gestaltungsoptionen für Knoteninhalte (Knoten können
  nicht mehr nur Texte aus Zeichenketten, sondern auch animierte Grafiken, Ton- und Filmsequenzen o.ä. enthalten) in sog. *Hypermedia-Texten* [YANKELOVICH *et al.* 1985, 1988].
- Neue Konzepte der rechnergestützten *Gruppen*arbeit überwinden klassische Verfahren des *Mehr-
  benutzer*betriebs, die auf die physische und logische Abschottung der einzelnen Benutzer zielen.
  Auf der Grundlage computergestützter Kommunikationstechnologien (*Botschafts- und Konferenzsysteme* [MALONE *et al.* 1987, SARIN/GREIF 1985]) wird eine Systeminfrastruktur entwickelt
  (*Groupware* bzw. an Gruppenarbeit adaptierte Kollaborationswerkzeuge [ELLIS *et al.* 1988,
  COOK *et al.* 1987, STEFIK *et al.* 1987] und *Group Decision Support-Systeme* [KRAEMER/
  KING 1986, JARKE 1986, DeSANCTIS/GALLUPE 1987, JELASSI/BEAUCLAIR 1987]), um
  die Kooperation mehrerer Benutzer (Arbeitsteams, Projektgruppen u.ä.) bei komplexen Problem-
  lösungsprozessen direkt zu unterstützen.

Die Bezüge zwischen beiden Entwicklungsrichtungen sind trotz großer Forschungsintensität auf beiden Gebieten noch relativ unklar. Dies ist insofern überraschend, als der Anteil von in Gruppenarbeit erstellten Dokumenten (etwa Manuals großer Softwaresysteme, Zwischen- und Abschlußberichte größerer Projekte, Rechenschaftsberichte oder Bilanzen großer unternehmerischer und administrativer Organisationen) in starkem Maße zunimmt und die informationstechnische Unterstützung dieser Tätigkeiten somit auf begründetes Interesse stößt. Denn Inkonsistenzen, Redundanz, unterschiedliche Detaillierungsgrade und eine große formale und stilistische Varianz in der Darstellung sind nur einige der mißliebigen Effekte, die in solchen Gruppen-Dokumenten als Konsequenz fehlender oder unzureichender Abstimmung der individuellen Textbeiträge häufig auftreten.

Im Rahmen des Systems CoAUTHOR*, das zusammen mit einer Reihe von europäischen Industriepartnern an der Universität Passau z.Zt. entwickelt wird, werden beide Entwicklungsstränge zu integrieren versucht und besonderes Gewicht den methodischen Anforderungen sowie implementationstechnischen Konsequenzen einer solchen Integration zugemessen. Methodisch stehen dabei die Modellierung der Produktion von Hypermedia-Dokumenten und der Gruppenprozesse beim Co-Authoring im Vordergrund, implementationstechnisch die Verwaltung des Wissens von Textproduktions- und Gruppenprozessen durch ein Hypermedia-Wissensbanksystem, die Speicherung sowie der Zugriff auf konkrete Multimedia-Objekte durch ein Multimedia-Datenbanksystem und die kommunikationstechnische Unterstützung der Co-Authoring-Prozesse durch ein Realzeit-Konferenzsystem.

2 Methodische und implementationstechnische Rahmenbedingungen des CoAUTHOR-Systems

Unter methodischen Aspekten werden bei der Entwicklung des CoAUTHOR-Systems zwei Schwerpunkte unterschieden:

Modellierung der Produktion von Hypermedia-Dokumenten

Grundlage des Modells für die Erstellung von Hypermedia-Dokumenten ist ein allgemeines dreistufiges Textproduktionsmodell, das in Übereinstimmung mit Überlegungen aus dem Bereich der natürlichsprachlichen Textgenerierung [MANN/MOORE 1981, McKEOWN 1985] und kognitionswissenschaftlichen Schreibforschung [SMITH *et al.* 1986] konzeptuelle (netzartige), formale (hierarchische) und generative (lineare) Aspekte umfaßt. Auf der *konzeptuellen* Ebene der Textproduktion ist die Entwicklung (Einführung, sukzessive Verfeinerung und Modifikation) sowie Festlegung von inhaltlichen Ideen, die im Dokument behandelt werden sollen (Textthemen), angesiedelt. Neben der Bestimmung des Wissens, das in einen Text einfließen soll, wird auf der *formalen* Ebene des Dokumentenentwurfs die textuelle Organisationsstruktur (physische Anordnung von Themen im Dokument, Layout) für Themen und Themenausarbeitungen festgelegt. Aus konzeptuellen und formalen Dokumentspezifikationen wird schließlich im Rahmen der Dokument-*Generierung* ein konkreter Text (bestehend aus Textteilen, Bildern, Grafiken u.ä.) erzeugt, der diese Spezifikationen "implementiert"**.

----

* CoAUTHOR wird im Rahmen des Bayerischen Forschungszentrums für Wissensbasierte Systeme (FORWISS) in Zusammenarbeit mit TA Triumph Adler (D) und Olivetti (I) als Teil des ESPRIT-II *Technology Integration Project* MULTIWORKS (*MULTimedia Integrated WORKStation*) entwickelt. Besonderer Dank gilt A. Bonfiglio (Olivetti), H. Chrapary (TA) und K. Kreplin (TA), die zur Modell- und Systementwicklung wesentliche Beiträge geleistet haben.

** Das Modell ist bewußt parallel zu gewissen Software-Entwicklungsmethoden [JARKE/DAIDA Team 1990] angelegt, da eine der wesentlichen Co-Authoring-Anwendungen die Erzeugung technischer Manuals sein soll.

Dieses für beliebige Texte gültige Grundmodell bedarf bei der Einbettung in eine Hypermedia-Umgebung zusätzlicher Anreicherungen (erste Ansätze hierzu beschreibt HIRANO [1988]), da hypermedia-typische Einflüsse auf allen drei Ebenen der Dokumententwicklung auftreten: Die netzartige Struktur von Hypertexten unterstützt eine Form des "elektronischen Brainstorming" [STEFIK *et al.* 1987], d.h. der Ideenstimulierung durch die assoziative Exploration und Ideenkonfiguration durch die gezielte Reorganisation bzw. Erweiterung von Konzeptgraphen auf der konzeptuellen Ebene der Textproduktion. Ganz besondere Anforderungen stellen sich aber im Bereich des Dokument-Designs - einerseits auf der konstruktiven Ebene der inhaltsbezogenen Manipulation von Dokument-Graphen und medial unterschiedlich etikettierter (Text-, Grafik-, Film- oder Ton-) Knoten, andererseits hinsichtlich plausibler Vorschläge für standardisierte Navigationsmuster ("Touren" [TRIGG 1988]) bei der Exploration von Hypermedia-Dokumenten. Selbst die Produktion konkreter Hypermedia-Objekte verlangt von den Autoren durch die Abstützung auf unterschiedliche Medien den Umgang (Retrieval, Editieren, Konfigurieren) mit sehr heterogenen Datenbeständen, deren Integration in einem konventionellen Papier-Dokument bislang ausgeschlossen war (etwa animierte Grafiken in einem Text). Konkret bedeutet dies, daß ein Hypermedia-Konzepten angepaßtes Textproduktionsmodell zu entwickeln ist, das nicht-linearen und multi-medialen Dokumentstrukturen gerecht werden muß.

Modellierung der Gruppenprozesse beim Co-Authoring

Während für die Textproduktion zumindest in Grundzügen ein fundiertes Entwicklungsmodell vorliegt, ist die gruppenorientierte Dokumenterstellung ein bislang kaum thematisiertes Forschungsproblem. In einzelnen Beiträgen dazu überwiegt dann auch die Beschäftigung mit eher technischen Problemen des Mehrbenutzerbetriebs (*access* und *concurrency control*), geeigneter Benutzerschnittstellen (Kommandosprachen, Präsentations- und Explorationsformen) sowie der Datenmodellierung verteilter Dokumente (optimale Sperrgranularitäten u.ä.) [ENGELBART 1984, GREIF *et al.* 1986, GREIF/SARIN 1987, DELISLE/SCHWARTZ 1987, AKSCYN *et al.* 1988, SCHLICHTER/MILLER 1988, LEWIS/ HODGES 1988]. Qualitative Überlegungen, Co-Authoring als einen durch Informations- und Kommunikationssysteme unterstützten Gruppeninteraktionsprozeß aufzufassen, sind bislang nur rudimentär in das Design von Hypermedia-Systemen eingegangen (etwa beim QUILT-System in Form sozialer Rollen innerhalb des Autorenteams [FISH *et al.* 1988] oder Kritik- und Kommentaroptionen in einer Mehrbenutzerextension des NoteCards-Systems [TRIGG *et al.* 1986]). Hier müssen also, was die formale und generative Seite der Textproduktion anlangt, Erfahrungen aus dem Ein-Autoren-Fall auf den Mehr-Autoren-Fall eher spekulativ übertragen werden. Allein für die konzeptuelle Ebene problemlösungsbezogener Gruppendiskussionen, Brainstorming- und Entscheidungsszenarien liegen experimentell validierte Strukturbeschreibungen von Gruppenprozessen [ANDERSON 1970, VEN/DELBECQ 1971] vor, die in Modellierungsvorschläge einbezogen werden können. Daraus läßt sich folgende Skizze eines Co-Authoring-Kernmodells unter Betonung der Gruppenprozesse in Autorenteams entwickeln, das orthogonal zum Produktionsmodell für Hypermedia-Dokumente steht.

Gruppentypische Elemente dieses Modells sind *interaktive* Komponenten (Ideenaustausch und Ideenwettbewerb sowie die Aggregation von mehreren Individualmeinungen zu einer Gruppenmeinung), *handlungs*bezogene Komponenten (Realisierung von Ideen (Textthemen) durch konkretes Handeln (Textproduktion)) und die kohärente *Synthese* der individuellen Beiträge (Textfragmente) zu einem aus ihnen zusammengesetzten Gruppenprodukt (Hypermedia-Dokument).

Startpunkt jedes Co-Authoring-Prozesses ist die *Ideengenerierung* und *Annotation* der von einem Individuum der Autorengruppe eingebrachten Idee durch die übrigen Gruppenmitglieder. Der Annotationsprozeß dient (häufig gekoppelt mit der Legitimation einer bestimmten *sozialen Rolle* im Autorenteam, wie Leiter/Kompilierer, Beiträger/spezialisierter Experte, Referee u.ä.; vgl. etwa BENNE/SHEATS [1970]) der Kritik einer Idee und umfaßt beispielsweise die Unterstützung oder Ablehnung einer Idee, eine Bewertung ihrer Relevanz für den Kommunikationszweck des zu schreibenden Dokuments oder Hinweise auf Überschneidungen mit oder Widersprüche zu anderen Ideen usw. Nach der Wettbewerbsphase der Sammlung und Kommentierung von Meinungsbeiträgen müssen diese individuellen Einschätzungen anschließend *aggregiert* werden (etwa über quantitativ ausgerichtete Präferenzberechnungen [LOWE 1985] oder qualitative Entscheidungsverfahren, in die formale Konsistenz- oder Vollständigkeitskriterien, aber auch Ergebnisse argumentativ stringenter Diskussionen eingehen können), um über strittige oder alternative Inhalte bzw. Themen, Textstrukturentwürfe und konkrete Hypermedia-Objekte entscheiden zu können und so zu einer konsolidierten Gruppenposition zu gelangen. Dieses Muster für Gruppenaktivitäten bei sachbezogenen Problemlösungsgegenständen - Einführung/ Definition eines Diskursobjekts durch ein Mitglied der Gruppe, individuelle Modifikation/Redefinition im Rahmen gruppenorientierter Annotationsprozesse, Gruppenbewertung, Gruppenentscheidung (Annahme oder Zurückweisung eines Diskursobjekts) - gilt nicht nur auf der konzeptuellen, sondern auch auf der formalen und generativen Ebene der Textproduktion. Denn genau wie Inhalte bzw. Themen sind Vorschläge zur Dokumentstruktur und konkrete Textrealisierungen kritisierbar und können angenommen, modifiziert oder zurückgewiesen werden.

Dieser interaktionsorientierte Teil des Gruppenmodells deckt somit den Aspekt des Ideen- und Meinungsaustausches der Gruppenmitglieder und die Festlegung einer Gruppenmeinung zu Dokumentinhalten und -strukturen beim Co-Authoring ab. Eine zusätzliche Dimension kooperativer Gruppenarbeit bringt das Gruppen*handeln* ein. Inhalte bzw. Themen müssen in konkreten Text überführt werden, Dokumentstrukturen müssen mit Hypermedia-Objekten "gefüllt" werden. Für diesen generativen Teil des Co-Authoring-Prozesses werden sozial bindende Verabredungen getroffen dergestalt, daß für jede Textstruktureinheit eines Hypermedia-Dokuments mindestens ein Mitglied des Autorenteams einen Realisierungs- bzw. Beschaffungs*kontrakt* (im Sinne des Kontraktnetzmodells [SMITH 1980, KOO/ WIEDERHOLD 1988]) eingeht. Dabei verpflichtet sich der Kontraktnehmer, ein bestimmtes Thema, das eine spezifizierte Position in der formalen Dokumentenstruktur einnimmt, textuell zu realisieren. Teil des Kontrakts sind Ressourcenzuteilungen (Zeit, Materialien, Zugriffsrechte usw.), die konzeptuelle Themenspezifikation und Realisierungs-Constraints (Textumfang, Datum der Fertigstellung u.ä.).

Neben Interaktions- und Handlungsaspekten des Co-Authoring muß eine adäquate Modellierung der damit verbundenen Gruppenprozesse auch formale Eigenschaften der *Synthese* von individuellen Beiträgen zu einem Gruppenprodukt erfassen. Hierzu zählen Prüfungen auf die Konsistenz, Redundanz/ Subsumption, Vollständigkeit oder gleichförmige Granularität (den Detaillierungsgrad) der einzelnen Autorenbeiträge bei der Konfiguration des kompletten Hypermedia-Dokumentgraphen im Sinne einer aus Einzelbeiträgen zusammengesetzten Gruppenproblemlösung. Inkohärenzen bei der Synthese verlangen eine neuerliche Abstimmung der für die unverträglichen Teillösungen verantwortlichen Akteure (diese sind über die Kontrakte und Quellenangaben für Ideen rekonstruierbar) mit den Interaktions- und Verhandlungsmechanismen des oben skizzierten Gruppenmodells.

Die Fülle der betrachteten Anforderungen und Eigenschaften eines Gruppenmodells für die Erstellung von Hypermedia-Dokumenten beim Co-Authoring verlangt Modellierungs- und Implementierungsstrategien, die Textproduktions- und Gruppenprozesse in einer *Hypermedia-Wissensbank* qualitativ modellieren und formal kontrollieren, einen effizienten Zugriff auf und eine modellgestützte Manipulation von Hypermedia-Objekten in einer *Multimedia-Datenbank* gestatten ferner eine technisch entwickelte Kommunikationsinfrastruktur für Autorengruppen in Form eines mit diesen Informationssystemen integrierten *Gruppen-Kommunikationssystems* bereitstellen.

Hypermedia-Wissensbank

Die Hypermedia-Wissensbank hält ein Modell des Co-Authoring, das qualitative Steuerungs- und Unterstützungsmechanismen für die Produktion von Hypermedia-Dokumenten und diesbezügliche Gruppenprozesse bereitstellt. Gleichzeitig wird die Entwicklungsgeschichte der im Verlaufe von Co-Authoring-Prozessen entstehenden Hypermedia-Texte von diesem Wissensbanksystem auf konzeptueller, formaler und generativer Ebene dokumentiert und verwaltet. Damit unterliegt sowohl der Prozeß als auch das Produkt des Co-Authoring einem notwendigen Grad an *formaler Kontrolle und Steuerung*, der in vergleichbaren Hypertext- bzw. Hypermedia-Anwendungen nahezu durchgängig fehlt.

Multimedia-Datenbank

Hypermedia-Systeme stellen hohe Anforderungen an die zeitliche Reaktionsgeschwindigkeit des Systems auf Benutzereingaben - sei es bei der Netzexploration (Browsing) oder Navigation in einem Hypertext-Graphen, dem Öffnen sowie dialogergonomisch plausiblen Positionieren verschiedener Fenster und Aktivieren unterschiedlicher medialer Objekte u.ä. Fragen der *Such- und Zugriffseffizienz*, aber auch für bestimmte Medien optimalen Speicherungs- und Datenverwaltungsstrategien werden für realistisch dimensionierte Hypermedia-Systeme somit zu einem wesentlichen Akzeptanzkriterium. Daher ist neben qualitativen Aspekten der formalen Kontrolle durch das Wissensbanksystem eine Datenbankkomponente bei der Verwaltung von komplexen Multimedia-Objekten und der aus ihnen zusammengesetzten Hypermedia-Dokumentgraphen unverzichtbar.

Gruppen-Kommunikationssysteme

Klassische Mehrbenutzerapplikationen (Datenbanken, Betriebssysteme) verfügen über ausschließlich formale Mechanismen zur Abschottung der einzelnen Benutzer untereinander (Sperrprotokolle, (geschachtelte) Transaktionen usf.). Dies ist für *Gruppenarbeit* zweifellos kontraproduktiv und verlangt die Ersetzung formaler durch qualitative Mechanismen. Neben der rein technischen Infrastruktur für Gruppenkommunikation durch Botschafts- oder Konferenzsysteme zählt hierzu die Unterstützung verteilter Problemlösungsprozesse durch *sozial akzeptierte Protokolle*, wie Argumentationsregeln für die Verhandlung strittiger Themen oder Kontraktregeln für Handlungsvereinbarungen in Gruppen und ihre Integration in ein entsprechendes rechnergestütztes Gruppen-Kommunikationssystem.

Entlang dieser Gliederung in zwei Modellebenen und drei Systembereiche orientiert sich die Architektur des CoAUTHOR-Systems (vgl. Abb. 1).

Sowohl Textverstehens- als auch - in Umkehrung dazu - *Textproduktionsprozesse* verlangen die wechselseitige Einbeziehung spezialisierter Wissenssysteme: Der Inhalt eines Dokuments spiegelt Wissen der Autoren über eine Applikationsdomäne wider, die Struktur eines Dokuments verlangt Wissen über die hypermediale Organisation von Texten, die sprachliche Form eines hypermedialen Dokuments beruht auf dem Wissen über die zur Anwendung kommenden (natürlichen, grafischen, filmischen u.a.) Sprachen. Diesem Modell der *Produktion von Hypermedia-Dokumenten* verpflichtet ist die Kreierung, Revision und Verwaltung von drei Wissensbasen, die unterschiedliche logische Sichten auf dasselbe Hypermedia-Dokument enthalten: In der Ideen-Wissensbasis IdeaKB wird die konzeptuelle Struktur

(Inhalte, Textthemen) eines Hypermedia-Dokuments entwickelt und verwaltet, die Hypermedia-Dokumentenbasis HyperDocB enthält Repräsentationsstrukturen für die formale Organisation von und Navigationsvorschläge für Dokumententwürfe, während in der Hypermedia-Objektbasis HyperObjB schließlich die konkreten Hypermedia-Objekte, wie Textteile, Bilder, Grafiken usw. gespeichert werden. Alle drei Teilwissensbasen IdeaKB, HyperDocB und HyperObjB können als verschiedene Sichten einer gemeinsamen Hypermedia-Wissensbasis HyperKB interpretiert werden, die die Beziehungen zwischen den unterschiedlichen Repräsentationebenen eines Hypermedia-Dokuments herstellt, z.B. den Bezug zwischen Ideen und ihrer assoziierten textuellen Realisierung in einem Hypertextfragment oder einem Themenknoten in einem zugeordneten Dokumentgraphen. Damit werden methodische Erfahrungen, die im Bereich der automatischen Textanalyse mit der Generierung von Textgraphen im TOPIC-System gewonnen wurden [HAHN/REIMER 1988], auf deren Konfiguration durch Autorengruppen übertragen - der Textgraph wird dabei zu einem Montageobjekt, das konzeptuelle und formale Spezifikationen sowie textuelle Implementationen der Autorengruppe auf der Ebene der Textrepräsentationsstrukturen integriert.

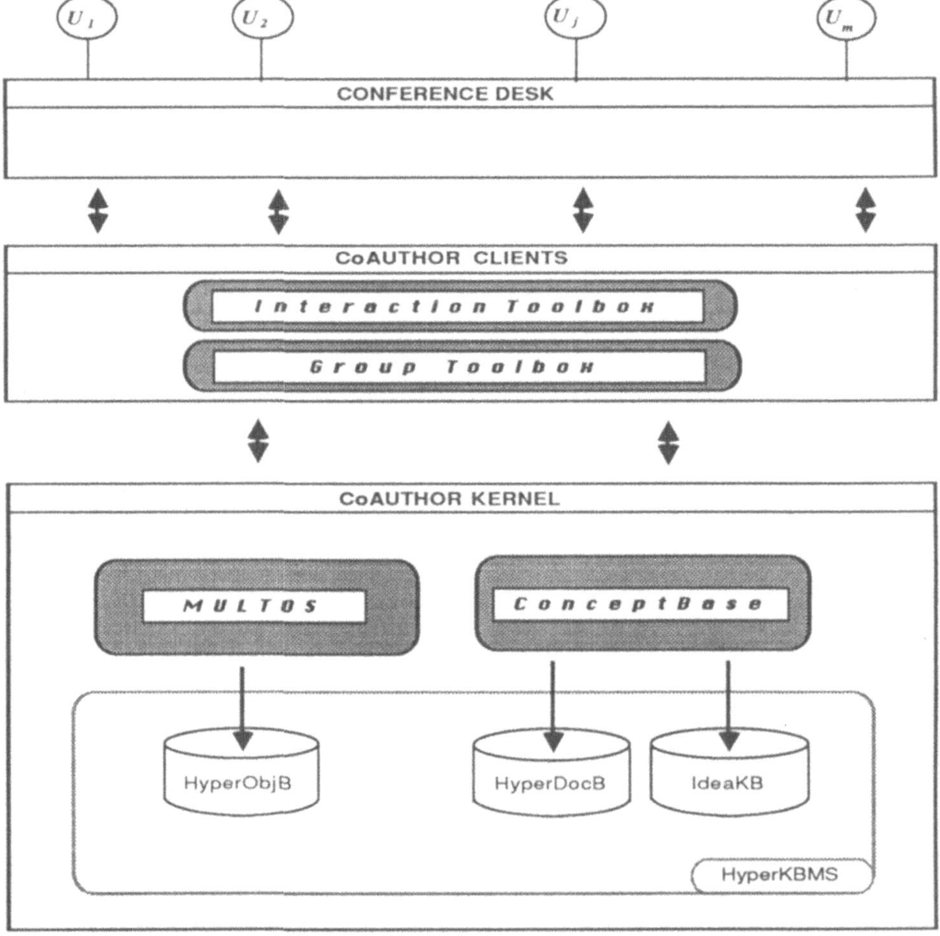

Abb. 1 Architektur des CoAUTHOR-Systems

Softwaretechnisch werden IdeaKB und HyperDocB, also das Wissen über Inhalte und Designs von Hypermedia-Dokumenten und ihre Querbezüge vom Wissensbanksystem ConceptBase [EHERER *et al.* 1989] verwaltet. Die eigentlichen Hypermedia-Objekte in HyperObjB werden hingegen wegen ihrer auf Zugriffs- und Speicherungseffizienz ausgelegten Anforderungen von der Multimedia-Datenbank MULTOS [THANOS 1989] verwaltet. Die Interaktion mit beiden Systemen (grafisch, formalsprachlich, menügesteuert) beruht beim Editieren und Retrieval auf den sprachlichen Mitteln, die die Interaction Toolbox bereitstellt.

Gruppenprozesse beruhen auf dem Wissen um akzeptierte (rationale) Strategien und Methoden der Kritik, Verhandlung, Überzeugung und Entscheidungsfindung. Durch Gruppenkonsens bestimmte Ziele (Dokumentthemen und -strukturen) werden über Kontrakte, die auf sozialen Vereinbarungen beruhen, (textuell) realisiert und nach Ablieferung individueller Beiträge unter Wahrung formaler Konsistenz-, Vollständigkeits- u.a. Bedingungen in Form eines durch Gruppenarbeit erstellten Hypermedia-Dokumentgraphen konfiguriert. An diesem Modell der *Gruppenaktivitäten beim Co-Authoring* orientiert sich die Entwicklung der Group Toolbox. Sie enthält entsprechende Methoden für argumentative Diskurse mehrerer Agenten [HAHN 1989], präferenzorientierte Wahl- und Abstimmungsprozeduren [PLETZ 1989] zur Ermittlung von Gruppenmeinungen, kontraktbezogene Handlungsverabredung und -überwachung sowie die Verwaltung der unterschiedlichen sozialen Rollen im Autorenteam [BIANCHETTIN *et al.* 1989]. Teil dieses Werkzeugkastens werden auch Synthesemechanismen sein, mit denen die formale Konsistenz der Konfiguration von Einzelbeiträgen gesichert werden soll. Das Realzeit-Konferenzsystem ConferenceDesk [BONFIGLIO *et al.* 1989] dient dabei als technisches Kommunikationsvehikel zwischen den Mitgliedern der Autorengruppe, in das diese handlungspragmatischen Konzepte integriert sind.

Damit ist der systemtechnische Rahmen von CoAUTHOR skizziert. Er wird im folgenden Abschnitt unter dem Gesichtspunkt der jeweiligen Implementierungsstrategie sowie einiger Modellfragmente weiter präzisiert.

3   Implementierungs- und Modellierungsaspekte des CoAUTHOR-Systems

In diesem Kapitel werden Grundzüge der Implementierung des CoAUTHOR-Systems vorgestellt. Abschnitt 3.1 beschreibt zunächst die wichtigsten Eigenschaften der drei Server ConceptBase, MULTOS und ConferenceDesk. Die vom Hypermedia-Dokumenten- und Gruppenmodell abhängige Integration dieser Server wird in Abschnitt 3.2 erläutert.

3.1   Die Server ConceptBase, MULTOS, ConferenceDesk

ConceptBase [EHERER *et al.* 1989]
Der ConceptBase-Server implementiert die Wissensrepräsentationssprache Telos [MYLOPOULOS *et al.* 1990], die folgende wesentliche Merkmale aufweist:

* komplexe Objektstrukturen mit Vererbung,
* Erweiterbarkeit durch Metaklassenhierarchien,
* aktualisierbare Deduktions- und Integritätsregeln,
* Kontrolle und Abfrage zeitlicher Zusammenhänge.

Komplexe Objekte dieser Sprache sind rekursiv aus zwei Arten von Basisobjekten zusammengesetzt, Individuen und Attributen. Ähnlich wie in semantischen Datenmodellen und objektorientierten Programmiersprachen stellen Individuen Entitäten dar, Attribute dagegen repräsentieren Beziehungen zwischen Objekten. Attribute bestehen aus Identifier, Quelle, Label, Ziel und einer zeitlichen Gültigkeitsmarke, wobei Quelle und Ziel beliebige Basisobjekte sein können.

Drei Operationen zur Strukturierung einer Menge solcher Basisobjekte werden zur Verfügung gestellt:

Aggregation: Attribute mit gleicher Quelle werden mit diesem Quellobjekt zu komplexen Objekten zusammengefaßt. Das daraus entstehende neue Objekt kann im weiteren über das Quellobjekt angesprochen werden.

Klassifikation: Objekte mit gleichen Eigenschaften werden zu Klassen zusammengefaßt. Instanzen einer Klasse komplexer Objekte bestehen aus genau einer Instanz des gemeinsamen Quellobjektes und aus (u. U. mehreren) Instanzen der einzelnen Attribute des Klassenobjektes. Dabei muß gelten: Ist $<q1,l1,z1>$ Instanz von $<q2,l2,z2>$, so muß q1 Instanz von q2 und z1 Instanz von z2 sein, wobei q2 das Quellobjekt der Klasse, z2 das Ziel eines Attributes der Klasse, q1 Quellobjekt der Instanz und z1 Ziel eines Attributes der Instanz ist.

Generalisierung: Klassen von Objekten können entlang von Generalisierungs- oder ISA-Hierarchien spezialisiert werden. Dabei werden Attribute der allgemeineren Klassen auf die spezielleren vererbt.

Es wird verlangt, daß jedes Objekt Instanz eines oder mehrerer allgemeinerer Objekte ist. Da auch Klassen Objekte sind, entsteht dadurch eine lineare Hierarchie von immer abstrakteren Objekten. Auf der untersten Ebene dieser Hierarchie (Ebene 0) stehen sog. Tokens, die selbst keine Instanzen mehr haben. Auf der Ebene 1 stehen Klassen, sog. einfache Klassen, die nur Tokens als Instanzen haben dürfen. Einfache Klassen werden in den sog. Metaklassen der Ebene 2 zusammengefaßt, Metaklassen ihrerseits in Metametaklassen usw. Neben dieser unendlichen Hierarchie existieren sog. ω-Klassen, deren Instanzen verschiedenen Ebenen der Hierarchie angehören können. Die wichtigsten sind:

Proposition	enthält alle Objekte;
Class	enthält alle Objekte, die eine Klasse sind;
Individual	enthält alle Objekte, die Individuum sind;
Attribute	enthält alle Objekte, die Attribut sind.

Telos stellt eine prädikative Sprache zur Verfügung, in der Integritäts- und Deduktionsregeln wie in deduktiven Datenbanken ausgedrückt werden können. Wohlgeformte Formeln dieser Sprache werden als spezielle Objekte verwaltet, die als Ziele von Attributen mit ganz bestimmten Labeln auftreten können. Sie können interaktiv verändert, neu eingefügt oder für ungültig erklärt werden, wobei jeweils automatisch die Optimierung der Auswerter angepaßt wird.

Für jedes Objekt einer konkreten Wissensbank speichert ConceptBase den Zeitpunkt, zu dem es eingetragen wurde (Transaktionszeit), sowie den Zeitraum, in dem es gültig sein soll (Gültigkeitszeit). Da auch Zeitpunkte und Zeitintervalle als Objekte behandelt werden, können sowohl Integritäts- und Deduktionsregeln als auch Anfragen an die Wissensbank Zeitbeziehungen zwischen Objekten enthalten.

Das ConceptBase-System, das Telos realisiert, hat eine Client-Server-Architektur. Der Server verwaltet das abgespeicherte Wissen, der Client stellt eine Reihe von interaktiven Tools zur Verfügung, mit denen dieses Wissen angezeigt bzw. verändert werden kann. Über einen *Editor* werden existierende komplexe Objekte textuell dargestellt, Objekte für ungültig erklärt sowie neue Objekte eingefügt. Beziehungen zwischen Objekten werden über verschiedene *Browser* (textuell, graphisch) dargestellt.

Neben diesen allgemeinen Interaktionswerkzeugen enthält ConceptBase Tools zur Unterstützung von Gruppenaktivitäten. Für die Diskussionen zwischen Gruppenmitgliedern wird ein sog. *Argument-editor* zur Verfügung gestellt. Er unterstützt das Einbringen neuer Diskursobjekte (Ideen, Themen, Dokumentstrukturen), ihre logische Abstützung durch die Explizierung des jeweiligen Begründungszusammenhangs und ihre Bewertung (Zustimmung, Ablehnung) auf der Basis des von Toulmin entwickelten Argumentationsmodells [TOULMIN 1958]. Durch die Formalisierung dieses Modells (u.a. unterschiedlicher Typen von Argumenten, argumentationslogischer Abfolge-Constraints, Konsistenzkriterien für wohlgeformte Argumentationsgraphen) in Telos [HAHN 1989] wird ein formales Protokoll für Meinungsaustäusche in Gruppen festgelegt, das auf eine rationale Form der Gruppeninteraktion ausgerichtet ist. Durch seine Formalisierung <u>und</u> Integration in das Wissensrepräsentationsmodell einer Anwendungswelt unterscheidet es sich von vergleichbaren, aber semantisch unterdeterminierten Systemen zur Argumentationsunterstützung [CONKLIN *et al.* 1988].

Für die Durchführung von *Auswahlentscheidungen* ist ein konzeptuelles Modell in der Sprache des ConceptBase-Servers entwickelt worden [PLETZ 1989], das die Modellierung eines konkreten Auswahlproblems erlaubt und Präferenzen der einzelnen Gruppenmitglieder, die auf einer quantitativen Skala ausgedrückt werden, zur Gruppenpräferenz aggregiert (diese Aggregationsprozeduren sind z.Zt. noch nicht implementiert).

Ein drittes Tool, der sog. *Kontraktmonitor*, implementiert das Protokoll, das die Realisierung von Multimedia-Fragmenten steuert und überwacht. Ähnlich dem Argumentationsmodell werden - sprechakttheoretischen Konzepten für aktionsorientierte Gruppenhandlungen [KIMBROUGH/LEE 1986, WINOGRAD 1987, De CINDIO *et al.* 1987, AURAMÄKI *et al.* 1988] folgend - grundlegende Handlungsprimitive (Auftragsformulierung, -annahme, -zurückweisung, Ressourcenanforderung, -erteilung, -verweigerung, Produktannahme, -zurückweisung) und zwischen ihnen bestehende Constraints (Abnahme des Produkts zu den verabredeten Konditionen, Sanktionen bei Lieferverzögerung u.ä.) als Komponenten eines formalen Kontrakts [SMITH 1980] definiert, der den Handlungsrahmen für Gruppen fixiert. Das Protokoll ist zwar formalisiert, aber damit keineswegs unsensibel gegenüber Constraint-Verletzungen oder -Aufweichungen, die in Form entsprechender Subverhandlungen sogar wesentlicher Bestandteil des Kontraktmodells sind.

MULTOS [THANOS 1989]
Der MULTOS-Server verwaltet Multimedia-Dokumente über ihre konzeptuelle, logische und Layout-Beschreibung (die letzten beiden unterliegen den ODA-Standards [ECMA 1985]). In der logischen Beschreibung wird festgelegt, wie sich das Dokument in Kapitel, Abschnitte etc. unterteilt, die Beschreibung des Layouts bezieht sich auf die Bestimmung von Seitenumbrüchen, Positionierung von Bildern u.ä. Die konzeptuelle Beschreibung eines Dokuments repräsentiert seinen inhaltlichen Aufbau. Sie besteht aus einer baumartig angeordneten Menge von konzeptuellen Komponenten. Die Knoten eines solchen Baumes enthalten Verweise auf weitere konzeptuelle Komponenten, wobei zwei Arten von Knoten unterschieden werden:

- *Aggregatknoten* in einem konkreten Dokument kommen die Elemente des Aggregatknotens nebeneinander vor;
- *Auswahlknoten* in einem konkreten Dokument kann nur ein Verweis gewählt werden.

Die Blätter dagegen verweisen entweder auf Teile des Dokuments, wobei der Typ des Blattes festgelegt ist (z.B.: String, Integer etc.), oder sie deuten an, daß die Beschreibung an dieser Stelle noch verfeinert werden kann. Verfeinern heißt hier, daß solche Blätter durch Knoten ersetzt werden, die wiederum Verweise auf Blätter bzw. Knoten enthalten. Durch eine Reihe solcher Verfeinerungen erhält man, ausgehend vom allgemeinsten Dokumenttyp ohne konzeptuelle Beschreibung, eine Hierarchie von immer genauer beschriebenen Dokumenttypen. Konkrete Dokumente können aufgrund ihrer konzeptuellen Beschreibung einem dieser Typen zugewiesen werden, wobei man natürlich bestrebt sein wird, einen in der Hierarchie möglichst tiefliegenden Typ anzusteuern.

Folgendes Beispiel soll dieses Konzept der Beschreibung eines Multimedia-Dokumentes näher erläutern (vgl. Abb. 2). Wurzel der Typhierarchie sei der Dokumenttyp `MM_Document` mit einer konzeptuellen Beschreibung, die nur aus einem Blatt besteht, das jedoch noch verfeinert werden kann. Auf der nächsten Stufe der Typhierarchie steht neben anderen Typen ein Typ `Manual`, dessen konzeptuelle Beschreibung durch einen Verfeinerungsschritt aus derjenigen des Typs `MM_Document` entsteht. Dabei wird aus dem einzelnen Blatt ein Aggregatknoten mit folgenden Verweisen auf Blätter erzeugt:

- Blatt `Content`: String, der das im Manual beschriebene Produkt charakterisiert;
- Blatt `Date`:   Zeitpunkt, zu dem das Manual erschienen ist;
- Blatt `Company`: Name der Firma, die das Manual herausgibt.

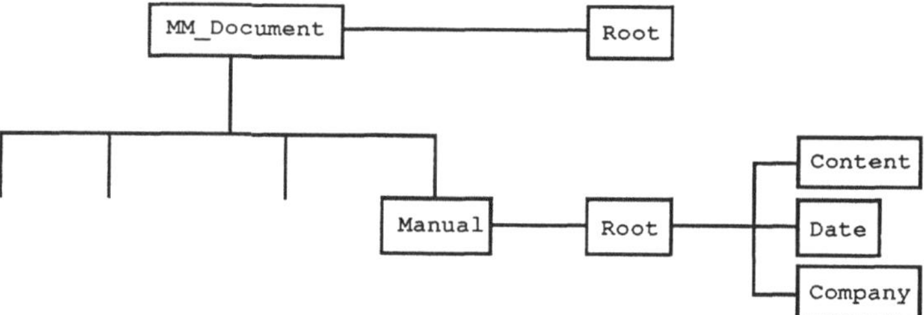

Abb. 2 Typhierarchie des Beispiel-Servers

Auch das MULTOS-System hat eine Client-Server-Architektur. Zur Manipulation von Multimedia-Dokumenten stellt der MULTOS-Client eine Reihe von Tools zur Verfügung. Der *Dokumenten-Editor* erlaubt es, in einem Dokument nebeneinander Texte, Graphiken und Bitmaps zu speichern bzw. zu editieren. Zusätzlich enthält er eine automatische *Klassifizierung*skomponente, über die einem Dokument eine konzeptuelle Beschreibung und damit ein Typ zugewiesen werden kann. Neben dem Editor bietet ein *Dokumenten-Browser* das schnelle Blättern in einer Menge von Dokumenten, die entweder vom Benutzer intellektuell bestimmt oder als Resultat einer Anfrage an den MULTOS-Server automatisch erzeugt werden kann. Der sog. *Struktur-Browser* visualisiert mit graphischen Mitteln die Typhierarchie sowie die konzeptuellen Beschreibungen einzelner Typen. Über ein *Retrieval*-Tool können schließlich Anfragen an den MULTOS-Server gestellt werden, wobei als Suchkriterien für die Dokumente die Existenz bzw. der Inhalt konzeptueller Komponenten, der Dokumenttyp und/oder einzelne im Text auftretende Schlagwörter benutzt werden können.

ConferenceDesk [BONFIGLIO *et al.* 1989]

Der ConferenceDesk ist ein Echtzeit-Konferenzsystem, das Applikationen, die ursprünglich nur einbenutzerfähig waren, mehrbenutzerfähig macht. Dazu wird zwischen eine solche Applikation und den Workstations der einzelnen Benutzer eine Konferenzkomponente geschaltet, die folgende Aufgaben übernimmt:

* Management konkurrierender und asynchroner Aktionen,
* Multiplexing/Demultiplexing multimedialer Datenströme zwischen Applikationen und Benutzern und
* Bereitstellung von Strategien für das Konferenzmanagement und für die Steuerung der Sitzung.

Abb. 3 zeigt ein logisches Modell des ConferenceDesk, das aus folgenden Komponenten besteht:

* *Konferenzmanager* unterstützt das Aufsetzen und Steuern einer Konferenz;
* *Brücken*   steuern eine Menge von Multiplexern, enthalten Strategien zur *floor control*;
* *Applikationen*   Abarbeitung von Benutzereingaben und Berechnung daraus resultierender Ausgaben;
* *Workstations*   Anzeige von Daten, die von den Applikationen übermittelt werden, sowie Weitergabe von Benutzereingaben.

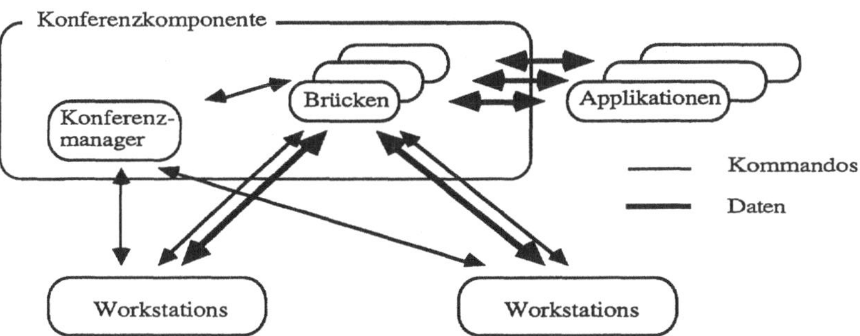

Abb. 3 Logisches Modell des ConferenceDesk-Servers

3.2 Integration der Server

Die oben beschriebenen Server werden in drei Schritten integriert:

1) Modellierung der Typhierarchie und der Sprache der konzeptuellen Beschreibungen des MULTOS-Servers in der Sprache des ConceptBase-Servers.
2) Erweiterung dieses Modells um Hypermedia-Links zwischen Dokumenten.
3) Unterstützung der beim Co-Authoring auftretenden Gruppenaktivitäten.

3.2.1 Repräsentation des MULTOS-Dokumentenmodells in Telos

Der ConceptBase-Server soll Wissen über die Typhierarchie des MULTOS-Servers, Wissen über die konzeptuellen Beschreibungen der einzelnen Typen sowie Wissen über die im MULTOS-Server enthaltenen Multimedia-Dokumente verwalten. Dazu wird zunächst ein Modell der MULTOS-Dokumentenstruktur in der Sprache des ConceptBase-Servers entwickelt. In einem ersten Schritt der Modellierung werden die Metaklassen `DocumentType` und `conceptualDescription` definiert und durch einen Attributlink miteinander verbunden. Um die baumartige Struktur der konzeptuellen Beschreibung ausdrücken zu können, werden mit `Node` und `Leaf` weitere Metaklassen eingeführt und als Spezialisierungen der Klasse `conceptualDescription` definiert. Die Metaklasse `Node` wird durch einen Attributlink mit der Metaklasse `conceptualDescription` verbunden, womit die Rekursivität der Baumstruktur ausgedrückt werden kann. Abb. 4 zeigt eine graphische Darstellung dieses Metamodells. Die Knoten des Graphen entsprechen Telos-Objekten, dünn gezeichnete Kanten mit Label drücken Attributbeziehungen aus, dick gezeichnete Kanten ohne Label entsprechen Spezialisierungsbeziehungen.

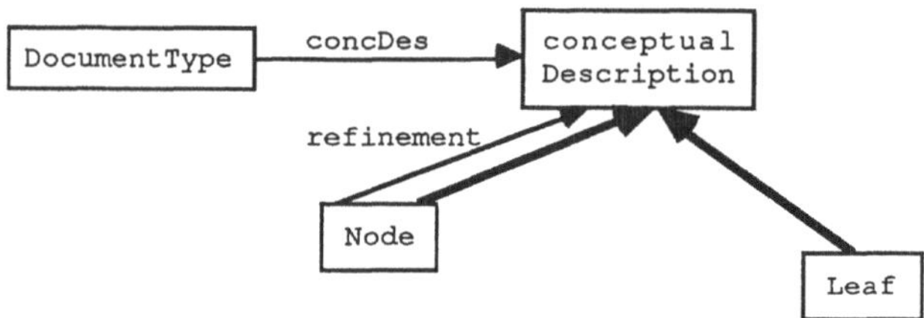

Abb. 4 Metamodell der Typhierarchie und der konzeptuellen Beschreibungen

Instanzen der Metaklasse `DocumentType` entsprechen Dokumenttypen im MULTOS-System. Die MULTOS-Typhierarchie wird auf eine ISA-Hierarchie von entsprechenden Telos-Objekten abgebildet. Die konzeptuellen Beschreibungen einzelner Dokumenttypen werden auf Instanzen der Metaklassen `Node` bzw. `Leaf` abgebildet, die durch geeignete Attributlinks miteinander verbunden sind. Instanzen dieser Ebene entsprechen konkreten im MULTOS-Server gespeicherten Dokumenten.

Die Abbildung der Beispielhierarchie aus Abschnitt 3.1 erzeugt folgende Telos-Objekte:

```
IndividualClass MM_Document_Telos in DocumentType with
    concDes
        concDesMM_Document : Root_MM_Document
end MM_Document_Telos

IndividualClass Root_MM_Document in Node
end Root_MM_Document

IndividualClass Manual_Telos in DocumentType isA MM_Document_Telos with
    concDes
        concDesManual : Root_Manual
end Manual_Telos

IndividualClass Root_Manual in Node isA Root_MM_Document with
    refinement
        content : String
        date : Date
        company : String
end Root_Manual
```

Abb. 5 zeigt die Beziehungen dieser Objekte untereinander und zum Metamodell (vgl. Abb. 4). Dünn gezeichnete Links ohne Label entsprechen dabei Instanzenbeziehungen, dick gezeichnete Links entsprechen Spezialisierungsbeziehungen. Links mit Label repräsentieren Attributbeziehungen zwischen Objekten.

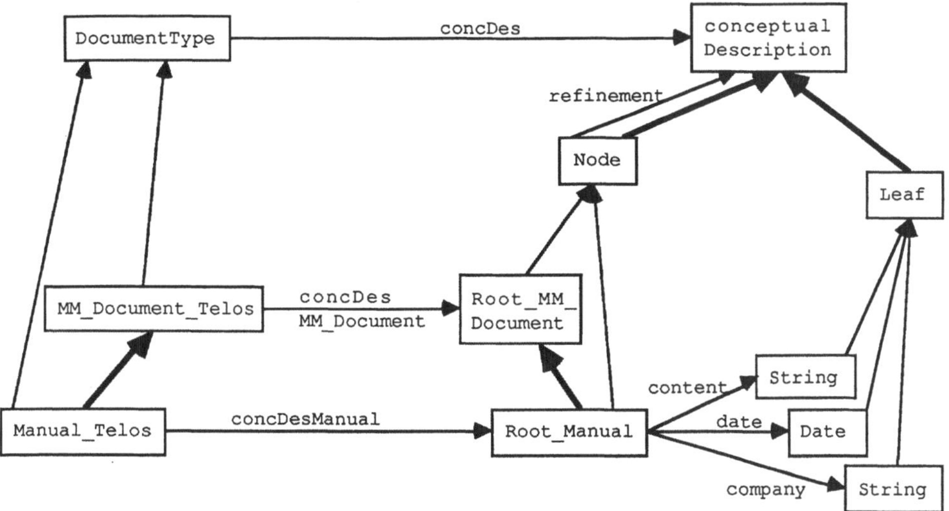

Abb. 5 Telos-Modell der Beispiel-Typhierarchie

3.2.2 Erweiterung des Dokumentenmodells um Hypermedia-Links

Ziel des ersten Schritts der Integration war, ein Modell der Multimedia-Datenbank in der Sprache des Wissensbank-Servers zu formulieren, insbesondere die Dokumenttypen und ihre konzeptuellen Beschreibungen. Im zweiten Schritt wird dieses Modell nun um Hypermedia-Links erweitert. Quelle eines solchen Links ist ein Teil eines Multimedia-Dokuments, Ziel kann entweder ein ganzes Dokument sein oder eine konzeptuelle Komponente eines bestimmten Dokuments. Im Modell wird dazu eine neue Metaklasse `HypermediaLink` eingeführt und durch einen Attributlink mit der Metaklasse `DocumentType` verbunden. Notwendiges Attribut der Klasse `HypermediaLink` ist ein Verweis auf das Dokument, das Ziel des Hypermedia-Links ist. Optionales Attribut ist ein Verweis auf eine bestimmte konzeptuelle Komponente dieses Dokumentes (vgl. Abb. 6). Dabei muß gelten, daß diese konzeptuelle Komponente ein Blatt im Baum der konzeptuellen Beschreibung des Zieldokumentes ist.

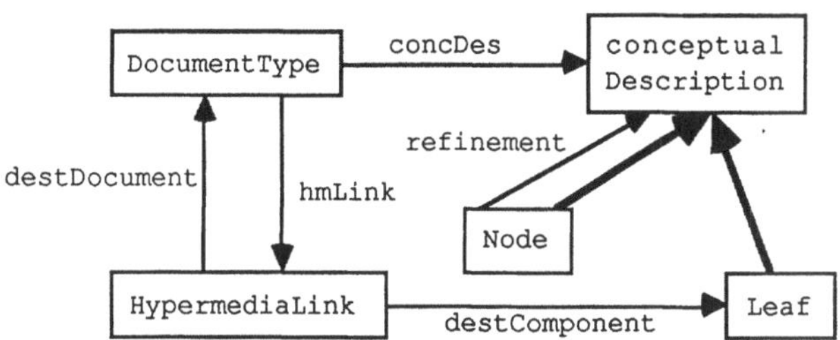

Abb. 6 Um Hypermedia-Links erweitertes Metamodell

Eine Instanz der Metaklasse `HypermediaLink` ist Ziel eines Attributs des allgemeinsten Dokumenttyps. Ziele der Attributlinks dieser Instanz sind der allgemeinste Dokumenttyp und die allgemeinste Instanz der Metaklasse `Leaf`. Eine Typisierung der Hypermedia-Links kann durch Definition mehrerer verschiedener Klassen von solchen Links erreicht werden, indem mehrere Instanzen der Metaklasse `HypermediaLink` erzeugt werden.

Um dieses Modell mit konkreten Daten füllen zu können, sind Tools, die das MULTOS-System zur Verfügung stellt, um Funktionen erweitert worden, die die Verwaltung der Hypermedia-Links unterstützen. Im einzelnen heißt das:

- Der Dokumenten-Browser und der Dokumenten-Editor können Hypermedia-Links darstellen und verfolgen.
- Zusätzlich kann der Dokumenten-Editor Hypermedia-Links erzeugen und löschen.

Die Darstellung der Hypermedia-Links erfolgt über ein spezielles Symbol, das beim Erzeugen des Links an die vom Benutzer vorgegebene Position innerhalb des Dokuments gesetzt wird. Verfolgen eines Links heißt normalerweise, ausgehend vom Ursprungsdokument und einem eindeutigen Identifier des ausgewählten Links

- von der Wissensbank das Zieldokument und, falls erforderlich, die dazugehörige konzeptuelle Komponente zu erfragen sowie
- das Dokument aus dem MULTOS-Server zu laden und auf dem Bildschirm darzustellen.

Beim Erzeugen von neuen Links muß der Benutzer die Position des Links innerhalb des Quelldokuments und das Ziel des Links (Dokument und konzeptuelle Komponente) spezifizieren. Diese Information wird dann sowohl im Dokument selbst (Position des Links) als auch in der Wissensbank (Ziel des Links) abgelegt. Neben dem von ConceptBase zur Verfügung gestellten allgemeinen graphischen Browser zur Darstellung des gespeicherten Wissens muß noch ein spezielles Tool geschaffen werden, das Dokumente (symbolisch) und Links zwischen Dokumenten darstellen kann. Außerdem muß dieses Tool in der Lage sein, den Inhalt eines ausgewählten Dokumentsymbols im Dokumenten-Editor bzw. Dokumenten-Browser darzustellen.

3.2.3 Unterstützung der Gruppenaktivitäten beim Co-Authoring

In den letzten beiden Abschnitten wurde die Realisierung der Hypermedia-Wissensbank vorgestellt. In diesem Abschnitt soll nun erläutert werden, wie die Gruppenaktivitäten unterstützt werden, die während der Erstellung eines Hypermedia-Dokumentes auftreten.

Die ersten beiden Schritte, die Entwicklung von Ideen und der Entwurf der Dokumentstruktur, unternimmt jedes Gruppenmitglied zunächst für sich allein, wobei die dabei erzeugten Objekte über die vorhandenen Werkzeuge des ConceptBase-Systems in die Wissensbank eingetragen werden. Auch die Annotation von Ideen oder Entwürfen geht zunächst lokal vonstatten. Dazu wird eine Einbenutzerversion des *Argumenteditors* benutzt. Soll dann in der Gruppe über die vorliegenden Beiträge diskutiert werden, wird eine Mehrbenutzerversion des Argumenteditors verwendet. Zu Beginn der Diskussion wird allen Teilnehmern die Ausgangssituation angezeigt, während der Sitzung neu eingebrachte Argumente werden mit Hilfe des ConferenceDesk sofort an alle Teilnehmer weitergegeben.

Ähnliches geschieht, falls aus einer Menge von Alternativen die aus Gruppensicht "beste" ausgewählt werden soll. Mit Hilfe des ConferenceDesk werden die Bewertungen der einzelnen Teilnehmer gesammelt und mit den von ConceptBase zur Verfügung gestellten Algorithmen die Gruppenpräferenz berechnet. Nachdem das Ergebnis an die Teilnehmer zurückgegeben worden ist, muß die Gruppe entscheiden, ob es akzeptiert oder ob die Diskussion fortgesetzt wird.

Ist dann entschieden, welche Themen innerhalb einer bestimmten Dokumentstruktur realisiert werden sollen, werden mit Unterstützung des *Kontraktmonitors* an einzelne Gruppenmitglieder Aufträge vergeben, Teile des Dokuments zu erstellen. Die dabei entstehenden Dokumentfragmente werden sowohl im MULTOS-Server (Inhalt und konzeptuelle Beschreibung des Dokuments) als auch im ConceptBase-Server (Beziehungen zu anderen Dokumenten) gespeichert. Nach Fertigstellung der Teildokumente und Prüfung der Ergebnisse durch die Gruppe wird dann, unterstützt durch den *Argument-* und den *Dokumenten-Editor*, das endgültige Dokument zusammengesetzt.

Eine Konstellation, in der Argumente zu einer thematischen Alternative - zwei zeilenorientierten Editoren, einer auf SUNs, einer auf VAXen laufend - ausgetauscht werden und eine quantitative Gruppenbewertung (Faktor: .45) zur Relevanz der Beschreibungsmerkmale des SUN-Editors vorgenommen wird, zeigt Abb. 7 (der Aufbau dieses Ideengraphen wird in HAHN *et al.* [1989] beschrieben):

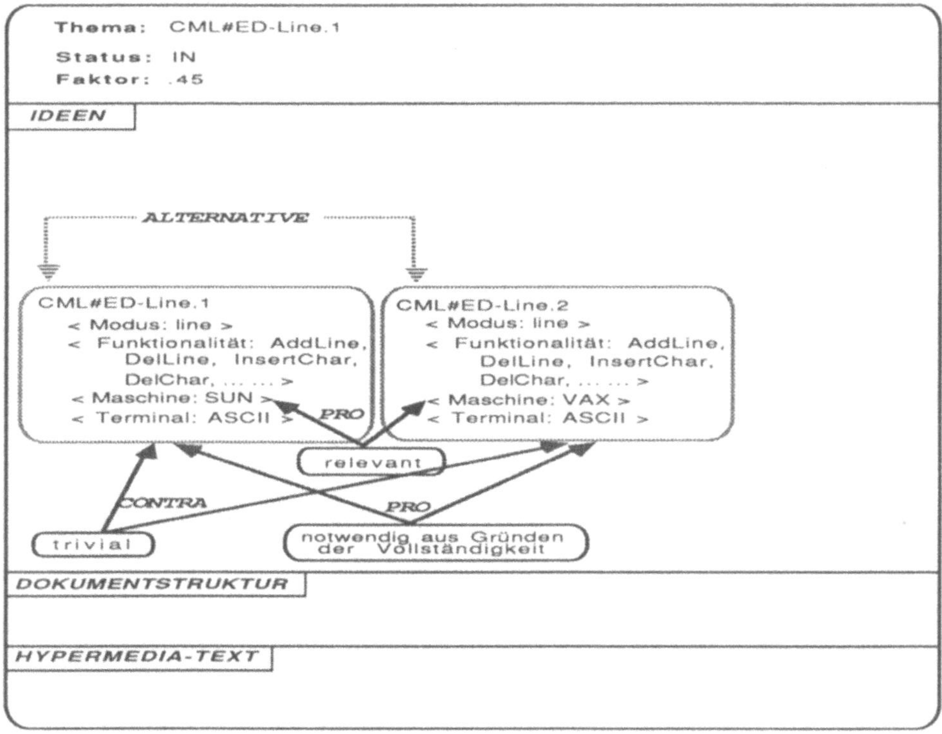

Abb.7 Argumentation zu thematischen Alternativen, Gruppen-Präferenzbestimmung

Die hierzu von CoAUTHOR angebotenen Operatoren sind an anderer Stelle ausführlich beschrieben worden [HAHN *et al.* 1989] und decken folgende Funktionen ab:

* Kreierung von Ideenknoten,
* hierarchische, attributive und propositionale Expansion von Ideenknoten,
* Kreierung von Themenknoten,
* Aufbau von hierarchischen Dominanz- und linearen Präzedenzrelationen zwischen Themen (Dokumentstrukturen),
* Abbildungen zwischen Ideen und thematischen Dokumentstrukturen,
* Fixierung von Themen/Textkontrakten,
* Kreierung und Modifikation von Hypermedia-Textfragmenten (Hypermedia-Editing),
* Einführung von Kommentaren (Annotationen): Pro- bzw. Contra-Argumente in bezug auf komplexe Ideen-, Dokumentstruktur- oder Hypermedia-Text-Objekte oder einzelne ihrer Attribute oder sie verbindender Relationen, Kennzeichnung von thematischen Alternativen,
* Maintenance-Operatoren für Konsistenz-, Vollständigkeits- oder Kohärenzprüfungen,
* Syntheseoperatoren zur Lokalisierung und Auflösung von Konflikten, Inkonsistenzen oder Spezifikationslücken.

4 Stand der Arbeiten und ein abschließender Ausblick

In dieser Arbeit wurde ein Ansatz zur Unterstützung des Co-Authoring vorgestellt, der auf einer Integration von Wissensbank-Management-, Multimedia-Datenverwaltungs- sowie Realzeit-Kommunikationstechnologie beruht und dessen softwaretechnische Realisierung kurz vor ihrem Abschluß steht. Die Entwicklung des CoAUTHOR-Systems stellt einerseits das Textentwicklungsmodell von Hypermedia-Dokumenten, andererseits die sozial determinierten Gruppenaktivitäten dieses Textproduktionsprozesses in den Mittelpunkt seiner Entwicklungsstrategie - damit bildet es einen Beitrag zu *Issue 6* der von HALASZ [1988] formulierten Liste von Forschungsdesiderata dieses Gebiets. Da beide Komponenten in hohem Maße wissensintensiv sind, unterliegen sie der formalen Kontrolle eines Wissensbanksystems, das die hybride Wissensrepräsentationssprache Telos realisiert. In diesem Beitrag ist die implementationstechnische Integration dieses KBMS mit einem Multimedia-Datenbanksystem und einem Gruppen-Kommunikationssystem behandelt worden. Die technischen Aspekte der Genese von Hypermedia-Dokumenten sind in Gestalt des grundlegenden Repertoires an Hypermedia-Operatoren ausführlich in HAHN *et al.* [1989] beschrieben, das diesen Aktivitäten zugrunde liegende Gruppenmodell ist in HAHN *et al.* [1990] dokumentiert und wird dort im Kontext des Software Engineering (am Beispiel des Projektmanagement in großen Software-Entwicklungs-projekten) exemplifiziert. Eine detaillierte Beschreibung des Argumentationsmodells als Teil dieses Gruppenmodells enthält HAHN [1989]. Aufbau und Nutzung konkreter, vor allem multifunktionaler Hypermedia-Wissensbasen und -Autorensysteme werfen aber noch viele theoretische und praktische Probleme auf, für die im weiteren Projektverlauf eine stabile Software-Umgebung als experimenteller Rahmen aufgebaut werden soll.

Literatur

AKSCYN, R.M. / D.L. McCRACKEN / E.A. YODER [1988]: KMS - A Distributed Hypermedia System for Managing Knowledge in Organizations. *Communications of the ACM* Vol.31, No. 7, pp.820-835.

ANDERSEN, M.P. [1970]: A Model of Group Discussion. In: R.S. Cathcart, L.A. Samovar (eds) *Small Group Communication. A Reader*. Dubuque/Iowa: Brown, 1970, pp.103-115.

AURAMÄKI, E. / E. LEHTINEN / K. LYYTINEN [1988]: A Speech-Act-Based Office Modeling Approach. *ACM Transactions on Office Information Systems* Vol.6, No.2, pp.126-152.

BENNE, K.D. / P. SHEATS [1970]: Functional Roles of Group Members. In: R.S. Cathcart, L.A. Samovar (eds) *Small Group Communication. A Reader*. Dubuque/Iowa: Brown, 1970, pp.133-142.

BIANCHETTIN, R. / A. BONFIGLIO, H.-J. CHRAPARY / I. COLE / M. FARUSI / U. HAHN / M. JARKE / K. KREPLIN / F. PIMPINELLI [1989]: *ESPRIT-Project 2105 MULTIWORKS: MULTimedia Integrated WORKStation (Task: Computer Supported Cooperative Work (CS-CW))*. Deliverable S4.6/1.

BONFIGLIO, A. / G. MALATESTA / F. TISATO [1989]: Conference Toolkit - A Framework for Real-Time Conferencing. *EC-CSCW '89 - Proc. of the 1st European Conf. on Computer Supported Cooperative Work. Part 1: Papers for Presentation*. Sept. 13-15, 1989, Gatwick, London, UK, pp.303-316.

CONKLIN, J. [1987]: Hypertext - An Introduction and Survey. *Computer* Vol.20, No.9, pp.17-41.

CONKLIN, J. / M.L. BEGEMAN [1988]: gIBIS - A Hypertext Tool for Exploratory Policy Discussion. *ACM Transactions on Office Information Systems* Vol.6, No.4, pp.303-331.

COOK, P. / C. ELLIS / M. GRAF / G. REIN / T. SMITH [1987]: Project Nick - Meetings Augmentation and Analysis. *ACM Transactions on Office Information Systems* Vol.5, No.2, pp.132-146.

De CINDIO, F. / G. De MICHELIS / C. SIMONE [1987]: GAMERU - A Language for the Analysis and Design of Human Communication Pragmatics within Organizational Systems. In: G. Rozenberg (ed) *Advances in Petri Nets 1987*. Berlin etc.: Springer, pp.21-44 (LNCS 266).

DELISLE, N.M. / M.D. SCHWARTZ [1987]: Contexts - A Partitioning Concept for Hypertext. *ACM Transactions on Office Information Systems* Vol.5, No.2, pp.168-186.

DeSANCTIS, G. / R.B. GALLUPE [1987]: A Foundation for the Study of Group Decision Support Systems. *Management Science* Vol.33, No.5, pp.589-609.

ECMA [1985]: *European Computer Manufacturers Association TC-29. Office Document Architecture*. Standard ECMA-101, Genf, Sept. 1985.

EHERER, S. / M. JARKE / M. JEUSFELD / A. MIETHSAM / T. ROSE [1989]: *A KBMS for Database Software Evolution: ConceptBase V2.0 User Manual*. Univ. Passau (Report MIP-8936).

ELLIS, C.A. / S.J. GIBBS / G. REIN [1988]: *Groupware*. Austin/TX: MCC Software Technology Program (Rep. STP-414-88).

ENGELBART, D.C. [1984]: Authorship Provisions in AUGMENT. *COMPCON 84: 28th IEEE Computer Society International Conference. Intellectual Leverage: The Driving Technologies*. Feb. 27 - March 1, 1984, San Francisco, Ca, Los Alamitor, Ca: IEEE Computer Soc. Pr., pp. 465-472.

FISH, R.S. / R.E. KRAUT / M.D.P. LELAND / M. COHEN [1988]: Quilt - A Collaborative Tool for Cooperative Writing. *Conference on Office Information Systems*. March 23-25, 1988, Palo Alto, Cal., New York/NY: ACM, pp.30-37.

GREIF, I. / S. SARIN [1987]: Data Sharing in Group Work. *ACM Transactions on Office Information Systems* Vol.5, No.2, pp.187-211.

GREIF, I. / R. SELIGER / W. WEIHL [1986]: Atomic Data Abstractions in a Distributed Collaborative Editing System (Extended Abstract). *Proc. of the 13th Annual ACM Symposium on Principles of Programming Languages*. Jan. 13-15, 1986, St. Petersburg Beach, Florida. New York/NY: ACM, pp.160-172.

HAHN, U. [1989]: Dialogstrukturen in Gruppendiskussionen - Ein Modell für argumentative Verhandlungen mehrerer Agenten. D. Metzing (ed) *GWAI-89 - Proc. 13th German Workshop on Artificial Intelligence*. Eringerfeld, 18.-22. Sept. 1989. Berlin etc.: Springer, pp.409-420 (Informatik-Fachberichte 216 - Subreihe Künstliche Intelligenz).

HAHN, U. / M. JARKE / K. KREPLIN / M. FARUSI / F. PIMPINELLI [1989]: CoAUTHOR - A Hypermedia Group Authoring Environment. *EC-CSCW '89 - Proc. of the 1st European Conf. on Computer Supported Cooperative Work. Part 1: Papers for Presentation*. Sept. 13-15, 1989, Gatwick, London, UK, pp.226-244.

HAHN, U. / M. JARKE / T. ROSE [1990]: Group Work in Software Projects - Integrated Conceptual Models and Collaboration Tools. *Proc. IFIP WG8.4 Conference on Multi-User Interfaces and Applications*, Iraklion, Greece, Sept. 24-26.

HAHN, U. / U. REIMER [1988]: Automatic Generation of Hypertext Knowledge Bases. *Conference on Office Information Systems*. March 23-25, 1988, Palo Alto, Cal., New York/NY: ACM, pp.192-188.

HALASZ, F.G. [1988]: Reflections on NoteCards - Seven Issues for the Next Generation of Hypermedia Systems. *Communications of the ACM* Vol.31, No.7, pp.836-852.

HIRANO, F. [1988]: Hypermedia-Based Documentation System for the Office Environment. *RIAO 88. Proc. of the RIAO 88 Conference. User-Oriented Content-Based Text and Image Handling*. M.I.T., Cambridge, Mass., March 21-24, 1988. Vol.1. [Paris:] Centre de Hautes Etudes Internationales d'Informatique Documentaire (C.I.D.), pp.535-546.

JARKE, M. [1986]: Knowledge Sharing and Negotiation in Multi-Person Decision Support. *Decision Support Systems* Vol.2, No.1, pp.93-102.

JARKE, M. / DAIDA Team [1990]: DAIDA - Conceptual Modeling and Knowledge-Based Support of Information Systems Development Processes. *Technique et Science Informatiques* Vol.9, No.2.

JELASSI, M.T. / R.A. BEAUCLAIR [1987]: An Integrated Framework for Group Decision Support Systems Design. *Information & Management* Vol.13, No.3, pp.143-153.

KIMBROUGH, S.O. / R.M. LEE [1986]: On Illocutionary Logic as a Telecommunications Language. In: *Proc. of the 7th Intl. Conf. on Information Systems.* Dec. 15-17, 1986, San Diego, Cal., pp.15-26.

KOO, C.C. / G. WIEDERHOLD [1988]: A Commitment-Based Communication Model for Distributed Office Environments. *Conference on Office Information Systems.* March 23-25, 1988, Palo Alto, Cal., New York/NY: ACM, pp.291-298.

KRAEMER, K.L. / J.L. KING [1986]: Computer-Based Systems for Cooperative Work and Group Decisionmaking - Status of Use and Problems in Development. *CSCW '86. Proc. of the Conf. on Computer-Supported Cooperative Work.* Austin, Texas, Dec. 3-5, 1986, pp.353-375.

LEWIS, B.T. / J.D. HODGES [1988]: Shared Books - Collaborative Publication Management for an Office Information System. *Conference on Office Information Systems.* March 23-25, 1988, Palo Alto, Cal., New York/NY: ACM, pp.197-204.

LOWE, D. [1985]: Cooperative Structuring of Information: The Representation of Reasoning and Debate. *International Journal of Man-Machine Studies* Vol.23, pp.97-111.

MALONE, T.W. / K.R. GRANT / F.A. TURBAK / S.A. BROBST / M.D. COHEN [1987]: Intelligent Information-Sharing Systems. *Communications of the ACM* Vol.30, No.5, pp.390-402.

MANN, W.C. / J.A. MOORE [1981]: Computer Generation of Multiparagraph English Text. *American Journal of Computational Linguistics* Vol.7, No.1, pp.17-29.

McKEOWN, K.R. [1985]: Discourse Strategies for Generating Natural-Language Text. *Artificial Intelligence* Vol.27, No.1, pp.1-41.

MYLOPOULOS, J. / A. BORGIDA / M. JARKE / M. KOUBARAKIS [1990]: Telos - a Language for Representing Knowledge about Information Systems. *ACM Transactions on Information Systems* (im Druck).

NELSON, T.H. [1980]: Replacing the Printed Word - A Complete Literary System. In: *Information Processing 80. Proc. of the IFIP 8th World Computer Congress.* Amsterdam etc.: North-Holland, pp.1013-1023 (IFIP Congress Series 8).

PLETZ, L. [1989]: *Integration von Mehrkriterienentscheidungsverfahren in eine wissensbasierte Softwareumgebung.* Univ. Passau, Fakultät für Mathematik und Informatik (Diplomarbeit).

SARIN, S. / I. GREIF [1985]: Computer-Based Real-Time Conferencing Systems. *Computer* Vol.18, No.10, pp.33-45.

SCHLICHTER, J.H. / L.J. MILLER [1988]: FolioPub - A Publication Management System. *Computer* Vol.21, No.1, pp.61-69.

SMITH, J.B. / S.F. WEISS / G.J. FERGUSON / J.D. BOLTER / M. LANSMAN / D.V. BEARD [1986]: *WE - A Writing Environment for Professionals.* Chapel Hill/NC: Univ. of North Carolina at Chapel Hill, Dept. of Computer Science (TR86-025).

SMITH, R.G. [1980]: The Contract Net Protocol: High Level Communication and Control in a Distributed Problem Solver. *IEEE Transactions on Computers* Vol.C-29, No.12, pp.1104-1113.

STEFIK, M. / G. FOSTER / D.G. BOBROW / K. KAHN / S. LANNING / L. SUCHMAN [1987]: Beyond the Chalkboard - Computer Support for Collaboration and Problem Solving in Meetings. *Communications of the ACM* Vol.30, No.1, pp.32-47.

THANOS, C. (ed) [1989]: *Multimedia Document Filing: The MULTOS Approach.* Amsterdam: North-Holland.

TOULMIN, S. [1958]: *The Uses of Argument.* Cambridge: Cambridge U.P.

TRIGG, R.H. [1988]: Guided Tours and Tabletops - Tools for Communicating in a Hypertext Environment. *ACM Transactions on Office Information Systems* Vol.6, No.4, pp.398-414.

TRIGG, R.H. / L.A. SUCHMAN / F.G. HALASZ [1986]: Supporting Collaboration in NoteCards. *CSCW '86. Proc. of the Conf. on Computer-Supported Cooperative Work.* Austin, Texas, Dec. 3-5, 1986, pp.153-162.

VEN, A. van de / A.L. DELBECQ [1971]: Nominal versus Interacting Group Processes for Committee Decision-Making Effectiveness. *Academy of Management Journal* Vol.14, No.2, pp.203-12

WINOGRAD, T. [1987]: A Language/Action Perspective on the Design of Cooperative Work. *Human-Computer Interaction* Vol.3, 1987-1988, No.1, pp.3-30.

YANKELOVICH, N. / B.J. HAAN / N.K. MEYROWITZ / S.M. DRUCKER [1988]: Intermedia - The Concept and the Construction of a Seamless Information Environment. *Computer* Vol.21, No.1, pp.81-96.

YANKELOVICH, N. / N. MEYROWITZ / A. van DAM [1985]: Reading and Writing the Electronic Book. *Computer* Vol.18, No.10, pp.15-30.

XCard: Ein Hyperkarteisystem für Zeichenterminals

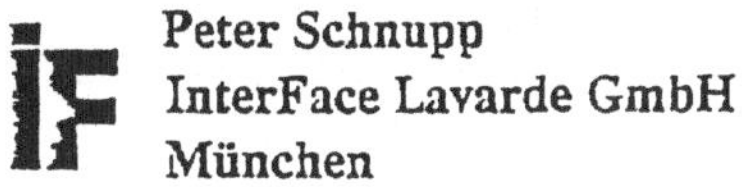

Peter Schnupp
InterFace Lavarde GmbH
München

Was ist Xcard?

Xcard ist ein Hyper-Karteisystem. Es kann eine beliebig große Menge von *Karteikästen*, von denen jeder beliebig viele *Karteikarten* enthalten kann, rechnerintern verwalten, organisieren und nach den Wünschen des Anwenders zu einem komplexen Informationsnetz verknüpfen. Dabei orientiert sich die Benutzerschnittstelle an den gewohnten Arbeitsmethoden mit Datenbeständen in Karteien und Zettelkästen, dem Setzen von Lesezeichen zum leichten Wiederauffinden von Informationen sowie einer Texteingabe mit der Schreibmaschinen-Tastatur des Bildschirms. Die "Karteikarten" enthalten ausschließlich Textinformation und haben 24x80 Zeichen als Standardformat. Damit ist Xcard von normalen Standard-Zeichenterminals aus nutzbar. Es bietet einen echten Mehrbenutzer-Zugriff zu jedem Datenbestand. Eröffnen mehrere Benutzer dieselbe Kartei, so hat nur der Ersteröffner in ihr Schreibberechtigung. Alle anderen können in ihr nur blättern und aus ihr andere Kartenbestände aufschlagen.

```
23-01-1989 08:07:21                                    * Projekte *

Bezeichnung  .Xcard - Hyperkartei-System                          .

Ziele    *0* .Hierarchisches Karteisystem für Alpha-Terminals mit beliebigen .
             .Verweisen zwischen Karten in beliebigen Unterkarteien.         .
             .--> "Kartenformate, Karteitypen und ihre Generierung"          .
             .--> "Lesezeichen in Xcard"                                      .
             .--> "Verweis-Mechanismus in Xcard"                             .

Auftrag  <1> .Eigenentwicklung InterFace                                      .
             .--> "Entwicklungsauftrag Xcard 02-10-88 14:32:00"             .

Ergebnis <2> .Version 1.1 am 13-02-1989 verfügbar.                          .
             .Version 2.1 am 24-05-1989 freigegeben.                        .
             .Version 3.1 am 03-12-1989 freigegeben.                        .

             .--> "Standard-Karteisystem für Büroanwendungen"               .


Aufwand  <3> Anfang .2. Oktober 1988        . Ende .                        .

    Unterprojekte *4*  Dokumente *5*  Betriebsmittel <6>  Notizen *7*

[11] 7 : 3
```

Abb. 1: Beispiel einer Xcard-Karte mit Unterkarteien und "kommentierten" Verweisen

Die einzelnen Karten in den Karteien sind in Datenfelder und zu beschriftende Textfelder formatiert, wobei InterFace Standardformate mitliefert. Diese können leicht an spezielle Wünsche und Informationsstrukturen angepaßt werden. Die erste Zeile jeder Karte enthält einen automatisch gesetzten Zeitstempel sowie eine Identifikation der jeweils aufgeblätterten Kartei. Markierungen der Form <n> oder *n* geben bei jeder Karte die Einsprungstellen in Unterkarteien an, die durch Drücken von <ESC>n aufgeblättert werden. Ist die Markierungen in Sterne eingeschlossen, so ist dies ein optischer Hinweis darauf, daß die betreffende Unterkartei bereits Karten enthält.

Jedes Kartenfeld kann statt einem Texteintrag einen Verweis auf eine beliebige Karte im Gesamtbestand enthalten. Dieser wird durch '-->' gekennzeichnet und mit dem Inhalt des ersten Felds der Zielkarte "kommentiert".

Was kann Xcard?

Xcard kann die Informationen einer oder auch beliebig vieler Personen verwalten. Für jede von ihnen sieht das von InterFace mitgelieferte Standard-Karteiformat eigene Leitmenüs vor, die in der obersten, bei Aufruf aus dem Betriebssystem aufgeblätterten Kartei zusammengefaßt sind.

Das Standardmenü eröffnet problemangemessen vorformatierte Karteien für die Verwaltung von Projekten, von Firmen- und Personendaten sowie Unterkarteien für die organisierte Ablage der verschiedensten Informationen wie Kontierungen, Telefonate und Notizzettel.

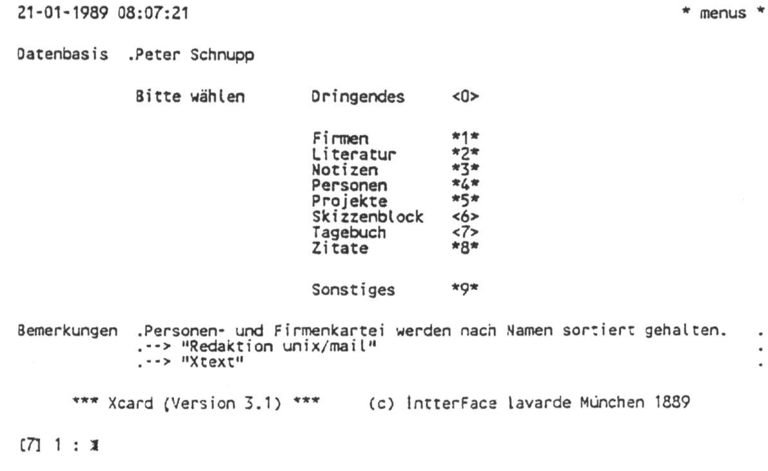

Abb. 2: Persönliches Leitmenü

Jeder Benutzer kann zudem seine eigenen, permanenten Lesezeichen in die Kartenbestände setzen und verwalten. Diese Lesezeichen dienen zugleich zum Setzen von Verweisen in die Kartenfelder. Verweise werden aufgeblättert, indem der Benutzer den Cursor auf das Verweisfeld setzt und die die ←Taste drückt. Die Zielkarte wird in ihrem Kontext gezeigt, also in derjenigen Kartei, in der sie eingeordnet ist.

Xcard wird über eine Kommandosprache gesteuert. Die meist aus einem einzigen, mnemonischen Zeichen bestehenden Befehle erlauben das Einfügen, Löschen, Suchen und Umsortieren von Karten und Karteien. Nicht nur einzelne Karten sondern auch ganze Hierarchien können kopiert werden, und zwar sowohl innerhalb der aktuellen Kartei als auch in andere Karteien, sofern deren Typ mit dem Format der zu kopierenden Karte verträglich ist. Dies ist eine wertvolle Hilfe, standardisierte Formularsätze, wie zum Beispiel eine vollständige Projektbeschreibung, zu kopieren und durch einfaches Editieren auf den aktuellen Fall anzupassen. Selbstverständlich werden beim Kopieren ganzer Hierarchien Verweise innerhalb der kopierten Struktur entsprechend korrigiert.

Zur Bearbeitung der jeweils aufgeblätterten Karte enthält Xcard einen Editor mit Kopier- und Generierfunktionen - zum Beispiel für den aktuellen Zeitstempel - sowie einem "beliebig tiefen" Sicherungsspeicher, über den zugleich auch ein "unendliches *Redo*" realisiert ist. Jede Karte oder auch eine ganze Kartei können "photographiert" werden. Xcard speichert diese Kartenbilder in einer Datei, getrennt mit einem Zeilenvorschub, der dafür sorgt, daß der Benutzer anschließend die photographierten Karten auf Einzelblättern ausdrucken kann. Er kann diese ASCII-Datei aber auch weiterverarbeiten, editieren und in beliebige andere Dokumente einkopieren.

Wie wird Xcard eingesetzt?

Xcard ist ein Datenverwaltungssystem unter Unix. Jede Kartei ist eine Unix-ASCII-Datei, in der ein Satz mit einem parametrisierbaren Trennzeichen (Voreinstellung ist das 'caret': ^) in Felder aufgeteilt ist. Ein Satz enthält den Inhalt genau einer Karte, und jedes Datenfeld die Information aus einem ihrer Felder. Die Formatierung der Karte mit den vordefinierten Fixtexten wird ebenfalls in einer ASCII-Datei mit einem leicht interpretierbaren Format abgelegt. Die Karteihierarchie selbst ist auf die Unix-Dateihierarchie abgebildet.

Jede Karte ist durch eine *Kartenidentifikation*, nämlich ihren eindeutigen Zeitstempel in komprimierter Form, identifiziert. Sie hat eine *Kartenadresse*, die aus der Kartenidentifikation und dem Pfad von der Wurzel (ROOT) des Karteisystems zu der sie enthaltenden Datei gebildet wird. Verweise enthalten diese Kartenadresse mit einem vorangestellten '@', das damit, ebenso wie das 'caret', als einzige Zeichen *nicht* in Kartenfeld-Texten verwendet werden kann - im übrigen sind alle (erweiterten) ASCII-Zeichen zulässig. Lassen es das verwendete Terminal und seine Treiber zu, können somit auch Umlaute frei verwendet werden.

Bei der Implementierung von Xcard wurde darauf geachtet, alle in Frage kommenden Standards einzuhalten und zu unterstützen.

Die von und mit ihm verwalteten Datenbestände lassen sich deshalb auch in größere Unix-Systemlösungen integrieren und mit Unix-Sprachen und -Werkzeugen bearbeiten. Das gilt nicht nur für *C*-Programme. Auch Unix-Skripten und Spezialsprachen wie die *shells*, *sed*, *awk*, *lex*, *yacc* und *Prolog* können problemlos zu Xcard-Karteien zugreifen.

Besonders eignet sich Xcard deshalb als Wissensbasis für Expertensysteme und KI-Anwendungen. Hier kann man jede Kartei und jede Karte in ihr als Objekt interpretieren und Xcard als permanente Objektbasis einsetzen - eine Objektbasis, die zugleich eine angenehme, jederzeit aus der Anwendung heraus aktivierbare Schnittstelle für die Datenerfassung und -bearbeitung durch den Endbenutzer bereitstellt.

Neben der ursprünglich als Einsatzbereich vorgesehenen Verwaltung von Datenbasen in Büroumgebungen und kleineren Organisationen ergaben sich deshalb bereits eine Reihe anderer Nutzungsbereiche. Mehrere Anwender setzen Xcard zur Erfassung und Verwaltung von Produktions- und Qualitätsüberwachungsdaten ein. Die Verweisfunktionen erlauben dabei eine Assoziation verwandter oder sonstwie zusammenhängender Fehlerberichte, ihre Zuweisung zu Bearbeitern oder auch ihre Verknüpfung mit vermuteten Ursachen oder Schwachstellen in der Konstruktion.

Eine andere Anwendung ist die Dokumentation großtechnischer Anlagen, wobei aus der in Xcard verwalteten Beschreibung einer Anlage automatisch die sie beschreibenden Dokumente sowie die Prozeßrechner-Programme zu ihrer Steuerung generiert werden.

Hypertext und Information Retrieval

Norbert Fuhr
Technische Hochschule Darmstadt, Fachbereich Informatik
Karolinenplatz 5, D-6100 Darmstadt (xid2fuhr@ddathd21.bitnet)

Zusammenfassung

Es wird zunächst ein Überblick über die wesentlichen Konzepte des Information Retrieval gegeben. Anschließend werden die wesentlichen Unterschiede zum Hypertext-Ansatz aufgezeigt. Darauf aufbauend diskutieren wir die Weiterentwicklung von Hypertext-Systemen durch die Berücksichtigung von IR-Konzepten. Insbesondere werden Ansätze zur Integration von Retrievalverfahren in Hypertext-Systeme beschrieben. Abschließend wird auf die Problematik der empirischen Fundierung bei der Konzeption neuartiger Informationssysteme eingegangen.

1 Einführung

Die beiden Gebiete Hypertext und Information Retrieval (IR) verfolgen ähnliche Ziele, indem sie die Informationsvermittlung auf der Basis von Texten zum Forschungsgegenstand haben. Bezüglich der zugrundeliegenden Konzepte und der Art der betrachteten Systeme unterscheiden sie sich jedoch wesentlich, was in erster Linie auf die unterschiedlichen technologischen Voraussetzungen zum Zeitpunkt der Entstehung der beiden Forschungsgebiete zurückzuführen ist: Während die IR-Forschung sich auf Dokument-Datenbasen für das Referenzretrieval konzentriert hat, stehen bei Hypertext elektronische Informationsprodukte mit nichtlinearer Dokumentstruktur im Mittelpunkt des Forschungsinteresses. In diesem Beitrag wird der Versuch unternommen, die über die rein technologischen Aspekte hinausgehenden Forschungsansätze in beiden Gebieten in Hinblick auf eine sinnvolle Kombination zu diskutieren.

2 Konzepte des Information Retrieval

Die generelle Problemstellung im IR ist die Entwicklung von Informationssystemen für Anwendungen mit vagen Anfragen und unsicheren oder unvollständigen Repräsentationen der vom System verwalteten Objekte. In der Vergangenheit wurde dieser generelle Ansatz nur in Bezug auf Textdatenbasen mit unstrukturierten Dokumenten diskutiert. Neuere Arbeiten zeigen jedoch, daß die entwickelten Ansätze auch für komplex strukturierte oder multimediale Dokumente [Fuhr & Buckley 90] [Rabitti & Savino 90] ebenso wie z.B. für Faktendatenbanken [Motro 88] [Fuhr 90a] anwendbar sind. In diesem Beitrag werden wir uns jedoch auf das Textretrieval beschränken. Dabei stellen wir zunächst die zugrundeliegenden Repäsentationen von Anfragen und Dokumenten vor, bevor wir näher auf die verschiedenen Retrievalverfahren eingehen.

Das Kernproblem beim Textretrieval besteht in der großen Lücke zwischen der Semantik der Anwendungen und der im Informationssystem repräsentierten Semantik: Während die eigentlichen Anfragen der Benutzer sich meist auf Inhalte beziehen, können diese Inhalte durch Texterschließungsverfahren nur unzureichend aus den Dokumenten extrahiert werden. Diese Problematik ist grundlegend für alle Textanalysemethoden und gilt insbesondere auch für anspruchsvolle wissensbasierte Ansätze: Repräsentationen im IR können und sollten nicht als perfekt in Bezug auf die Aufgabenstellung angesehen werden, sondern lediglich als mehr oder weniger gute Approximationen an die tatsächlichen Inhalte.

Unter Repräsentation wird hier die Art der Texterschließung zur Bereitstellung der im Retrieval suchbaren Konzepte (im folgenden einfach als Terme bezeichnet) verstanden. Bei den heute in der Praxis verbreiteten Systemen wird jede durch Leer- oder Interpunktionszeichen begrenzte Buchstabenfolge als Term aufgefaßt. Demgegenüber ermöglichen Algorithmen zur Grund- und Stammformreduktion die Zusammenführung von Wörtern mit unterschiedlichen Flexions- und Derivationsendungen [Kuhlen 77] [Harman 87] [Thurmair 86] [Finkler & Neumann 88]. Eine weitergehende Erschließung (wie z.B. die Behandlung von Nominalphrasen) ermöglichen robuste Parser [Smeaton 86] [Fagan 87a] [Metzler & Haas 89] und umfangreiche Wörterbücher [Salton 88] [Krovetz & Croft 89]. Diese Ansätze zur Extraktion der suchbaren Terme aus den Texten haben den grundsätzlichen Nachteil, daß Dokumente nur dann gefunden werden können, wenn die selben Terme auch in der Anfrage verwendet werden. Dieses Problem wird bei solchen Ansätzen vermieden, die auf die Zuteilung von Deskriptoren bzw. Konzepten aus einem kontrollierten Vokabular abzielen, da hier Dokumente wie Anfragen gleichermaßen in das kontrollierte Vokabular abgebildet werden. Das an der TH Darmstadt entwickelte System AIR/PHYS [Biebricher et al. 88] [Lustig 86] verwendet zur Indexierung von Physik-Dokumenten ein maschinell erstelltes Wörterbuch mit Verweisen von Text-Termen auf Deskriptoren. Eine Frame-Repräsentation der Textinhalte wird dagegen bei dem in [Hahn & Reimer 86] beschriebenen System TOPIC erstellt. Der Einsatz von wissensbasierten Methoden im IR (einen guten Überblick gibt z.B. [Fox 87]) leidet momentan noch unter der starken Beschränkung des Anwendungsgebietes aufgrund des hohen quantitativen Aufwandes zum Aufbau der benötigten Wissensbasen und den noch ungelösten Problemen qualitativer Art beim Übergang zu großen Wissensbasen (siehe z.B. [Brachman & McGuinness 88]). Eine Ausnahme hiervon bildet der in [Sembok 89] beschriebene Ansatz zur Kombination von linguistischen Erschließungsverfahren und logischer Repräsentationssprache, der erfolgreich auf eine Datenbasis mit über 3000 Dokumenten angewendet wurde.

Das bekannteste und in der Praxis fast ausschließlich eingesetzte Retrievalverfahren ist das boolesche Retrieval. Hierbei werden als Antwortmenge all jene Dokumente ausgegeben, die den in der Anfrage formulierten booleschen Ausdruck erfüllen. Die konzeptionelle Unzulänglichkeit dieses Ansatzes aufgrund des Ignorierens der Unsicherheit der Repräsentation und der Vagheit der Anfragen führt zu einer unbefriedigenden Retrievalqualität [Blair & Maron 85], insbesondere auch im Vergleich mit den nachfolgend beschriebenen Verfahren [Salton et al. 83]. Ein weiterer schwerwiegender Nachteil des booleschen Retrieval ist die mangelnde Benutzerfreundlichkeit.

Beim Vektorraummodell [Salton & McGill 83] [Wong et al. 87] wird die boolesche Struktur der Anfrage zugunsten einer linearen Struktur aufgegeben, und die Terme können sowohl bezüglich der Frage als auch des Dokumentes gewichtet sein. Fragen und Dokumente werden als Vektoren in dem durch die Terme aufgespannten Vektorraum betrachtet, und die darauf basierende Bestimmung der Ähnlichkeit von Frage- und Dokumentvektor dient als Kriterium für die Erzeugung einer Rangordnung von Dokumenten (Ranking) als Suchantwort. Der wesentliche Nachteil des Vektorraummodells besteht in dem Fehlen einer expliziten Interpretation für die verwendeten Gewichtungen, wodurch der Ansatz bei der Kombination mit komplexeren Repräsentationen (z.B. Nominalphrasen [Fagan 87b] oder strukturierte Dokumente) an seine Grenzen stößt.

Einzig in probabilistischen Modellen wird die Unsicherheit der zugrundeliegenden Repräsentationen angemessen berücksichtigt [Rijsbergen 79] [Bookstein 85] [Fuhr 88]. Hierbei wird davon ausgegangen, daß einzelnen Frage-Dokument-Paaren vom jeweiligen Benutzer ein binäres Relevanzurteil zugeordnet wird, wobei die einzelnen Relevanzurteile als voneinander unabhängig angenommen werden. Aufgabe eines probabilistischen Modells ist es nun, für ein Frage-Dokument-Paar $(\underline{f}_k, \underline{d}_m)$ mit den Repräsentationen f_k und d_m die Relevanzwahrscheinlichkeit $P(R|f_k, d_m)$ zu schätzen. Dieser Wert gibt die Wahrscheinlichkeit an, daß ein zufällig gewähltes Frage-Dokument-Paar, das die Repräsentationen f_k und d_m besitzt, vom Benutzer als relevant beurteilt wird. Für eine Anfrage werden die Dokumente dann nach fallenden Relevanzwahrscheinlichkeiten geordnet ausgegeben. Man kann zeigen, daß dieses Ranking zu einer optimalen Retrievalqualität führt [Robertson 77].

Zur Schätzung der Relevanzwahrscheinlichkeit werden die probabilistischen Modelle in der

Art eines Lernverfahrens angewendet. Ausgehend von einer Lernstichprobe von Frage-Dokument-Paaren mit zugehörigen Relevanzurteilen (Relevance Feedback) wird die Relevanzwahrscheinlichkeit für andere Frage-Dokument-Paare geschätzt. Das bekannteste Verfahren hierzu ist die Frage-termgewichtung durch Relevance Feedback [Robertson & Sparck Jones 76] [Yu & Salton 76], wobei ausgehend von mehreren beurteilten Dokumenten zu einer Frage zunächst probabilistische Gewichtungen für die in der Frage vorkommenden Terme bestimmt werden, die dann zur Schätzung der Relevanzwahrscheinlichkeit für die übrigen Dokumente in der Datenbasis (bezüglich der aktuellen Anfrage) dienen. Nachteilig bei dieser Art der Fragetermgewichtung ist, daß die Relevanzurteile nur fragenspezifisch ausgewertet werden und keine Urteile von anderen Anfragen berücksichtigt werden können. Da die Anzahl der Relevanzurteile zu einer Frage aus praktischen Gründen stark begrenzt ist, können auch nur einfache Repräsentationen von Dokumenten (z.B. Term kommt vor/kommt nicht vor) bei diesem Ansatz betrachtet werden.

Orthogonal zur probabilistischen Fragetermgewichtung ist der Darmstädter Indexierungsansatz zu sehen, der auf eine (als Indexierungsgewichte bezeichnete) probabilistische Gewichtung von Termen bezüglich Dokumenten abzielt [Lustig 86] [Fuhr 89a]. Hierbei wird die Wahrscheinlichkeit $P(R|t_i, d_m)$ geschätzt, daß ein Dokument mit der Repräsentation d_m auf eine zufällig ausgewählte Frage, die den Term t_i in ihrer Formulierung enthält, relevant ist. Für eine aus mehreren Termen bestehende Frageformulierung wird dann aus den zugehörigen Indexierungsgewichten die Relevanzwahrscheinlichkeit eines Dokumentes berechnet. Zur Kombination von Indexierungs- und Fragetermgewichtung wurde das in [Fuhr 89a] beschriebene Retrievalmodell für probabilistische Indexierung entwickelt.

Die Schätzung der Indexierungsgewichte in Analogie zur oben beschriebenen Fragetermgewichtung durch Betrachtung einer Menge von Anfragen zu einem Dokument ist jedoch praktisch nicht durchführbar, da die durchschnittliche Anzahl von Anfragen pro Dokument viel zu gering ist. Um diese Problem zu umgehen, wurde das Konzept der Relevanzbeschreibung eingeführt, mit dem von spezifischen Term-Dokument-Paaren abstrahiert wird [Fuhr & Buckley 90]: Eine Relevanzbeschreibung $x(t_i, d_m)$ ist dabei (in Anlehnung an Verfahren der Mustererkennung und des maschinellen Lernens) eine anwendungsabhängig zu definierende Datenstruktur, die alle wichtigen Merkmale der Beziehung zwischen Term und Dokument enthält. Darauf aufbauend können nun Indexierungsgewichte als Schätzungen der Wahrscheinlichkeit $P(R|x(t_i, d_m))$ bestimmt werden. Da nun verschiedene Terme aus verschiedenen Dokumenten auf die gleiche Relevanzbeschreibung abgebildet werden können, stehen wesentlich mehr Informationen zur Berechnung eines einzelnen Indexierungsgewichtes zur Verfügung. Der Darmstädter Indexierungsansatz geht aber noch einen Schritt weiter, indem diese Wahrscheinlichkeiten nicht einfach aus den entsprechenden relativen Häufigkeiten abgeleitet werden: Stattdessen werden probabilistische Lern- und Klassifikationsverfahren (siehe z.B. [Fuhr 89b] [Fuhr & Buckley 90]) als sogenannte Indexierungsfunktion $a(x(t_i, d_m))$ zur Schätzung der Wahrscheinlichkeit $P(R|x(t_i, d_m))$ angewendet; hierdurch werden bei gleicher Lernstichprobengröße wesentlich bessere Schätzungen der Wahrscheinlichkeiten erreicht. Dieser probabilistische Indexierungsansatz hat gegenüber der Fragetermgewichtung zum einen den Vorteil, daß die Größe der Lernstichprobe prinzipiell nicht beschränkt ist, sondern nur von der Anzahl der bislang an die Datenbasis gestellten Anfragen abhängig ist. Zum anderen kann dieser Ansatz auch auf komplexe Dokumentstrukturen und verbesserte Texterschließungsverfahren angewendet werden, da die Relevanzbeschreibung jeweils entsprechend definiert werden kann.

In eine andere Richtung als die drei vorgenannten Ansätze zielt das Dokumenten-Clustering, bei dem die Bestimmung der Ähnlichkeiten der Dokumente untereinander und die entsprechende Anordnung der Dokumente in der Datenbasis im Vordergrund stehen [Willett 88]. Darauf aufbauend können beim Retrieval Browsing-Strategien eingesetzt werden, die von einem gefundenen Dokument zu ähnlichen führen. In [Croft et al. 89] wird ein System beschrieben, in dem der Clustering-Ansatz und probabilistisches Retrieval integriert sind. Auf der Basis von konnektionistischen Ansätzen werden nach dem Prinzip des „spreading activation" die Ähnlichkeiten und Zitationsverweise zwischen den Dokumenten benutzt, um das durch das probabilistische Retrieval erzeugte Ranking zu verbessern. Dagegen wird in [Rijsbergen 89] ein Modell zur Integration der

Clustering-Idee in den probabilistischen Ansatz entwickelt. Auf der Basis einer Reformulierung des probabilistischen Ansatzes [Rijsbergen 86] wird Retrieval als unsichere Inferenz $d_m \rightarrow f_k$ von einem Dokument d_m zu einer Anfrage f_k interpretiert (analog zu Fragebeantwortung in deduktiven Datenbanken). Die Ähnlichkeit von Dokumenten wird nun bei der in [Rijsbergen 89] beschriebenen Technik des „Imaging" dazu ausgenutzt, um eine Aussage, die in einem Dokument nicht bewiesen werden kann, in den dazu ähnlichen Dokumenten zu verifizieren. Die in [Sembok 89] hierzu durchgeführten Experimente zeigen die grundsätzliche Anwendbarkeit dieses Ansatzes.

Diesen Forschungsergebnissen im IR stehen Defizite zum einen bei der Betrachtung interaktiver Systeme und zum anderen bei der Behandlung von strukturierten Dokumenten gegenüber. Bei interaktiven Systemen wurden bezüglich der Funktionalität in der Vergangenheit nur einfache Relevance-Feedback-Techniken betrachtet, während komplexere Interaktionen zwischen Benutzer und System unberücksichtigt geblieben sind. Auch für die Gestaltung von Benutzeroberflächen für IR-Systeme auf der Basis der oben genannten Ansätze gibt es bislang nur unverbindliche Vorschläge [Harman 88] [Salton & Crouch 89] [Fuhr 90b].

Neben der klassischen IR-Anwendung des Referenzretrieval gewinnen Datenbasen mit Volltexten und variierender Dokumentstruktur zunehmend an Bedeutung. Dies erfordert eine Revision des Dokumentbegriffs im IR, wo bislang ein Dokument als eine von anderen Dokumenten unabhängige Texteinheit mit uniforme Struktur gesehen wird. Für die Suche nach Textpassagen in Volltext-Datenbanken muß insbesondere die Struktur der Dokumente und der Kontext einzelner Passagen berücksichtigt werden (siehe z.B. [Chiaramella et al. 86]).

3 Konzepte zur Kombination von Hypertext und Information Retrieval

Während im IR bislang vorwiegend unstrukturierte Dokumente betrachtet wurden, basiert Hypertext auf der Strukturierung der Dokumente durch referentielle und hierarchische Verknüpfungen [Conklin 87]. Betrachtet man die Hypertext-Knoten als Dokumente im Sinne des IR, so kann man die Hypertext-Verknüpfungen als Verfeinerung der Clustering-Verfahren deuten: Im allgemeinen werden mehrere Typen von Verweisen unterschieden, und referentielle Verknüpfungen sind auf der Ebene der Textstellen angesiedelt. Dadurch wird ein spezifischeres Browsing möglich. Ein weiterer wesentlicher Unterschied zum IR liegt in der intensiven Forschung zur Entwicklung von interaktiven Systemen mit komplexen Benutzeraktionen.

Die Forschungsansätze der beiden Gebiete können in bezug auf das eingangs formulierte gemeinsame Ziel als sich gegenseitig ergänzend angesehen werden: Während im IR von einer möglichst genau spezifizierten Anfrage des Benutzers ausgegangen wird, ist Hypertext auf die Entwicklung von verfeinerten assoziativen Retrievaltechniken ausgerichtet, die bei unspezifischeren Anfragen von Vorteil sind. Allerdings kann beim Browsing der Benutzer nur den vorgegebenen Verweisen folgen, während er bei der Formulierung einer Retrievalanfrage im Prinzip beliebige Konzepte miteinander kombinieren kann. Erstmals wurden diese beiden Ansätze in dem in [Croft & Thompson 87] beschriebenen System I^3R integriert, wo boolesche und probabilistische Retrievalverfahren mit Ähnlichkeitssuche in Dokumenten-Clustern kombiniert wurden. In [Campagnoni & Erlich 89] ist eine kleine empirische Studie zur Effektivität der beiden Suchstrategien dargestellt. Hierbei wurde ein Unix-Hilfesystem betrachtet, in dem sowohl entlang der hierarchischen Struktur des Handbuchs als auch über den Index nach den gewünschten Informationen gesucht werden kann. Bei der Bearbeitung einer Reihe von vorgegebenen Aufgaben durch eine Gruppe von Benutzern zeigte sich, daß je nach Art der Aufgabenstellung die beiden Suchstrategien mit unterschiedlichem Erfolg zum Ziel führten.

Für eine Kombination der beiden Suchstrategien, die nachstehend weiter diskutiert wird, ist auf Dauer eine angemessene Theoriebildung anzustreben. Ausgehend von probabilistischen Retrieval-Modellen bietet sich hier zum einen der oben erwähnte Imaging-Ansatz von Rijsbergen, zum anderen die in [Pearl 88] beschriebenen „belief networks" als Anknüpfungspunkte für die Entwicklung einer solchen Theorie an.

Betrachtet man Hypertext-Knoten als Dokumente im Sinne des IR, so können Retrievalverfahren zur Suche nach relevanten Knoten zu einer vom Benutzer formulierten Anfrage verwendet werden. Da diese „Dokumente" aber im Gegensatz zu typischen IR-Anwendungen nicht als voneinander unabhängig angesehen werden können, erscheint eine unmodifizierte Anwendung der Retrievalverfahren zur Erzeugung einer Rangordnung von Knoten als Antwort auf einer Anfrage nicht sinnvoll. Hier sollte die Hypertext-Struktur berücksichtigt werden, um eine modifizierte Rangordnung (z.B. indem benachbarte Knoten unmittelbar aufeinanderfolgend ausgegeben werden, auch wenn sie in der ursprünglichen Rangordnung weiter auseinanderstehen) oder gar eine nichtlineare Anordnung zu erzeugen. Eine mit diesem Problem verwandte Aufgabenstellung wird in [Knorz 86] beschrieben, wo bei der automatischen Indexierung die Beziehungen zwischen den einem Dokument evtl. zuzuteilenden Deskriptoren berücksichtigt werden müssen. Hier wird eine zweistufige Vorgehensweise gewählt, indem zunächst die einzelnen Deskriptoren unabhängig voneinander betrachtet werden und eine vorläufige probabilistische Gewichtung erhalten. In der zweiten Stufe werden dann für jeden Deskriptor die Beziehungen zu anderen Deskriptoren in der zugehörigen Relevanzbeschreibung berücksichtigt, und es erfolgt eine Neuberechnung der Gewichte. Dieser Ansatz läßt sich auf das Retrieval von Hypertext-Knoten übertragen, indem zunächst für die einzelnen Knoten unabhängig voneinander deren Relevanzwahrscheinlichkeit geschätzt wird. Anschließend wird für jeden Knoten eine Relevanzbeschreibung über seine Beziehung zur Anfrage und zu weiteren gefundenen Knoten erstellt. Auf der Basis dieser Relevanzbeschreibung erfolgt dann eine erneute Schätzung der Relevanzwahrscheinlichkeit des Knotens durch eine „Retrievalfunktion" [Fuhr 89b] (in Analogie zur Indexierungsfunktion beim Indexierungsproblem).

Die beiden Suchfunktionen – Browsing und Retrieval – sollten nicht nur als Alternativen beim Einstieg in ein Hypertext-System angeboten werden, sondern möglichst eng miteinander verzahnt werden. Beim Browsing durch die gefundenen Knoten sollten die Verweise zu weiteren gefundenen Knoten besonders hervorgehoben werden. Umgekehrt sollte es möglich sein, durch einfaches Markieren von Termen in einem angezeigten Knoten eine Retrieval-Anfrage zu formulieren. Schließlich muß die angebotene Funktionalität eines derart integrierten Systems auch an der Benutzeroberfläche entsprechend dargestellt werden, und es müssen Konzepte für Darstellungen in verschiedenen Phasen einer Informationssuche entwickelt werden. Z.B. können die Antworten zu einer Retrievalanfrage durch die Anzeige ihrer Stellung innerhalb der hierarchischen Hypertext-Struktur visualisiert werden [Consens & Mendelzon 89].

Bei der vorstehenden Diskussion der Anwendung von Retrievalverfahren in Hypertextsystemen haben wir das Problem der Indexierung der Knoten ausgeklammert. Dabei geht es um die Frage, welche Terme mit welchen Gewichten die für das Retrieval maßgebliche Repräsentation eines Knotens bilden. In [Frisse 88] wird eine Indexierung auf der Basis des Vektorraummodells beschrieben, wobei in die Indexierung eines Knotens auch Terme aus in der Hierarchie höher stehenden Knoten eingehen. Für dieses Vorgehen gibt es allerdings weder eine theoretische noch eine empirische Fundierung. Wir schlagen daher die Anwendung von probabilistischen Indexierungsverfahren für diese Aufgabe vor, da diese mehrere Vorteile gegenüber den Vektorraummodell bieten:

- Es liegt ein transparentes, theoretisches Modell für die probabilistische Indexierung der Hypertext-Knoten zugrunde. Insbesondere kann hier jedes Indexierungsgewicht als Wahrscheinlichkeit in einem definierten Ereignisraum interpretiert werden [Fuhr & Buckley 90].

- Der Kontext eines Knotens kann angemessen in der Relevanzbeschreibung berücksichtigt werden. Hierzu wird z.B. zu jedem Term notiert, ob er in den betreffenden Knoten selbst, in hierarchisch darüber- oder darunterstehenden oder in benachbarten Knoten auftritt. Die Indexierungsfunktion kann all diese Angaben in ein probabilistisches Indexierungsgewicht abbilden.

- Es können beliebige Texterschließungsverfahren eingesetzt werden. Neben Einzelwörtern können auch Nominalphrasen als Indexierungsterme behandelt werden, oder es kann ein kontrolliertes anstelle eines freien Indexierungsvokabular verwendet werden.

- Die Indexierung kann an den jeweiligen Benutzerkreis des Hypertext-Systems angepaßt werden, indem Relevance-Feedback-Daten gesammelt werden und als neue Lernstichprobe für die Entwicklung einer verbesserten Indexierungsfunktion genutzt werden.

Neben der Integration von Retrievalverfahren in Hypertext-Systeme sollte auch die generelle Anwendbarkeit von IR-Konzepten im Hypertext-Ansatz diskutiert werden: Hier ist insbesondere an die grundsätzliche Unvollständigkeit und Unsicherheit bei der Repräsentation von Textinhalten zu denken. Die konsequente Berücksichtigung dieses Konzeptes führt zur Gewichtung der referentiellen Verknüpfungen zwischen Hypertext-Knoten. In [Nielsen 90] wird z.B. vorgeschlagen, die Gewichtung von Verknüpfungen auf der Grundlage von Statistiken über ihre Benutzungshäufigkeit durchzuführen. Bei dieser Vorgehensweise werden allerdings nur die fest vorgegebenen Verknüpfungen neu bewertet. Umgekehrt sollte es auch möglich sein, daß die Benutzer neue Verknüpfungen selbst vorschlagen können, oder es könnten solche neuen Verknüpfungen aus den Bewegungen der Benutzer in der Hypertext-Struktur abgeleitet werden. Durch die Gewichtung ergeben sich neue Darstellungsformen, z.B. die Hervorhebung von besonders wichtigen Verknüpfungen oder das Ausblenden von Verknüpfungen mit niedrigen Gewichten. Die Gewichtung der Verknüpfungen kann außerdem dazu beitragen, daß auch den Benutzern die prinzipielle Unsicherheit und Unvollständigkeit der Wissensdarstellung in Hypertext bewußt wird: Anstelle einer scheinbar objektiven Darstellung des jeweiligen Anwendungsgebietes durch feste, ungewichtete Verknüpfungen führt deren Gewichtung dem Benutzer die Grenzen dieses Ansatzes vor Augen.

Zu gewichteten Verknüpfungen führt auch deren automatischen Erstellung mit Hilfe von IR-Verfahren. Insbesondere beim Aufbau von Hypertext-Strukturen aus vorhandenen maschinenlesbaren Dokumenten (z.B. Handbüchern) werden Verfahren zur automatischen Erstellung von Verknüpfungen benötigt. Während hier hierarchische Verknüpfungen noch durch relativ einfache Algorithmen aus der Struktur des Dokumentes abgeleitet werden können, erfordert die Erstellung referentieller Verknüpfungen die Anwendung von computerlinguistischer und IR-Methoden. In [Salton 88] wird der Einsatz von robusten Parsern und maschinenlesbaren Wörterbüchern für diesen Zweck diskutiert. Im Gegensatz zu typischen IR-Anwendungen reicht hier bei der Verarbeitung von englischsprachigen Texten die alleinige Betrachtung von Einzelwörtern (wie z.B. in [Sarre & Güntzer 90]) nicht aus, da diese – insbesondere in Fachsprachen – zu unspezifisch sind; beim Retrieval wird dieser Nachteil durch die Kombination mehrerer Terme zumindest teilweise ausgeglichen [Salton & Buckley 88], aber in Hypertext werden jeweils die Vorkommen eines einzelnen Terms miteinander verknüpft. Trotz der in [Salton & Smith 89] monierten Unzulänglichkeit der derzeit verfügbaren computerlinguistischen Verfahren zur Behandlung von Nominalphrasen im Englischen erscheint eine Kombination dieser Methoden mit statistischen Verfahren sinnvoll: Auf dieser Weise wird z.B. innerhalb des Darmstädter Indexierungsansatzes ein relativ einfaches syntaktisches Verfahren zur Erkennung von Nominalphrasen [Kienitz-Vollmer & Reichardt 86] erfolgreich angewendet. Sollte die Qualität der letztendlich erstellten Verknüpfungen (s.u.) für Nominalphrasen nicht ausreichend sein, so kann auch mit halbautomatischen Verfahren gearbeitet werden, indem die Menge der vom System extrhierten Nominalphrasen manuell korrigiert wird.

Nach der Identifikation der Terme in den Hypertext-Knoten können die möglichen Verknüpfungen zwischen den Vorkommen eines Terms in verschiedenen Knoten bestimmt werden. Statt nun wie in [Sarre & Güntzer 90] durch einfache Bedingungen an den Term und die beteiligten Knoten zulässige Verknüpfungen zu definieren, schlagen wir die Anwendung von Konzepten aus dem Darmstädter Indexierungsansatz vor. Dementsprechend werden die Informationen über eine mögliche Verknüpfung in eine Relevanzbeschreibung abgebildet, wobei auch der Kontext der beiden beteiligten Knoten ausreichend berücksichtigt werden kann. Zur Gewichtung dieser Verknüpfungen wird dann nur noch eine Lernstichprobe von Verknüpfungen mit zugehörigen Entscheidungen über ihre Korrektheit benötigt, aus der dann eine probabilistische „Indexierungsfunktion" zur Abbildung der Relevanzbeschreibungen in Gewichtungen abgeleitet werden kann. Eine solche Lernstichprobe kann am einfachsten durch die intellektuelle Beurteilung von automatisch erstellten Verknüpfungen bzw. durch Vergleich von intellektuell und automatisch erstellten Verknüpfungen erhalten werden. Es ist ebenfalls denkbar, eine Lernstichprobe aus Statistiken über das Verhalten der Benutzer im Hypertext-System abzuleiten.

4 Evaluierung zukünftiger Informationssysteme

Im IR wird die Beurteilung von Verfahren durch empirische Untersuchungen zur jeweils resultierenden Retrievalqualität als unverzichtbar angesehen. Im Gegensatz zu den bisher betrachteten Verfahren stellt aber die Evaluierung von interaktiven Systemen deutlich höhere Anforderungen an die Testmethodik und die Wahl der Bewertungsparameter und erfordert auch einen wesentlich größeren experimentellen Aufwand. Diese Problematik sollte aber nicht dazu führen, die Evaluierung von neuartigen Informationssystemen nur in beschränkten Maße durchzuführen bzw. ganz zu unterlassen. Durch die zunehmende Komplexität der Systeme entsteht gerade ein erhöhter Bedarf an empirischer Absicherung beim Entwurf!

Dabei sollten Evaluierungen aber nicht nur zur Absicherung von Entscheidungen über Entwurfsalternativen durchgeführt werden. Wesentlich wichtiger werden empirische Untersuchungen schon bei der Formulierung einzelner Konzepte für Informationssysteme. Bei komplexen Anwendungsbereichen können nur dadurch die jeweils relevanten Konzepte ermittelt werden, auf denen dann der Entwurf entsprechender Informationssysteme basieren sollte. Z.B. zeigt die in [Ammersbach et al. 88] beschriebene Studie über die Nutzung von Werkstoffdatenbanken, daß die in der Praxis auftretenden Probleme sich nicht auf präzise Anfragen an die Datenbank abbilden lassen. In der Regel formulieren die Anwender die einzelnen Kriterien relativ vage oder sie suchen nach ähnlichen Materialien zu einem bekannten Werkstoff. Diese Art der Suche wird aber durch herkömmliche Systeme überhaupt nicht unterstützt. Auch die in [Hirscheim & Klein 89] beschriebenen Fälle belegen, wie allein an gängigen Informatik-Konzepten orientierte Systementwürfe zu in der Praxis enttäuschenden Systemleistungen führen können.

Die hier vorgeschlagene Vorgehensweise ist sicher noch recht unüblich in der Informatik, wo normalerweise nur in der Anwendungsprogrammierung explizit nach den Wünschen der Benutzer gefragt wird. Wie auch in [Sparck Jones 88] und [Becker 90] dargestellt, werden zur Beurteilung von Konzepten für Informationssysteme in der Informatik und der KI meist Kriterien wie Plausibilität, Originalität, Funktionalität und die Lauffähigkeit der Programme benutzt. Nur durch entsprechendes Umdenken in der Forschung [Coy 89] [Luft 89] wird es möglich werden, daß zukünftige Informationssysteme dem Anwender den versprochenen Nutzen bringen.

Literatur

Ammersbach, K.; Fuhr, N.; Knorz, G. (1988). Empirisch gestützte Konzeption einer neuen Generation von Werkstoffdatenbanken. In: Deutsche Gesellschaft für Dokumentation (Hrsg.): *Deutscher Dokumentartag 1987*, S. 251–261. VCH Verlagsgesellschaft, Weinheim.

Becker, B. (1990). Interdisziplinarität und KI: Anspruch ohne Wirklichkeit? *KI 4(1)*, S. 33–37.

Biebricher, P.; Fuhr, N.; Knorz, G.; Lustig, G.; Schwantner, M. (1988). The Automatic Indexing System AIR/PHYS — from Research to Application. In: Chiaramella, Y. (Hrsg.): *11th International Conference on Research and Development in Information Retrieval*, S. 333–342. Presses Universitaires de Grenoble, Grenoble, France.

Blair, D. C.; Maron, M. E. (1985). An Evaluation of Retrieval Effectiveness for a Full-Text Document Retrieval System. *Communications of the ACM 28(3)*, S. 289–299.

Bookstein, A. (1985). Probability and Fuzzy-Set Applications to Information Retrieval. *Annual Review of Information Science and Technology 20*, S. 117–151.

Brachman, R. J.; McGuinness, D. L. (1988). Knowledge Representation, Connectionism and Conceptual Retrieval. In: Chiaramella, Y. (Hrsg.): *11th International Conference on Research & Development in Information Retrieval*, S. 161–174. Presses Universitaires de Grenoble, Grenoble, France.

Campagnoni, F. R.; Erlich, K. (1989). Information Retrieval Using a Hypertext-Based Help System. *ACM Transactions on Information Systems 7(3)*, S. 271–291.

Chiaramella, Y.; Defude, B.; Bruandet, M. F.; Kerkouba, D. (1986). IOTA: A Full Text Information Retrieval System. In: Rabitti, F. (Hrsg.): *Proceedings of the 1986 ACM Conference on Research and Development in Information Retrieval*, S. 207–213. ACM, New York.

Conklin, J. (1987). Hypertext: An Introduction and Survey. *IEEE Computer 20(9)*, S. 17–41.

Consens, M. P.; Mendelzon, A. O. (1989). Expressing Structural Hypertext Queries in GraphLog. In: *Proceedings of the 2nd ACM Conference on Hypertext.* ACM, New York.

Coy, W. (1989). Brauchen wir eine Theorie der Informatik? *Informatik-Spektrum 12(5)*, S. 256–266.

Croft, W. B.; Thompson, R. H. (1987). I3R: A New Approach to the Design of Document Retrieval Systems. *Journal of the American Society for Information Science 38(6)*, S. 389–404.

Croft, W. B.; Lucia, T. J.; Cringean, J.; Willett, P. (1989). Retrieving Documents by Plausible Inference: An Experimental Study. *Information Processing and Management 25(6)*, S. 599–614.

Fagan, J. (1987a). Automatic Phrase Indexing for Document Retrieval. In: Yu, C. T.; van Rijsbergen, C. J. (Hrsg.): *Proceedings of the Tenth Annual ACM SIGIR Conference on Research & Development in Information Retrieval*, S. 91–101.

Fagan, J. (1987b). *Experiments in Automatic Phrase Indexing for Document Retrieval: A Comparison of Syntactic and Non-Syntactic Methods.* Ph.D. thesis, Department of Computer Science, Cornell University, Ithaca, NY.

Finkler, W.; Neumann, G. (1988). *MORPHIX. A Fast Realization of a Classification-Based Approach to Morphology.* Report Nr. 40, Universität des Saarlandes, Fachbereich Informatik, Saarbrücken, West Germany.

Fox, E. A. (1987). Development of the CODER System: A Testbed for Artificial Intelligence Methods in Information Retrieval. *Information Processing and Management 23(4)*, S. 341–366.

Frisse, M. E. (1988). Searching for Information in a Hypertext Medical Handbook. *Communications of the ACM 31(7)*, S. 880–886.

Fuhr, N.; Buckley, C. (1990). *Probabilistic Document Indexing from Relevance Feedback Data.* Erscheint in: Proceedings of the 13th ACM-SIGIR International Conference on Research and Development in Information Retrieval.

Fuhr, N. (1988). *Probabilistisches Indexing und Retrieval.* Dissertation, TH Darmstadt, Fachbereich Informatik. Zu beziehen über: Fachinformationszentrum Karlsruhe, Eggenstein-Leopoldshafen.

Fuhr, N. (1989a). Models for Retrieval with Probabilistic Indexing. *Information Processing and Management 25(1)*, S. 55–72.

Fuhr, N. (1989b). Optimum Polynomial Retrieval Functions Based on the Probability Ranking Principle. *ACM Transactions on Information Systems 7(3)*, S. 183–204.

Fuhr, N. (1990a). *A Probabilistic Framework for Vague Queries and Imprecise Information in Databases.* (Eingereicht zur Veröffentlichung).

Fuhr, N. (1990b). Zur Überwindung der Diskrepanz zwischen Retrievalforschung und -praxis. *Nachrichten fuer Dokumentation 41(1)*, S. 3–7.

Hahn, U.; Reimer, U. (1986). Semantic Parsing and Summarizing of Technical Texts in the TOPIC System. In: Kuhlen, R. (Hrsg.): *Informationslinguistik. Theoretische, experimentelle, curriculare und prognostische Aspekte einer informationswissenschaftlichen Teildisziplin*, S. 153–193. Niemeyer, Tübingen.

Harman, D. (1987). A Failure Analysis of the Limitations of Suffixing in an Online Environment. In: Yu, C. T.; van Rijsbergen, C. J. (Hrsg.): *Proceedings of the Tenth Annual ACM SIGIR Conference on Research & Development in Information Retrieval*, S. 102–107. ACM, New York.

Harman, D. (1988). Towards Interactive Query Expansion. In: Chiaramella, Y. (Hrsg.): *11th International Conference on Research & Development in Information Retrieval*, S. 321–331. Presses Universitaires de Grenoble, Grenoble, France.

Hirscheim, R.; Klein, H. K. (1989). Four Paradigms of Information Systems Development. *Communications of the ACM 32(10)*, S. 1199–1216.

Kienitz-Vollmer, B.; Reichardt, J. (1986). Bestimmung von Mehrwortgruppen mithilfe des Begenzerverfahrens. In: Lustig, G. (Hrsg.): *Automatische Indexierung zwischen Forschung und Anwendung*, S. 18–30. Olms, Hildesheim.

Knorz, G. (1986). Die Anwendung von Polynomklassifikatoren für die automatische Indexierung. In: Lustig, G. (Hrsg.): *Automatische Indexierung zwischen Forschung und Anwendung*, S. 98–126. Olms, Hildesheim.

Krovetz, R.; Croft, W. B. (1989). Word Sense Disambiguation Using Machine-Readable Dictionaries. In: Belkin, N.; van Rijsbergen, C. J. (Hrsg.): *Proceedings of the Twelfth Annual International ACMSIGIR Conference on Research and Development in Information Retrieval*, S. 127–136. ACM, New York.

Kuhlen, R. (1977). *Experimentelle Morphologie in der Informationswissenschaft.* Verlag Dokumentation, München.

Luft, A. L. (1989). Informatik als Technikwissenschaft. Thesen zur Informatikentwicklung. *Informatik-Spektrum 12(5)*, S. 267–273.

Lustig, G. (Hrsg.) (1986). *Automatische Indexierung zwischen Forschung und Anwendung.* Olms, Hildesheim.

Metzler, D. P.; Haas, S. W. (1989). The Constituent Object Parser: Syntactic Structure Matching for Information Retrieval. *ACM Transactions on Information Systems 7(3)*, S. 292–316.

Motro, A. (1988). VAGUE: A User Interface to Relational Databases that Permits Vague Queries. *ACM Transactions on Office Information Systems 6(3)*, S. 187–214.

Nielsen, J. (1990). The Art of Navigating through Hypertext. *Communications of the ACM 33(3)*, S. 296–310.

Pearl, J. (1988). *Probabilistic Reasoning in Intelligent Systems: Networks of Plausible Inference.* Morgan Kaufman, San Mateo, Cal.

Rabitti, F.; Savino, P. (1990). Retrieval of Multimedia Documents by Imprecise Query Specification. In: Bancilhon, F.; Thanos, C.; Tsichritzis, D. (Hrsg.): *Advances in Database Technology — EDBT '90*, S. 203–218. Springer, Berlin et al.

van Rijsbergen, C. J. (1979). *Information Retrieval.* Butterworths, London, 2. Auflage.

van Rijsbergen, C. J. (1986). A Non-Classical Logic for Information Retrieval. *The Computer Journal 29(6).*

van Rijsbergen, C. J. (1989). Towards an Information Logic. In: Belkin, N.; van Rijsbergen, C. J. (Hrsg.): *Proceedings of the Twelfth Annual International ACMSIGIR Conference on Research and Development in Information Retrieval*, S. 77–86. ACM, New York.

Robertson, S. E.; Sparck Jones, K. (1976). Relevance Weighting of Search Terms. *Journal of the American Society for Information Science 27*, S. 129–146.

Robertson, S. E. (1977). The Probability Ranking Principle in IR. *Journal of Documentation 33*, S. 294–304.

Salton, G.; Buckley, C. (1988). Term Weighting Approaches in Automatic Text Retrieval. *Information Processing and Management 24(5)*, S. 513–523.

Salton, G.; Crouch, D. B. (1989). *User-System Interaction in Automatic Information Retrieval.* Technical Report 89-999, Department of Computer Science, Cornell University, Ithaca, New York.

Salton, G.; McGill, M. J. (1983). *Introduction to Modern Information Retrieval.* McGraw-Hill, New York.

Salton, G.; Smith, M. (1989). On the Application of Syntactic Methodologies in Automatic Text Analysis. In: Belkin, N.; van Rijsbergen, C. J. (Hrsg.): *Proceedings of the Twelfth Annual International ACMSIGIR Conference on Research and Development in Information Retrieval*, S. 137–150. ACM, New York.

Salton, G. (1988). Automatic Text Indexing Using Complex Identifiers. In: *Proceedings of ACM Conference on Document Processing Systems (December 5-9, 1988, Santa Fe, New Mexico)*, S. 135–144. ACM, New York.

Salton, G.; Fox, E.; Wu, H. (1983). Extended Boolean Information Retrieval. *Communications of the ACM 26*, S. 1022–1036.

Sarre, F.; Güntzer, U. (1990). *Einsatz des Hypertextsystems "HyperMan" für Online-Datenbank-Manuale.* In diesem Band.

Sembok, T. M. T. (1989). *Logical-Linguistic Model and Experiments in Document Retrieval.* Dissertation, University of Glasgow, Department of Computing Science.

Smeaton, A. F. (1986). Incorporating Syntactic Information into a Document Retrieval Strategy: an Investigation. In: *9th International Conference on Research & Development in Information Retrieval*, S. 103–113. ACM, New York.

Sparck Jones, K. (1988). Fashionable Trends and Feasible Strategies in Information Management. *Information Processing and Management 24(6)*, S. 703–711.

Thurmair, G. (1986). Realist: Retrieval Aids by Linguistics and Statistics. In: Rabitti, F. (Hrsg.): *Proceedings of the 1986 ACM Conference on Research & Development in Information Retrieval*, S. 138–143. ACM, New York.

Willett, P. (1988). Recent Trends in Hierarchic Document Clustering: A Critical Review. *Information Processing and Management 24(5)*, S. 577–597.

Wong, S. K. M.; Ziarko, W.; Raghavan, V. V.; Wong, P. C. N. (1987). On Modeling of Information Retrieval Concepts in Vector Spaces. *ACM Transactions on Database Systems 12(2)*, S. 299–321.

Yu, C. T.; Salton, G. (1976). Precision Weighting. An Effective Automatic Indexing Method. *Journal of the ACM 23*, S. 76–88.

Einsatz des Hypertextsystems „HyperMan"
für Online-Datenbankmanuale

F. Sarre *   **U. Güntzer** *

Zusammenfassung

Der steigende Funktionsumfang von Softwaresystemen führt zu immer umfangreicheren Handbüchern bzw. Dokumentationen. Um Benutzern eine Alternative zu den gedruckten Fassungen zu bieten, werden Systemdokumentationen zunehmend auch *online* zur Verfügung gestellt. Einen möglichen Ansatz, solche Online-Hilfesysteme zu realisieren, bieten Hypertextsysteme, womit Abhängigkeiten und Zusammenhänge im Text in natürlicher Weise modelliert werden können. Leider erfordert es aber bislang großen manuellen und intellektuellen Aufwand, sowohl neues, als auch vorhandenes Material für ein Hypertextsystem passend aufzubereiten. Diese Überlegungen führten zur Konzeption und Implementierung eines neuen Hypertextsystems namens „HyperMan", das zusätzlich zu den üblichen Bestandteilen über spezielle Komponenten verfügt, einerseits einen gegebenen, linearen Text in logisch zusammengehörende Einheiten zu zerlegen, andererseits Abhängigkeiten und Zusammenhänge im Text automatisch zu erkennen, um das Eingabedokument so für das Hypertextsystem nutzbar zu machen. In diesem Papier möchten wir über Einzelheiten berichten, wie wir das HyperMan-System zur Aufbereitung von Datenbankmanualen eingesetzt haben. Besonderer Wert wurde dabei auf allgemeinere Konzepte gelegt um dem Anspruch gerecht zu werden, *beliebige* lineare Texte zu Hypertext aufbereiten zu können.

1 Das Hypertextsystem „HyperMan"

Immer häufiger ist zu beobachten, daß umfangreiche Dokumentationen zu Softwaresystemen Benutzern nicht nur auf Papier, sondern auch in elektronischer Form zur Verfügung gestellt werden. In erster Linie soll der Benutzer dadurch in die Lage versetzt werden, ihn interessierende Textpassagen in der Dokumentation rasch aufzufinden. Für die Verwaltung des Textes, der Tabellen und Abbildungen von Online-Dokumentationen werden zunehmend hypertext-ähnliche Oberflächen eingesetzt, womit der Tatsache Rechnung getragen wird, daß eine technische Dokumentation eine stark vernetzte Wissensbasis darstellt.

Um die für eine Online-Dokumentation gewünschte Hypertext-Struktur nicht manuell erzeugen zu müssen, schlagen wir vor, sie aus der linearen Fassung der Dokumentation automatisch zu generieren. Zu dieser Aufgabe gehört einerseits das Erzeugen von Hypertext-Knoten, d.h. der gegebene, lineare Text muß geeignet in logisch zusammengehörende Einheiten zerlegt (partitioniert) werden. Andererseits sind Hypertext-Links zu erzeugen, die sowohl die explizit gegebene Struktur widerspiegeln als auch auf nur implizit vorhandene (verborgene) Zusammenhänge aufmerksam machen. In dem HyperMan-System wird das Ergebnis dieses Aufbereitungsprozesses, die Hypertext-Struktur, in einer (relationalen) Datenbank abgelegt (siehe Abbildung 1). Danach durchstöbert der Benutzer den Hypertext mit Hilfe einer fenster- und mausorientierten, graphischen Oberfläche. In diesem Papier möchten wir allerdings nicht so sehr auf die Browser-Komponente des Systems [6] als vielmehr auf die linke Seite der Abbildung, also auf die Knoten- und Linkgenerierung eingehen.

---

*Institut für Informatik der Technischen Universität München, Postfach 20 24 20, D-8000 München 2

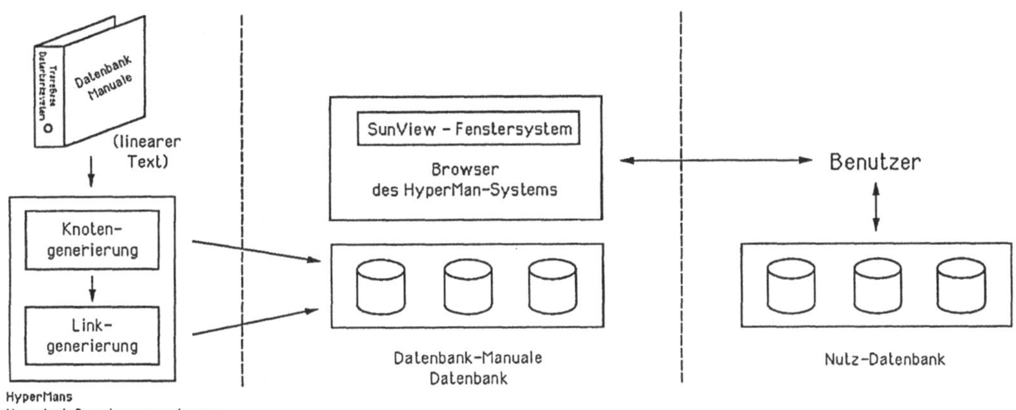

Abbildung 1: Einsatz des HyperMan-Systems für Online-Datenbankmanuale

Anhand eines realen Beispiels zeigen wir in den nächsten beiden Kapiteln, wie aus der linearen Darstellung von Datenbankmanualen [8] die mehrdimensionale Struktur „herauspräpariert" werden kann, um dem Benutzer einen besseren Einblick in das in den Manualen dargestellte Wissen zu gewähren und um ihm dadurch den Umgang mit der Nutzdatenbank zu erleichtern (siehe Abbildung 1).

2 Partitionierung der Datenbankmanuale und Knotengenerierung

Im Hinblick auf die Generierung von Hypertext-Knoten ist die Aufgabe zu lösen, den zusammenhängenden, linearen Text der Datenbankmanuale in logisch zusammengehörende Informationseinheiten zu zerlegen. Nach dieser Zerlegung muß keineswegs eine Informationseinheit genau einem Hypertext-Knoten entsprechen; es könnten auch *mehrere* dieser Informationseinheiten zu einem Knoten zusammengesetzt werden.

Wenn diese Zusammensetzung erst zu der Zeit geschieht, zu der der Benutzer die Hypertext-Struktur mit einem fenster- und mausorientierten Browser durchstöbert, könnte man von einer „dynamischen" Knotengenerierung sprechen. Der Vorteil, daß dadurch eine flexible und individuelle Knotengestaltung zur Laufzeit möglich wird, ist offensichtlich. Andernfalls, falls also die Knotengenerierung vorab vorgenommen wird und die Knoten nicht mehr verändert werden, ergäbe sich eine „statische" Knotengenerierung. Erfahrungsgemäß genügt dieses Konzept für die meisten Anwendungen, weswegen auch hier die Idee der dynamischen Knotengenerierung nicht weiter verfolgt wird.

Unabhängig von der Frage der statischen oder der dynamischen Knotengenerierung liegt es für die Zerlegung des gegebenen, linearen Textes nahe, seine logische Struktur zu berücksichtigen. Die Datenbankmanuale, die nicht ausschließlich als Nachschlagewerk dienen, sondern auch dafür gedacht sind, wenigstens streckenweise sequentiell gelesen zu werden, besitzen neben der sequentiellen Struktur eine hierarchische Struktur, die im wesentlichen durch Kapitel und Abschnitte gebildet wird. Um grundlegende Prinzipien der Partitionierungs- bzw. Knotengenerierungsmethode verständlich machen zu können, wird die Textzerlegung zunächst ausschließlich gemäß dieser Kapitel- und Abschnittshierarchie vorgenommen, d.h. Hypertext-Knoten sollen durch Kapitel und Abschnitte gebildet werden. Genauer gesagt werden nur Abschnitte größter Schachtelungstiefe direkt in Hypertext-Knoten umgewandelt, während in Abschnitten aller anderen Schachtelungstiefen (einschließlich Kapiteln) die jeweiligen Unterabschnitte erster Ordnung nicht in die Knoten aufgenommen, sondern nur über entsprechende Verweise erreichbar gemacht werden. Dadurch wird vermieden, daß Textstücke des gegebenen Textes (als Beispiel siehe Abbildung 2) redundant in mehreren Knoten auftreten. Als Konsequenz ergeben sich für Knoten, die ein Kapitel oder einen Abschnitt mit Unterabschnitten enthalten, kleine Inhaltsverzeichnisse (Abb. 3). Außerdem wird auch noch eine weitere Eigenschaft von strukturbeschreibenden Verweisen sichtbar: Sie verweisen typischerweise nicht nur auf Textstücke, sondern auch auf weitere, strukturbeschreibende Verweise. In der Implementierung des Prototypen „HyperMan" haben wir uns entschieden, strukturbeschreibende Verweise generell durch eingerahmten Text darzustellen. Verweise auf Unterabschnitte werden durch eingerückte Überschriften gekennzeichnet, während sich die sequentiellen Verweise, das sind die Verweise auf den Vorgänger- und den Nachfolgerabschnitt, am Anfang bzw. am Ende eines Hypertext-Knotens befinden. Ein wichtiges Merkmal der sequentiellen Verweise ist, daß mit ihrer Hilfe die ursprüngliche, lineare Form des Textes aus der Hypertext-Struktur erforderlichenfalls wieder aufgebaut werden kann.

Normalerweise verlangen sequentielle Links eine spezielle Behandlung bezüglich der Anzeige des referenzierten Textes, da Folgeabschnitte nicht erst auf Anforderung „geholt" werden, sondern automatisch zur Verfügung stehen sollten, wenn der Benutzer über die Grenzen eines Abschnitts hinweg in einem Fenster scrollen möchte. Obwohl dadurch eine glatte und nicht unterbrochene Sicht auf den Text entstehen würde [2], haben wir uns aus Gründen der Flexibilität und einheitlichen Behandlung von Links gegen die Implementierung dieses Konzepts entschieden.

Nach dem Überblick kommen wir nun zu den Details der Textpartitionierung. Der gegebene Text durchläuft zunächst einen Scanner, der ausschließlich zwischen strukturrelevanten Teilen (wie Kapitel- und Abschnittsüberschriften) und sonstigem Text unterscheidet. In diesem Analysevorgang simuliert der Scanner einen endlichen Automaten, der mit Hilfe von regulären Ausdrücken beschrieben werden kann. In der Syntax, die mit dem Scannergenerator „lex" verträglich ist, könnten diese regulären Ausdrücke so aussehen:

```
{dig}        [0-9]
{p}          [.]
{blk}        [ ]
{other}

^{dig}+{p}{blk}+{other}+                  {... return(token(CHAPTER_HEADLINE))};
^{dig}+{p}{dig}+{blk}+{other}+            {... return(token(SECTION_HEADLINE))};
^{dig}+{p}{dig}+{p}{dig}+{blk}+{other}+   {... return(token(SUBSECTION_HEADLINE))};
^{other}+                                 {... return(token(LINE))};
```

Jedesmal, wenn ein regulärer Ausdruck in der Eingabe erkannt wurde, wird eine Aktion ausgeführt, die im wesentlichen nur ein entsprechendes Token an einen nachgeschalteten Parser weitergibt. Der Parser arbeitet die vom Scanner angelieferten Token mit Hilfe von Regeln einer kontextfreien LALR(1) - Grammatik ab. Parallel zu jeder Regel werden C-Prozeduren ausgeführt, die das Anlegen und das Füllen der zu erzeugenden Knoten vornehmen. Abbildung 4 veranschaulicht den Gesamtablauf und macht deutlich, wie Scanner und Parser zusammenarbeiten.

Für eine typische Kapitel- und Abschnittsstruktur, wie sie z.B. in unseren Datenbankmanualen vorkommt, lautet die LALR(1) - Grammatik, nach der der Parser arbeitet, in „yacc"-Syntax wie folgt (die dazugehörigen Aktionen wurden der Übersichtlichkeit halber fortgelassen):

```
%token LINE, CHAPTER_HEADLINE, SECTION_HEADLINE, SUBSECTION_HEADLINE

document           = chapter_sequence
chapter_sequence   = chapter
                   | chapter_sequence chapter
chapter            = CHAPTER_HEADLINE text
                   | CHAPTER_HEADLINE section_sequence
                   | CHAPTER_HEADLINE text section_sequence
section_sequence   = section
```

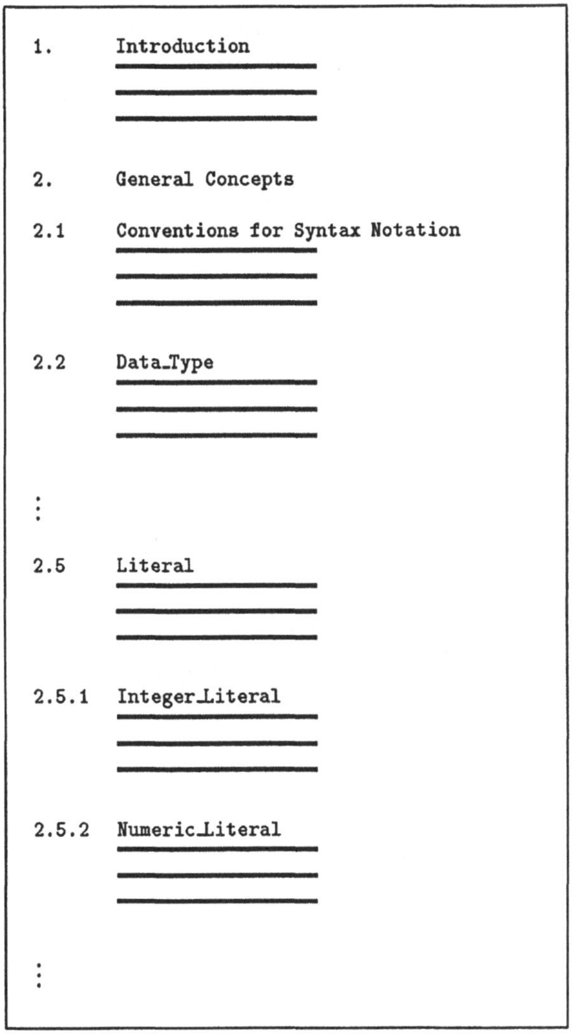

Abbildung 2: Beispiel eines zusammenhängenden linearen Textes der Datenbankmanuale

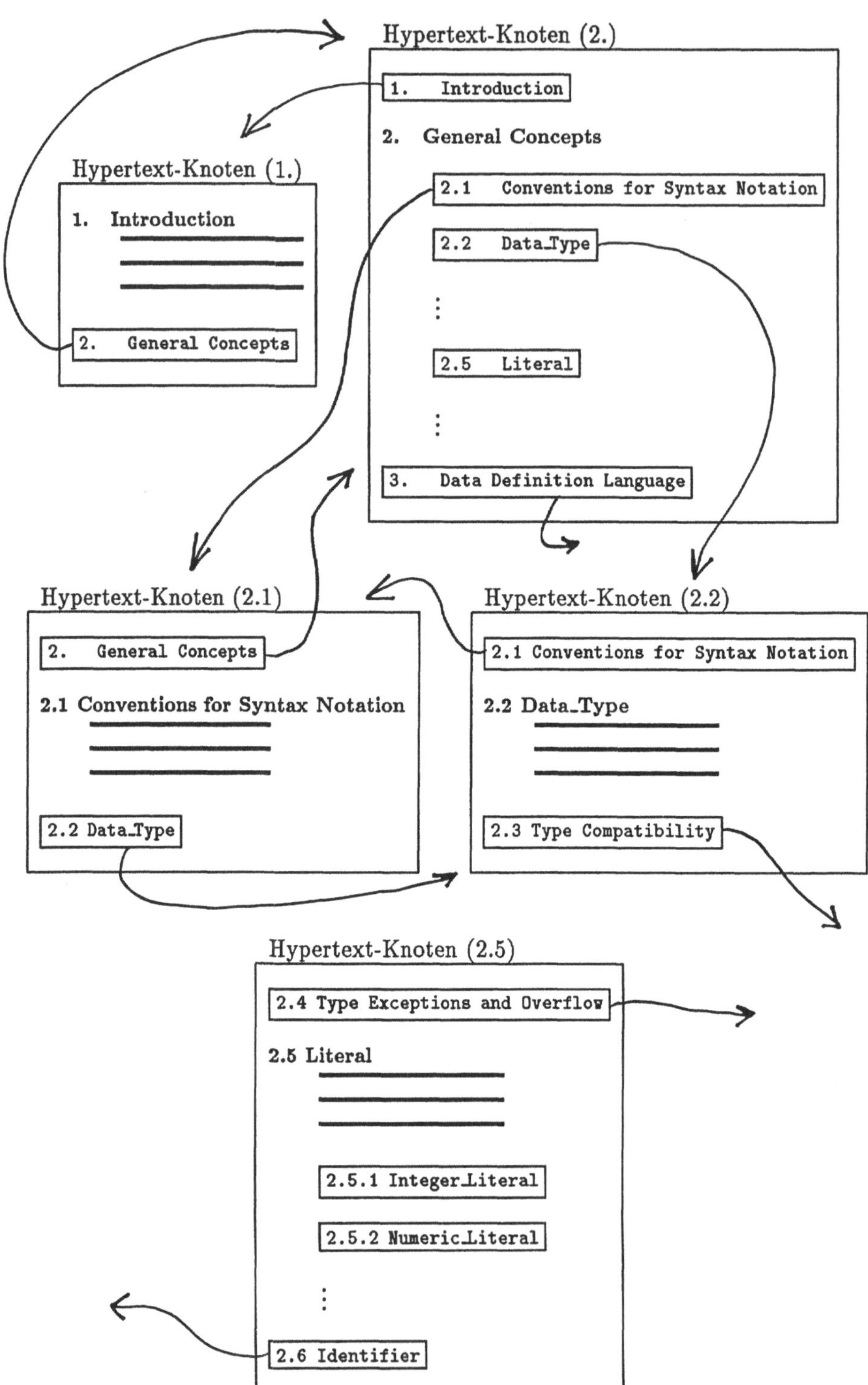

Abbildung 3: Generierte Hypertext-Knoten aus einem linearen Text

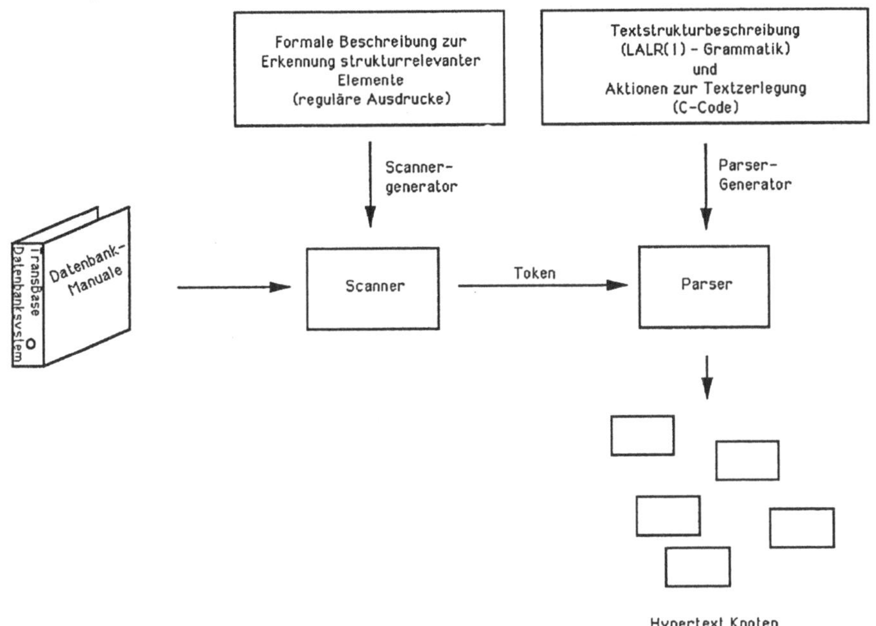

Abbildung 4: Zusammenspiel zwischen Scanner und Parser bei der Textpartitionierung

```
                     | section_sequence section
section            = SECTION_HEADLINE text
                     | SECTION_HEADLINE subsection_sequence
                     | SECTION_HEADLINE text subsection_sequence
subsection_sequence = subsection
                     | subsection_sequence subsection
subsection         = SUBSECTION_HEADLINE text
text               = LINE
                     | text LINE
```

Da sowohl der Scanner als auch der Parser aus Beschreibungen *generiert* werden, wodurch das Konzept eines Knotengenerierergenerierers verwirklicht wird, ist es mit verhältnismäßig wenig Aufwand möglich, auch kompliziertere Strukturen zu behandeln, bei denen beispielsweise Abschnitte feiner unterteilt sind. Wir betrachten dazu einen Textabschnitt, der den Datenbankmanualen entnommen wurde (siehe Abb. 5).

Für Benutzer, die lediglich Schwierigkeiten mit der Syntax eines bestimmten SQL-Konstrukts haben, aber im Prinzip über die Funktionalität des Konstrukts Bescheid wissen, könnte es sinnvoll sein, den erklärenden Text in dem mit „EXPLANATION" gekennzeichneten Absatz nicht in den Knoten mitaufzunehmen, sondern ihn nur über einen Verweis erreichbar zu machen (siehe Abb. 6). In einem solchen Falle müßte der Scanner, der die Aufgabe hat, strukturrelevante Teile zu erkennen, selbstverständlich „merken", wo im Text eine Syntaxbeschreibung, eine Erklärung oder ein Beispiel beginnt und endet. Im obigen Beispiel kann dies mit einfachen regulären Ausdrücken sichergestellt werden:

```
^"SYNTAX:"{blk}+{other}+        {... return(token(SYNTAX))};
^"EXPLANATION:"{blk}+{other}+   {... return(token(EXPLANATION))};
^"EXAMPLE:"{blk}+{other}+       {... return(token(EXAMPLE))};
```

In der Grammatik, nach der der Parser arbeitet, wird dann durch Aktionen gesteuert, wann ein neuer Knoten begonnen werden soll:

```
section = headline        {beginne_Knoten($1);
```

3.3 Drop_Table_Statement

        Serves to drop a table in the database.

SYNTAX: Drop_Table_Statement ::=
                DROP TABLE Table_Name

EXPLANATION: The specified table and all indexes on that
              table are dropped. All views which are directly
              or transitively based on the specified table are
              also dropped.
EXAMPLE: DROP TABLE quotations

Abbildung 5: Beispiel eines feiner untergliederten Textabschnitts

Hypertext-Knoten „3.3 Drop_Table_Statement"

```
3.3  Drop_Table_Statement

          Serves to drop a table in the database.

SYNTAX:        Drop_Table_Statement ::=
                   DROP TABLE Table_Name

[ EXPLANATION_37 ]

EXAMPLE:        DROP TABLE quotations
```

EXPLANATION_37

```
EXPLANATION:  The specified table and all indexes on that
              table are dropped.  All views which are directly
              or transitively based on the specified table are
              also dropped.
```

Abbildung 6: Auflösung von feineren Abschnittsstrukturen

```
                                anfuegen($1);}
        text
        synt
        expl                    {anfuegen("EXPLANATION_<nr>");}
        ex                      {beende_Knoten();}
        ;

text = line
     | text line
     ;

line = LINE                     {anfuegen($1);}
     ;

synt = syntax
     | syntax text
     ;

syntax = SYNTAX                 {anfuegen($1);}
     ;

expl = explanation             {beende_Knoten();}
     | explanation text        {beende_Knoten();}
     ;

explanation = EXPLANATION       {beginne_Knoten("EXPLANATION_<nr>");
                                 anfuegen($1);}
     ;

ex = example
   | example text
   ;

example = EXAMPLE               {anfuegen($1);}
   ;
```

Zu dieser vereinfacht dargestellten Grammatik ist anzumerken, daß für den Verweis auf die Erklärung in der Knotengenerierungsphase noch *keine* Adressen berechnet werden, die nötig sind, um den Verweis später per Mausklick zu verfolgen. Dies geschieht hauptsächlich aus dem Grund, die beiden Konzepte „Knotengenerierung" und „Linkgenerierung" nicht zu vermischen und sie durchschaubar zu halten. Um nach Abschluß der Knotengenerierung noch erkennen zu können, wo während der Linkgenerierungsphase strukturbeschreibende Verweise zu erzeugen sind, muß im Knotentext vorher eine entsprechende Markierung hinterlassen werden. Im einfachsten Fall könnte diese Markierung exakt mit dem Namen des Knotens übereinstimmen, auf den später der Link verweist (siehe dazu Abbildung 6).

3 Generieren von Hypertext-Links

In dem vorausgegangenen Kapitel wurde dargestellt, wie der lineare Text der Datenbankmanuale in einzelne Hypertext-Knoten zerlegt werden kann. Nun steht das Problem an, Hypertext-Links zu erzeugen. Für einen ersten Überblick ist es hilfreich sich klarzumachen, daß Links zu folgenden drei Zeiten erzeugt werden können:

1. Während der Knotengenerierungsphase

2. Nach Abschluß der Knotengenerierung

3. Während Benutzersitzungen

Es ist zweckmäßig, während der Knotengenerierung (Punkt 1.) auch tatsächlich nur diejenigen Links zu generieren, die mit der Knotengenerierung direkt in Zusammenhang stehen. Dabei handelt es sich ausschließlich um strukturbeschreibende Links, also um solche, die die ehemalige sequentielle und hierarchische Struktur des Textes wiedergeben. Bedingt durch das besondere Verfahren der Knotengenerierung, das in dem vorausgegangenen Kapitel erläutert wurde, sind sie bereits gewissermaßen als „Abfallprodukt" angefallen. Um ganz genau zu sein, werden während der Knotengenerierung lediglich symbolische Adressen für die strukturbeschreibenden Links erzeugt, für die dann in einem zweiten Schritt physische Adressen berechnet werden, so daß die Links auch tatsächlich per Mausklick verfolgt werden können.

Zum Zeitpunkt 2.) werden dann einerseits bereits im Text vorhandene Querverweise für den elektronischen Hypertext nutzbar gemacht, andererseits im Text verborgene Querbezüge aufgespürt und als Hypertext-Links eingerichtet, indem sowohl die Struktur als auch der Inhalt des gegebenen Textes ausgenutzt wird.

Während Benutzersitzungen (Punkt 3.) können dann sowohl neue Links gewonnen als auch maschinell erzeugte, eventuell unsichere Links bestätigt oder abgelehnt werden. In vielen Fällen wird es auch möglich sein, dem Benutzer eine Rückfrage zu ersparen und alleine aus einer Folge von Aktionen etwas über die Qualität von vorhandenen Links zu schließen oder sogar neue Links zu erlernen. Dieses Thema werden wir im Ausblick noch einmal kurz aufgreifen. Für die weitere Diskussion der Linkgenerierung in den Datenbankmanualen möchten wir uns auf den Punkt 2.) beschränken.

Führt man sich die Tatsache vor Augen, daß ein gegebener, linearer Text völlig verschieden geartete Querverweise enthält, wird sofort klar, daß alle Linktypen nicht mit einer einzigen Methode behandelt werden können. Es ist daher sinnvoll, Links hinsichtlich des Generierungsverfahrens nach formalen Gesichtspunkten zu klassifizieren. In diesem Sinne ist es hilfreich, zwischen *expliziten* und *impliziten* Linkquellen und -zielen zu unterscheiden.

Als *explizit* soll eine Link*quelle* bezeichnet werden, wenn im Originaltext ein Textstück direkt dazu auffordert, dem entsprechenden Querverweis nachzugehen, wie dies zum Beispiel grundsätzlich bei Literaturhinweisen, Fußnoten oder Verweisen der Fall ist, die mit „siehe . . ." beginnen. In den meisten Fällen ist dabei kein natürlichsprachliches Textverstehen erforderlich, die Linkquelle zu erkennen, zum Beispiel weist eine hochgestellte Zahl mit hoher Wahrscheinlichkeit auf eine Fußnote hin und eine Zahl in eckigen Klammern auf eine bibliographische Referenz. Analog läßt sich ein explizites Link*ziel* mit einfachen syntaktischen Mitteln erkennen.

Im Gegensatz dazu wollen wir Linkquellen und Linkziele *implizit* nennen, wenn ein gewisses (Fach-)Wissen aufzubringen ist, um (implizite) Zusammenhänge aufzudecken.

Mit der Einführung der Begriffe der expliziten und impliziten Linkquellen/-ziele lassen sich praktisch alle in einem Text vorkommenden Verweise gemäß der folgenden Tabelle vier Klassen zuordnen:

Linkziele Linkquellen	explizit	implizit
explizit	I	II
implizit	III	IV

Als Beispiel für Klasse I ließe sich

... siehe Abschnitt 2.3.4

anführen, da mit einfachen syntaktischen Mitteln sowohl erkennbar ist, daß es sich dabei um eine Linkquelle handelt, als auch das Linkziel, Abschnitt 2.3.4, ohne natürlichsprachliches Textverstehen in dem gegebenen

Text aufgefunden werden kann. Hier wird klar, daß der Verweis im Originaldokument zwar schon vorhanden, aber noch nicht sehr komfortabel zu verfolgen war. Es brauchen also lediglich die Adressen der Linkquelle und des Linkziels ermittelt zu werden, um den Verweis im elektronischen Hypertext nutzbar zu machen, d.h. um es einem Benutzer zu ermöglichen, den Verweis per Mausklick zu verfolgen, womit genau genommen kein Link neu generiert, sondern nur der Komfort erhöht wird, einen bestehenden zu verfolgen. Diese Art der Linkgenerierung ist daher besser als *Linkmaterialisierung* zu bezeichnen (siehe dazu auch [5]).

Eine explizite Linkquelle mit einem impliziten Linkziel (Klasse II) liegt in dem Beispiel

```
                    ... siehe oben
```

vor, da zwar sofort zu erkennen ist, daß es sich um eine „Absprungstelle" eines Verweises handelt, aber auch unter Berücksichtigung des Kontexts nicht leicht ermittelt werden kann, worauf genau verwiesen wird. Hier müßten heuristische oder aufwendige linguistische Verfahren eingesetzt werden, um das Linkziel zu lokalisieren.

Für ein Beispiel zu Klasse III betrachten wir die Erklärung des Begriffs „identifier", die explizit als solche gekennzeichnet ist:

```
Explanation 2.17 (identifier)

    An identifier is a sequence of letters (A-Z, a-z) and digits (0-9),
    where the first character is a letter.
```

Damit liegt ein *explizites* Link*ziel* vor, wogegen jedes andere Auftreten des Wortes „identifier" als *implizite* Link*quelle* angesehen werden kann. Ein Leser, der nicht genau über diesen Begriff Bescheid weiß, *kann* die dazugehörige Definition nachschlagen, ist aber im Text nicht explizit dazu aufgefordert. Wir generieren in solchen Fällen die entsprechenden Links. Hier sieht man, daß es auch sinnvoll sein kann, Links entgegen ihrer eigentlichen Richtung zu erzeugen. Ebenso finden sich Syntaxdefinitionen in den Datenbankmanualen, zum Beispiel

```
Table_Spec ::=   Table_Name [Field_Name_Spec]
               | (Query_Expression) [Field_Name_Spec]      ,
```

die zu Linkzielen für alle Vorkommen der definierten Ausdrücke (hier „Table_Spec") werden.

Implizite Zusammenhänge im Text, die durch Gegenargumente, Verallgemeinerungen, Einschränkungen, weiterführende Erläuterungen usw. entstehen und nicht explizit als solche im Text gekennzeichnet sind, wären in diesem Modell Klasse IV zuzuordnen. Um ohne aufwendige linguistische Verfahren auszukommen, haben wir für diese Klasse ein Syntax-basiertes Verfahren entwickelt, das „Verwandtschafts-Links" zwischen zwei Textstücken generiert. Solche Links können für einen Benutzer besonders hilfreich sein, wenn er mit den aktuell dargestellten Informationen noch keine vollständigen Antworten auf seine Fragen findet und sich aus diesem Grunde zusätzliches, relevantes Material anzeigen lassen möchte. Obwohl es sich in dieser Situation auch anbieten würde, eine Suchanfrage abzusetzen, zeichnet sich die Möglichkeit, Verwandtschafts-Links zu verfolgen, dadurch aus, daß mit extrem geringem zeitlichem Aufwand ähnliche Textstellen angesprungen werden können.

Die Aufgabe, „Verwandtschafts"-Links zwischen Textstücken zu generieren, besteht also darin, möglichst ähnliche Textstücke in dem Ausgangstext zu finden. Um mit Hilfe des Rechners Aussagen über Ähnlichkeiten von paarweise betrachteten Texten machen zu können, ist es zweckmäßig, einen Algorithmus einzusetzen, der ausgehend von zwei Texten als Eingabe einen (numerischen) Ähnlichkeitswert produziert. Dieser Algorithmus ist nicht darauf angewiesen, die zu verarbeitenden Textstücke inhaltlich zu verstehen, da sich mit gut entwickelten Syntax-basierten Verfahren mit vertretbarem Aufwand akzeptable Ergebnisse erzielen lassen [4]:

Betrachtet man die einzelnen Wörter zweier gegebener Textstücke als operationale Grundeinheiten, machen vier Vorverarbeitungsschritte einen syntaktisch basierten Textvergleich wesentlich sicherer, unabhängig davon, wie er letztendlich konkret ausgeführt wird:

1. Textfilterung mit Hilfe einer Stoppwortliste,

2. Wortreduktion,

3. Einsatz eines Thesaurus,

4. Gewichtung der verbleibenden Wörter.

Völlig klar ist dabei, daß Thesauri und Methoden der Textfilterung, der Wortreduktion und der Wortgewichtung schon in den Sechziger Jahren für den automatischen Indexierungsprozeß in Information Retrieval Systemen zum Einsatz kamen. Neu ist jedoch, diese oder modifizierte Techniken für die automatische Generierung von Links zu benutzen. Der Hauptgrund, warum man optimistisch sein kann, daß dieser Ansatz erfolgreich ist, liegt darin, daß lediglich versucht wird, verwandte Textstücke innerhalb eines engen Kontextes eines Textes zu finden. Die hier auftretende Fragestellung ist somit anders als die Ähnlichkeit zwischen Dokumenten und anderen Dokumenten, Dokumenten und Suchanfragen oder Dokumenten und Einzelbegriffen festzustellen, die möglicherweise nichts miteinander zu tun haben.

4 Zusammenfassung und Ausblick

Hypertextsysteme sind nützliche Werkzeuge, um komplexe Textstrukturen zu verwalten und zu verändern. In vielen Fällen ist es wünschenswert, bereits vorhandenes Material zu Hypertext aufzubereiten. Dabei ist jedoch ein hoher manueller und intellektueller Aufwand aufzuwenden, um Hypertext-Knoten und Hypertext-Links zu erzeugen, wenn die Hypertext-Struktur nicht automatisch erzeugt wird. Diese Überlegung hat zu der Entwicklung des Hypertextsystems „HyperMan" geführt, das Werkzeuge bereitstellt, um einen linearen Text automatisch in eine Hypertext-Struktur zu verwandeln. Die Knotengenerierung basiert auf einer formalen Beschreibung des zu verarbeitenden Eingabetextes. Damit ist die Knotengenerierungskomponente nicht mehr textabhängig, sondern nur noch text*sorten*abhängig. Die Linkgenerierung ist dagegen etwas komplizierter. Grundsätzlich muß zwischen expliziten und impliziten Links unterschieden werden. Während explizite Links für den elektronischen Hypertext nutzbar gemacht werden können, indem die physischen Adressen der Links ermittelt werden, können implizite Links dadurch eingerichtet werden, daß verwandte Textstellen aufgefunden werden. Eine Möglichkeit, die auf einem Syntax-basierten Verfahren beruht, wurde am Ende des vorausgehenden Kapitels kurz andiskutiert.

Weiterhin möchten wir den Benutzer unseres Hypertextsystems miteinbeziehen, um Informationen über Links zu gewinnen. Wenn ein Benutzer zum Beispiel eine Suchanfrage abschickt und sich einige Treffer der Ergebnismenge genauer ansieht, andere dagegen sofort wieder verläßt, könnte auf eine Verwandtschaft der betrachteten Knoten geschlossen werden. Diese Verwandtschaft könnte sogar durch einen „Hyperlink" festgeschrieben werden, das ist ein Link, der nicht nur zwei, sondern mehrere Knoten gleichzeitig verbindet. Das System könnte auch über die Qualität von Links lernen: Falls ein Benutzer einen Link verfolgt, den Zielknoten nur sehr kurze Zeit betrachtet, von dort aus nicht weiterspringt und den Knoten auch nicht in seine Interessenliste aufnimmt (eine Liste des HyperMan-Systems, die dazu dient, relevantes Material aufzusammeln, während die Hypertext-Struktur durchstöbert wird), ist der verfolgte Link offensichtlich nicht relevant gewesen — zumindest nicht für diesen einen Benutzer.

Danksagung

Die Autoren danken Maximilian Fichtl [3], der durch seine hilfreichen Kommentare zu dem vorliegenden Papier beitrug. Ferner gebührt auch Holger Schultz Dank, der einen Großteil der Implementierungsarbeiten übernommen hat, die erforderlich waren, das HyperMan-System für die Datenbankmanuale einzusetzen [7]. Diese Forschungsarbeit wird von der Deutschen Forschungsgemeinschaft (DFG) im Rahmen des Schwerpunktprogramms „Objektbanken für Experten" unterstützt.

Literatur

[1] Conklin, J.: *Hypertext: An Introduction and Survey*. COMPUTER, Sept. 1987, p. 17–41.

[2] DeRose, S.J.: *Expanding the Notation of Links*. Tagungsband der Hypertext'89, Pittsburgh, November 1989, S. 249–257.

[3] Fichtl, Maximilian: *Verfahren zur Linkgenerierung in den Hypertextsystemen „HyperMan" und „HyperTeX"*. Diplomarbeit, Technische Universität München, voraussichtl. Juli 1990.

[4] Sarre, F.: *Automatic Transformation of linear Text into Hypertext*. (zur Veröffentlichung eingereicht)

[5] Sarre, F.; Güntzer, U.: *Einsatz von Hypertextsystemen für Dokumentationen technischer Systeme*. Tagungsband der GI-Fachtagung „Interaktive Schnittstellen für Informationssysteme", S. 133–148, Clausthal-Zellerfeld, Nov. 1989.

[6] Sarre, F.; Seidt, M.; Güntzer, U.: *HyperTeX — Ein System zum Erzeugen von intelligenten Lehrbüchern mit einer Browser-Komponente*. (zur Veröffentlichung eingereicht)

[7] Schultz, H.: *Ausbau des Hypertextsystems HyperMan zur Verwaltung von Datenbankmanualen*. Diplomarbeit, Technische Universität München, voraussichtl. Nov. 1990.

[8] TransAction Software GmbH: *TransBase Relational Database System. Embedded SQL, User Interface TBI, System Guide, TB/SQL Reference Manual, UFI User's Guide*. Version 3.3, München 1989.

Kommunikation in einem Hypermedia-System

H. Maurer[1], W. Schinnerl[1], I. Tomek[2]

[1] Institut für Grundlagen der Informationsverarbeitung und Computergestützte Neue
Medien, TU Graz, Schießstattgasse 4a, A-8010 Graz
[2] Jodrey School of Computer Science, Wolfville, Nova Scotia, Canada

Zusammenfassung

In diesem Beitrag präsentieren wir einen wichtigen Aspekt eines Hypermedia-Systems „Hyper-G", das gegenwärtig in Graz implementiert und durch Integration eines Computer-Konferenzsystems zu einem umfassenden Informations- und Kommunikationssystem ausgebaut wird. Durch die Gleichbehandlung von Konferenzen und anderen Datenbanken im Hypermedia-System wird es möglich, automatisch Hypermedia-ähnliche Querverweise zwischen den Konferenzen und anderen Teilen der Datenbanken in beiden Richtungen zu erzeugen. Solche Querverweise werden in Zukunft ein wichtiges Instrument zur Objektivierung und Versachlichung von elektronischen Diskussionen werden. Sie sind ferner ein erster Schritt in Richtung Anwendung von Hypermedia-Prinzipien nicht nur isoliert, sondern über alle Aspekte eines Betriebssystems hinweg. Eine solche Verallgemeinerung wurde vom ersten und dritten Autor unter dem Stichwort „Hyperenvironments" schon mehrfach vorgeschlagen. Die oben erwähnte automatische Generierung basiert im wesentlichen darauf, daß jedem Beitrag gewisse Schlüsselwörter zugeordnet werden. Beim Auftreten eines dieser Schlüsselworte in einem anderen Text wird dann ein Querverweis (Referenz-Link) erzeugt. Durch neue Beiträge können die bestehenden Datenbanken erweitert, durch Kommentare können Anmerkungen zu den bestehenden Artikeln durchgeführt werden.

Stichworte

Kommunikationssystem, Computer-Konferenz, Informationssystem, Hypermedia, Hypertext

1 Einführung

Die Entwicklung des Hypermedia-Systems „Hyper-G" [1] basiert auf mehrjähriger Erfahrung mit einer Sammlung heterogener Datenbanken, wie Enzyklopädien, Computer Unterstützte Unterrichts (CUU)-Lektionen und Textinformationen, die Hypermedia-ähnlich seit mehreren Jahren einem großen Benutzerkreis zur Verfügung stehen. In Hyper-G werden all diese bereits bestehenden Datenbanken und zusätzliche neue Datenbanken (vor allem Bildmaterial) integriert. Damit wird den Benutzern die Möglichkeit gegeben, über eine einheitliche Schnittstelle auf sehr große Datenbanken zuzugreifen. Diese beinhalten verschiedenartigste Informationen („media") wie Texte, Vektorgraphiken, digitalisierte Bilder, Unterrichtslektionen, Computerprogramme, digital gespeicherte Sprache und Musik oder auch bewegte Bilder. Wie andere Hypermedia-Systeme ermöglicht Hyper-G das Schmökern, Suchen, Anmerken und manuelle Generieren von Querverweisen. Wie kein anderes, heute bekanntes, großes Hypermedia-System unterstützt Hyper-G die **automatische** Generierung von Schlüsselwörtern und Querverweisen (Referenz-Links) und wird durch Integration eines Computer-Konferenzsystems zu einem umfassenden Informations- und **Kommunikationssystem**, mit neuen Möglichkeiten und Vorteilen für den Benutzer, ausgebaut. Damit wird es z.B. möglich, einzelne Artikel in den bestehenden Datenbanken mit privaten oder öffentlichen Anmerkungen zu versehen und zwischen den Konferenzbeiträgen automatisch Querverweise zu generieren. Letztere Hilfsmittel werden von keinem der existierenden, auch nicht von den sehr mächtigen und komplexen Konferenzsystemen [2] unterstützt und stellen als Verbindung von Hypermedia-Ideen mit einem Computer-Konferenzsystem eine Novität dar, die wir Hypermedia-Konferenzsystem nennen.

Im Kapitel 2 geben wir eine kurze Beschreibung des Hypermedia-Systems Hyper-G. Danach beschreiben wir im Kapitel 3 einige wichtige Aspekte des in Hyper-G integrierten Hypermedia-Konferenzsystems. Die Auswirkungen der Kombination von Konferenzen und Datenbanken wird im Kapitel 4 kurz erläutert. Schließlich wird im Kapitel 5 über einige mögliche zukünftige Erweiterungen berichtet.

2 Hyper-G

Der Name Hyper-G (G für Graz) rührt daher, daß einige der heute modernsten Informationssysteme Namen wie HyperCard, Hypermedia, Hypertext, Hyperties, usw. besitzen [3]. Hyper-G wird gegenwärtig am Institut für Grundlagen der Informationsverarbeitung und Computergestützte Neue Medien (IICM) der TU Graz in enger Kooperation mit dem Institut für Multi-Mediale Informationssysteme (IMMIS) der Forschungsgesellschaft Joanneum entwickelt.

Grob gesprochen ist Hyper-G ein besonders einfach zu benutzendes und umfassendes Informations- und Kommunikationssystem, das auf modernster Hard- und Softwaretechnologie beruht. Das wesentlich Neue an Hyper-G ist die besonders einfache Benutzerführung (insbesondere ist die Verwendung verschiedener Benutzungsmetaphern vorgesehen [4]) , die schnellen Zugriff auf Informationen auch in großen Datenbeständen ermöglicht, die Qualität der dargebotenen Informationen (z.B. Bilder und Sprachstücke), die Möglichkeit, Informationen mit Anmerkungen zu versehen („Annotationen"), die Verwendbarkeit als Kommunikationssystem und der große Informationsbestand an Unterrichtsmaterial und allgemeinen Informationen.

Jedes Informationssystem ist uninteressant, wenn nicht ausreichend Informationen zur Verfügung stehen. Eine der wichtigsten Grundlagen für Hyper-G ist, daß uns bereits eine große Menge digital aufbereiteter Daten für Experimente und Echteinsatz zur Verfügung stehen: dazu gehören das 10-bändige Meyer-Taschenlexikon, der Duden-Informatik mit über 1000 Diagrammen, der Synonym-Duden (Band 8), der Bedeutungs-Duden (Band 10), ca. 600 einstündige Unterrichtslektionen, vorwiegend im Bereich Informationsverarbeitung, digitalisierte Bilder aller wichtigsten österreichischen Städte und die Wissenschaftsdatenbank Eulenspiegel. Weitere große Datenmengen wie z.B. Text- und Bildinformationen über ausgewählte österreichische Museen, Forschungs- und Tätigkeitsberichte verschiedenster Institute oder in Zukunft immer mehr entstehende Unterrichtssoftware können in das System leicht eingebracht werden. Diese Daten sind in den sogenannten Hyper-G-Servern gespeichert, die über ein schnelles Netz (z.B. Ethernet) untereinander und mit den Benutzer-Arbeitsstationen (hochwertige Farb-PCs oder UNIX-Workstations) verbunden sind. Die verschiedensten Arten von Informationen werden in den Benutzer-Arbeitsstationen durch sogenannte Manipulationsmechanismen bearbeitet (z.B. am Bildschirm angezeigt, über Lautsprecher ausgegeben, auf einem Drucker gedruckt, auf einen Datenträger gespeichert).

Hyper-G wird anfangs vor allem in zwei Bereichen eingesetzt werden: einerseits als Informations-, Kommunikations- und Kooperationsinfrastruktur für große Forschungseinrichtungen im Raum Graz und andererseits als Plattform, auf der Viewseum-artige (siehe [5]) Anwendungen wie z.B. Hotact (siehe [6]) aufgesetzt werden. Es sind gerade diese Einzelprojekte, die große Mengen an Bildmaterial für Hyper-G liefern werden und die Verwendung verschiedenster Benutzerschnittstellen [4] erfordern werden.

Hyper-G wird neben den „eigenen" (internen) Datenbeständen auch noch „versteckte Schnittstellen" zu anderen Netzen und darin befindlichen Datenbeständen haben (z.B. zu den BTX-Systemen in Österreich, der BRD, der Schweiz und Luxemburg). Der Begriff „versteckte Schnittstelle" bezieht sich auf die Tatsache, daß der Benutzer zwar Daten aus anderen Systemen verwendet, dies aber vielleicht überhaupt nicht merkt, da ein entsprechend zwischengeschalteter Präsentationsmanager für eine gleichbleibende Schnittstelle aus der Benutzersicht sorgt.

Die kleinste adressierbare Informationseinheit in Hyper-G ist der *Knoten*. Die (internen) Informationen im Hyper-G-System sind über eine partielle Ordnung, die auf den Knotentypen definiert ist, strukturiert [7]. Durch diese partielle Ordnung ist die Adressierung einzelner Informationsteile über Pfade, ähnlich wie bei Verzeichnissen in Betriebssystemen, möglich. Jedem Knoten ist eine Anzahl von Attributen zugeordnet. Die wichtigsten gemeinsamen Attribute für alle Knoten in Hyper-G sind Schlüsselwörter, Quelle und Typ. Weitere Attribute, abhängig vom Typ, wie z.B. Autor, Datum, Uhrzeit, Zugriffsrechte (öffentlich, Gruppe, privat) oder Abruf-Zähler sind möglich.

Aus der Benutzersicht sieht eine typische Hyper-G-Sitzung mit einer typischen Benutzungsmetapher etwa so aus:
Beim Einstieg in das Hyper-G-System erscheint ein Hauptmenü mit Alternativen wie etwa:

Kommunikationsdienste
Schlüsselwortsuche
Themensuche
Abfragen

Wählt man etwa „Kommunikationsdienste", erhält man ein Verzeichnis neuer bzw. noch nicht gelesener Mittteilungen („Electronic Mail") und ein Verzeichnis von Diskussions- bzw. Arbeitsthemen (Konferenzen), für die man sich angemeldet hat und zu denen weitere Beiträge eingegangen sind („Computer Conferencing"). Alle oder einzelne der neuen Beiträge bzw. Mitteilungen können jetzt oder später gelesen, beantwortet, kommentiert, gedruckt oder archiviert werden.

Wählt man andererseits zu irgendeinem Zeitpunkt etwa „Schlüsselwortsuche", so wird man aufgefordert, das Anfangsstück eines Schlüsselwortes einzutippen. Tippt man etwa „sonnenenergie", so könnten folgende Alternativen angeboten werden:

1	*Meyer-Taschenlexikon:*	Sonnenenergie
2	*Synonym-Duden:*	Sonnenenergie
3	*Wissenschaftsdatenbank:*	Als ob 56000 Sonnen schienen
4	*Wissenschaftsdatenbank:*	Wechselstrom mit Solarzellen
5	*CUU-Lektion/Alternativenergie:*	Sonnenenergie
6	*Konferenz/Umwelt:*	Sonnenenergie

Alternative „1" (*Meyer-Taschenlexikon*) liefert einen allgemeinen Beitrag zum Thema Sonnenenergie. Auf Wunsch wird optisch angezeigt, zu welchen Worten es weitere Informationen gibt, z.B. zu „Photosynthese" oder „Sonne". Wählt man „Photosynthese", so gelangt man sofort zu einer genauen Erklärung dieser chemischen Reaktion, da es zu diesem Schlüsselwort im gesamten Hyper-G-System nur einen einzigen Beitrag gibt. Selektiert man „Sonne" so erscheint eine Liste der Datenbanken mit Informationen zum Schlüsselwort „Sonne", da in diesem Fall in verschiedenen Datenbanken Beiträge existieren. Aus dieser Liste kann dann wie oben weiter ausgewählt werden oder zum ursprünglichen Artikel zurückgekehrt werden.

Die Wahlmöglichkeiten „2", „3" oder „4" liefern die entsprechenden Beiträge im Synonym-Duden bzw. in der Wissenschaftsdatenbank. Zu den beiden Artikeln in der Wissenschaftsdatenbank wäre noch zu bemerken, daß „Sonnenenergie" zwar im Thema nicht vorkommt, jedoch trotzdem den Beiträgen als Schlüsselwort zugeordnet wurde.

Alternative „5" *CUU-Lektion/Alternativenergie* im obigen Beispiel führt zu einer CUU-Lektion über Alternativenergie, in der auch das Thema „Sonnenenergie" behandelt wird.

Die Wahl „6" *Konferenz/Umwelt* liefert die Beiträge und Kommentare zum Thema "Sonnenenergie" in der Konferenz „Umwelt".

Wie dieses Beispiel zeigt, liefert eine Schlüsselwortsuche alle Knoten zum entsprechenden Schlüsselwort in allen verfügbaren Datenbanken und Konferenzen in Hyper-G. Für den Benutzer ist es auch möglich, die Schlüsselwortsuche auf bestimmte Datenbanken bzw. Konferenzen oder Unterdatenbanken bzw. Unterkonferenzen einzugrenzen. Diese Einschränkung auf Teilbereiche der Datenbanken ist bei jeder Art der Suche in Hyper-G möglich.

Übrigens kann man zu allen Informationen Anmerkungen hinzufügen. Diese können entweder nur für sich selbst (privat), für eine bestimmte Gruppe oder für alle (öffentlich) bestimmt sein. Ein späterer Leser wird, wenn er zum Lesen einer Anmerkung berechtigt ist, darauf hingewiesen, daß es eine Anmerkung gibt und es liegt bei ihm, diese dann zu lesen oder nicht. Anmerkungen und "Originalbeiträge" werden optisch unterschiedlich angezeigt und für alle Leser ist es möglich, die Autoren der Anmerkungen und Originalbeiträge festzustellen.

Wenn wir wieder zum Hauptmenü zurückkehren und die Alternative „Themensuche" wählen, so werden alle verfügbaren Datenbanken einschließlich der aktuellen Konferenzen in Hyper-G angezeigt. Wird nun eine bestimmte Datenbank oder Konferenz selektiert, so erhält man eine Liste der Unterdatenbanken, d.h. alle Einträge der hierarisch darunter liegenden Ebene. Auf diese Weise kann nun das Suchen fortgesetzt werden, bis man auf eine Ebene gelangt, wo man sich die Informationen im Detail anschauen möchte.

Die Alternative „Abfragen" ermöglicht dem Benutzer eine etwas intelligentere Art der Suche mit Hilfe einer einfachen Abfragesprache. Typischerweise sind einfache Verknüpfungen der Attributwerte mit den logischen Operatoren „UND" bzw. „ODER" und Negationen möglich.

Einem Benutzer stehen also am Beginn mehrere Arten des Zugriffs auf die Informationen im Hyper-G-System zur Verfügung. Dabei können zunächst aus den vielen vorhandenen Datenbanken und Konferenzen bestimmte, für den jeweiligen Benutzer interessant erscheinende, ausgewählt werden.

Wenn dann die gesuchte Information gefunden wird, kann dann auf sehr einfache Weise zu weiteren interessanten Informationen über die reichlich vorhandenen Querverweise verzweigt werden. Natürlich kann man in den Informationen auch vor- und zurückblättern, diese ausdrucken oder grob überfliegen. Darüber hinaus wird durch graphische Hilfsmittel das Zurechtfinden in den Informationen sehr erleichtert.

3 Hypermedia-Konferenzsystem

3.1 Beschreibung

Das Hypermedia-Konferenzsystem besteht aus vielen Konferenzen, die entweder für alle (öffentlich) oder für eine Gruppe von Benutzern zugänglich sind. Jede dieser Konferenzen hat einen Namen und ist unterteilt in Unterkonferenzen zu bestimmten Themen, welche durch ein Wort oder eine einfache Phrase bezeichnet werden. Jede Unterkonferenz besteht aus einem oder mehreren Beiträgen mit variabler Länge und kann mit Konferenzname/Thema eindeutig identifiziert werden. Zu jedem Beitrag können weitere Beiträge als Kommentar hinzugefügt werden. Genauer betrachtet wird durch einen Kommentar ein spezieller Link („organizational link") [3] von einem Beitrag zu einem anderen Beitrag erzeugt. Zum Unterschied dazu handelt es sich bei den bereits erwähnten Querverweisen um Referenz-Links („referential links").

Das Konferenzsystem kann als Netzhierarchie von Konferenzen - Unterkonferenzen - Beiträgen - Kommentaren - Unterkommentaren - usw. gesehen werden. Jede Ebene dieser Hierarchie ist chronologisch geordnet. Ein einzelner Beitrag oder Kommentar entspricht dabei einem Knoten im Hyper-G-System.

Eine Konferenz kann von speziell berechtigten Benutzern eingerichtet werden. Diese übernehmen damit auch die Funktion eines Administrators, d.h. sie haben die Berechtigung, in dieser Konferenz die Teilnehmer festzulegen oder Beiträge zu löschen oder auch die „Lebensdauer" (von unendlich bis einige Tage) der Unterkonferenzen zu verändern.

Beim Einstieg in das Konferenzsystem kann sich jeder Benutzer alle vorhandenen Konferenzen mit Namen, Administrator und Anzahl der Unterkonferenzen anzeigen lassen. Die für den Benutzer zugänglichen Konferenzen werden speziell gekennzeichnet. Wird eine bestimmte Konferenz ausgewählt, so können dann die Themen und Anzahl der Beiträge aller Unterkonferenzen angezeigt werden. Mit Hilfe dieser Anzeige-Funktion kann man auch, nachdem eine Unterkonferenz gewählt wurde, alle Beitragstitel zu diesem Thema mit Autor, Datum und Uhrzeit auflisten und danach einen speziellen Beitrag auswählen. Diese Art der Beitrags-Suche entspricht der im Kapitel Hyper-G erwähnten Themensuche.

Eine andere Art des Zugriffs auf die Informationen im Konferenzsystem wird durch das chronologische Lesen aller neuen Beiträge ermöglicht. Innerhalb einer Konferenz werden die Beiträge jeder Unterkonferenz, d.h. themenweise in der entsprechenden zeitlichen Reihenfolge angezeigt. Dabei wird vom Konferenzsystem für jeden Teilnehmer mitgeführt, welche Beiträge bereits gesehen wurden, und nur noch nicht gelesene Beiträge geliefert. Bei jedem Beitrag hat der Benutzer die Möglichkeit entweder zum chronologisch nächsten Beitrag, oder falls vorhanden zum ersten (ältesten) Kommentar oder zur nächsten Unterkonferenz zu verzweigen. Auf jeder Ebene des Konferenzsystems stehen prinzipiell diese drei Arten der Verzweigung (spezielle Links) zur Verfügung: (a) zum chronologisch nächsten Knoten derselben Ebene, (b) zum chronologisch ersten Knoten der darunterliegenden Ebene und (c) zum Knoten der darüberliegenden Ebene.

Generell steht dem Benutzer beim Lesen der Konferenzbeiträge eine Filter-Funktion zur Verfügung deren spezielle Ausprägung natürlich wieder von der Benutzungsmetapher ([4], [7]) abhängt. Mit Hilfe dieser Funktion kann der Benutzer Bedingungen für die Attribute (z.B. Autor, Thema, Datum, Uhrzeit, usw.) der Beiträge, die er lesen möchte, vorgeben. Die Attribute können dabei über logischen Operatoren (UND, ODER, NOT) verknüpft werden. Die Filter-Funktion entspricht dem in Hyper-G allgemein zur Verfügung stehenden Informationszugriff über „Abfragen".

Jeder Teilnehmer kann in den für ihn offenen Konferenzen Beiträge zu vorhandenen oder neuen Themen und Kommentare zu bestehenden Beiträgen schreiben. Da die Kommentare im Konferenzsystem den früher erwähnten „Anmerkungen" im restlichen Hyper-G-System entsprechen, kann auch ein Kommentar entweder für alle Teilnehmer der Konferenz oder für private Zwecke geschrieben werden. Für speziell berechtigte Benutzer gibt es die Möglickeit, in Beiträgen zusätzliche Querverweise händisch einzufügen.

Das Konferenzsystem wird durch die Generierung von Querverweisen zwischen den Beiträgen zu einem Hypermedia-ähnlichen System. Durch die Gleichbehandlung von Konferenzen und anderen Datenbanken im Hypermedia-System wird es weiters möglich, Querverweise zwischen den Konferenzen und anderen Teilen der Datenbanken in beiden Richtungen zu erzeugen (siehe Kapitel 4). Die Hypermedia-ähnlichen Querverweise werden dabei entweder automatisch erzeugt [10] oder von autorisierten Benutzern manuell eingegeben. Die automatische Generierung wird mit einer gewissen Heuristik durchgeführt, die im wesentlichen darauf basiert, daß jedem Beitrag gewisse Schlüsselwörter zugeordnet werden. Beim Auftreten eines solchen Schlüsselwortes in einem anderen Text werden dann Querverweise zu all den Beiträgen erzeugt, denen das Schlüsselwort zugeordnet ist. Um die Anzahl der Schlüsselwörter zu erhöhen, kann jeder Autor zu seinem Konferenzbeitrag zusätzliche Schlüsselwörter angeben.

3.2 Schlüsselwörter

Eine Möglichkeit, Hypermedia-ähnliche Querverweise zu generieren, beruht auf der Verwendung von Schlüsselwörtern. Bei den Schlüsselwörtern unterscheidet man zwischen *primären* und *sekundären* Schlüsselwörtern. Primäre Schlüsselwörter sind explizit dem Beitrag vom Autor zugeordnete Schlüsselwörter, sowie der Name des Themas (wenn wir davon ausgehen, daß dieser Name im Normalfall ein einzelnes Wort ist). Sekundäre Schlüsselwörter sind „wichtige" Worte im Text von Beiträgen. Die automatische Erkennung solcher „wichtiger" Worte ist zwar ein schwieriges Problem, für das wir im folgenden aber eine einfache pragmatische erste Lösung vorschlagen. Zuvor soll noch die Bedeutung von sekundären Schlüsselwörtern an Hand eines Beispiels erläutert werden:

> In einer Computer-Konferenz erwähnen z.B. mehrere Teilnehmer in Beiträgen zum Thema „Kernenergie" das Buch „Das Veto". Es wäre sinnvoll, wenn alle derartigen Beiträge aufeinander hinweisen, sodaß es einem Leser möglich wird, alle positiven und negativen Anmerkungen zu diesem Buch zu verfolgen. Da man nicht davon ausgehen kann, daß jeder Autor eines Beitrages zum Thema „Kernenergie", der das Buch „Das Veto" erwähnt, das Schlüsselwort „Veto" explizit dem Beitrag zuordnet, muß dieses Schlüsselwort irgendwie automatisch als (sekundäres) Schlüsselwort erkannt werden.

Die naheliegende Idee, das Problem dadurch zu reduzieren, daß man zunächst als Kandidaten nur Hauptwörter in den Beitragstexten verwendet, scheitert daran, daß selbst im Deutschen die Hauptworterkennung schwierig durchzuführen ist, da man sich gerade in Konferenzsystemen auf richtige Groß/Kleinschreibung kaum verlassen kann und im übrigen am Satzanfang ja jedes Wort groß geschrieben wird. Eine andere Idee erweist sich als zielführender: man extrahiert alle Wörter aus den Beitragstexten und verwendet nur jene, die nicht sehr häufig vorkommen (!). Nach unseren Untersuchungen handelt es sich nämlich bei sehr häufig auftretenden Wörtern entweder um „allgemeine" Hauptwörter (z.B. „Menschen", „Zeit", „Jahr") oder um Zeit-, Binde-, Eigenschafts-, Umstands-, Für- oder Vorwörter, die nicht als signifikante Schlüsselwörter gebraucht werden können. Deshalb wird für die Häufigkeit des Auftretens dieser Wörter ein *Grenzwert* festgelegt. Wenn der Zähler für ein Wort unter dem Grenzwert liegt, so wird dieses als sekundäres Schlüsselwort verwendet. Auf diese Weise können relativ selten verwendete Wörter im Text ebenfalls über Querverweise verknüpft werden. Da der Grenzwert offenbar proportional zum Gesamtvolumen aller Datenbanken sein soll, ist er nicht durch eine absolute Zahl, sondern durch einen Prozentsatz festgelegt.

3.3 Querverweise

Die Generierung der Querverweise erfolgt automatisch bei der Anzeige der Beiträge mit Hilfe der beiden Schlüssellisten. Es werden aber nur Querverweise zu den vom Benutzer ausgewählten Datenbanken und Konferenzen erzeugt. Dabei wird zwischen primären und sekundären Querverweisen unterschieden. Bei jedem Wort im Beitragstext wird zunächst geprüft, ob dieses in der primären Schlüsselliste aufscheint. Bei erfolgreichem Auffinden wird dieses Schlüsselwort durch einen *primären Querverweis* gekennzeichnet, andernfalls wird in der sekundären Schlüsselliste nach diesem Wort gesucht und bei Erfolg durch einen *sekundären Querverweis* angezeigt.

Um wirklich „intelligente" Verweise zu erstellen, sind tiefere Analysen notwendig. Beispielsweise bereiten zusammengesetzte Phrasen große Probleme. Ohne weitere Vorkehrungen würde etwa bei der Phrase „Wiener Schule" ein erster Querverweis auf „Wiener, Norbert" und ein zweiter auf „Schule" erzeugt, obwohl es im Lexikon einen Artikel mit „Wiener Schule" als primäres Schlüsselwort gibt!

Der Benutzer kann auf einfache Weise ein durch einen Querverweis gekennzeichnetes Wort auswählen. Danach erhält er eine Liste der Beiträge zu diesem Wort. Bei einem primären Querverweis werden zuerst alle Primärquellen und danach, optisch deutlich abgesetzt, die Sekundärquellen ausgegeben. Ein sekundärer Querverweis liefert die entsprechenden Sekundärquellen. Der Benutzer hat die Möglichkeit, einem beliebigen dieser Verweise zu folgen. Danach kann er entweder zu den anderen Quellen verzweigen oder gleich zum ursprünglichen Beitrag zurückkehren.

4 Kombination von Konferenzen und Datenbanken

Durch die Integration des Konferenzsystems in das Hypermedia-System ergeben sich interessante neue Möglichkeiten für den Benutzer. Die gemeinsame Schnittstelle für alle existierenden Datenbanken und dem Konferenzsystem ist eine Gesamt-Schlüsselliste. Diese Gesamtliste enthält die Schlüsselwörter aller Datenbanken und des Konferenzsystems.

4.1 Auswirkung auf Konferenzen

Bei der Ein- und Ausgabe der Beiträge werden nicht nur die Querverweise innerhalb des Konferenzsystems, sondern auch zu allen anderen Datenbanken generiert. Die Konferenzen können somit als eine weitere (dynamische) Datenbanken betrachtet werden. Auf diese Art werden innerhalb der Beiträge automatisch Referenzen zu entsprechenden Datenbank-Artikeln (z.B. Lexikon) erzeugt. Dies bedeutet, daß der Benutzer beim Schreiben eines Beitrages auf gewisse Fakten in anderen Datenbanken hingewiesen wird. Beim Lesen der Beiträge kann jeder Benutzer bei Schlüsselwörtern auf sehr einfache Weise den Inhalt der Beiträge überprüfen. Um die Auswirkungen zu verdeutlichen, dazu ein kleines Beispiel:

> Angenommen, ein Benutzer schreibt in einem Konferenzbeitrag: „Die Sonne besteht aus 75% Helium." Da „Sonne" als Lexikon-Schlüsselwort existiert, wird automatisch auf den entsprechenden Artikel hingewiesen. Dort ist jedoch zu lesen: „...Stern, der aus etwa 75% Wasserstoff, 23% Helium ..." Ein gewissenhafter Autor wird daraufhin seine Aussage korrigieren.

> Wird dieser Beitrag danach von einem anderen Benutzer gelesen, so wird bei „Sonne" ein Querverweis auf den Lexikon-Artikel erzeugt. Dadurch kann sich der Leser relativ leicht von der Richtigkeit oder Unhaltbarkeit solcher quantitativer Aussagen überzeugen.

Wir glauben, daß diese automatische Verknüpfung zu einer Objektivierung von elektronischen Diskussionen führen kann: manche Behauptungen könnten durch die automatisch generierten Querverweise sofort ad absurdum geführt werden (weil in einer referenzierten verläßlichen Quelle ganz widersprechende Aussagen getätigt werden) bzw. könnten umgekehrt (obwohl vielleicht überraschend) als fundiert belegt werden.

4.2 Auswirkung auf Datenbanken

Die bestehenden Datenbanken werden zunächst wie Konferenzen mit sehr vielen Themen mit jeweils einem oder mehreren Beiträgen (aber noch keinem Kommentar) betrachtet. Durch neue Beiträge können die Datenbanken erweitert, durch Kommentare können Anmerkungen zu den bestehenden Artikeln durchgeführt werden. Dadurch werden die bestehenden statischen zu dynamischen Datenbanken.

Bei der Ausgabe der einzelnen Artikel werden natürlich auch Querverweise zu Beiträgen in den Konferenzen generiert. Auf diese Art erhält der Benutzer beim Einstieg in die Datenbanken indirekt Hinweise auf Themen in den verschiedenen Konferenzen.

5 Zukünftige Erweiterungen

Die hier beschriebenen Verfahren zur automatischen Generierung von Querverweisen sind nur ein erster Schritt.

Um das Problem der Deklinationen bzw. Flexionen zu lösen, ist es sinnvoll, bei der Generierung der sekundären Schlüsselwörter und Querverweise Wörter syntaktisch zu normieren (z.B. Hauptwörter auf den 1.Fall, Einzahl). Dies kann mit Hilfe entsprechend aufbereiteter elektronischer Wörterbücher realisiert werden.

Eine weitere Verbesserung bringt die Verwendung elektronisch gespeicherter Synonym-Wörterbücher. Bei der Generierung der Schlüsselliste werden mit Hilfe dieses Wörterbuchs zusätzlich alle Synonyme zum jeweiligen Schlüsselwort eingetragen.

Ein besonders schwieriges und offenes Problem ist die Behandlung komplizierterer Situationen, die auf der Ebene von Schlüsselwörtern oder einfachen Phrasen nicht mehr lösbar sind. Letztendlich würde ein „perfektes" Verweissystem eine vollständige semantische Analyse notwendig machen. Die Herausforderung besteht aber gerade darin, durch geschickte heuristische Ansätze ohne eine solche semantische Analyse Verweise so geschickt zu generieren, daß sie ein „intelligentes" Verhalten zeigen.

Literatur

[1] Maurer, H., Tomek, I.: *Some aspects of Hypermedia Systems and their treatment in Hyper-G*, erscheint in: Wirtschaftsinformatik (1990).

[2] Meeks, B.N.: *An Overview of Conferencing Systems*, Byte (Dezember 1985), S. 169-184.

[3] Conklin, J.: *Hypertext: An Introduction and Survey*, IEEE Computer (September 1987), S. 17-41.

[4] Davies, G., Maurer, H., Preece, J.: *Presentation Metaphors for a Very Large Hypermedia System*, IIG-Report 284 (1990); eingereicht bei: Journal for Behaviour and Information Technology.

[5] Maurer, H.: *The Viewseum*, IIG-Report 279 (1990); Präsentation anläßlich der Feiern zum 60. Geburtstag von Professor Böhling, Bonn, 14. Mai 1990.

[6] Maurer, H., Soral G.: *Hotact - Hometrainer and Computer-Technology*, IIG-Report 283 (1990).

[7] Huber F., Maurer H., Tomek I.: *Hyper-G: A Survey*, IIG-Report (1990).

[8] Maurer, H., Tomek, I.: *Hypertext and Operating Systems*, IIG-Report 275 (1989).

[9] Maurer, H., Tomek, I.: *From Hypermedia to Hyperenvironments*, erscheint in: Special Zemanek Issue der Zeitschrift Elektronik und Informatik (1990).

[10] Mülner, H.: *A System of Interactive Encyclopedias* Proc. Austrian-Hungarian Computer Conference, Budapest (1989), S. 181-190.

DAS RACE-PROJEKT MCPR

(MULTIMEDIA COMMUNICATION, PROCESSING AND REPRESENTATION)

Lars Ritland
Karl–Heinz Jerke
Peter Szabo
Arkadiusz Lesch
Horst Rößler

SEL Alcatel/Alcatel STK – Research Centers
Ostendstr. 3
7530 Pforzheim
email roe@rcp.sel.de

Zusammenfassung

Im RACE[1]-Projekt MCPR (R1038) wird eine System-Architektur zur Kommunikation, Verarbeitung und Repräsentation multimedialer Information entwickelt. Relevante Technologien und Methoden werden hierbei eingesetzt. HyperMedia dient als Konzept zur Integration und Verarbeitung von Informationstypen wie Text, Grafik, Bild, Video und Audio. Der Zugriff auf verteilte multimediale Information erfordert die Leistungsfähigkeit eines integrierten Breitband Kommunikationsnetzes (IBCN). Ziel des Projektes ist die Breitbandkommunikation mit der heutigen Workstation- und Videotechnologie zu integrieren, indem eine Architektur (Hardware und Software) für hypermediale Applikationen entwickelt wird, die besonders die Anforderungen des Benutzers berücksichtigt. Für den Zugriff auf die Informationsdatenbank wird eine Kombination von formaler Anfrage und Browsing möglich sein.

1. Einleitung

Das Projekt soll aufzeigen, wie zukünftige Benutzer eines Breitbandnetzes die Multimedia Technologie nutzen können. Multimedia–Arbeitsplätze werden das zukünftige Büro und auch spezielle Anwendungsbereiche wie Aus- und Fortbildung, Werbung, Beratung usw. beeinflussen. Kommunikationsdienste wie Videotelefon, Videokonferenz und Multimedia Dokumentübertragung werden im MCPR–System zunächst mit Hilfe bereits vorhandener regionaler Breitbandnetze (z.B. VBN – Vorläufer Breitband Netz) integriert.

2. Kommunikation

Enge Kontakte zu RACE Projekten, die sich mit ATM (Asynchronous Transfer Mode) Breitbandnetzen und –diensten beschäftigen, haben zum Ziel, das MCPR-System auch an ein zukünftiges ATM Netzwerk anzuschliessen. Bild 1 zeigt eine Konfiguration des MCPR-Systems. Kommunikationsprotokolle für die oben

[1] RACE Research and Development in Advanced Communications technologies in Europe

genannten Breitbanddienste sind Basisbausteine für die Kommunikationsarchitektur des Systems. Wegen der hohen Leistungsanforderung an das System bezüglich des interaktiven Verhaltens zum Benutzer (Hypermedia Browsing), ergeben sich außerordentliche Anforderungen an die Netzwerk- und Arbeitsplatzhersteller.

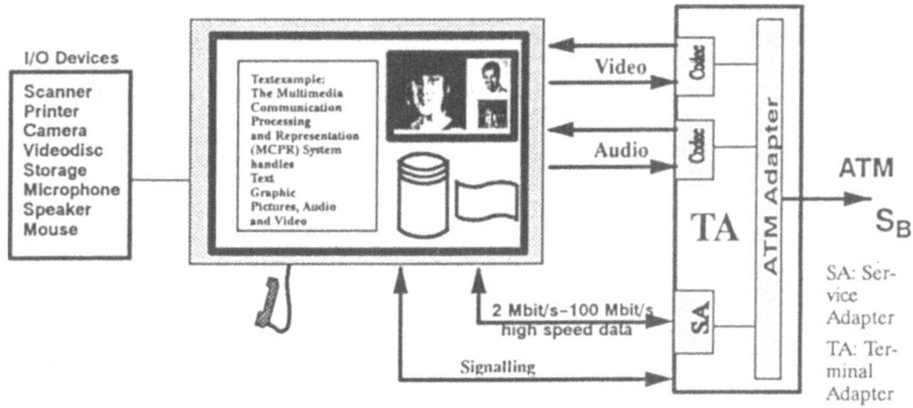

Bild 1:

3. Repräsentation und Verarbeitung

Die externe Repräsentation der Multimedia Information ist für das Verständnis des Benutzers von großer Bedeutung. Die interne Repräsentation von komplexen Strukturen zur Verarbeitung multimedialer Informationen ist besonders problematisch im Hinblick auf die Leistungsfähigkeit solcher Systeme.

4. Informationstypen

Ein wesentliches Ziel dieses Projektes ist es, die Basisstrukturen multimedialer Informationen anhand eines Prototypen zu demonstrieren. Zur Prototypisierung der Multimedia Strukturen wird das Konzept Hypermedia benutzt. Dem Hypermedia Ansatz folgend, wird die Information als ein Netzwerk miteinander verbundener Informationsstücke (Multimedia Objekte) strukturiert und bearbeitet. Die Zerlegung dieser Multimedia Objekte in ihre Bestandteile führt schließlich zu fünf Basis-Infomationstypen:

- Text (i.a. Folge von Zeichen)
- Graphik (geometrische Figuren)
- Bild (Festbild)
- Video (Bewegtbild)
- Audio (Sprache und Musik)

5. Hypermedia

Es gibt verschiedene Versuche das Konzept Hypermedia zu beschreiben bzw. zu definieren. Eine allgemein anerkannte Definition dieses Begriffes gibt es nicht. Einige Beschreibungen versuchen dieses Konzept durch die Aufzählung charakteristischer Funktionen zu beschreiben, andere skizzieren ein bestimmtes Modell (node–link–model). Häufig jedoch versteht man Hypermedia lediglich als technologische Integration von verschiedenen Medien, wobei unter Medium Hardwarekomponenten wie Tastatur, Bildschirm, Maus, Drucker verstanden werden, oder Hypermedia wird beschrieben als Integration verschiedener Informationstypen wie Text, Bilder, Video und Audio.

In diesem Projekt wird Hypermedia als Informationssystem betrachtet, das im wesentlichen ein Netzwerk von unabhängigen Informationseinheiten verwaltet, die durch "Links" verbunden sind. Aus der Sicht des Systems sind die Knoten, "Links" und Strukturen des Netzwerkes gewöhnliche Objekte, die gespeichert, wiedergefunden und angezeigt werden sollen. Aus Benutzersicht sind die Knoten, "Links" und Srukurinformationen mit Anwendungsspezifischen Inhalten und Strukturen gefüllt. Ausserdem wird der Benutzer durch Werkzeuge unterstützt, die das Verwalten des Netzwerkes und die Navigation durch das Netzwerk ermöglichen (Browser).

Ein Hypermediasystem kann auch einfach als Datenbanksystem bezeichnet werden, in dem auf dem Bildschirm präsentierte Informationseinheiten assoziativ verbunden sind. Eine anspruchsvollere Beschreibung bezeichnet Hypermedia als eine Softwareumgebung, die im allgemeinen die Zusammenarbeit, die Kommunikation und die Wissensaquisition unterstützt.

Im wesentlichen unterscheidet man zwei Arten von Hypermediasystemen:

- *Passive* Hypermediasysteme erlauben dem Benutzer in den Informationsstücken zu blättern (browsing) und unter Benutzung der vordefinierten Verbindungen (links) zu navigieren. Die Verbindungen können hierbei mehrdimensionale Netzwerke bzw. Hierarchien sein. Um dem Benutzer globale Übersichten über Teile oder ganze Netzwerke zu ermöglichen, werden intensiv graphische Präsentationsmöglichkeiten genutzt, um das Erinnerungsvermögen des Benutzers nicht unnötig zu belasten.

- *Aktive* Hypermediasysteme geben dem Benutzer zusätzlich die Möglichkeit, das Informationsmaterial für seine speziellen Bedürfnisse zu manipulieren und zu verbinden (Links). Ein wesentlicher, bereits bekannter Nachteil dieser Systeme besteht darin, daß der Benutzer beim Navigieren oft die Tendenz hat, von seinem Navigationsziel abzuweichen, indem er andere, für ihn ineressante Pfade verfolgt, bei denen er dann leicht die Orientierung verliert bzw. sich nicht mehr an das eigentliche Ziel erinnern kann.

6. Benutzerschnittstelle

Aus logischer Sicht basiert die Benutzerschnittstelle auf einem Ereignismodell, in welchem der Benutzer über Eingabegeräte Ereignisse auslöst. Ereignisbasierte Mechanismen sind bei der Entwicklung asynchroner Dialoge weitverbreitet. Pysikalische Aktionen werden von verschiedensten Geräten erfasst und als "events" an die zuständige Softwareschicht der Benutzerschnittstelle weitergeleitet. Die sogenannten "events" werden dann von den zuständigen Objekten empfangen [Ha 89]. Im allgemeinen hat der Benutzer mit direktmanipulativen Objekten zu tun. Sie empfangen Ereignisse und sind für die entsprechenden Reaktionen verantwortlich. In diesem Sinn arbeitet der Benutzer mit Objekten die er mittels Maus "anfassen" (tangible) und identifizieren kann [Le 87]. Bild 2 zeigt eine Bildschirmkopie und gibt einen Eindruck von dem augenblicklichen Entwicklungsstand des Prototypen wieder. Auf der linken unteren Seite befindet sich eine Textseite mit Markierungen, von denen aus Verbindungen (links) zu anderen Informationsteilen bestehen. Am oberen rechten Teil des Bildes läuft ein Videofilm ab und darunter befindet sich ein Farbbild. Den wirklichen Eindruck von Farbe, Bewegtbild, Ton und Interaktion (look and feel) kann man eigentlich nur mit dem System selber vermitteln. Im linken oberen Teil sieht man die Präsentation der Datenabfragekomponente. Auch hier besteht das Formulieren einer Anfrage im wesentlichen in der Auswahl von direkmanipulativen Objekten, das heißt, der Benutzer muß nicht die Syntax einer formalen Sprache erlernen. Die Syntax ist weitgehend in den möglichen Anfrageoperationen versteckt, die aus Menüs ausgewählt werden. Anwendungsspezifische Attribute werden auch mittels Menüs, die alle möglichen Werte anzeigen, ausgewählt. Das bedeutet, daß der Benutzer nicht den Inhalt der Datenbank kennen muß.

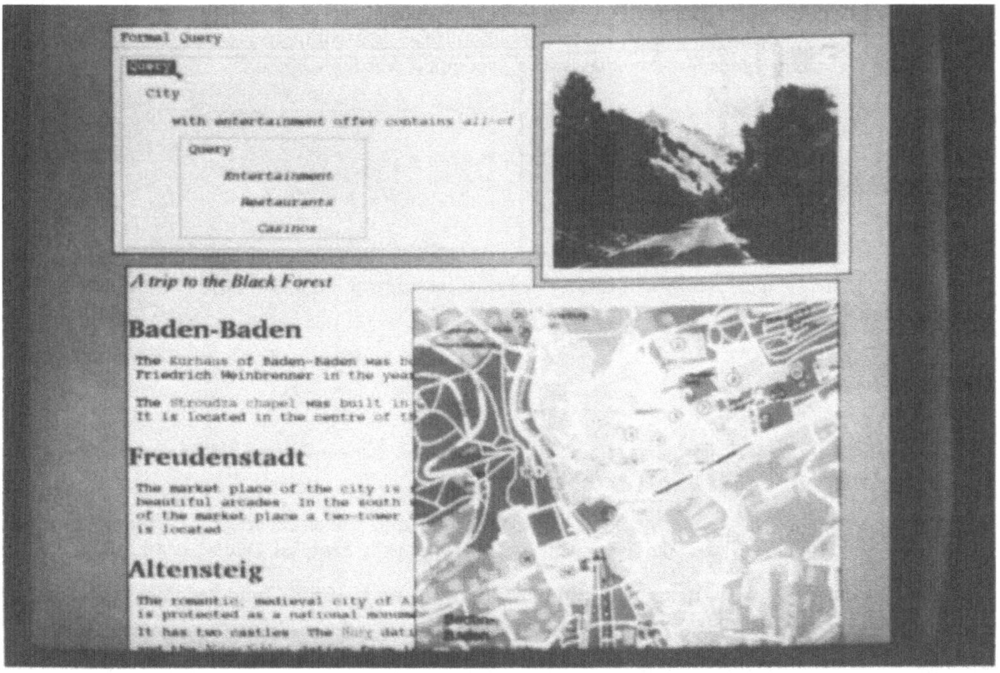

Bild 2:

7. Implementierung und zukünftige Arbeiten

Die Entwicklungsumgebung besteht aus SUN und SYMBOLICS Workstations und einem systemunabhängigen Videomixer, der Realzeit-Video in den hochauflösenden Farbbildschirm integriert. Verschiedenste Videoquellen wie Videodisk, Videotape und Videokamera werden vom System gesteuert. Ein integrierter FDDI-Controller ermöglicht das Experimentieren mit Datenraten wie sie bei der Breitbandkommunikation vorgesehen sind. Der entgültige Prototyp wird auf einer SUN Sparcstation demonstriert werden. Eines der wichtigsten Ziele bezüglich der Implementierung ist es, ein möglichst hohes Maß an Portabilität zu erreichen. Aus diesem Grund wurden Standardsystemkomponenten wie UNIX, C, Common Lisp, X–Windows usw. ausgewählt, da sie auf verschiedensten Systemen verfügbar sind. Außerdem wurden objektorientierte Programmiertechniken verwendet, um auch von diesen Standards weitgehend unabhängig zu sein. Der Kommunikationsteil des MCPR Systems wird um einen Videokonferenzteil erweitert. Hiermit kann der Benutzer eine Videophone-Verbindung mit mehreren Gesprächspartnern aufbauen, wobei das Bild (Video) der Partner auf dem Bildschirm der Workstation erscheint. Die Möglichkeit der Diskussion von verteilten Multimediadokumenten (zugänglich von verschiedenen Arbeitsplatzstationen) mit Hilfe der Videokonferenzfunktion bietet eine attraktive Möglichkeit der Zusammenarbeit von Benutzern, die räumlich voneinander getrennt sind. Bei der Analyse typischer Anwendungsbereiche stellte sich heraus, daß viele Breitbandanwendungen aus der Sicht des Entwicklers als Hypermedia-Dokumente realisiert werden können. Das Projekt wählte den Anwendungsbereich Reisebüro aus, da gerade in diesem Bereich bereits intensiv verschiedenste Medien benutzt werden. Die Informationen im Reisebüro sind z.B. verteilt in Reisekatalogen, Reisebroschüren, Anzeigen, Reiseführer, Reiseberichte, Dias und Video's. Um diese isolierten Informationen, die jedoch vielfältige Referenzen beinhalten, zu integrieren und zu verarbeiten, sehen wir das Hypermedia-Konzept als geeignet an. Dabei geht man davon aus, daß die vorhandenen impliziten Informationsstrukturen im Reisebürobereich extrahiert und als "links", "nodes" und "composites" (Elemente eines Hypermediasystems) modelliert werden können.

8. Schlussbemerkung

Das MCPR Projekt prototypisiert eine System-Platform (Werkzeuge) die dazu dienen soll Benutzerschnittstellen und Telekommunikationsdienste im Bereich von Multimedia Anwendungen zu entwerfen und zu evaluieren.

Literaturhinweise:

[Hi 88] F. Hirano, "Hypermedia-Based Documentation System for the Office Environment", Proc. of RIAO'88, MIT, 1988.

[Me 86] N. Meyrowitz, "Intermedia: The Architecture and Construction of an Object-Oriented Hypermedia System and Applications Framework", Proc. of OOPSLA'86, 1986.

[Cn 87] Conklin J.: Hypertext: Am introduction and survey, IEEE Computer, Vol. 20, N. 9, 1987, pp. 17-39.

[Ga 88] Gainers B.R., Vickers J.N: Hypermedia Design, in Proc RIAO'88, pp. 14-23

[Ha 88] Halasz F.G.: Reflections on NoteCards: Seven Issues for the Next Generation of Hypermedia Systems, CACM, Vol 31, No 7, 1988 ,pp. 836-852

[Ha 89] Hartson H. R., Hix D., Human-Computer Interface Development: Concept and Systems, ACM Computing Surveys, Vol. 21 Nr. 1 (1989) pp. 5-92.

[He 89] Herczeg M.: USIT: A Toolkit For User Interface Toolkits. In Proceedings of Third International Conference on Human-Computer Interaction, Boston, Massachusetts, (1989).

[Le 87] Lesniewski A., H. Roessler, P. Szabo, K.-H. Jerke: Designing an User-Oriented Interface to a Document Management System, HCI-Interact'87 (1987) pp. 541-546.

[Ma 88] Marchionini G, Shneiderman B.: Finding facts vs. Browsing Knowledge in Hypertext Systems, in IEEE Computer Jan 1988, pp 70-80

[Me 86] Meyrovitz N.: Intermedia: The Architecture and Construction of an Object-Oriented Hypermedia System and Application Framework, in Proc OOPSLA'86, pp. 186-201

[RG 89] Rao K.V.B., Gafini A., Reader G.: Dynamo: A Model for a Distributed Multi-media Information Processing Environment, Proc HICSS-22, Kona (Hawaii) Jan 1989, pp. 800-809

[Ts 87] Tsichritzis D., Fiume E., Gibbs S., Nierstrasz O.: KNOs: KNowledge Acquisition, Dissemination, and Manipulation of objects, in ACM TOIS Vol 5, No 1, pp 96-112.

[Wa 88] Walker J.: Supporting Document Development with Concordia, in IEEE Computer Jan 1988, pp 48-59

[Wo 89] Woelk D. Kim W.: Multimedia Information Management in an Object-Oriented Database System, Proc VLDB87, Brighton, pp. 319-329.

Einbeziehung von Hypermediatechniken
in die
multimediale Kommunikation

K. Süllow   **R.Cordes**
TELENORMA TE-V
Kleyerstr. 94
6000 Frankfurt 1

Kurzfassung

Die Einbeziehung von Hypermediatechniken in die Archietektur multimedialer Kommunikations-
und Retrievalsystme ist der Gegenstand dieses Papiers. Die Vernetzung multimedialer Informationsobjekte sowie der navigierende Zugriff auf derartige Objekte steht dabei im Vordergrund. Hypermediatechniken werden unter Berücksichtigung internationaler Standards als
Retrievalunterstützung für multimediale Informationseinheiten benutzt.

1 Projektumfeld

Multimedia Techniken bilden einen Schwerpunkt bei der Entwicklung von Komponenten für zukünftige Bürokommunikationssysteme. Einzelufgaben sind der Entwurf und die Realisierung von
multimedialen Workstations [CoLi89], die Spezifikation und Implementierung von Verfahren
zum Transfer von multimedialen Dokumenten und des Datenretrievals (Hypermediatechniken
[Conk87,GaVi88,HCL89]) sowie die Einbeziehung der natürlichen Sprache in den Multimedia-
Dialog. Diese Aktivitäten werden teilweise in EG-Projekten durchgeführt, teilweise dienen sie
auch zur prototypischen Realisierung von neuen Standards, z. B. der ISO [Yasu89] oder anderen
Gremien wie ETSI oder CCITT.

2 Projektziele

In dem hier vorgestellten Projekt wird eine Retrievalkomponente für den nicht-linearen Zugriff
auf multimediale Dokumente entwickelt. Sie integriert dabei die Datentypen :

> - Text,

> - Bilder (Bilevel, Multilevel, Computergenerierte Grafik),

> - Audio.

Für die einzelnen Datentypen werden diverse - für den Benutzer transparente - Datenformate (wie
z. B. TIFF, Postscript oder MacPaint) unterstützt. Die Retrievalkomponente setzt logisch auf ein
multimediales Objektmodell auf und physikalisch eine *FTAM* (File Transfer Access and Management) und *NFS* (Network Filing System) Dateischnittstelle voraus - in einer ersten Realisierung

wird nur *NFS* unterstützt. Die unterschiedlichen Moduln der Retrievalkomponente sind in C++ unter *X.Windows* auf *SunOS* implementiert worden. Zur Entwicklung der Bedienoberfläche dient dabei das *InterViews* Toolkit, das eine Sammlung von C++-Klassen zur Gestaltung von Interaktionsobjekten bereitstellt. In weiteren Schritten ist sowohl an die Integration von Video- und Graphikanimationen gedacht, als auch an ein abstraktes Modell und Verfahren zur Browsing- und Navigationsunterstützung. Erweiterungen sind ebenfalls denkbar für zukünftige multimediale Kommunikationsdienste wie Videoconferencing oder Videotelefonie [Cord90]. Diese Entwicklung steht im Zusammenhang mit neuen Kommunikationsdiensten und Anwendungen für zukünftige Breitbandnetze und wird teilweise von der EG im Rahmen des RACE-Projektes R1038 *Multimedia Communication Processing and Representation* gefördert.

3 Präsentation und Handhabung von multimedialer Information

Das hier beschriebene Retrievaltool (Hypermediatool) setzt auf ein konzeptionelles Modell für multimediale Informationen auf. Es handelt sich hierbei um ein Objektmodell, das im Rahmen des RACE Projektes *MCPR* (Multimedia Communication Processing and Representation) entwickelt wurde [MCPR89].

Grundlegende Informationseinheit ist das **Partikel**, ein monomediales Objekt. Partikel können sein:

- Bilder,

- Texte,

- Audiosequenzen.

Partikel werden neben der Präsentation als Icon noch auf zweierlei Art präsentiert :

- Als *Einblendung (PopUp)*. Das Partikel wird gemäß des Datentyps präsentiert, ohne das datentypspezifische Methoden darauf anwendbar wären (nur Ausblenden des Partikels ist möglich).

- Als *Bestandteil einer* aus Partikeln zusammengesetzten multimedialen *Seite*

Eine **Seite** ist ein komplexes multimediales Objekt mit folgenden Eigenschaften:

- Sie enthält ein oder mehrere monomediale Partikel.

- Sie kann *Kanten (links)* enthalten, deren Anker in ihren Partikeln liegen müssen.

- Auf einer Seite sind unterschiedlich Methoden definiert:

  Anzeigen/Verstecken der Kanten in ausgewählten Partikeln,

  Einfügen/Entfernen von Partikeln (Seitengestaltung),

  Einfügen/Entfernen von Kanten,

  Sichern und Schließen einer Seite.

- Auch für Seiten gibt es zwei Präsentationsmodi. Einerseits können analog zu einzelnen Partikeln auch ganze Seiten ohne darauf anwendbare Methoden eingeblendet werden *(browsing mode)*. Andererseits können sie mit allen Methoden geöffnet werden *(authoring mode)*. Im letzteren Fall wird die Präsentation durch einen eigenen - unabhängigen - Prozeß realisiert und es werden Werkzeuge angeboten, um sowohl monomediale Partikel zu erstellen als auch komplexe Seiten zu erstellen und zu verändern.

Kanten sind immer in Partikeln verankert. Dort haben sie einen bestimmten Ort. Ziele von Kanten können wiederum Partikel oder Seiten sein. Symbolisiert werden sie durch ein einfaches Icon. Beim Verfolgen der Kanten werden **temporäres** (z.B. für Audio Partikel) und **permanentes** (z.B. für Seiten) Verfolgen unterschieden.

Speziell werden die folgenden Klassen unterschieden:

Annotationen, dies sind Kanten von einer Seite (Partikel) zu einem Partikel, das als PopUp für zeitunabhängige Datentypen wie Image oder Text erscheint. Das Ziel einer Annotation wird direkt ausgeführt, falls es sich um zeitabhängige Datentypen wie Audio handelt.

to-page Kanten ermöglichen das Aufblättern einer von der Quellseite unabhängigen neuen Seite.

Die Abbildung 1 zeigt ein mögliches Bildschirmlayout des Hypermediatools.

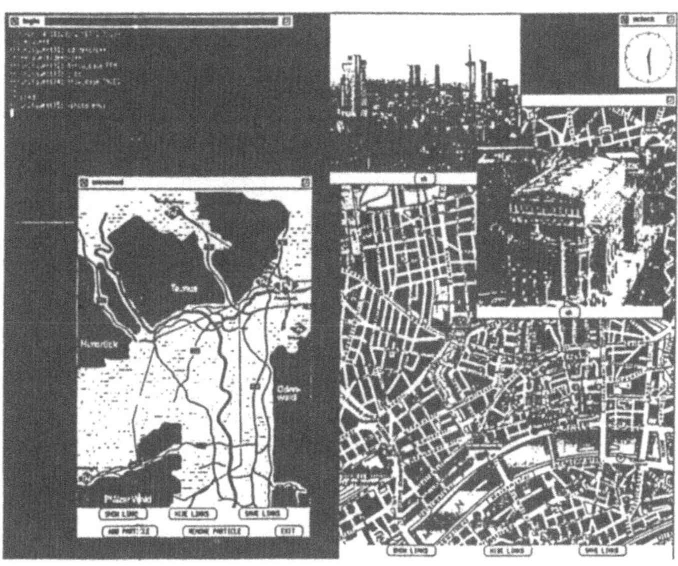

Abbildung 1 : Bildschirmlayout des Hypermediatools

4 Audiointegration

Besonderes Augenmerk ist auf die Präsentation von Audiopartikeln zu legen, da sie nicht-visuell und zeitlich variant sind. Gespeichert werden Audioinformation in digitalisierter Form in Audiodateien. In dem vorgestellten Ansatz wird zwischen zwei Aspekten der Audiopräsentation unterschieden:

- Die **akustische** Präsentation, d. h. die Wiedergabe und

- die **visuelle** Präsentation, z. B. durch ein Icon.

Bei der **akustischen Präsentation** kann man weiterhin das Endlosband, die Überlagerung mehrerer Audioquellen, das Abspielen mit unterschiedlichen Qualitäten unterscheiden. Diese Anforderungen lassen sich durch einen **Audioserver** erfüllen, der eine Reihe von Funktionalitäten zur Bearbeitung von Audiodateien bietet:

- *Wiedergabe und Aufnahme* mit beliebig veränderbarer Geschwindigkeit,

- *Lautstärke* und *Aufnahmepegel* frei veränderbar,

- *Freie Positionierung* in den Audiodateien.

Der Audioserver ist als ein eigener Prozeß implementiert, der über ein einfaches Protokoll durch Anwendungsprogramme (sog. Audioclients) gesteuert wird. Ein solcher **Audioclient** ist z. B. ein einfacher **Audioeditor** (siehe Abbildung 2), der die Generierung und Manipulation einer Audiodatei per Maus und Mikrophon ermöglicht.

Abbildung 2 : Bedienoberfläche des Audioeditors

Neben der akustischen Audiopräsentation stellt sich auch die Frage nach der visuellen Präsentation von Audiopartikeln. Ist das Partikel ein Kantenziel, so wird es als Annotation interpretiert und direkt ausgeführt.

Anders ist die Lage, falls das Audiopartikel als Teil einer Seite visualisiert werden soll. In diesem Fall kann man durch die Visualisierung nichts über die Semantik des Partikels ausdrücken (es sei denn, der generierende Benutzer macht zusätzliche Angaben). In der Tat ist dieser Punkt im Falle von Audiopartikeln als Kantenziel nicht so gewichtig, da der Ort im Layout des Kantensymbols bereits einen inhaltlichen Bezug ausdrückt. Ein offensichtlicher Ansatz ist der, das Partikel beim Öffnen einer Seite einmal akustisch zu präsentieren und danach auf Verlangen des Benutzers wiederzugeben. Aber auch in diesem Fall entstehen neue Probleme: Besitzt eine Seite mehrere Audiopartikel, so müssen sie synchronisiert werden, d. h. beispielsweise in der richtigen Reihenfolge mit dazwischenliegenden Pausen passender Länge wiedergegeben werden.

5 Ausblick

Mittel- und langfristig ist geplant, dieses multimediale Retrievalsystem in verschiedene Richtungen zu ergänzen und auszubauen:

- **Spracherkennung**: Durch Integration eines sprecherunabhängigen Spracherkenners wird die maus- und menügesteuerte Bedienoberfläche durch Sprachsteuerung ergänzt werden. Es wird erwartet, daß sich die Benutzerführung in komplexen Situationen erleichtert.

- **Joint Editing**: Der Kommunikationsaspekt wird eine stärkere Rolle spielen, indem Werkzeuge zur gemeinsamen Bearbeitung von Dokumenten zur Verfügung gestellt , sowie Telefonintegration und Cursorsynchronisation berücksichtigt werden.

- **Grafischer Browser und Pfadverfolgungsmechanismen**: Die Zugriffsmöglichkeiten auf die Hypermedia-Dokumente werden durch die Realisierung eines grafischen Browsers sowie Einbeziehung von graphentheoretisch gestützten Pfadverfolgungsmechanismen verbessert.

- **Persistenz**: Die unterschiedlichen Informationseinheiten werden nicht wie bisher nur in ein Dateisystem gespeichert, sondern sollen in einer Datenbank abgelegt werden.

Literatur

[**Conk87**] J. Conklin; *Hypertext: An Introduction and Survey*, IEEE Computer, Vol. 20, No.9, Sept. 1987, pp. 17-41

[**CoLi89**] R.Cordes, H.Lindner; *Ein Terminal für Multimediale Kommunikation in Breitbandnetzen*, 3. Dortmunder Fernsehtage, Dortmund, Okt. 1989

[**Cord90**] R.Cordes; *On the Way to Hypermedia and Multimedia Terminals and Services*, Interactive Communication Tools, Paris, Mai 1990

[**GaVi88**] B. Gaines, J.N.Vickers; *Hypermedia Design*, RIAO88, Cambridge, März 1988

[**HCL89**] M.Hofmann, R.Cordes, H.Langendörfer; *Hypertext/Hypermedia* Informatik Spektrum, Band 12, Heft 4, August 1989, pp. 218-220,

[**MCPR89**] RACE 1038; *Multimedia Communication Processing and Representation: Initial Demonstrator Description*, Deliverable IV, November 1989

[**Yasu89**] H. Yasuda; *Standardization activities on multimedia coding in ISO*, Signal Processing - Image Communication, Vol.1, No.1, June 1989

HyperPicture – ein Archivierungs- und Retrievalsystem
auf optischen Speichermedien

T. Kirste, W. Hübner

Zentrum für Graphische Datenverarbeitung e.V., Wilhelminenstr. 7, 6100 Darmstadt, Tel.:(06151)1000–11

1. Einführung

HyperPicture ist ein System zur Verwaltung und Bearbeitung heterogener Daten, die auf optischen Speichermedien abgelegt und mit Links strukturiert werden. Eine graphische Benutzungsoberfläche auf der Basis von X–Windows und OSF/Motif dient der interaktiven Datenmanipulation und unterstützt den einfachen Zugriff auf die archivierten Dokumente.

Dokumente in HyperPicture können einfache und komplexe Datenobjekte sein, wobei als einfache Datentypen zunächst Rasterbilder zugelassen sind, aber auch Bewegtbild, Text, Graphik, Ton, Executables (ausführbare Programme) und formatfreie Binärdaten, also beliebige multimediale Daten, vorgesehen sind. Komplexe Dokumente können nen aus beliebigen einfachen Dokumenten bestehen, der genaue räumliche und zeitliche Zusammenhang für die Wiedergabe eines komplexen Dokuments wird mit einem Layout–Skript definiert.

Als Massenspeicher für HyperPicture werden optische Speicherplatten verwendet, die für große Datenmengen – Rasterbilder, Bewegtbilder und Ton – die notwendige preiswerte Speicherkapazität mit gleichzeitig schnellem Zugriff bieten.

HyperPicture verwendet als primären Datenstrukturierungs- und Manipulationsmechanismus ein Link–Konzept, das eine Erweiterung und Verallgemeinerung des für Hypertext–Systeme entwickelten Link–Konzepts darstellt. In HyperPicture können beliebige Dokumente mit Hilfe von typisierten Links verknüpft werden.

Das HyperPicture–System besteht aus zwei Komponenten:

(1) Ein Objekt–Link–Management System (OLMS) ist als applikationsunabhängige Hyperlinkmaschine für die Verarbeitung von Anfrage- und Änderungsaufträge an ein Hypernetz konzipiert.

(2) Als Applikation auf dem OLMS wurde ein Browser und ein Anzeigemodul entwickelt, mit denen die spezifischen Funktionen für das Rasterbildarchivierungs- und Bearbeitungssystem zur Verfügung gestellt werden.

Diese beiden Komponenten bilden das HyperPicture–System.

Die Arbeiten am HyperPicture–Projekt des ZGDV wurden im Dezember 1989 begonnen. Als Basissystem wurde eine HP 9000/360 Workstation mit HP–UX Betriebssystem eingesetzt. Eine erste lauffähige Version wurde Mitte März 1990 fertiggestellt und auf der CeBit '90 präsentiert.

2. Konzepte

2.1 Toolkits und Applikationen

Hypersysteme treten häufig als vollständige, geschlossene Systeme auf, die sämtliche Aspekte von der Daten- und Linkverwaltung bis zur Implementierung der Benutzungsoberfläche enthalten. Dieser Weg wird zum Beispiel auch von KMS [1] und NoteCards [2] verfolgt. Aufgrund der Abgeschlossenheit dieser Systeme ist eine leichte Integration spezifischer Werkzeuge, z.B. zur Objektmanipulation, nicht gegeben.

Ein anderes Konzept, das z.B. die Grundlage der HAM [3] ist, sieht die Aufspaltung der Funktionalität in mehrere Komponenten vor, die in ein Toolkit und einen Applikationsbereich aufgeteilt werden können. Mit der zunehmenden Verbreitung von Hypersystemen wird diese Aufteilung in System- und Applikationskomponente immer mehr Bedeutung erlangen, da nur so verschiedene Hyperapplikationen einfach und rationell erstellt und integriert werden können.

Eine allen Applikationen gemeinsame Systemkomponente unterstützt die Manipulation und Verwaltung von Daten durch heterogene Applikationen in einer homogenen Umgebung. Für komplexere Hypersysteme wird daher eine ähnliche Systemstruktur eingesetzt werden, wie sie z.B. beim X–Window System existiert, bestehend aus einer (gegebenenfalls verteilten) applikationsunabhängigen Server–Komponente und den applikationsspezifischen Browser–, Anzeige– und Manipulationstools.

2.2 Datenverwaltung in Hypersystemen

Der primäre Aspekt von Hypersystemen ist die individualisierte, interaktive Datenverwaltung, die auf der Basis von strukturierten Objekten und Verweisen zwischen Objekten aufsetzt. Dieses Modell besitzt eine gewisse Ähnlichkeit zu dem Konzept von objektorientierten Datenbanken, in dem sich ebenfalls (strukturierte) Objekte auf andere Objekte in einer Objekthierarchie beziehen können. Allerdings ist in Hypersystemen der Hierarchieaspekt weit weniger ausgeprägt. Weiterhin enthält das Link–Konzept eine gewisse funktionale Komponente (siehe 2.3).

Ein Hyperlinksystem mit komplexen Datenobjekten weist zwei Strukturaspekte auf: die hierarchische Feinstruktur der unterschiedlichen Objekttypen und die freie Netzstruktur, die durch die Links erzeugt wird und mit Funktionalität beladen ist.Für die Realisierung der Feinstrukturkomponente sind die Mechanismen einer objektorientierten Datenbank gut geeignet, da hier bereits die Aspekte der Klassenhierarchie und Vererbung sowie die Beschreibung von Constraints und die Konsistenzprüfung zur Verfügung stehen.

Für die funktionsbeladene Netzstruktur sind die Mechanismen von objektorientierte Datenbanksystemen nicht mehr uneingeschränkt geeignet, denn die Links in einem Hypernetz weisen gleichzeitig Elemente von Objektstrukturierungsmechanismen und Methoden auf. Daher wird für die Abbildung der Verweisstruktur auf ein objektorientiertes Datenverwaltungssystem ein um Strukturaspekte erweiterter Methodenbegriff benötigt.

2.3 Datenmanipulation in Hypersystemen

Hypersysteme sind hauptsächlich Retrievaltools, so daß die Datenmanipulationskomponente dieser Systeme kaum ausgeprägt ist. Jedoch legt gerade der objektorientierte Ansatz von Hypersystemen eine entsprechende Datenmanipulationskomponente nahe. Mit jedem Datenobjekt ist für einen Benutzer implizit eine Menge von Funktionen verbunden, die sinnvoll auf das Objekt angewendet werden können.

Der objektorientierte Ansatz erlaubt es, diese Bindungen explizit zu deklarieren, und so einem Objekttyp die Menge der sinnvoll darauf anwendbaren Funktionen als Methoden zuzuordnen. Für abgeleitete Objekttypen können diese Zuordnungen dann erweitert und/oder überladen werden. Dieser Ansatz läßt sich in eine Hypersystem integrieren, um dadurch eine homogene, interaktive Umgebung für die Verwaltung und Bearbeitung heterogener Datenobjekte zu schaffen.

Hierzu wird das Konzept des Links um eine Aktionskomponente erweitert. Dadurch wird ein Link nicht mehr als reine Strukturelemente betrachtet, sondern als zwei bzw. n–stellige Funktion mit (hauptsächlich) fixen Argumenten. Die Aktionskomponente, die bei üblichen Systemen implizit die Aktivierung, Darstellung, des Zielobjekts enthält, kann dadurch frei definiert werden, um beliebige Aktionen bei der Aktivierung eines bestimmten Links durchführen zu können. Beispielsweise können Links definiert werden, die bei der Auslösung eine Kontrastverstärkung auf ein Rasterbild, die Quelle des Links, anwenden und als Zielobjekt das kontrastverstärkte Rasterbild liefern.

3. Das Objekt–Link–Management–System

Das OLMS verwaltet Objekte und Links in Übereinstimmung zu den oben vorgestellten Konzepten in einer Klassenhierarchie, in der für verschiedene Objekttypen bestimmte Methoden deklariert werden können und von bestehenden Objektklassen neue Klassen abgeleitet werden können. Aus der Sicht eines Hyperlinksystems stellen sich die Methoden zu einem Objekt als Default–Links dar, die ohne weitere Maßnahmen bei der Instantiierung des Objekts einer Klasse erzeugt werden.

Auch bei der interaktiven Definition von Links bleibt die Objekt–Methode Beziehung erhalten, indem zu einem individuellen Objekt eine neue Methode gebunden wird.

3.1 OLMS–Links

Ein OLMS–Link besteht aus einer Verknüpfungsdefinition und einer Aktionsdefinition, dem Link–Skript. Links in HyperPicture sind grundsätzlich n–stellige Relationen zwischen Objekten, von denen zwei Objekte besonders ausgezeichnet sind, Quelle und Ziel der Linkaktivierung. Die Quelle ist das Datenobjekt, in dessen Besitz sich das Link befindet und von dem aus das Link aktiviert werden kann. Das Ziel des Links ist das Datenobjekt, das infolge der Linkaktivierung implizit aktiviert wird.

Durch diese Eigenschaften werden die in Hypersystemen üblichen 1:1-Links unterstützt. Zusätzlich soll jedoch die Möglichkeit gegeben werden, beliebige n:m Verbindungen zu definieren, um einerseits die Linkauslösung von dem Zustand beliebiger Objektkonfigurationen abhängig zu machen und andererseits mehr als ein Objekt aktivieren zu können.

Der Status eines Objektes bezüglich eines Links wird in der Verknüpfungsdefinition beschrieben. Diese Definition gibt für die betroffenen Objekte an, ob sie im Link als Datenquelle oder als Datensenke referenziert werden.

3.2 Link–Skripts und Link–Typen

Wie schon angedeutet, wird der Datenmanipulationsaspekt in HyperPicture durch eine variable Funktionskomponente eines Links, dem Link-Skript, in das System eingebracht.

Zur Vereinfachung der Definition der Funktionalität eines Links wurde ein Klassensystem eingeführt, in dem für jede Link-Klasse eine bestimmte Funktionalität deklariert werden kann. Die konkrete Instanz eines Links einer bestimmten Klasse erhält die Funktionalität dieser Klasse ohne individuelle Redeklaration bei der Linkdefinition. Zusätzlich ist es möglich, durch eine explizite Deklaration die Klassenfunktionalität zu überladen.

Das Typsystem der HyperPicture-Links ist flach, d.h. jede Linkklasse ist Unterklasse der funktionslosen "structure"-Klasse. Für eine Weiterentwicklung von HyperPicture ist die Erweiterung auf ein hierarchisches Klassenkonzept, wie für HyperPicture-Datenobjekte, vorgesehen.

Die Funktionalität einer Link-Klasse oder eines individuellen Links wird bisher in einer sehr einfachen Interpretersprache formuliert. Es ist geplant, ein objektorientiertes LISP für die Linkprogrammierung einzusetzen. LISP bietet sich für eine Funktionsdefinition aufgrund der Möglichkeit zur vollständig seiteneffektfreien funktionalen Programmierung an. Ein zusätzlicher Aspekt, der für die Wahl von LISP spricht ist die Verfügbarkeit eines LISP-Interpreters im Source-Code, der sich dadurch leicht in das bestehende HyperPicture-System integrieren läßt und eine einfache Erweiterung seiner Funktionalität erlaubt.

3.3 Linkauslösung

Die Art der Auslösung eines Links hängt grundsätzlich von dem jeweiligen Objekttyp und der Art des Darstellungsprozesses für diesen Objekttyp ab. Damit obliegt die Verantwortung für die Auslöserdefinition und für die eigentliche Linkauslösung nicht mehr dem OLMS, sondern der jeweiligen Applikation.

Konzeptionell sollte für jedes Objekt eine Aktivierungsbeschreibung existieren. In dieser Aktivierungsbeschreibung, die nur von der objekttypspezifischen Darstellungsmethode (in HyperPicture ist dies das Anzeigemodul) verstanden werden muß, sind die Strukturelemente beschrieben, deren Manipulation zu einer Auslösung eines bestimmten Links führen. Für Rasterbildobjekte existieren rechteckige Bereiche als Auslöser, für Texte sind es typischerweise Worte oder Wortgruppen.

Die Aktivierung von Links erfolgt derzeit interaktiv, indem durch den Anwender im Source-Dokument mit einer entsprechenden Aktion eine Aktivator-Komponente ausgewählt und dadurch das dazugehörige Link aktiviert wird. Es ist aber auch eine nicht-interaktive, automatische Linkauslösung vorstellbar, etwa in Abhängigkeit vom Rückgabewert eines Executable-Objekts.

3.4 Speicherverwaltung

Als Massenspeicher für HyperPicture werden optische Speicherplatten verwendet, wobei sich für statische Teile des Netzes WORM-Platten einsetzen lassen, während für die dynamischen Teile des Netzes MO-Platten Verwendung finden können.

Die Performanz des HyperPicture-Systems bei der Navigation im Hypernetz soll durch ein Verfahren für den Massenspeicherzugriff unterstützt werden, das ein Maximum an Zugriffsgeschwindigkeit auf die aktuell benötigten Segmente des Netzes erlaubt. Auf der Hardware–Ebene wird ein mehrstufiges Cache–System eingesetzt, das aus einer MO–Jukebox, einem Winchesterplattensystem und einem großen Puffer–RAM besteht. Diese Hardwarekonstellation wird durch eine Software–Komponente unterstützt, die für das Ein– und Auslagern von Daten in und aus den einzelnen Cacheebenen steuert.

Für ein komplexes Netz sind die üblichen Cache–Steuer–Algorithmen, wie z.B. LRU oder MFU, nicht mehr einsetzbar, da hier die semantischen und zeitlichen Bezüge der einzelnen Datenknoten zueinander nicht berücksichtigt werden können. Für HyperPicture wird deshalb eine Cache–Steuerung entwickelt, die sowohl auf die Linkbeschreibungen, als auch auf spezifische "Cache–Hints" zurückgreift, in denen zu einzelnen Objekten und Objektklassen zusätzliche Informationen über die einzusetzenden Strategien enthalten sind.

4. Das Archivierungs– und Retrivalsystem als HyperPicture–Applikation

Die Applikation auf dem Objekt–Link–Manager System OLMS besteht aus einem Anzeigemodul und einem Browser, die als Clients die Dienste des unterlagerten Object–Link–Managers in Anspruch nehmen (siehe Abb. 1).

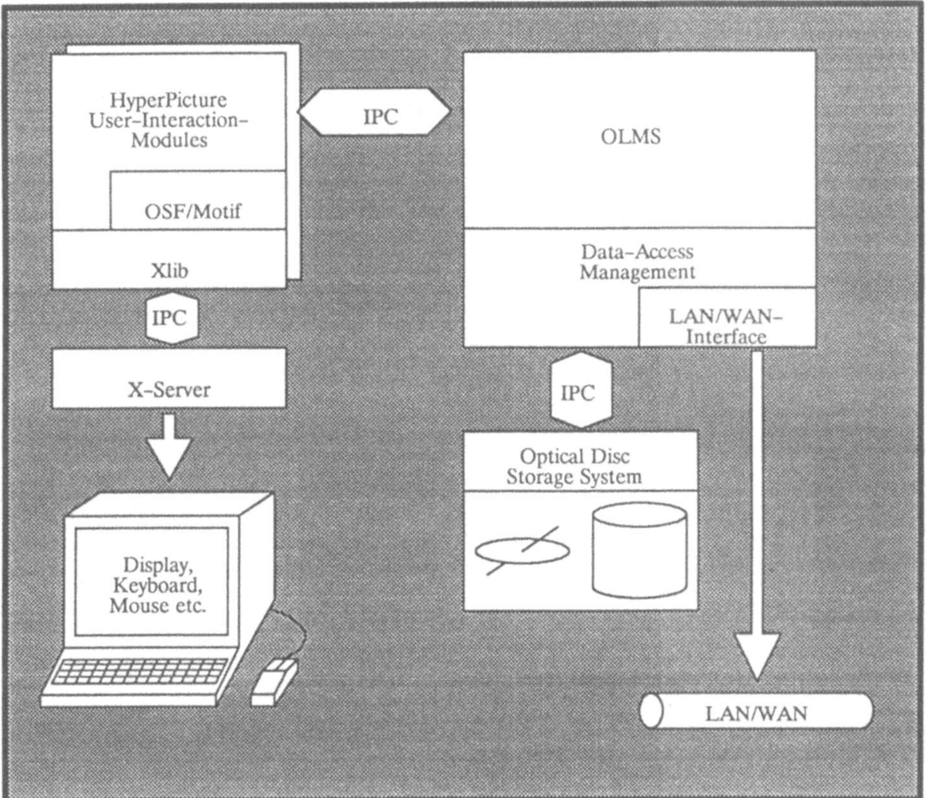

Abb. 1: Architektur des HyperPicture–Systems

4.1 Der Browser

Zur Unterstützung des Anwenders bei der Orientierung im Netzwerk bieten Hypersysteme einen Browser an, von dem Ausschnitte der Netzstruktur mit den einzelnen Dokumenten und den definierten Links graphisch dargestellt werden. Der für die HyperPicture–Applikation derzeit implementierte Browser ist auf die Bedürfnisse eines Rasterbildarchivierungssystem zugeschnitten.

Die Dokumente werden im Browser als Icons, symbolische Darstellungen oder verkleinerte Rasterbilder, dargestellt. Ein Dokument kann sowohl durch ein individuelles Icon im Browser repräsentiert werden, als auch durch ein für den jeweiligen Dokumenttyp definiertes Standard-Icon. Durch geeignete Verwendung individueller Icons kann schon im Browser auf den Inhalt eines Dokuments geschlossen werden, ohne das Dokument selbst aktivieren zu müssen. Vor allem bei Rasterbildern kann damit bereits im Browser der Bildinhalt erkannt werden, wodurch der zeitliche Aufwand für die Suche nach Bildern mit bestimmtem Inhalt erheblich veringert wird.

Der Browser stellt für ein bestimmtes Objekt (Point-Of-Interest, POI) alle direkt über ein Link erreichbaren Nachbarobjekte dar. Durch einfaches Klicken auf dem Objekt kann es geöffnet oder als POI gesetzt werden. Als zusätzliche Funktionen bietet der Browser neben dem Öffnen eines Objekts und dem Verändern des POI eine History-Verwaltung an, über die die letzten POIs erreichbar bleiben. Weiterhin können interaktiv neue Links definiert werden.

4.2 Das Anzeigemodul

Das Anzeigemodul ist ein Beispiel für eine einfache typspezifische Darstellungsmethode. Das Anzeigemodul erlaubt die interaktive Auslösung, Definition und Löschung von Links. Zusätzlich sind einige rasterbildspezifische Funktionen implementiert, wie etwa die Veränderung der Bildgröße und die Manipulation der Farbtabelle.

Das jeweilig vom Anzeigemodul darzustellende Rasterbildobjekt wird in einem Fenster auf dem Bildschirm angezeigt, wobei beliebig viele Objekte gleichzeitig aktiv sein dürfen. Der Benutzer kann mit den dargestellten Rasterbildobjekten durch die Aktivierung von Links oder die Auswahl spezieller Funktionen des Anzeigemoduls interagieren.

Die Linkaktivierung erfolgt durch Klicken auf einem bestimmten Bereich des Rasterbilds. In einem Popup-Menü werden dem Anwender alle in diesem Bereich definierten Links angeboten, von denen er das für ihn relevante Link auswählen kann.

Die interaktive Definition eines Links wird durch das "Link To ..."-Kommando im Befehlsmenü des Anzeigemoduls ausgelöst. Der Benutzer hat daraufhin die Möglichkeit, den Auslöserbereich auf dem Rasterbild zu aktivieren und danach das Zielobjekt für das Link zu bestimmen. Auch bei der Linkdefinition sind sämtliche Navigationsfunktionen des Browsers verfügbar. Nach der Zieldefinition erfolgt die Angabe des Link-Labels und die Festlegung des Link Typs. Danach steht das Link im System für die Aktivierung zur Verfügung.

5. Anwendungen

Anwendungsmöglichkeiten für das OLMS sind – wie für Hyperlinksysteme allgemein – vor allem dort zu finden, wo Datenobjekte verwaltet und bearbeitet werden müssen. Es wird angestrebt, Anwendungen für das HyperPicture-System z.B. in den Bereichen Verlagswesen, Reprotechnik, Medical Imaging, CAD, Computer Based Training, Kartografie und Städteplanung zu realisieren.

6. Literaturhinweise

1. Akscyn, R.N., McCracken D.L., Yoder E.A. *KMS: A distributed Hypermedia system for managing knowledge in organisations.* Commun. ACM 31,7 (July 1988), 820–835

2. Halasz, F. *Reflections on NoteCards: Seven issues for the next generation of Hypermedia systems.* Commun. ACM 31,7 (July 1988), 836–852

3. Campbell, B., Goodman, J.M. *HAM: A general purpose Hypertext abstract machine.* Commun. ACM 31,7 (July 1988), 856–861

4. Batz, T., Baumann, P., Höft, K.-G., Köhler, D., Krömker, D., Subel, H.-P. *PRODAT – Das PROSYT-Datenbanksystem.* in: Krömker, D., Steusloff, H., Subel, H.-P. (Hrsg.) *PRODIA und PRODAT.* Springer, 1989

5. Kirste, T. *Optical Storage – Technologies and Applications.* ZGDV-Report, 1990

Hypertext und Datenbanken: Gegensatz oder Symbiose?

Martin Dürr   *Rainer Neske*

Fakultät für Informatik
Universität Karlsruhe
7500 Karlsruhe
West Germany

Zusammenfassung

In der vorliegenden Arbeit werden zunächst einige Grenzen des klassischen Hypertext-Konzepts aufgezeigt. Hypertext-Systeme dienten zunächst nur der Darstellung von nicht-linearem Text, unterstützen aber heute bereits vielfältige Medien (→ Hypermedia), ohne daß eine Modifizierung oder Erweiterung des Konzepts stattfand. Einige der Schwächen heutiger Hypertext-Systeme liegen in diesem einfachen Konzept begründet. Daher wird in einem zweiten Teil ein erweitertes Konzept für Hypertext-Systeme entwickelt. Anschließend beschäftigt sich diese Arbeit mit Fragestellungen der Speicherabbildung. Viele Probleme heutiger Hypertext-Systeme sind auf dem Gebiet der Datenbanken schon seit vielen Jahren diskutiert und teilweise befriedigend gelöst. Deshalb wird das erweiterte Hypertext-Konzept zuerst in zwei Datenmodellen (Netzwerk- und relationales Modell) modelliert, und es wird dann untersucht, inwieweit die beiden Datenmodelle das erweiterte Konzept unterstützen bzw. einschränken.

1 Grenzen des Hypertext-Konzepts

Text wird in der Regel linear dargestellt. Dennoch wäre es oft wünschenswert, wenn die Darstellung des Textes mehr der semantischen Struktur des Inhalts eines Textdokumentes entsprechen würde, die in den seltensten Fällen linear ist. Erstmals wurde diese Idee von V. Bush [Bus45] geäußert. Mit dem Einzug der Rechner in die Textverarbeitung war es dann möglich, effizient die Erstellung und Verwaltung eines solchen "Hyper"-Texts zu unterstützen. Hypertext-Systeme dienen also zunächst der Darstellung von nichtlinearem Text. Sie basieren auf den Grundkomponenten Objekt und Verbindung. Werden in den Objekten nicht nur Texte dargestellt, sondern auch andere Medien wie beispielsweise Graphik, Video oder Sound, so spricht man auch von Hypermedia-Systemen. Trotz dieser Vielzahl neuer Entwicklungen wurde das einfache Hypertext-Konzept nicht erweitert. Zunehmend stellt sich heraus, daß die beiden Grundkomponenten allein so nicht ausreichend sind (s.a. [Hal88]). Wir wollen nun exemplarisch einige Probleme und Grenzen dieses einfachen Hypertext-Konzepts aufzeigen und danach untersuchen, wo Lösungsmöglichkeiten zu finden sind:

- Beim *Mehr-Benutzer-Betrieb* sollten von verschiedenen Benutzern gesetzte Verbindungen unter Umständen auch nur selektiv verändert, gesehen oder gelöscht werden. Dieses legt ein Konzept individueller "Sichten" auf Hypertext-Objekte nahe. Ein derartiges Sichtenkonzept läßt sich auch als Mittel der Abstraktion interpretieren. Abstraktion ist in bisherigen Hypertext-Systemen nur in sehr eingeschränktem Maße möglich.

- Objekte werden im Konzept von Hypertext-Systemen ohne *Semantik* gesehen: Die Objekte stellen nur Behälter für die Informationen dar. Dementsprechend existieren auch keine Begriffe wie Struktur von Objekten, Verhalten von Objekten oder Operationen auf Objekten. Daher entstehen Probleme bei Schreib- und Lese-Operationen (es besteht ja durchaus ein großer Unterschied zwischen der Schreiboperation auf einem Video-Objekt und der auf einem Text-Objekt), aber auch bei der Aufprägung von Sichten, denn diese müssen letztlich aus den Strukturen der Objekte abgeleitet werden. Ein Beispiel wäre eine Videoszene mit Untertiteln. Für den einen Benutzer sind das getrennte Informationen, die er nur unter gewissen Umständen gleichzeitig auf dem Bildschirm sehen will. Für einen anderen Benutzer mag die Unterscheidung in zwei getrennte Objekte gar keinen Sinn ergeben; für ihn stellen diese Informationen eine Einheit dar.

- Eine Konsequenz des Fehlens der beiden oben genannten Punkte — Mehr-Benutzer-Betrieb und Benutzersichten — ist die Problematik des fehlenden *Datenschutzes*.

- Hypertext-Systeme unterstützen vom Konzept her nur navigierenden Zugriff auf Informationen. Über Verbindungen kommt man zu neuen Objekten, von denen dann wieder neue Verbindungen zu weiteren Informationen führen Bei großen Netzen wird es auf diese Art sehr umständlich (teilweise unmöglich), sich Informationen zu beschaffen. Gesucht ist also eine Möglichkeit, über eine *deskriptive Anfragesprache* Informationen zu erhalten (vergleichbar etwa den in relationalen Datenbanken gebräuchlichen Sprachen).

Um Lösungen für die oben genannten Probleme zu finden, wollen wir in zwei Schritten vorgehen. Zunächst werden wir das klassische Hypertext-Konzept erweitern. Anschließend werden wir versuchen, dieses erweiterte Hypertext-Konzept in einem Datenmodell zu modellieren.

2 Ein erweitertes Konzept für Hypertext-Systeme

2.1 Klassifizierung von Objekten

Wie in Abschnitt 1 gezeigt wurde, liegen viele Schwierigkeiten in der fehlenden semantischen Differenzierung von Objekten begründet. Objekte enthalten beispielsweise Information in Form von Text, Graphik oder Sprache, daher bietet es sich an, eine Klassifikation von Objekten nach den verschiedenen Medientypen durchzuführen, die diese Objekte enthalten. Dieses wirft dann natürlich die Frage auf, welche verschiedenen Medientypen existieren, und worin diese sich unterscheiden. Relativ klar zu beantworten sind diese Fragen, sofern es sich um so unterschiedliche Formen von Information handelt wie Text und Graphik. Schwieriger wird es dann, wenn man Medien betrachtet wie Graphik und Bilder oder Graphik und Animation. Gibt es hier Unterschiede? Oder handelt es sich um ein und dasselbe Medium? Sind die entsprechenden Objekte semantisch unterschiedlich?

Eine Antwort auf diese Fragen findet sich in [Loc88]: Hier wird ein Medium als ein abstrakter Datentyp (ADT) oder eine Klasse im Sinne von Smalltalk aufgefaßt, also als eine Menge von Datenobjekten zusammen mit einer auf dieser Menge definierten Menge von Operationen. Dementsprechend sind zwei Medien gleich, wenn sie zur gleichen Klasse gehören, also auf ihnen auch die gleichen Operationen definiert sind. In diesem Sinne lassen sich dann zwei Objekte nach den ihnen zugehörigen ADT-Klassen semantisch differenzieren. Die Operationen auf diesen Klassen spiegeln das Verhalten der Objekte wider. Es stellen sich nun zwei Fragen:

- Welche Vor- und Nachteile hat es, das ADT-Konzept im Hypertext-Konzept zu integrieren?

  Zunächst hat man natürlich die oben angestrebte semantische Differenzierung der Objekte erreicht. Durch das ADT-Konzept erhält man eine Menge von Basisobjekten wie: Textobjekte, Videoobjekte oder Graphikobjekte. Zum anderen verliert das Hypertext-Konzept hierdurch aber nicht an Flexibilität in Bezug auf seine Objekte. Will man ein Objekt mit einem neuen Medium belegen (z.B. Audio), so fügt man einen neuen ADT dem System hinzu. Andere allgemeine Vorteile des ADT-Konzepts (wie Unabhängigkeit der Operationen von der Implementierung) brauchen an dieser Stelle nicht weiter erläutert werden. Ein Nachteil ist sicherlich darin zu sehen, daß es nun nicht mehr möglich ist, ein Objekt gleichzeitig mit *verschiedenen* Medientypen zu belegen. War es bisher beispielsweise möglich, in einem Objekt Graphik und Text darzustellen, gab es keine weiteren Schwierigkeiten, falls der Benutzer auf dieses Objekt zugriff. Er hatte sofort Zugang zur gesamten Information. Nun muß man aber diese Gesamtinformation in *zwei* Objekte fassen. Natürlich kann man das Problem auch dadurch lösen, daß man auf diese oben erwähnten Basisobjekte wieder das ADT-Konzept anwendet. Doch diese Vorgehensweise ist nicht optimal (s. u.). Damit stellen sich sofort folgende Fragen:

  - Wie kann ich ausdrücken, daß diese beiden Objekte zusammengehören?
    (→ Strukturelle Objekt-Orientierung, Beispiel Aggregation)
  - Wie bringt man diese beiden Objekte zur gleichen Zeit auf den Bildschirm?
    (→ verhaltensmäßige Objekt-Orientierung, Beispiel Synchronisation)

  Wir wollen diese Probleme mit Hilfe von Strukturoperationen lösen (s. Abschnitt 2.2).

- Reicht das ADT-Konzept aus?

  Mit den oben erwähnten Strukturoperationen wollen wir u. a. ermöglichen, mehrere Objekte zu einem neuen Objekt zusammenzufassen. Einmal zum Zweck der reinen Abstraktion (um beispielsweise die Informationssuche zu erleichtern), zum anderen aber auch, um verschiedenen Benutzern verschiedene Sichten auf die Informationen zu geben (View-Konzept). Oberflächlich betrachtet scheint auch dieses mit dem ADT-Konzept zu verwirklichen zu sein. Ein ADT dient ja sprichwörtlich zur Abstraktion; beispielsweise kann man mit einem ADT dafür sorgen, daß ein Benutzer eine Videoszene immer nur mit den dazugehörigen Untertiteln sieht. Doch bei genauer Betrachtung zeigt sich eine Schwäche des ADT-Konzepts: ein ADT ist nämlich statisch in dem Sinne, daß er erst mit den entsprechenden Operationen im System implementiert werden muß. Bei häufig wechselnden Sichten, bzw. bei einer großen Anzahl von verschiedenen Sichten ist dieses sicher ein sehr ungenügendes Verfahren. Gibt es beispielsweise einen Benutzer, der eine Videoszene immer nur mit Untertiteln sieht, so ist es kein Problem, diese Informationen durch einen ADT gleichzeitig auf den Bildschirm zu bringen (s. Abbildung 1). Für einen zweiten Benutzer ist es nun aber nicht mehr möglich, die Videoszene ohne Untertitel zu sehen. Für ihn müßte diese Information nochmals abgespeichert werden. Dieses ist sowohl aus Speicherökonomiegründen sowie aus Speicherverwaltungsgründen (Konsistenz etc.) sehr ungünstig.

Diese Betrachtung zeigt, daß mit diesem einfachen ADT-Konzept Strukturoperationen (wie Generalisierung, Aggregation oder Verhaltensaspekte wie Synchronisation) nicht zu verwirklichen sind.

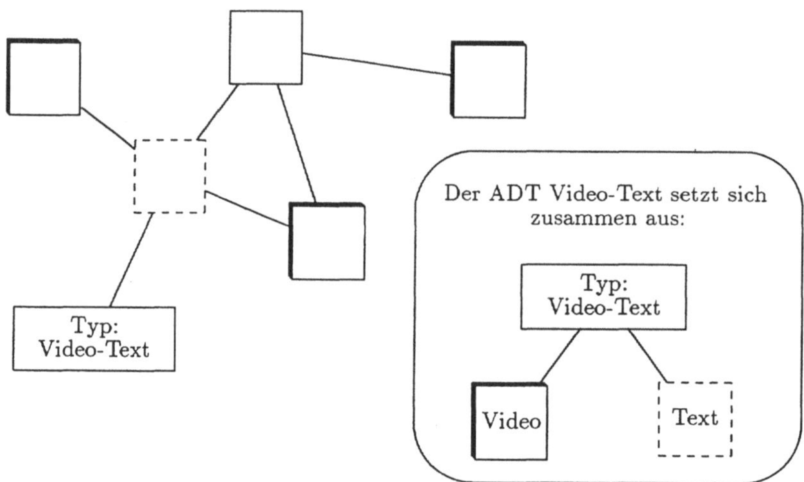

Abbildung 1: Das ADT-Konzept in Hypertext

2.2 Strukturoperationen

Wie im vorherigen Abschnitt gezeigt, ist das ADT-Konzept als Ergänzung alleine nicht ausreichend. Wir benötigen zusätzliche Funktionalität, die wir mit Hilfe von *Strukturoperationen* erreichen wollen. Unter Strukturoperationen verstehen wir Operationen, die es erlauben, das Hypertext-Netz in geeigneter Weise neu zu strukturieren. Zu den Strukturoperationen zählen wir:

1) **Aggregation:** Bei der Aggregation werden mehrere Objekte zu einem neuen Objekt zusammengefaßt. Besteht für einen Benutzer eine Videoszene immer aus einer bestimmten Anzahl

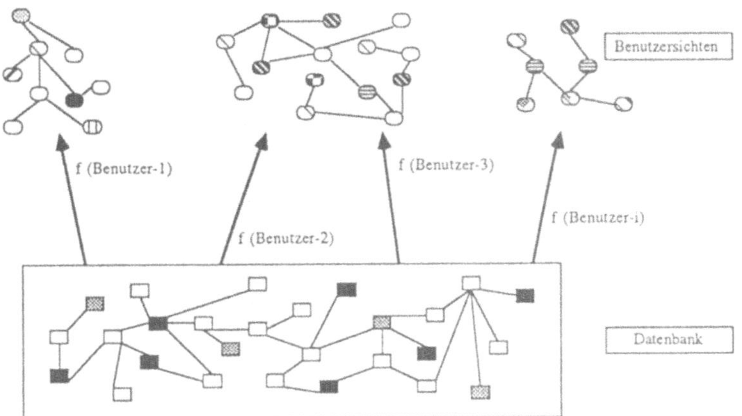

Abbildung 2: Darstellung des erweiterten Konzepts

von Einzel-Bildern, so müssen diese Informationen diesem Benutzer als Einheit präsentiert werden können, auch wenn die Gesamtszene beispielsweise nun in einzelnen Szenen abgespeichert ist. Dieses geschieht dann mit Hilfe der Aggregationsfunktion. Sie stellt also Sichten für verschiedene Benutzer zur Verfügung. Dabei muß es aber für einen weiteren Benutzer möglich sein, die aggregierten Objekte direkt zu erreichen. Diese Aggregation muß natürlich leicht durchzuführen sein, um durch Flexibilität zu erlauben, vielen Benutzern jeweils verschiedene Sichten zu stellen und es ihnen zu ermöglichen, diese nach Belieben leicht zu ändern.

2) **Generalisierung:** Durch diese Operation werden mehrere Objekte zu einem neuen Objekt verallgemeinert. Sind beispielsweise im Hypertext-System verschiedene Objekte vorhanden, die verschiedene PKW- und LKW-Typen darstellen (sei es graphisch, durch Text, durch ein Video o. ä.), so kann man sie unter einem neuen Objekt 'Fahrzeug' zusammenfassen. Durch diese Operation soll ein Abstraktionsmechanismus in das Hypertext-Konzept integriert werden, denn gerade bei heutigen Systemen hat sich gezeigt, daß dieses bisher nur unzureichend möglich ist. Dieser Abstraktionsmechanismus soll ein Hypertext-Netz übersichtlicher machen, indem man dann beispielsweise in einem graphischen Browser die verschiedenen Objekte durch das generalisierte Objekt repräsentiert und so die Informationen übersichtlicher gestaltet, damit der Benutzer einen leichteren Zugriff auf gewünschte Informationen hat. Heutige Hypertext-Systeme unterstützen Generalisierung meist nicht.

3) **Synchronisation:** Mit dieser Operation sollen Verhaltensaspekte der einzelnen Objekte widergespiegelt werden. Im einfachsten Fall können das Beziehungen zwischen Objekten sein wie: "Videoszene 1 kommt vor Videoszene 2" oder "Textobjekt A kommt gleichzeitig mit Videoszene 1". Dieser sehr komplexe Aspekt erfordert noch weitere Untersuchungen, auf die wir an dieser Stelle aus Komplexitätsgründen nicht weiter eingehen wollen.

3   Datenbankentwurf für ein Hypertext-Netz

In diesem Kapitel wollen wir uns mit Problemen der Speicherabbildung eines Hypertext-Netzes beschäftigen. Dabei steht das in Kapitel 2 vorgestellte erweiterte Hypertext-Konzept im Vordergrund. Abbildung 2.2 zeigt dieses erweiterte Konzept und welche speziellen Auswirkungen sich für die Speicherabbildung ergeben:

Allen Benutzersichten liegt ein einzelnes Hypertext-Netz zugrunde (im folgenden Basisnetz genannt). Aus diesem Basisnetz werden die einzelnen Benutzersichten zur Laufzeit mit Hilfe der in Kapitel 2.2 vorgestellten Strukturoperationen erzeugt. Das Basisnetz besteht daher nur aus elementaren Objekten; jedes Objekt im Basisnetz gehören nur jeweils einer speziellen ADT-Klasse an.

3.1   Warum ein Datenbank-System?

Heutige Hypertext-Systeme sind vor allem auf dem Gebiet der Benutzerschnittstelle weiterentwickelt worden. Der Bereich der Speicherabbildung wurde dabei im wesentlichen vernachlässigt. Fast alle Systeme setzen direkt auf dem File-System des Rechners auf, eine Zwischenschicht (wie sie beispielsweise ein Datenbank-System darstellt) existiert nicht. Eine erste Entwicklung in diese Richtung findet sich in [CG88]: Campell und Goodman nennen ihre Zwischenschicht "HAM" (Hypertext Abstract Machine). HAM ist ein transaktionsbasierender, für den Mehr-Benutzer-Betrieb geeigneter Server für ein Hypertext-Storage-System. HAM ist auf das File-System des Rechners aufgesetzt und bildet das darüberliegende Hypertext-System auf dieses File-System ab. Dabei ermöglicht HAM (beschränkte) Zugriffskontrolle, Versionshaltung von Objekten und einen Filtermechanismus, der es erlaubt, Teile des Hypertext-Netzes "auszublenden", falls dieses beispielsweise aus Übersichtsgründen gewünscht wird. Dabei ist HAM so offen gehalten, daß es verschiedene Systeme abbilden kann. In [CG88] wird dieses unter anderem an Hypertext-Systemen wie Intermedia und Notecards vorgestellt.

Mit HAM wurde erstmals der Versuch unternommen, durch die Einführung einer Schicht zwischen Hypertext-Netz und File-System die Probleme heutiger Hypertext-Systeme wie Zugriffskontrolle und Mehr-Benutzer-Betrieb zu lösen. Daß dieses nur in beschränktem Maße gelang, liegt sicherlich auch darin begründet, daß konzeptionelle Schwächen der auf HAM aufgesetzten Hypertext-Systeme eben nur teilweise verdeckt werden können.

An dieser Stelle wollen wir nochmals an die in Kapitel 1 vorgestellten Grenzen heutiger Hypertext-Systeme erinnern. Die dort angesprochenen Schwächen sind im Bereich von Datenbank-Systemen schon lange diskutiert und teilweise befriedigend gelöst worden. Daher werden wir in der vorliegenden Arbeit vorstellen, wie eine Modellierung des erweiterten Hypertext-Konzepts im Netzwerk- und im relationalem Modell aussehen kann. Gelingt dieses ohne das erweiterte Konzept in entscheidendem Maße einzuschränken, so erledigen sich viele Probleme dadurch von selbst. Das betrifft vor allem:

- Zugriffskontrolle (Zugriffsrechte,Konsistenz etc.)

- Mehr-Benutzer-Betrieb

- Portabilität

- Versionshaltung.

Eine weitere Möglichkeit zur Speicherabbildung stellen die objekt-orientierten Systeme dar. Diese Entwicklung wird beispielsweise auch in [SZ87] und [WK87] beschrieben. Dieser Ansatz ist allerdings nicht Gegenstand der vorliegenden Arbeit.

3.2 Datenmodelle

Wir gehen nun aus Gründen der Übersichtlichkeit von einem Basisnetz aus, in dem nur zwei ADT-Klassen existieren: Video und Text. Wir gehen davon aus, daß die eigentlichen Videoinformationen nicht direkt in der Datenbank stehen, sondern extern (beispielsweise von einer Bildplatte) abgerufen werden. In der Datenbank werden die Videoinformationen durch Verweise auf den entsprechenden Externspeicher dargestellt.

Wir wollen versuchen, dieses vereinfachte Basisnetz in einem Netzwerkmodell und in einem relationalem Modell darzustellen. Dabei stellt sich natürlich zuerst die Frage, welche Daten in der Datenbank abgespeichert werden müssen. Das sind sicherlich zunächst einmal die Informationen, die in den einzelnen Objekten stehen (hier also Text- und Videoinformation bzw. Verweise darauf), Verbindungsinformationen zwischen den verschiedenen Objekten, aber auch Daten, mit deren Hilfe dann die Strukturoperationen die einzelnen Benutzersichten generieren.

Im weiteren werden wir uns auf die Modellierung dieser Daten beschränken, aber es soll an dieser Stelle noch erwähnt werden, daß es dem Benutzer natürlich nicht möglich sein soll, diese Daten direkt über die entsprechenden Datenbanksprache zu manipulieren. Denn bei den Objekten handelt es sich ja um Elemente von ADT-Klassen; sie können nur über spezielle Operationen manipuliert werden (beispielsweise auf einem Video-Objekt: "Spiele Szene (oder Bild?)", "Lösche Szene (oder Bild?)" etc.). Diese ADT-Operationen werden mit Hilfe der DML-Befehle zusammengesetzt. Wir beschränken uns im weiteren auf die Datenmodellierung und zeigen diese beispielhaft für komplexe Objekte aus Video- und Textinformationen.

3.3 Das ER-Schema

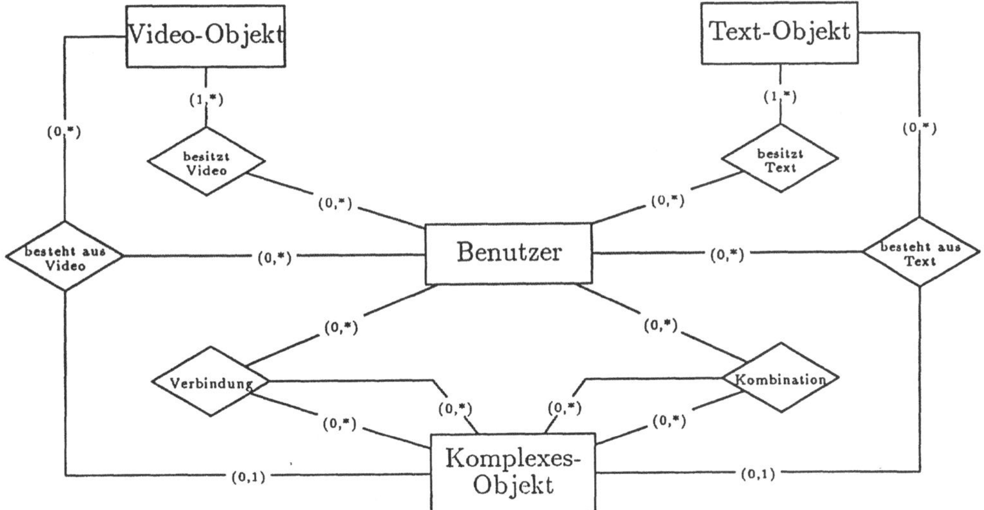

Abbildung 3: ER-Schema

Abbildung 3 zeigt das ER-Schema. Im Basisnetz stehen die fragmentierten Grundinformationen. Sie sind entweder vom Typ 'Video' oder vom Typ 'Text'. Benutzer dieser Grundinformationen ist ausschließlich ein ausgezeichneter Benutzer (beispielsweise der Datenbank-Administrator), denn diese Basisinformationen sind Grundlage für alle Benutzer und damit besonders vor Veränderungen zu schützen. Entity-Ausprägungen von 'Video-Objekt' und 'Text-Objekt' können aber auch anderen Benutzern zugeordnet sein, nämlich genau dann, wenn das entsprechende Objekt nicht zum Basisnetz gehört, sondern eine 'eigene' Information des Benutzers darstellt. Benutzereigene Informationen gehören ja ebenfalls einer ADT-Klasse an, sie werden also auch dort abgelegt. Zugriff auf solche benutzereigene Informationen hat ein Benutzer aber nur über das Entity 'Komplexes Objekt'. Ein komplexes Objekt besteht zunächst aus einem Video- oder Textobjekt. Diese Art komplexer Objekte kann dann zu anderen komplexen Objekten zusammengefaßt werden, und zwar als Aggregation, Generalisierung oder als einfache 'Sicht'. Also bestehen alle komplexen Objekte aus Video- oder Textobjekten (wenn auch unter Umständen erst über mehrere Hierachie-Stufen hinweg). Dieses kann im ER-Schema nicht ausgedrückt werden. Zwischen den benutzerspezifischen komplexen Objekten können dann Verbindungen bestehen.

Sobald Objekte zu anderen Objekten zusammengesetzt werden, entstehen Synchronisationsprobleme. Der einfachste Fall der Synchronisation liegt vor, wenn beispielsweise drei Textobjekte zu einem Buch zusammengefaßt werden, oder eine Videoszene aus einzelnen Bildern aufgebaut wird (Reihenfolge-Problem!). Größere Probleme treten dann auf, wenn beispielsweise zu einer Videoszene ein Untertitel gespielt werden soll. Wenn die zu synchronisierenden Objekte nun auch noch in komplexerer Weise zusammengesetzt sind, wird es besonders deutlich, daß es sich bei der Synchronisation nicht nur um das Problem handelt, die entsprechenden Daten in der Datenbank zu halten, sondern daß ein separater DBMS-Teil benötigt wird, der die Synchronisation von Objekten übernimmt. Da es den Rahmen dieser Arbeit sprengen würde, werden wir diese Problematik hier nicht weiter behandeln sondern uns auf die Modellierung der Daten beschränken.

3.4   Das Basisnetz im Netzwerkmodell

Das Bachmann-Diagramm (s. Abbildung 4) zeigt eine Modellierung des Hypertext-Netzwerks im Netzwerk-Modell.

Komplexe Objekte können von unterschiedlichen Benutzern verschieden zusammengefaßt werden. Auf der untersten Stufe dieser Hierachie besteht aber jedes komplexe Objekt aus einem Text- oder Videoobjekt. Um diese Nebenbedingung sicherzustellen (die sich im Netzwerk-Modell nicht ausdrücken läßt), gibt es zwei Möglichkeiten:

1) Nach Abschluß einer Transaktion, in der ein Benutzer ein neues komplexes Objekt generiert hat, wird nachgeprüft, ob sich dieses neue komplexe Objekt aus den Record-Ausprägungen der Record-Typen 'Video' und 'Text' zusammensetzen läßt.

2) Bereits bei der Erstellung eines kompelxen Objekts wird geprüft, ob die dabei benötigten Objekte bereits vorhanden sind. So ist der Benutzer gezwungen, im "bottom-up"-Verfahren seine komplexen Objekte aufzubauen.

Etwas überraschend zeigt sich, daß das Netzwerkmodell wenig geeignet ist. Anhand von Beispielanfragen stellt sich heraus, daß vor allem der navigierende Zugriff sehr komplexe Anfragen erfordert, wenn für die Strukturoperationen die ensprechenden Informationen bereitgestellt werden sollen. Ein weiterer Nachteil dieses Datenmodells ist darin zu sehen, daß Rechte zum Zwecke des Datenschutzes nicht flexibel genug vergeben werden können. Beispielsweise müßten hier Zugriffsrechte

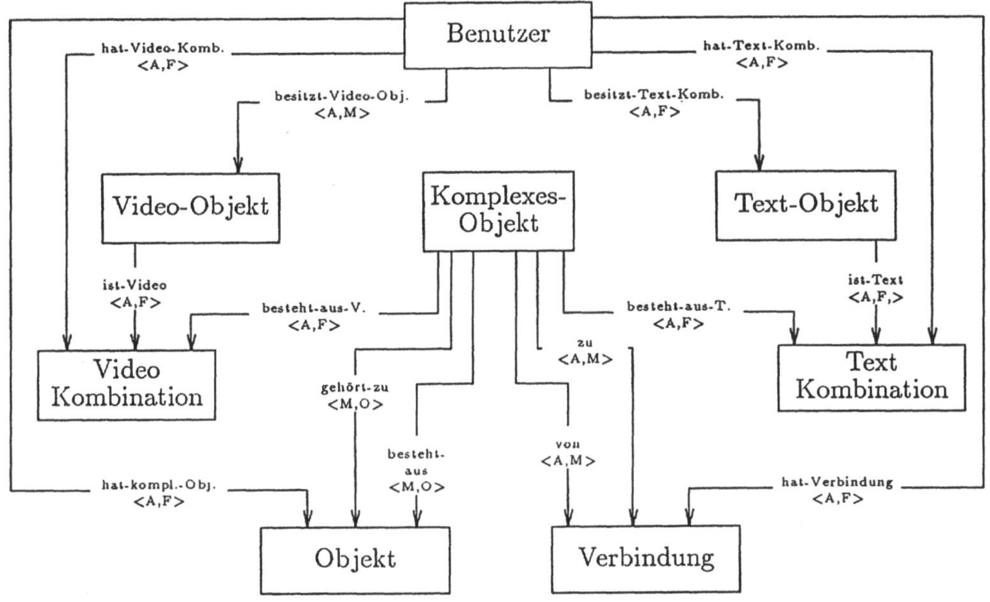

Abbildung 4: Das Bachmann-Diagramm

für bestimmte Objekte (Video, Text) abhängig von den entsprechenden Eigentümern (Benutzern) vergeben werden. Im Netzwerk-Datenmodell läuft das darauf hinaus, aufgrund von Attributwerten bzw. Set-Ausprägungen Zugriffsrechte zu vergeben. Diese inhaltsbezogene Vergabe von Rechten wird jedoch von einem Netzwerk-Datenbanksystem nicht unterstützt. Dieser Nachteil führt auch dazu, daß das Sichtenkonzept des Netzwerkmodells nicht die gestellten Anforderungen erfüllt.

3.5 Das Basisnetz im relationalen Modell

3.5.1 Die Objekttypen

Zunächst wollen wir die beiden Objekte (Text und Video) modellieren. Ein Textobjekt besteht sicherlich aus einem Identifikator, der ein bestimmtes Textobjekt eindeutig bestimmt und aus einem Textfeld definierter maximaler Länge. In diesem Feld soll die eigentliche Textinformation abgespeichert sein.

Eine Darstellung der Relation "Text" zeigt folgende Abbildung:

Relation **Text**:

Text-ID	Datum	Uhrzeit	Benutzer	Textinhalt
T1	10.10.88	12.13.02	System	Hypertext und ...

Dabei wird die Text-ID automatisch erzeugt, um die Modellierung der Verbindungen zwischen Objekten zu erleichtern.

Bei der Modellierung von Videoobjekten ist die physikalische Speicherung der Videoinformationen ausschlaggebend. Wie oben erwähnt, sollen aus Speicherplatzgründen in der Relation nicht die eigentlichen Videoinformationen stehen, sondern Verweise auf externe Speicher. Wir gehen nun davon aus, daß die einzelnen Videobilder auf einer Bildplatte stehen (Kapazität heute ca. 54.000 Bilder).

Die Speicherform (hier also Einzelbilder) bedingt, daß in der Relation jeweils alle Bilder einzeln abgelegt werden können. Allerdings ist diese ein Spezialfall, denn im allgemeinen werden ganze Videoszenen über Plattennummer, Startbild und Endbild identifiziert. Will man auch einzelne Bilder ansprechen können, so sind Startbild und Endbild identisch. Da hier vor allem Hardware-Anforderungen eine große Rolle spielen, wollen wir es bei dieser einfachen Identifizierung belassen. Um aber sinnvolle Möglichkeiten zur Anfrage zu schaffen, ist es sicherlich noch notwendig, die einzelnen Szenen in irgendeiner Form zu beschreiben. Dieses kann zum einen natürlich über eine unstrukturierte textuelle Beschreibung geschehen. Aufgrund der dadurch anfallenden sehr großen Datenmengen ist diese Art der Beschreibung sicherlich extrem ungünstig, zudem natürlich alle Anfragen auf ein "string-matching" hinauslaufen würden. Besser wäre eine Beschreibung durch Attribute. Eine solche Beschreibung ist natürlich sehr anwendungsabhängig; außerdem legt man durch die Attributliste einen Informationsfilter auf die Videobilder, der sicherlich von verschiedenen Benutzern ganz unterschiedlich gesehen werden kann. Daher ist eine solche Beschreibung auch nicht unproblematisch, zumal für Informationen im Basisnetz, das ja für alle Benutzer Grundlage für die individuellen Sichten ist. Bessere Lösungsmöglichkeiten lassen Forschungsrichtungen in der Mustererkennung erwarten (wie beispielsweise automatische Bildbeschreibungen etc.), doch beschränken wir uns zunächst einmal auf die Beschreibung durch Attribute. Eine Darstellung des Objekttyps Video zeigt das folgende Schema:

Relation **Video**:

Video-ID	Platten-Nr.	Startbild	Endbild	Benutzer	<Attr.-Liste>
V1	10	12	135	System	...

Der interne Schlüssel (Video-ID) wird wiederum automatisch erzeugt und dient der Vereinfachung der Modellierung der Verbindungen.

3.5.2 Die Verbindungen

Verbindungen werden als zweiseitige, benutzerspezifische Verbindungen aufgefaßt. Dieses erleichtert das Zurückverfolgen einer Verbindung und vermeidet Schwierigkeiten, wie sie beispielsweise sonst bei Update-Operationen entstehen würden. Gerichtete Verbindungen sind dabei durch die Typ-Information identifizierbar.

Verbindungen verweisen im allgemeinen auf ein ganzes Objekt. Durch die Einführung von Offsets kann eine grössere Flexibilität erreicht werden. Wünscht man nun für Verbindungen die Möglichkeit von Offsets, so wäre eine mögliche Modellierung der Verbindungen die

Relation **Verbindung**:

Objet-Id-1	Objekt-Id-2	Offset-1	Offset-2	Benutzer	Typ
V1	T1	0	12	System	ist-Oberbegriff-von

Benötigt man keine Offsets, so braucht man Verbindungen nicht explizit in einer eigenen Relation in der Datenbank abzulegen. Dann verschwindet der Unterschied zwischen Objekten und Verbindungen. Verbindungen sind dann nichts anderes, als spezielle Kombinationen von komplexen Objekten. In der unten angegebenen Relation 'komplexes-Objekt' kann dieses dann modelliert werden, indem man einen zusätzlichen Attributwert (beispielsweise 'verbindet') für das Attribut "Art" einführt.

3.5.3 Die Strukturoperationen

Unabhängig von der speziellen Implementierung der Strukturoperationen (Aggregation, Generalisierung, Synchronisation), mit der wir uns wie gesagt hier nicht beschäftigen, werden die für diese Funktionen benötigten Daten ebenfalls in der Datenbank gehalten. Die Daten für diese Operationen sind auf jeden Fall benutzerspezifisch.

Relation **komplexes-Objekt**:

K-ID	Benutzer	Objektname	Nr.	Video-ID	Text-ID	KO-ID	Art
K1	Anton	Beispiel-1	1	V1	–	–	Sicht
K2	Anton	Beispiel-2	1	–	T2	–	Sicht
K3	Anton	Beispiel-3	1	–	–	K1	Aggr.
K4	Anton	Beispiel-3	2	–	–	K2	Aggr.

Die Relation "komplexes-Objekt" zeigt eine Modellierungsmöglichkeit. Zunächst kann ein komplexes Objekt bezüglich seines Namens und seines Benutzers eindeutig sein (jeder Benutzer hat demnach verschiedene Namen für seine verschiedenen Objekte, aber verschiedene Benutzer können gleiche Namen für die Objekte verwenden). Das Attribut *K-ID* sei wieder ein interner Schlüssel. Ein komplexes Objekt kann nun einmal ein Video- oder Textobjekt sein (Verweis auf entsprechendes Basisobjekt, s. *Beispiel-1, Beispiel-2*). Es handelt sich jeweils um eine spezielle Benutzersicht. Ein komplexes Objekt besteht aus weiteren komplexen Objekten (*Beispiel-3*). Dann benötigt man allerdings das Attribut "Nr.", um die entsprechenden Tupel eindeutig zu machen. (In diesem einfachen Fall kann die Nummer auch einfache Synchronisationsbedingungen ausdrücken: "T1" vor "T2".) Zulässige Attributwerte für das Attribut *Art* sind: Sicht, Aggregation und Generalisierung. Verzichtet man auf die explizite Darstellung der Relation "Verbindung", so gibt es noch einen weiteren Attributwert, beispielsweise *Verbindung*. Ein Tupel, das eine Verbindung zwischen dem komplexen Objekt *K2* und dem Objekt *K3* schafft (s.o.), sähe dann folgendermaßen aus:

K-ID	Benutzer	Objektname	Nr.	Video-ID	Text-ID	KO-ID	Art
K5	Anton	Verbindung	1	–	–	K2	Verb.
K6	Anton	Verbindung	2	–	–	K3	Verb.

Eine semantische Unterscheidung zwischen den verschiedenen Kombinationsarten (Aggregation, Generalisierung, Sicht) kann sich beispielsweise auch in der graphischen Repräsentation ausdrücken.

3.5.4 Ein Beispiel

Wir wollen nun eine typische Anfrage für einen Benutzer (Anton) in einer relationalen Anfragesprache (hier beispielsweise in SQL) formulieren:

Welche Objekte gehören zum individuellen Hypertext-Netz des Benutzers Anton?

Hierbei ist zu beachten, daß zunächst natürlich nur Objekte der obersten Hierachie-Stufe gezeigt werden sollen. Eine Formulierung der Anfrage in SQL, um die benötigten Daten aus der Datenbank zu erhalten, könnte folgendermaßen aussehen:

```
SELECT K-ID FROM komplexes-Objekt
      WHERE Benutzer='Anton'
      AND K-ID NOT IN (SELECT KO-ID FROM komplexes-Objekt
                       WHERE Benutzer='Anton'
                       AND KO-ID <> null)
```

Um die ensprechenden Verbindungen zu finden, nimmt man jedes in der obigen Anfrage gefundene komplexe Objekt und sieht in der Relation 'Verbindung' nach, zu welchem komplexen Objekt, das ebenfalls in der obigen Menge gefunden wurde, eine Verbindung führt.

Wie werden nun Zugriffsrechte vergeben? Beispielsweise möchte der Benutzer Anton, daß ein weiterer Benutzer (Berta) seine Text-Objekte lesen kann:

```
GRANT SELECT ON Text
      WHERE Benutzer='Anton'
      TO Berta
```

An diesen Beispielen kann man sehen, daß der mengenorientierte Datenzugriff sehr einfache Anfragestrukturen ergibt. Auch die Vergabe von Zugriffsrechten ist sehr viel flexibler zu gestalten als im Netzwerk-Modell.

3.6 Erste Einsatzerfahrungen

Die in dieser Arbeit vorgestellten Konzepte wurden im Rahmen des Nestor-Projekts (s. [BDC*89] und [NES88]) prototypisch implementiert. Der Schwerpunkt bei der Abbildung auf das relationale Modell war hierbei, ein Maximum an Anwendungsunabhängigkeit zu gewährleisten. Durch den Einsatz multimedialer Basishardware war es möglich, die Eignung unter realen Bedingungen zu evaluieren. Erste Einsatzerfahrungen zeigen, daß durch den Einsatz eines kommerziellen Datenbanksystems ein lauffähiger Prototyp schnell verfügbar war. Es zeigte sich jedoch ebenfalls, daß die Mächtigkeit des Konzepts erst durch den Einsatz eines objektorientierten Modells voll zum tragen kommt. Aus diesem Grund erarbeiten wir momentan eine Alternativ-Implementierung auf der Basis des strukturell objekt-orientierten Datenbanksystem DAMOKLES [Dit87].

4 Zusammenfassung und Ausblick

Hypertext-Systeme, die ursprünglich zur Verwaltung und Darstellung nicht linearer Texte dienten, haben eine Wandlung zur Hypermedia-Systemen vollzogen, ohne daß eine Erweiterung des klassischen Hypertext-Konzepts stattfand.

Zielsetzung unserer Arbeit war es, dieses Konzept hinsichtlich der verschiedenen Objekttypen zu erweitern. Dazu führten wir ADT-Klassen und Strukturoperationen ein, die es erlauben sollen für unterschiedliche Benutzer verschieden strukturierte Hypertext-Netze aus den gleichen Basis-Informationen zu erzeugen. Anschließend haben wir uns mit der Speicherabbildung beschäftigt. Dazu haben wir das in einem ER-Schema modellierte erweiterte Hypertext-Konzept zunächst in einem Netzwerk-Modell dargestellt. Dabei stellte sich heraus, daß vor allem der navigierende Zugriff, aber auch Schwierigkeiten bei der flexiblen Vergabe von Zugriffsrechten, eine Netzwerk-Datenbank für die Implementierung eines Hypertext-Systems ungünstig erscheinen lassen. Besser scheint dagegen die Realisierung in einer relationalen Datenbank möglich. Hier ergaben sich zum einen zur Erzeugung der individuellen Hypertext-Netze aus den vorhanden Basisinformationen relativ einfache Anfragen; andererseits war die Vergabe von Zugriffsrechten sehr flexibel möglich. Für die weitere Zukunft planen wir zum einen den intensiven Test der relationalen Implementierung; insbesondere deren Eignung für große Datenbestände. Einen weiteren Punkt stellt die Erweiterung des objekt-orientierten Ansatzes (s. Abschnitt 3.6) um Methoden zur Spezifikation von Verhaltensbeschreibungen dar.

Literatur

[BDC*89] Gerold Blakowski, Josef Dirnberger, Kathy Coyle, Martin Dürr, Max Mühlhäuser, Burkhard Neidecker-Lutz, Martin Richartz, Tom Rüdebusch, Joachim Schaper, Florin Spanachi, Paul Tallet, and Igor Varsek. *NESTOR — Requirements and Architecture.* Interner Bericht 13/89, Fakultät für Informatik, Universität Karlsruhe, August 1989.

[Bus45] V. Bush. As We May Think. *Atlantic Monthly*, 101 – 108, July 1945. Neu veröffentlicht in: CD-ROM: The New Papyrus, Microsoft Press 1986.

[CG88] Brad Campbell and Joseph M. Goodman. HAM: A General Purpose Hypertext Abstract Machine. *Communication of the ACM*, 31(7), Juli 1988.

[Dit87] K. R. Dittrich et al. Damokles - the database system for the unibase software engineering environment. In *Proceedings of Conf. on Database Engineering*, pages 37–47, March 1987.

[Hal88] Frank G. Halasz. Reflections on NoteCards: Seven Issues for the next Generation of Hypermedia Systems. *Communication of the ACM*, 31(7), Juli 1988.

[Loc88] P.C. Lockemann. Multimedia Databases: Paradigm, Architecture, Survey and Issues. September 1988. Interner Bericht Nr.12/88.

[NES88] *NESTOR: New approaches to computer-mediated learning.* Project development brief, Institut für Programmstrukturen und Datenorganisation, Universität Karlsruhe, December 1988.

[SZ87] Karen E. Smith and Stanley B Zdonik. Intermedia: A Case Study of the Differences Between Relational an Object-Oriented Database Systems. *OOPSLA '87*, 452–465, 1987.

[WK87] Darrell Woelk and Won Kim. Multinedia Information Management in an Object-Oriented Databse System. *Proceedings of the 13th VLDB Conference, Brighton*, 319–329, 1987.

Zur Integration von
klassischen und hypermedialen Dokumenten und dem Retrieval
in Datenbanken

D. Stieger
Institut für Informationssysteme
Eidgenössische Technische Hochschule (ETH) Zürich, Schweiz
Tel.: 0041 1 254 7239

Die Unterstützung von nicht-alltäglichen Aufgaben im Bürobereich, wie wir sie vorwiegend in "kreativen" Büros (z.B. beim Systementwurf und wissenschaftlichen Arbeiten) antreffen, ist noch immer nicht befriedigend gelöst. Hypermedia - ein zukunftsträchtiger Ansatz - hilft, eine vage und chaotische Sammlung von Gedanken miteinander in Beziehung zu setzen. Die benutzerfreundliche und effiziente Verwaltung der anfallenden (Büro-) Objekte mit Hilfe einer Datenbank, die Unterstützung von Gruppenarbeit und das Retrieval sind die eigentlichen Forschungspunkte.

Einleitung

Seit die elektronische Verarbeitung von Dokumenten möglich wurde, erhöhte sich die Informationsmenge allerorts in kurzer Zeit drastisch. Täglich fallen in der täglichen Arbeitsumgebung grosse Mengen an verschiedenartigen Dokumenten (Formulare, Briefe, Artikel, Berichte, etc.) an. Heute noch bestehen diese vorwiegend aus Texten, sehr bald aber werden sie auch andere Medien (Graphiken, Bilder und gesprochene Passagen) einbeziehen.

Die moderne Datenverarbeitung lässt bereits heute die Darstellung anspruchsvoller und ansprechender Dokumente zu. Dokumentationssysteme unterstützen raffinierte logische und darstellerische *(layout)* Dokument-Gliederungen, erlauben das Einsetzen von Kopf- und Fusszeilen, das Anbringen von Annotationen (Fussnoten, Randnotizen) und das automatische Generieren von Inhaltsverzeichnissen und Indices.

In dem an der ETH Zürich laufenden SNF-Projekt sollen vor allem die Datenbank- und Retrievalaspekte eines hypermedialen Informationssystems untersucht werden. Durch die Integration von Arbeiten auf den Gebieten der Datenbankkern-Architekturen, der objektorientierten Datenmodelle, des Information Retrievals (IR) und der Hypermedia-Dokumentenerstellung und -verwaltung erwarten wir eine interessante Synthese und neue Blickwinkel.

Hier werden wir uns auf die Darstellung der Aspekte zur Integration klassischer und hypermedialer Dokumente und zum Retrieval beschränken. In einem Ausblick sollen die aktuellen Arbeiten auf dem Datenbanksektor angeführt werden.

Hypermediale Dokumente, Konversion bestehender Dokumente

Hypermedia-Dokumente sind nicht-sequentielle Dokumente, die in der Form gerichteter Graphen realisiert werden, eventuell gar mehrerer superponierter Graphen. Jeder Knoten eines solchen Graphen enthält dabei

Information, die in verschiedener Form vorliegen kann: Texte, Grafiken, Bilder, Bewegtbilder, Ton, Animationen, ausführbarer Code usw. Im allgemeinen können sowohl von einem Knoten mehrere Kanten ausgehen als auch mehrere Kanten in einem Knoten eintreffen. Eine Hypermedia Datenbasis ist interessant, wenn die Permanenz und die Ausbaubarkeit einer Dokumentensammlung im Vordergrund steht.

Ein Benutzer eines Hypermedia-Systems, bewegt sich durch das Aktivieren von Kanten im Dokument herum. Dadurch ergibt sich eine ausserordentlich dynamische Mensch-Maschine Interaktion, wie etwa jene, die schon vor 45 Jahren durch Bush's visionäre Maschine *memex* antizipiert wurde [Bus 45]. Die Dynamik heutiger Hypermedia-Systeme ist bereits so ausgeprägt, dass Benutzer sich leicht im System verlieren können, eine Problematik, die sowohl mit der Benutzerschnittstelle [Nie 90] als auch mit zu exzessivem Gebrauch der Vernetzungsmöglichkeiten zu tun hat.

Bereits bei Hypermedia-Dokumenten mit wenigen 100 Knoten reicht der navigierende Zugriff über die Kanten nicht mehr aus. Es werden vielmehr Anfragemöglichkeiten nach inhaltlichen Gesichtspunkten, aber auch nach strukturellen und darstellungsorientierten Aspekten gefordert, um von aussen einen Knoten oder eine Teilmenge von Knoten zu finden.

Die Wahrung einer gewissen Autonomie von Dokumenten und Dokumentteilen, d.h. das sehr überlegte und somit eher sparsame Definieren von Referenzen und Zeigern beim Erstellen von Hypermedia-Dokumenten, führt zu übersichtlicheren Dokumenten, die - vorerst am Bildschirm - bequemer gelesen werden können.

Ein Problem besonderer Art stellt die Ausgabe des Dokuments auf einem Gerät dar, welches das Dokument in einer sequentiellen Form verlangt, wie z.B: ein Drucker. Die Information, welche den "roten Faden" durch das Dokument aufzeigt, muss dem System dabei vorerst mitgeteilt werden. Auch bei der Arbeit am Bildschirm erweist sich eine solche *"guided tour"* oft als ein nützliches Instrument um die Orientierung nicht zu verlieren.

Gegenüberstellung: Hypermedia ↔ klassische Dokumente

Klassische - lineare - Dokumente erlauben heute teilweise zwei verschiedene Sichten auf ein Dokument. Zum einen ist dies die logische Sicht, welche die logische, konzeptionelle Gliederung des Dokuments aufzeigt (Unterteilung in Kapitel, Abschnitte, etc.) und zum anderen die darstellerische *(layout)* Sicht, welche den Umbruch des Dokuments festhält (Unterteilung in Seiten, Rahmen und Blöcke). Die Sichten sind physisch realisiert als Objekthierarchien, deren hierarchisch tiefsten Knoten auf dem gemeinsamen Dokumenteninhalt operieren.

Objekte vererben ihre Eigenschaften an ihre Unter-Objekte. Soll z.B. ein ganzes Kapitel in hervorgehobener Art dargestellt werden, so heisst dies automatisch für alle zu diesem Kapitel gehörenden Abschnitte und deren Inhaltsportionen, dass diese die Eigenschaft "hervorgehoben" erhalten (sofern in diesen Knoten nichts anderes vereinbart wird).

Eine solche Dokumentenarchitektur wird z.B. bereits in der *Office Document Architecture* ODA [ISO 87] beschrieben. Diese Architektur wurde nun in einem ersten Schritt so erweitert, dass mehrere layout Sichten gleichzeitig pro Dokument abgelegt werden können. Dies erlaubt einerseits ein Eingehen auf verschiedene Hardware-Umgebungen (z.B. keine Audio-Ausgabe, falls kein Lautsprecher vorhanden ist, anstelle dessen evtl. eine Randnotiz), andererseits eine differenzierte Dokumenten-Sicht für verschiedene Benutzer (z.B. Darstellung in verschiedenen Detaillierungsgraden).

Beim Begriff *Objekt* drängt sich die Assoziation zum *objektorientierten Ansatz* auf. Auch dort existieren Klassen, Knoten (Objekte) und Vererbungshierarchien. Die Klasse entspricht dort ziemlich genau einer Objektmenge (z.B. die Menge der Kapitel oder Abschnitte). *Hypermedia-Kanten* entsprechen jedoch nur implizit einem speziellen Methoden-Aufruf beim objektorientierten Ansatz. Trotzdem eignen sich objektorientierte Modelle gut für die Erstellung eines Hypermedia-Systems.

Klassische Dokumente sind meist so aufgebaut, dass der Leser zuerst in das Thema eingeführt wird und danach logisch aufbauend zum Kern der Sache geleitet wird. Der Autor des Werks sieht einen "roten Faden" vor, welcher für den Grossteil der Leserschaft eine einfache und/oder effiziente Lektüre verspricht. Inhaltsverzeichnisse, Glossare, Literaturlisten und Indexe lassen jedoch einfache Querverbindungen zu. Oft werden Kopf- und Fusszeilen, sowie Annotationen (Fussnoten, Randnotizen) unterstützt. Ansätze zur de-linearisierung sind vorhanden.

Hypermedia Dokumente dienen der effizienten Informationsvermittlung. Assoziativ sucht sich der Leser - oder besser Benutzer des Systems - einen Weg via die Kanten durch die Knotenmenge, wobei jeder Knoten einen bestimmten Aspekt oder eine Idee vermittelt. Der Leser kann selbst weitere Ideen anfügen, neue Assoziationen einbringen und so seine Ideen anderen zugänglich machen.

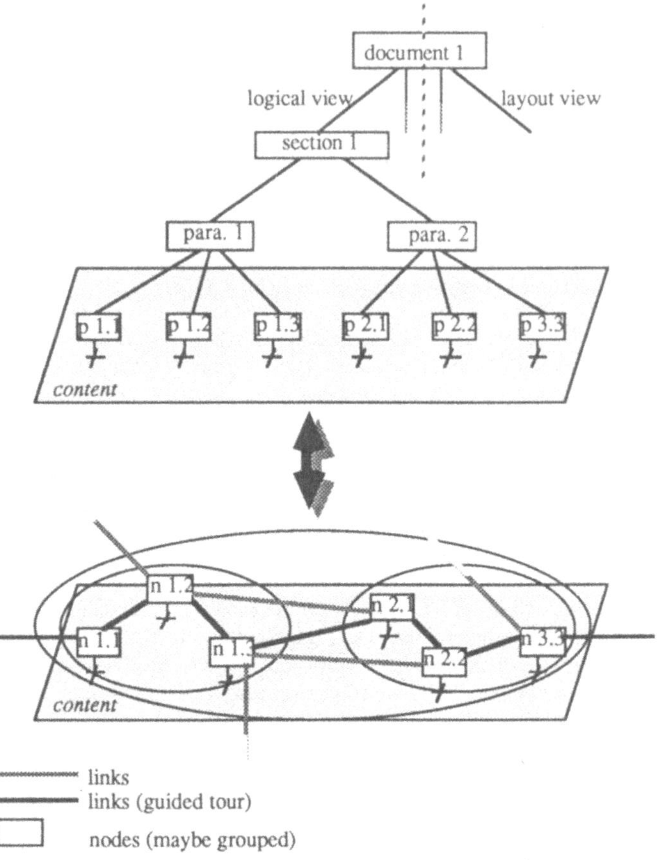

Was dabei oft verloren geht, ist die Autorität eines einzigen Autors und damit der "rote Faden". Dies hat zur Folge, dass ein Hypermedia-Dokument sich auf die verschiedensten Arten sequentialisieren lässt. Durch zusätzlich eingebrachte Information kann eine dieser Sequentialisierungen bevorzugt werden. Konzepte wie z.B. die *guided tour* linearisieren in einem gewissen Masse das Hypermedia Netzwerk.

Konversion bestehender Dokumente

Ein spezielles Problem, das sich stellt, ist die Uebernahme der bereits existierenden klassischen Dokumente in die neue - nicht-lineare - Form. Konversionen von linearen Dokumenten in Hypertext-Dokumente sind bisher etwa im Rahmen von Lexikon-Projekten [Ray+88] oder der Automatisierung anderer umfangreicher Dokumentationen [Fri 88] - zum Teil mit beträchtlichem manuellem Aufwand - durchgeführt worden. Kleinere, konventionelle, oft wenig zusammenhängende Dokumente - etwa im Bürobereich - wurden bislang kaum in Hypertexte konvertiert.

Unterschiedliche - z.B. von verschiedenen Editoren stammende - Dateiklassen müssen durch den Dateienkonverter in die dem Schema entsprechende einheitliche Form gebracht werden können. Zu jeder Klasse gehört daher ein Algorithmus (Klassenbeschreibung), welche aussagt, wie diese Transformation ausgeführt werden soll.

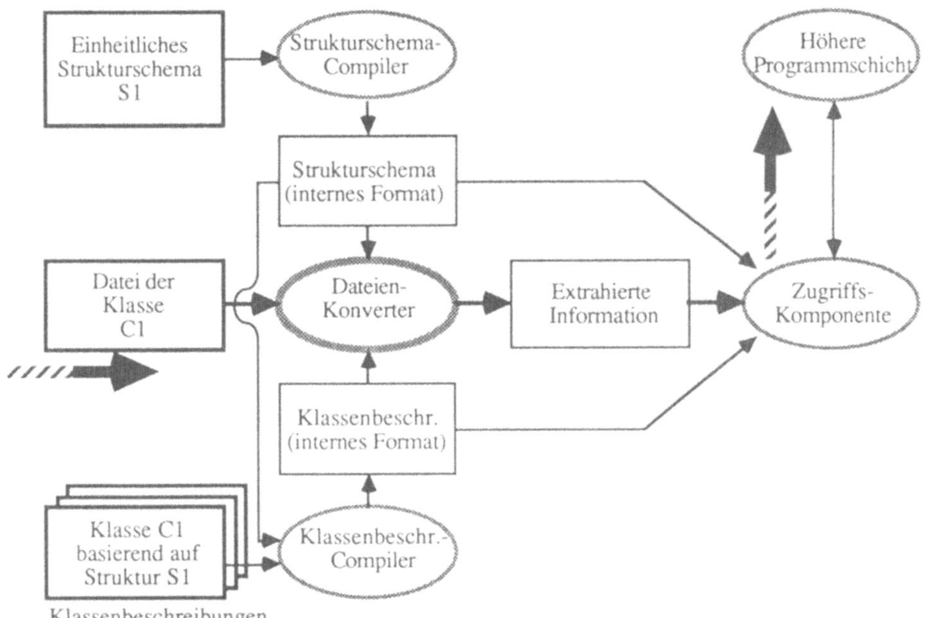

Verwoben in die Dateien-Konversion läuft auch der semantisch orientierte Deskribierprozess ab, die anfallende Information wird in der *retrieval* Sicht abgelegt; dies ist eine weitere Ergänzung der in ODA [ISO 87] vorgeschlagenen Sichten. Bei der Deskribierung werden folgende Schritte durchlaufen:

- Zerlegung des Dokuments in Fliesstextteile und Grafiken;
- Zerlegung des Fliesstexts in einzelne Wörter;
- Elimination von Wörtern durch eine Stoppliste und eine Antistoppliste;
- Die identifizierten Wörter werden mit Hilfe eines von Porter entwickelten und von Teufel erweiterten Algorithmus auf ihre Grundformen reduziert [Teu 89];
- Zerlegung der Grafiken in einzelne grafische Primitive;
- Elimination von grafischen Primitiven durch eine (grafische) Stoppliste.

Zur Zeit werden Dokumente der Klasse MSWord (Apple® MacIntosh) und der Klasse Lara [Gut 85] verarbeitet. MSWord-Dokumente können neben (formatierten) Texten auch Tabellen und Bilder (Rastergrafiken und geometrische Bilder) enthalten; zudem kann praktisch jede Graphik, welche auf dem MacIntosh erzeugbar ist, in Word-Dokumente eingebunden werden. Wir haben uns für MSWord entschieden, weil

- ein Austausch-Format (RTF) vorhanden ist,
- Hilfsmittel zur Verfügung stehen, welche es erlauben, Dokumente anderer Formate in Word-Dokumente zu konvertieren,
- Word *style* Konzepte unterstützt (standard und abgeleitete *styles*) [Joh 88],
- Word den grössten Teil der im DTP-Bereich notwendigen Operationen abdeckt.

Die standardmässig definierten *styles* in Word erlauben es zudem, spezielle Abschnitte (Kopf- und Fusszeilen, Inhaltsverzeichnis, Index, etc.) gesondert zu behandeln und so die Hypermedia-Verweisstrukturen aufzubauen. Der ursprüngliche "rote Faden" bleibt in Form der Dokumentenarchitektur erhalten. Weitere Editierschritte sollen es erlauben, die Knoten (Elemente der logischen Sicht) neu zu gruppieren und zu neuen Dokumenten zusammenzustellen. Die flexible Gestaltung der *layout* Sicht ermöglicht - unter Beibehaltung des Inhalts - dem Dokument ein neues Aussehen zu verleihen.

Vorläufig werden die (Hypermedia-) Kanten, welche auf Referenzen und Zitate weisen, noch nicht zur Deskribierung beigezogen.

Browsing und Retrieval nach inhaltlichen Aspekten

Währenddem sich in klassischen Dokumenten-Umgebungen die Abfrage nach inhaltlichen Aspekten langsam durchgesetzt hat, begnügt man sich im Hypermedia-Bereich noch oft mit einem manuellen Durchsuchen (*browsing*) der Datenbasis. Eine Untersuchung der existierenden *browsing*-Methoden und eine sanfte Kombination mit den Möglichkeiten der inhaltlichen Abfrage scheint für das vorgestellte Projekt ein geeigneter Ansatz zu sein.

Browsing

Der Orientierung im Netzwerk dient eine Uebersichts-Karte, welche eine Teilmenge aller vorhandenen Knoten und Kanten wiederspiegelt. Dabei können - je nach Umfang der Dokumenten-Basis verschiedene Umgebungs-Anzeigen eingesetzt werden:

- globale Umgebungs-Anzeige (geeignet bei kleineren Netzen)
- lokale Umgebungs-Anzeige (zooming)

Die Knoten werden in Form von Piktogrammen dargestellt, welche durch Kanten verbunden sind. Bereits bei der Darstellung können verschiedenste ergonomische Faktoren berücksichtigt werden; so z.B. eine möglichst planare Darstellung. Trotzdem sollten die vom System vorerst default-mässig angeordneten Piktogramme durch den Anwender re-arrangiert und re-gruppiert werden können. Andere - einfach zu realisierende - Massnahmen zur Hervorhebung der Bedeutung können spezielle Kennzeichnung einzelner Piktogramme sein (z.B. durch verschiedene Farbgebungen).

Piktogramme können mehrere Funktionen erfüllen. Sie können den Knotentyp (Uebersichtstafel, Text, Film etc.) wiederspiegeln, oder das Aussehen des Knoten in einer stark verkleinerten Form zeigen (d.h. sie entsprechen dem tatsächlichen - miniaturisierten - *layout* des Knotens). Sie können aber direkt auch über den Umfang der dahinter verborgenen Information etwas aussagen.

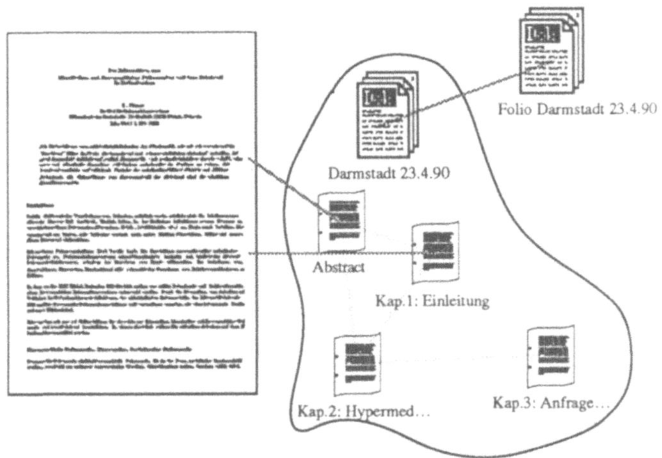

Das Bild rechts zeigt, wie sich z.B. dieses Papier auf dem Bildschirm präsentieren könnte.

Nicht immer ist es erforderlich, dass der Anwender eine volle Datensicht hat. Analog den *views* auf Datenbanken sollte es möglich sein, die Dokumenten-Basis dem Browser in gefilterter Form (basierend auf einer Abfrage) zur Verfügung zu stellen. So können z.B. nur die Hauptknoten (Dokumente, Kapitel, globale Dictionaries) oder nur Knoten über einen bestimmten Sachverhalt dargestellt werden. Wir unterscheiden deshalb die

- volle Datensicht
- partielle Datensicht (Filterung nach formalen, inhaltlichen und strukturbezogenen Aspekten)

Browsing wird nicht nur benötigt, wenn auf einer Dokumentenbasis gesucht werden soll, sondern auch bei deren Erweiterung. Eine Hypermedia Datenbasis steht für Permanenz und ist prädestiniert zu weiterem Ausbau. Die Gefahr ist gross, dass beim Einfügen neuer Knoten unnötige Redundanz entsteht und dass nützliche Verbindungen (z.B. infolge inhaltlicher Zusammengehörigkeit) zu bereits bestehenden Knoten vergessen werden. Das inhaltliche Suchen und die damit verbundene partielle Datensicht bieten dabei Unterstützung beim Ausbau der Hypermedia Datenbasis.

Selbst die bislang erwähnten Hilfsmittel bieten keine Sicherheit vor dem Verlust der Orientierung. Sofern man bereit ist, auf einige der Freiheiten des intuitiven *browsing* zu verzichten, können Hilfsmittel hier die Suche enorm erleichtern. Möglichkeiten diesbezüglich sind:

- guided tour(s)
- historical backtracking, historical trail (temporale Aspekte)

Inhaltliche und formale Suche

Im ODA-Modell werden Dokumente durch eine logische und eine layout Sicht - intern durch eine Objekt-Hierarchie dargestellt - beschrieben. In unserem Modell lassen wir die Erweiterung zu, dass verschiedene layout Sichten gleichzeitig nebeneinander existieren dürfen.

Jedes Objekt $\omega \in \Omega$ wird durch eine Menge A von Attributen beschrieben. Die durch diese Attribute $\alpha \in A$ definierten Eigenschaften eines Objekts vererben sich an seine Unterobjekte weiter, falls dort nichts anderes vereinbart wird.

Hypermedia-Knoten definieren wir als *logische Objekte* $\omega \in O_{log}^* \subset \Omega$, einschliesslich aller dazugehörigen Unterobjekte.

Die einzelnen Merkmale ϕ der für das Retrieval verwendeten Merkmalsmenge Φ werden durch Objekt-Attribut-Paare gebildet; diese bilden den Merkmalsraum: $\Phi = \Omega \times A$, wobei $\Omega = O_{log} \cup O_{lay} \cup O_{content}$. Dabei ist zu beachten, dass Bildbestandteile (Graphik-Primitiven bei geometrischen Bildern, extrahierte Bildinformationen aus Raster-Bildern) prinzipiell nicht anders behandelt werden als Textbausteine.

Konzepte:

Obwohl die auf syntaktischer Ebene arbeitenden IR-Systeme - basierend auf direktem Merkmalsvergleich - in den letzten Jahren ständig verbessert wurden, sind diese heute an einer "Leistungsgrenze" angelangt. Es fehlt der Einbezug der Semantik. Mit Hilfe der in [Sch 89] behandelten *Konzepte* kann dieser Mangel behoben werden. Eine Modellerweiterung von Termen auf die etwas komplexeren Merkmale für Multimedia und der Einbezug eines Superierungskonzepts (Super-Konzept: Informationsabbau durch Zusammenlegung von Konzepten, dies ist besonders wichtig im Zusammenhang mit der Graphik) könnten einen Ansatz für effizientes Multimedia-Retrieval darstellen. Graphiken, Bilder und Geräusche lassen sich somit in den Retrievalvorgang miteinbeziehen. Erste Resultete (mit Graphiken) zeigten zumindest ermutigende Resultate.

---

*   mit O_{log} bezeichnen wir (ODA-)Objekte aus der logischen Sicht,
      mit O_{lay} solche aus der *layout* Sicht, $O_{content}$ bezeichnet Inhalts-Portionen

Informationsstrukturen:

Eine Informationsstruktur stellt dem Retrieval-Algorithmus weitere Information zur Verfügung. Verschiedenen Arten von Informationsstrukturen können unterschieden werden:

- Eine globale Informationsstruktur kann (gewichtete) *Beziehungen zwischen Sachverhalten* festhalten. Diese Information ist von globaler Natur und gilt für alle Dokumente. Dabei können auch Homeo- und Polysemien modelliert werden.

- Eine weitere Informationsstruktur beschreibt die *Bedeutung der Gliederung* innerhalb von Dokument- klassen, wie die (semantische) Bedeutung der Anordnung von Objekten. Sie stellt somit eine Ergänzung zur logischen Struktur dar.

- Eine lokale Informationsstruktur wird innerhalb eines Dokuments verwendet, um *Sachverhalte*, die in der globalen Informationsstruktur nicht enthalten sind, für dieses *spezifische Dokument* festzuhalten.

Gewichtete Abfragen:

Das im IR-Bereich oft verwendete Vektorraum-Modell eignet sich für Hypermedia-Retrieval ebenso, wie für klassisches Dokumenten-Retrieval. Dabei hat eine Anfrage (Query) *dieselbe Form* wie eine Dokumen- tenbeschreibung: Sie besteht aus einer Menge gewichteter Merkmale ϕ. Die Aehnlichkeit zwischen einem Dokument d und einer Query q wird durch einen sogenannten *retrieval status value* ausgedrückt, den man durch Auswertung eines Aehnlichkeitsmasses RSV erhält. Die Berechnung des RSV geschieht über die Konzepte (d.h. es wird nicht die direkte Aehnlichkeit der Merkmale bestimmt, sondern es werden die Konzepte - die Bedeutungen der Merkmale - miteinander verglichen). Dabei existieren jedoch Mechanis- men, welche es erlauben, dem Anwender später mitzuteilen, aufgrund welcher Merkmale Φ_{hit} seiner Abfrage ein bestimmtes Dokument aus der Kollektion ausgezogen wurde.

Datenbankserver, Vorarbeiten

Voraussetzung zur Realisierung eines neuen Büroinformationssystems ist die Existenz eines geeigneten Büroobjektmodells. Zur Zeit laufen Untersuchungen, wie

- Hypermedia
- klassische Dokumentenarchitekturen
- Objektmodell
- Erweiterbare Datenbankarchitektur

miteinander "verheiratet" werden können, unter Wahrung einer grösstmöglichen Mächtigkeit und Vielfalt der Ausdrucksmöglichkeiten, jedoch ohne dabei unnötige Komplexität zu erzeugen.

Eine schichtartige Modellierung scheint ein geeigneter Ansatz zu sein. Das NF^2-Datenmodell [Sch+86] (dieses hebt die Einschränkung der ersten Normalform auf und erlaubt relationenwertige Attribute) bietet bereits hierarchisch strukturierte komplexe Objekte im Speichersystem. Seit 1984 wurde von der Datenbankgruppe der TH Darmstadt ein Datenbankkernsystem für Objekte des NF^2-Relationenmodells entwickelt (DASDBS = DArmstädter DatenBankSystem). Basierend auf einer existierenden Kernarchitektur [Sch+90] mit ausgesuchten Operatoren können anwendungsspezifische Frontends implementiert werden. Ein solches Frontend, spezifisch für den Büro-Ablage-Service wurde bereits in einem früheren Projekt, in Zusammenarbeit mit Industriepartnern erstellt [Zab+90]. Das Datenmodell umfasst die traditionellen Objekte *Ablage, Akte, Dokument, Schreibtisch, Papierkorb*, die zur Zeit auf die Strukturen von DASDBS abgebildet und implementiert werden. Erfahrungen, welche mit diesem System gewonnen werden, sollen in dieses neue Projekt einfliessen.

Das Basis-Objektmodell COCOON erweitert das NF^2-Datenmodell um rekursiv geschachtelte Relationen und realisiert die nicht-hierarchischen Beziehungen (Hypertext und Hypermedia), das Sharing und die benötigte Generalisierung mit Vererbung [Sch+89]. Die Erweiterbarkeit um benutzerdefinierte Datentypen und Operationen [Haa 88] erlaubt eine Flexibilisierung der Schemata in Richtung Objektorientierung. Dem Hypermediamodell sollte es gestatten, neben festen Knoten- und Linktypen, dynamisch neue Typen zu spezifizieren, und es erleichtert die Einführung von knotenspezifischen Prozeduren (*attached procedures*).

Ein Teilprojekt befasst sich seit einiger Zeit sich mit den Zugriffspfadkomponenten. Für den praktischen Einsatz eines Hypermedia-Datenbanksystems ist letztendlich die Leistung, insbesondere die Antwortzeit entscheidend. Neben konventionellen B^*-Bäumen werden Signaturen (codierte Bitstrings, welche eine einheitliche Unterstützung von Substringsanfragen auf Texten und evtl. auch auf Attributen unterstützen) als Zugriffstechnik untersucht. Zur schnellen Durchsuchung der Signaturen selbst, wurde eine neue Struktur - der S-Baum [Dep 86] - entwickelt, implementiert und evaluiert.

Die Vorarbeiten auf dem Retrieval-Sektor scheinen sich ohne grössere Probleme auf das Basis-Objektmodell COCOON abbilden zu lassen, entsprechen doch die Objekte der Dokument-Architektur (O_{log} und O_{lay}) einer logischen Fortsetzung der traditionellen Büroobjekte (*Ablage* $\rightarrow$ *Akte* $\rightarrow$ *Dokument* $\rightarrow$ *Kapitel* $\rightarrow$ *Abschnitt*). Ob dies letztendlich so realisiert wird, ob nur die Objekte der logischen Sicht in das Datenmodell integriert werden, oder ob auf Stufe des Dokuments eine Kapselung stattfindet ist noch Gegenstand der Forschung. Der Retrieval Prototyp zeigt auch bestehende Probleme in Bezug Leistung und Antwortzeiten auf. Die Kenntnis der Flaschenhälse hilft beim Entwurf des Datenmodells und der Konzeption der Zugriffspfadkomponenten entscheidend mit. Umgekehrt liefern Gespräche mit der Datenbankgruppe wertvolle Kenntnisse über die Realisierbarkeit von IR-Wünschen (z.B. im Zusammenhang mit den Folgen einer Aenderung der Informationsstruktur auf die bestehenden Deskribierungen der Dokumente).

Zusammenfassung

Mit unserem Projekt versuchen wir Arbeiten auf den Gebieten der Datenbankkern-Architekturen, der objektorientierten Datenmodelle, des Information Retrievals und der Hypermedia-Dokumentenerstellung und -verwaltung zu integrieren. Anhand eines Hypermedialen Informationssystems werden einzelne, integrierbare Bausteine entwickelt. Damit bestehende Dokumente auf ein einheitliches Schema abgebildet werden können, wurde ein System zur Dateien-Konversion erstellt, welches gleichzeitig die Deskribierung der Dokumente vornimmt.

Wesentliches Forschungsziel wird die Integrierbarkeit von Komponenten und Subsystemen im Sinne einer erweiterbaren Architektur sein.

Literatur

[Bus 45]   Bush, V.: As we may think. *Atlantic Monthly 176*, July 1945, pp. 101-108.

[Dep 86]   Deppisch, U.: S-Tree: A dynamic balanced signature index for office retrieval. *Proc. ACM Conference on Research and Development in Information Retrieval*. Pp 77.87, ACM, 1986.

[Fri 88]   Frisse, M.: Searching for Information in a Hypertext Medical Handbook. *Commun. ACM 31*, No.7, July 1988, pp. 880-886.

[Gut 85]   Gutknecht, J.: Concepts of the Text Editor Lara. *Commun. ACM 28*, No.9, September 1985, pp. 942-960.

[Haa 88]   Haas, L.M., Schek, H.-J., Schwarz, P.M., Wilms, P.F.: Incorporating Data Types in an Extensible Database Architecture. *Proc. 3rd Int. Conf. on Data and Knowledge Bases*, C. Beeri, U. Dayal (eds.), Jerusalem, June 29-30, Morgan Kaufmann Publishers, Los Altos, CA, 1988.

[ISO 87]   ISO/DIS 8613: Information Processing - Text and Office Systems. *Office Document Architecture (ODA) and Interchange Format*, Parts 1-8, July 1987.

[Joh 88]   Johnson, J., Beach, R.J.: Styles in Document Editing Systems. *Computer IEEE*, January 1988, pp. 32-42.

[Nie 90]   Nielsen, J.: The Art of Navigating through Hypertext. *Commun. ACM 33*, No. 3, March 1990, pp. 296-310.

[Ray+88]   Raymond, D.R., Tompa, F.W.: Hypertext and the Oxford English Dictionary. *Commun. ACM 31*, No.7, July 1988, pp. 871-879.

[Sch+86]   Schek, H.-J., Scholl, M.H.: The relational model with relation-valued attributes. *Information Systems 11*, No.2, pp 137-147, June, 1986.

[Sch 89]   Schäuble, P.: *Information Retrieval Based on Information Structures*. Informatik-Diss. ETH, No. 15, vdf Verlag, Zürich, 1989.

[Sch+89]   Scholl, M.H., Schek, H.-J.: A Synthesis of Complex Objects and Object-Orientation. *Proc. GI Workshop on Foundations of Models and Languages for Data and Objects*, September 1989, Aigen, Austria, Techn. Rep. 89/2, TU Clausthal.

[Sch+90]   Schek, H.-J., Paul, H.-B., Scholl, M.H., Weikum, G.: The DASDBS Project: Objectives, Experiences, and future Prospects. *IEEE Transactions on Knowledge and Data Engineering*, Vol. 2, No. 1, Special Issue on Prototype Systems, March 1990 (also available as Techn. Rep. No. 118, Dept. of Computer Science, ETH Zurich).

[Teu 89]   Teufel, B.: *Informationsspuren zum numerischen und graphischen Vergleich von reduzierten natürlichsprachlichen Texten*. Informatik-Diss. ETH, No. 13, vdf Verlag, Zürich, 1989.

[Zab+90]   Zabbak, P., Paul, H.-B., Deppisch, U.: Office Documents on a Database Kernel - Filing, Retrieval and Archiving -. *Proc. 5th Conference on Office Information Systems (COIS)*, Cambridge, MA, April 25-27, 1990.

Diagnose–Expertensysteme brauchen Hypertext –
Das Beispiel MAX

Hans Delfs

Siemens AG, AUT E 544
D 8520 Erlangen

Zusammenfassung

Am Beispiel eines Expertensystems für die technische Diagnose wird aufgezeigt, daß die bekannten Techniken der Wissensdarstellung und –verarbeitung nicht ausreichen, um das für die Diagnose in einem komplexen elektrotechnischen System notwendige Wissen auszudrücken. Durch die Integration einer Hypertext-Komponente war es dennoch möglich, eine für den praktischen Einsatz ausreichende Funktionalität zu erzielen. Heutige Hypertextsysteme sind fast immer hochspezialisierte, in sich geschlossene Objektsysteme. Deshalb ist es nur schwer möglich, das in einer Integration von Hypertext- und Expertensystemtechnologie steckende Potential wirklich auszuschöpfen. Benötigt werden Hypertextsysteme, die als Teile einer offenen Objektwelt zur Verfügung stehen.

1 Einleitung

Ziel dieses Aufsatzes ist es, an Hand eines im praktischen Einsatz befindlichen Expertensystems zu erläutern, daß

- die Einbindung von Hypertext in Expertensystemen für die Diagnose wichtig ist, um in komplexen Anwendungsgebieten eine ausreichende Funktionalität zu erzielen,

- in der Verbindung von Expertensystem- und Hypertexttechnologie ein großes Potential steckt,

- die Ausschöpfung dieses Potentials Anforderungen an Hypertextsysteme stellt, die heute nur unzureichend erfüllt sind.

Die Expertensystemschale MAX wurde für die Fehlerdiagnose in elektrotechnischen Systemen entwickelt [Delf89]. MAX unterstützt auch die Inbetriebsetzung von Systemen, wir beschränken uns in diesem Beitrag aber auf die Diagnose. In Abschnitt 2 werden, soweit es für das Verständnis notwendig ist, MAX und die Anwendung, der die Beispiele entnommen sind, kurz vorgestellt. Bei der Realisierung von Anwendungen mit MAX zeigte sich, daß die formalen

Strukturen in der Wissensbasis nicht ausreichen, um das für die Diagnose in einem komplexen elektrotechnischen System notwendige Wissen auszudrücken. Warum deshalb der Rückgriff auf die klassische Form der Wissensdarstellung mit Texten und Bildern notwendig ist und wie man so zwangsläufig auf Hypertextstrukturen stößt, diskutieren wir in Abschnitt 3. MAX wurde um eine Hypertextkomponente ergänzt, die sich als überaus nützlich erwiesen hat (Abschnitt 4). Eine Analyse von MAX-Wissensbasen in Abschnitt 5 zeigt, daß die formale Wissensdarstellung als Unterstruktur der Dokumentation auftritt. Diese Überlegungen lassen erahnen, welches Potential in einer noch besseren Integration von Expertensystemen und Hypertext steckt. Technisch ließe sich diese Integration gut bewerkstelligen, wenn Hypertextsysteme als offene, objektorientierte Klassenbibliotheken zur Verfügung stehen würden. Diese und einige weitere Anforderungen, die sich aus dem Einsatz von Hypertextsystemen in Diagnosesystemen ergeben, werden in Abschnitt 6 behandelt.

2 MAX, eine Expertensystemschale für die technische Diagnose

MAX wurde gemeinsam mit unserer Abteilung "Technische Dienstleistungen" (früher "Montageabteilung"), die für die Montage, Inbetriebsetzung und den Service unserer Anlagen zuständig ist, entwickelt. Dies erklärt auch den Namen: MA für Montageabteilung, X für Expertensystem. Das Werkzeug wird mit Erfolg für verschiedene Anwendungen eingesetzt, so z.B. für die Störungssuche im Leistungsteil thyristorgespeister Gleichstromantriebe, die Untersuchung von Lagerschäden in elektrischen Maschinen oder die Inbetriebsetzung von Antriebsregelungen.

Mit MAX-Anwendungen werden im wesentlichen zwei Ziele verfolgt:

- aktive Service-Unterstützung durch rechnergestützte **Fehlersuche,**

- Weitergabe von Wissen in **Aus- und Weiterbildung** an Nachwuchsingenieure.

Die für die Wartung von komplexen elektrotechnischen Systemen notwendigen Kenntnisse lassen sich meist nur durch langjährige Erfahrung erwerben. Einen wesentlichen Anstoß zur Entwicklung von MAX gaben die Schwierigkeiten, die bei der Vermittlung dieses Wissens an unerfahrene Nachwuchskräfte auftraten. Versuche, Erfahrungswissen auf Papier niederzuschreiben und dann breit zu streuen, brachten, wegen der notwendigerweise linearen Darstellung, nicht den gewünschten Erfolg.

Der Einsatz der Expertensystemtechnologie mit ihren reichhaltigen Repräsentations- und Verarbeitungsmöglichkeiten war eine neue und erfolgsversprechende Möglichkeit, Wissen aufzubereiten und weiterzugeben. An nichtlineare Hypertextdokumentation wurde zunächst nicht gedacht. Die Integration einer Hypertextkomponente in MAX wurde im Laufe der Entwicklung von MAX aber eine zentrale Anforderung der Ingenieure, die das System benützen.

Alle Beispiele in diesem Aufsatz stammen aus der MAX-Anwendung "**Störungssuche in Leistungsteilen thyristorgespeister Gleichstromantriebe**". Dieser Bereich in der Leistungselektronik war auch das Anwendungsfeld bei der Entwicklung der Grundlagen von MAX. Leistungselektronik ist die Umwandlung und Regelung elektrischer Energie mit Hilfe elektronischer Bauelemente [Feld84]. Bild 1 zeigt eine typische (und sehr einfache) Konfiguration des Leistungsteils eines thyristorgespeisten Gleichstromantriebs, einen sogenannten Einquadrantenantrieb mit einer Brücke. Um den (im Bild am "M" zu erkennenden) Motor mit Strom zu versorgen und seine Drehzahl zu regeln, muß der im Netz zur Verfügung stehende Strom, üblicherweise Drehstrom, gleichgerichtet und in seiner Stärke geregelt werden. Dies geschieht mit Hilfe von Thyristoren, im Bild 1 am Symbol ⊲ zu erkennen. Thyristoren werden aus Halbleitern (Silizium) gefertigt. Ihre Funktionsweise entspricht im Prinzip der einer Elektronenröhre. Strom kann wie bei Dioden nur in eine Richtung passieren. Die Durchlässigkeit wird durch das Anlegen von Zündimpulsen am Gitter (der Sperrschicht) des Thyristors gesteuert. Durch geeignete Wahl der Zündzeitpunkte läßt sich so Wechselspannung gleichrichten und die Größe der durchgelassenen Spannung (und als Folge die Drehzahl des Motors) regeln [Mölt83].

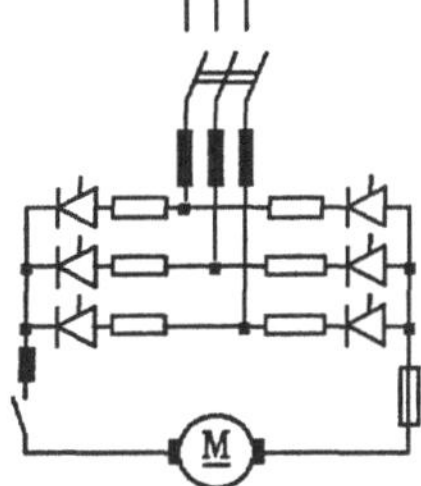

Bild 1: Einquadrantenantrieb mit einer Brücke

Ähnlich wie im Diagnosesystem MDX [Chan82] ist eine grundlegende Struktur in der Wissensbasis von MAX-Anwendungen eine **Diagnosehierarchie**. Einen kleinen Ausschnitt aus der Wissensbasis "Thyristorgespeiste Antriebe" zeigt Bild 2. Die Knoten der Diagnosehierarchie repräsentieren Probleme, die in dem zu diagnostizierenden Bereich auftreten können, und ihre Zerlegung in Teilprobleme. Die Probleme entsprechen den "diagnostic concepts" in MDX (loc. cit.) oder den "Diagnosen" in MED2 [Pupp87].

Jedem Problem sind Symptome und Regeln zugeordnet. Die Symptome beschreiben die Informationen, die für die Untersuchung des Problems benötigt werden. Die Regeln enthalten die Schlußfolgerungen, die aus den Informationen gezogen werden können. Bei der Diagnose navigiert MAX durch die Diagnosehierarchie. Zu jedem Zeitpunkt untersucht er ein Problem. MAX fragt nach den Symptomen und wertet sie mit den Regeln aus. Mit den Regeln kann MAX Probleme näher eingrenzen, Störungsursachen ausschließen oder Reparaturmaßnahmen vorschlagen. Konflikte bei der Suche werden durch eine von der Anwendung bestimmbare Strategie aufgelöst.

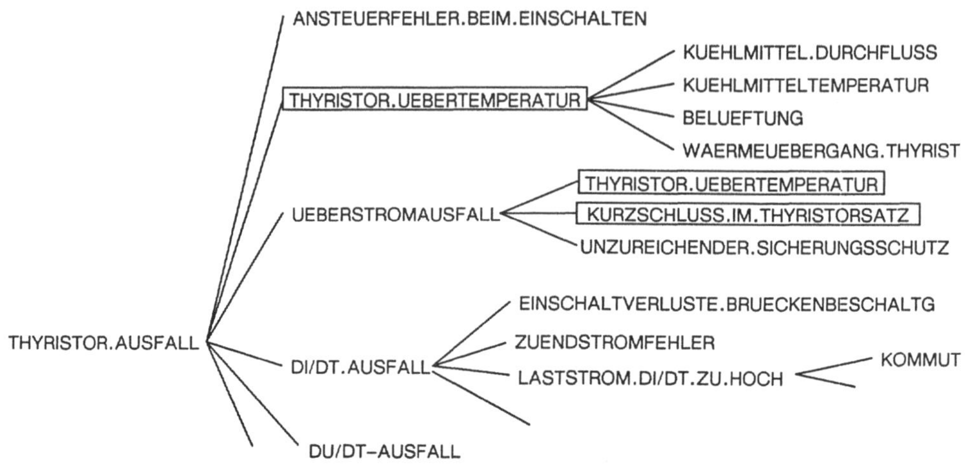

Bild 2: Diagnosehierarchie

MAX ist ein sehr flexibles Werkzeug für die **assoziative / heuristische Diagnose** [Pupp87]. MAX kann, muß aber nicht sequentiell durch die Diagnosehierarchie laufen. Ebenen in der Diagnosehierarchie können übersprungen werden, auch Quersprünge sind möglich. Neben dem Schlußfolgerungsteil sind in MAX auch die Wissenserwerbs- und die Erklärungskomponente weit ausgebaut.

MAX wurde auf Arbeitsplatzrechnern SICOMP WS 30 unter UNIX V mit Common Lisp und dem hybriden KI-Entwicklungswerkzeug KEE (Knowledge Engineering Environment von Intellicorp [KEE87]) entwickelt.

3 Warum Hypertext in Diagnosesystemen notwendig ist

MAX deckt mit seinen Wissensdarstellungs- und Schlußfolgerungsmechanismen eine sehr breite Klasse von heuristischen Diagnosemodellen ab, insbesondere auch die Interpretation von Fehlerbäumen wie z.B. in KLUE [Kare89]. Trotzdem reichen die formalen Strukturen in der Wissensbasis von MAX bei weitem nicht aus, um das für die Diagnose in einem komplexen elektrotechnischen System notwendige Wissen auszudrücken. Eine ähnliche Aussage dürfte für alle heute bekannten Techniken der Wissensdarstellung und -verarbeitung gelten.

Beispiele von wichtigem Diagnosewissen, das sich mit formalen Repräsentationsformen nicht mehr ausdrücken läßt, gibt es in der MAX-Anwendung "Fehlerdiagnose in thyristorgespeisten Gleichstromantrieben" viele. Ein typisches sei hier kurz erläutert. Schaltvorgänge im Speise-Netz können zu Überspannungen im Thyristorsatz führen und dort Funktionsstörungen auslösen, z.B. durch das Durchschmelzen von Sicherungen oder den Ausfall von Thyristoren. Um solch unerwünschte "Spannungsüberkopplungen" zu vermeiden, werden Schutzbeschaltungen angebracht. Im Verlauf der Diagnose kann der Verdacht entstehen, daß eine dieser Beschaltungen nicht korrekt funktioniert. Zur Untersuchung dieser Schutzbeschaltung ist nun tieferliegendes Wissen über die elektromagnetischen Prinzipien notwendig, die einer Überkopplung und den Beschaltungen zugrundeliegen. Dieses Wissen läßt sich nicht mehr mit assoziativen Netzen, Regeln oder einfachen physikalischen Modellen ausdrücken. Ein Weiterführen der Diagnose ist an dieser Stelle nur noch durch den Menschen möglich. Der Mensch muß aber gezielt durch Anleitungen unterstützt werden, da er als Benutzer des Diagnosesystems ja üblicherweise kein Experte ist.

Mit formalen Mitteln zur Wissensrepräsentation wie Frames oder Regeln läßt sich insbesondere Wissen über

- den physikalisch-technischen Hintergrund,

- komplizierte Meßaufbauten,

- die Beseitigung von Fehlern,

- das administrative Umfeld,

- die Annahmen und Grenzen des Systems

nicht oder nur ungenügend hinterlegen. Ein für den praktischen Einsatz taugliches Diagnoseexpertensystem muß aber dieses Wissen anbieten können. Das gilt besonders dann, wenn es, wie MAX, auch in Aus- und Weiterbildung eingesetzt wird.

Auch die existierenden weiterführenden Techniken zur modellbasierten Diagnose [Stru89] können das Problem nicht lösen. Dies gilt auch, wenn die Modelle für die Diagnose leistungsfähig sind. Modelle basieren immer auf Annahmen. Außer in Systemen, die im Hintergrund laufen können und ohne Dialog mit dem Benutzer auskommen (solch ein System ist z.B. in [Löwe90] beschrieben), stellen diese Annahmen ein wesentliches Stück Wissen dar und sind für den Benutzer des Systems eine wichtige Information. Die Annahmen und das ihnen zugrundeliegende physikalisch-technische Hintergrundwissen lassen sich aber nur außerhalb des Modells und meist nur mit nicht-formalen Methoden adäquat beschreiben.

In Diagnose-Expertensystemen ist es deshalb notwendig, auf die "**klassische Methode zur Wissensdarstellung**", die Dokumentation von Sachverhalten mit Texten und Bildern, **zurückzugreifen**. Die üblicherweise von Expertensystemschalen angebotenen Mittel - Helptexte, Helpdateien, einzelne Bilder - reichen, zumindest bei komplexen Anwendungsdomänen, nicht aus.

Meist weisen die Dokumente nämlich eine ausgeprägt **nichtlineare Struktur** auf. Es gibt viele logische Abhängigkeiten und Querverweise zwischen den Beschreibungen. Wir treffen hier also in ganz natürlicher Weise auf **Hyper-Dokumente**. Bild 3 zeigt wieder ein Beispiel aus unserer MAX-Anwendung. Die Abhilfemaßnahmen gegen eine Spannungsüberkopplung sind in einer Beschreibung hinterlegt. In dieser Beschreibung wird auf komplizierte Messungen verwiesen, die an anderer Stelle erklärt sind, und dort wiederum gibt es Referenzen auf die Beschreibung von Meßinstrumenten.

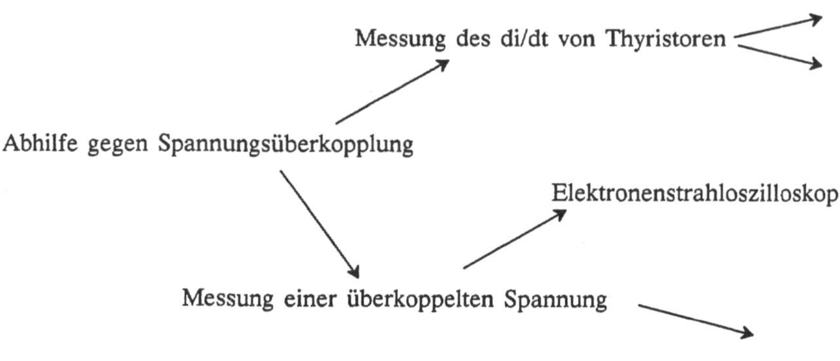

Bild 3:   Beispiel "Diagnose von Antrieben"

Auf die Struktur der Dokumentation in MAX und ihre Beziehungen zu den formalen Wissensstrukturen in MAX gehen wir in Abschnitt 5 näher ein.

4   Die Hypertext-Komponente von MAX

MAX wurde um eine nach Hypertextprinzipien [Conk87] funktionierende Dokumentationskomponente ergänzt. In MAX kann man typischen Diagnoseobjekten wie Symptomen oder Reparaturanleitungen als Beschreibung Dokumente zuordnen. Zu jedem Dokument können Stichworte definiert werden. Jedes Stichwort wird, über die Relation 'erklärt_in', mit dem Dokument, in dem sich die Erklärung des Stichworts findet, verknüpft. Bild 4 zeigt schematisch den entsprechenden Ausschnitt aus dem Klassenmodell von MAX. Die Hypertext-Komponente von MAX ist kein vollständiges Hypertextsystem. In MAX werden die Dokumente nur verwaltet. Die eigentlichen Beschreibungen werden mit dem weit verbreiteten konventionellen Dokumentationssystem SIGRAPH-DOCU von Interleaf / Siemens erstellt. Mit MAX kann man die Dokumente in eine Hypertext-Struktur einordnen. Im Verlauf einer Diagnose verweist MAX gezielt auf Dokumente und zeigt zu jedem Dokument in einem Menü die abrufbaren Stichworte an. So ermöglicht es MAX dem Benutzer, wie in einem echten

Hypertextsystem durch die Dokumentation zu navigieren und einen problemorientierten, gezielten Zugang zu Service-Unterlagen und technischer Hintergrundinformation zu gewinnen.

Die Wissenserwerbskomponente von MAX enthält graphische Editoren zum Bearbeiten der Hypertextstrukturen, so z.B. für das Erzeugen, Ändern und Löschen von

- Dokumenten und Stichworten,

- Relationen (beschrieben_in, enthält etc.).

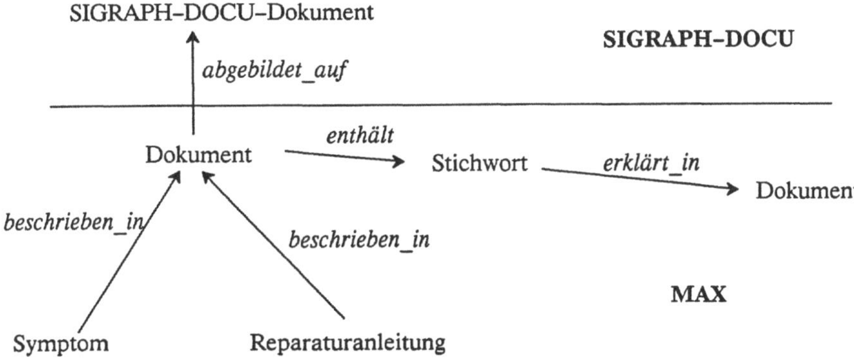

Bild 4:   Hypertextkomponente von MAX

Die Beziehungen zwischen Dokumenten sind alle vom selben Typ 'Stichwort', sie dienen zur Beschreibung von Querbeziehungen. Wie z.B. in Intermedia [Meyr86] sind Dokumente und Verbindungen als getrennte Objekte modelliert. Es gibt keine spezielle Relation für die hierarchische Anordnung von Dokumenten ("als Kapitel und Abschnitte in einem Buch"). Im Gegensatz zu Intermedia, aber ähnlich wie in KMS [Aksc88], ist das Ziel einer Verbindung immer ein ganzes Dokument.

Nur durch die Integration der Hypertext-Komponente gelang es, eine für den praktischen Einsatz **ausreichende Funktionalität** zu erzielen. Sie ist damit ein **unverzichtbarer Bestandteil** von MAX-Anwendungen. Durch die Hypertext-Komponente wird der Benutzer des Diagnosesystems stärker aktiv in den Prozeß der Störungssuche einbezogen. Aufgaben, die MAX mit seinen Schlußfolgerungsmethoden nicht oder nur ungenügend beherrscht, werden auf den Menschen verlagert. Der Mensch wird dabei wirkungsvoll unterstützt durch die Hypertext-Dokumentation.

Die Verlagerung von Aufgaben auf den Menschen ermöglicht es, in Diagnose-Expertensystemen die funktionalen Grenzen der verfügbaren KI-Techniken zu überschreiten. Das in der Dokumentation hinterlegte technisch-physikalische Hintergrundwissen hilft auch bei der Beurteilung von Diagnoseergebnissen. Angesichts der bescheidenen Möglichkeiten, die Gültigkeit von Wissensbasen zu verifizieren, hat dieser Punkt eine große Bedeutung.

5 Wissensrepräsentation und Hypertextstrukturen in MAX

Eine MAX–Diagnosewissensbasis enthält sowohl formale Wissenselemente wie Probleme, Symptome, Diagnoseregeln, Reparaturanleitungen, im folgenden Diagnoseobjekte genannt, als auch nicht formale Wissenselemente in Form von Dokumenten. Die Diagnoseobjekte bilden ein assoziatives Netz. Bild 5 zeigt einen (unvollständigen) Ausschnitt. In der Diagnosehierarchie (Bild 2) zerfällt ein Problem in Teilprobleme. Diese Beziehung wird in der Relation *Teilproblem* gespeichert. Bei der Untersuchung eines Problems sind bestimmte Symptome wichtig, ausgedrückt durch die Relation *relevantes_Symptom*. Die Schlußfolgerungen werden in Diagnoseregeln formuliert. Diagnoseregeln werten Symptome aus und verweisen auf Reparaturvorschläge oder auf ein anderes verdächtiges Problem. Alle dargestellten Relationen sind vom Typ (1 : n). In der objektorientierten Realisierung von MAX sind die formalen Wissenselemente als Unterklassen der Klasse Diagnoseobjekt definiert.

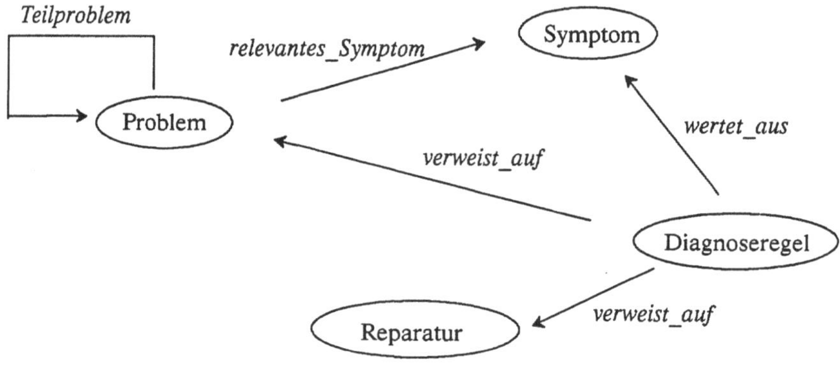

Bild 5: Diagnoseobjekte in MAX

Jedes Diagnoseobjekt ist in einem Dokument beschrieben (vgl. Bild 4). Diese Beschreibungen dienen einerseits der Dokumentation der Wissensbasis, andererseits werden sie verwendet, um den Benutzer des Diagnosesystems mit Erklärungen und Hilfen zu versorgen. So findet man in *Symptom.doc* üblicherweise eine Beschreibung des Symptoms, eine Begründung, warum dieses Symptom wichtig ist, und Hinweise, wie man das Symptom ermitteln kann. In *Diagnoseregel.doc* wird der technologische Gehalt der Diagnoseregel erläutert. Diese Beschreibung ist für die Erstellung und Wartung sehr wichtig. (Erfahrungsgemäß kann es bereits nach einigen Wochen sehr schwierig sein, den Inhalt einer formalen If–Then–Regel zu begreifen). Die Beschreibung wird aber auch von der Erklärungskomponente zur Begründung von Schlußfolgerungen herangezogen.

Dokumente und ihre Verbindungen sind in der Hypertext–Komponente von MAX nicht typisiert. Alle Dokumente, ob *Symptom.doc* oder *Problem.doc* sind Instanzen der einen Klasse Dokument, alle Verbindungen sind Instanzen der einen Klasse Stichwort (Bild 4). Untersucht man MAX–Wissensbasen, so zeigt sich aber, daß es unter den Dokumenten in MAX charakteristische Typen gibt. So findet man die Typisierung der formalen Wissenselemente wieder, man kann die Beschreibungen *Symptom.doc, Problem.doc* ... als Subklassen der Klasse Dokument sehen. Und auch die Relationen zwischen den Diagnoseobjekten treten als Beziehung in der Dokumentation wieder auf (Bild 6). Darüberhinaus gibt es weitere Typen von Beziehungen und Dokumenten, die unter den Diagnoseobjekten keine Entsprechung haben, so z.B. die Beschreibung von Messungen oder Meßinstrumenten (vgl. Bild 3), Beschreibungen technischer Komponenten oder eine Liste mit den Telefonnummern menschlicher Experten, die im Zweifelsfall als "erster Fachmann" zu Rate gezogen werden können.

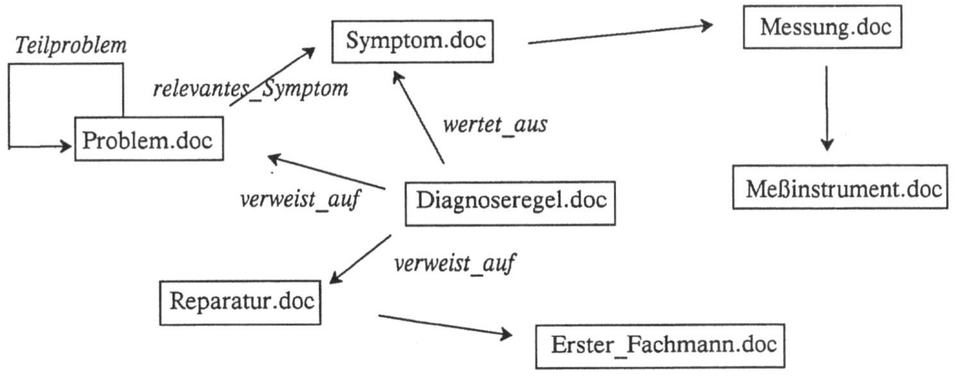

Bild 6: Strukturen in der Dokumentation

Diese Überlegungen zeigen:

- Die Struktur der Dokumentation eines heuristischen Diagnosesystems läßt sich mit einer Semantik versehen.

- Die formale Wissensdarstellung tritt isomorph als Unterstruktur der Dokumentation auf.

Man kann also die formalen Wissensstrukturen "als Teil" der Hyper–Dokumentation sehen, Probleme, Symptome etc. als Dokumente betrachten. Nimmt man diese Sicht ein, so ist es die Hauptaufgabe der Schlußfolgerungskomponente von MAX, den Nutzer des Systems bei der Navigation in der Dokumentation gezielt zu führen.

Die Funktionalität eines Diagnose–Expertensystems mit integrierter Hypertextkomponente (bzw. eines Hypertextsystems mit integriertem Diagnose–Expertensystem) kann durch konsequentes Ausnützen der Strukturisomorphie zwischen Teilen der Dokumentation und der formalen Wissensdarstellung weiter erhöht werden. Welches Potential sich hier auftut, kann man deutlich am Beispiel des Wissenserwerbs sehen (vgl. auch [Haye89]).

Der Wissenserwerb läßt sich in einen formalen und einen nicht formalen Teil aufspalten, in

- die Definition der formalen Wissensstrukturen (Diagnosehierarchie, Symptome, ...) für die Inferenz,

- den Aufbau der Dokumentation mit ihrer Hypertextstruktur.

Wie unsere Betrachtung zeigt, lassen sich diese Strukturen zum Teil wechselseitig jeweils aus der anderen ableiten. Eine Wissenserwerbskomponente, die diese Ableitungen automatisch ausführt, könnte einen ganz wesentlichen Beitrag zur Konsistenz der Wissensbasis leisten und flexibel den Wechsel zwischen formalem und nicht formalem Wissenserwerb erlauben.

6 Anforderungen an Hypertext–Systeme

Die Analyse von MAX–Wissensbasen im vorherigen Abschnitt hat gezeigt, daß in einer noch weitergehenden Integration von Expertensystem- und Hypertexttechnologie großes Potential steckt. Die Erschließung dieses Potentials in einem Expertensystem, das wie MAX in der industriellen Praxis eingesetzt wird, stellt Anforderungen an die Funktionalität und an die Architektur von Hypertextsystemen, die von heutigen Hypertextsystemen leider nur unzureichend erfüllt werden.

SIGRAPH–DOCU ist ein Desktop Publishing–System hoher Funktionalität, und wir können in MAX durch den Einsatz von SIGRAPH–DOCU den unten formulierten funktionalen Anforderungen an das Dokumentationssystem gerecht werden. SIGRAPH–DOCU ist aber kein Hypertextsystem. Die Vernetzung und Verwaltung der Dokumente sowie die Navigation wurden außerhalb dieses Dokumentationssystems in MAX realisiert (Bild 4). Die formalen Wissensstrukturen und die Strukturen der Dokumentation werden also in der gemeinsamen Umgebung MAX bearbeitet und können so konsistent gehalten werden. Daß die in MAX modellierte Struktur der Dokumentation auch mit den eigentlichen Dokumenten inhaltlich konsistent ist, muß bei der Erstellung und Pflege der Wissensbasen von Hand sichergestellt werden.

Die Trennung der mit SIGRAPH–DOCU erstellten Beschreibungen von der in MAX implementierten Hypertextfunktionalität bringt Schwächen mit sich. Es ist nicht möglich, in den eigentlichen Texten Begriffe und Bilder oder in der Benutzeroberfläche des Diagnosesystems (vgl. Bild 1) Bilder anzuklicken und so durch die Dokumentation zu navigieren. Die Stichworte einer Beschreibung werden von MAX in einem eigenen, neben dem Dokument erscheinenden Menü angeboten.

Diese Schwächen ließen sich zumindest teilweise vermeiden, wenn man als Hypertextkomponente einfach ein existierendes Hypertextsystem einbinden könnte. Für den Einsatz in einem Expertensystem für die industrielle Praxis sollte dieses Hypertextsystem allerdings einer Reihe von funktionalen Anforderungen genügen.

- Das Hypertextsystem muß in einer Standardumgebung für Expertensysteme verfügbar sein (UNIX-Workstation, -PC, X-Windows).

- Die Erstellung von Dokumenten muß dem hohen Standard moderner Dokumentationssysteme wie z.B. SIGRAPH-DOCU entsprechen.

- Es muß getrennte Modi für das Bearbeiten und Anzeigen von Dokumenten geben.

  Beschreibungen dürfen nur beim Wissenserwerb verändert werden. Sie müssen deshalb bei der Durchführung von Diagnosen vor Veränderung geschützt werden.

- Eine Versions- und Variantenverwaltung für die Dokumente muß möglich sein.

  Die diagnostizierten Systeme können unterschiedlich konfiguriert sein und werden in immer kürzer werdenden Zyklen innoviert. Damit gibt es von vielen Beschreibungen in natürlicher Weise Versionen und Varianten.

- Das Einbeziehen von Dokumenten, die mit anderen Mitteln erstellt worden sind, muß möglich sein.

  Viele für die Diagnose wichtigen Serviceunterlagen liegen bereits vor, auf Papier oder auch in maschinenlesbarer Form. Das Hypertextsystem muß deshalb den Anschluß von Scannern erlauben und Standardformate für Dokumente wie ODA und SGML (siehe z.B. [Brow89]) verstehen.

Die letzte und einige weitere wichtige Anforderungen werden in [Cook89] behandelt.

Selbst wenn ein Hypertextsystem mit allen oben aufgeführten Eigenschaften existieren würde und wir es in MAX einbinden würden, wäre das Konsistenzproblem leider noch nicht gelöst. Es hat sich nur verschoben. Die Hyper-Struktur der Dokumentation paßt zu den Inhalten der Dokumente. Dafür bleibt offen, ob die formalen Wissenstrukturen des Expertensystems mit den Strukturen der Dokumentation konsistent sind. Um das in der Strukturisomorphie zwischen Teilen der Dokumentation und der formalen Wissensdarstellung liegende Potential ausnützen zu können, müssen die Objekte des Hypertextsystems mit den Wissensobjekten des Expertensystems eng verknüpft werden. Dies ist mit den heute verfügbaren Hypertextsystemen nur schwer möglich. Sie sind überwiegend als in sich geschlossene Systeme für die Erstellung und das Wiederauffinden (nicht-linearer) Dokumentation konzipiert. "Heutige Hypertextsysteme sind hochspezialisierte objektorientierte Umgebungen, in denen der

Endbenutzer eine beschränkte Anzahl von Objektklassen instanziieren und eine beschränkte Anzahl von Operationen auf diesen Objekten ausführen kann"([Harm89]).

Expertensysteme und Expertensystemschalen, so auch MAX, werden überwiegend als objektorientierte Klassenbibliotheken realisiert. Für eine gute Integration mit Expertensystemen werden deshalb Hypertext-Systeme benötigt, die als objektorientierte Klassenbibliotheken zur Verfügung stehen – die Architektur von Intermedia [Meyr86] scheint uns hier ein Vorbild zu sein – und nach Möglichkeit in einer objektorientierten Standardsprache wie C++ geschrieben sind. Eine Klassenbibliothek "Hypertext" würde es erlauben,

- die Objekte des Hypertextsystems (Dokumente, Verbindungen, Selektionsblöcke, ...) einzeln anzusprechen und gezielt über Relationen mit den Objekten einer Klassenbibliothek für die Wissensverarbeitung zu verknüpfen,

- durch Ausnützen von Vererbungshierarchien die Objekte des Hypertextsystems an die speziellen Erfordernisse eines Diagnoseexpertensystems anzupassen,

- aufbauend auf den existierenden Klassen des Hypertextsystems weitere Dokumentationsobjekte hinzufügen,

- eine einheitliche Benutzeroberfläche für das Diagnose- und das Hypertextsystem zu realisieren.

Auf so einer Grundlage wäre es möglich, Expertensystem- und Hypertexttechnologie gut zu verbinden und ein mächtiges "Application Framework" ([Schm86], [Meyr86], [Wein89]) für die Entwicklung von Diagnoseexpertensystemen und intelligenten Dokumentations- und Informationssystemen bereitzustellen.

7 Schlußfolgerung

Die Erfahrungen aus dem praktischen Einsatz der Expertensystemschale MAX zeigen, daß formale Mittel zur Wissensrepräsentation nicht ausreichen, das zur Störungssuche in komplexen Anlagen nötige Wissen auszudrücken. Durch die Integration einer Hypertext-Komponente in MAX konnte trotzdem eine für den praktischen Einsatz ausreichende Funktionalität erreicht werden, so daß MAX sowohl bei der Störungssuche als auch in der Aus- und Weiterbildung sinnvoll eingesetzt werden kann. Eine Analyse von MAX-Wissensbasen zeigt, daß die formalen Wissensstrukturen und die Dokumentationsstrukturen eng miteinander verknüpft sind. In einer noch weitergehenden Integration von Expertensystem- und Hypertexttechnologie steckt daher großes Potential. Die Erschließung dieses Potentials in praktischen Anwendungen stellt Anforderungen an die Architektur und an die Funktionalität von Hypertextsystemen. Diese werden von heutigen Hypertextsystemen leider nur unzureichend erfüllt.

Literatur

[Aksc88]   Akscyn, R.M., McCracken, D.L., Yoder, E. A., KMS: A distributed hypermedia system for managing knowledge in organizations. Comm. ACM 31, no. 7, July 88, 820 - 835.

[Brow89]   Brown, H., Standards for structured documents. The Computer Journal 32 (1989), 505 - 514.

[Chan82]   Chandrasekaran, B., Mittal, S. : Deep versus compiled knowledge approaches to diagnostic problem solving. AAAI Proceedings of the National Conference on Artificial Intelligence. Menlo Park, CA: William Kaufman 1982.

[Conk87]   Conklin, J., A survey of hypertext. IEEE Computer, Sept. 1989.

[Cook89]   Cooke, P., Williams, I., Design Issues in Large Hypertext Systems for Technical Documentation. In: McAleese, R. (ed.), Hypertext - Theory into practice, Oxford: Intellect (1989).

[Delf89]   Delfs, H., MAX: Expertensystem zur technischen Diagnose. In: D. Nebendahl, W. Remmele (Hrsg.), KI aktuell: Expertensysteme in der Praxis. Berlin, München: Siemens AG, 1989, 7 - 12.

[Feld84]   Felderhoff, R., Leistungselektronik. München,Wien: Hanser 1984.

[Harm89]   Harmon, P., OOPS, CASE and Expert Systems. Expert Systems Strategies, Vol.5, No. 10, 1989.

[Haye89]   Hayes, P., Pepper, J., Towards an Integrated Maintenance Advisor. Proceedings Hypertext '89 (1989), 119 - 127.

[Kare89]   Karel, G., Kenner, M. : KLUE, a Diagnostic Expert System Tool for Manufacturing. Intellinews, Vol.5, No. 1. Mountain View, CA: Intellicorp 1989.

[KEE87]   KEE Technical Manuals. KEE Version 3.0. Mountain View: IntelliCorp 1987.

[Löwe90]   Löwen, U., Nedex: Expertensystem zur Störungsanalyse im Hochspannungsnetz. Bulletin SEV/VSE 81 (1990), 37 - 43.

[Meyr86]   Meyrowitz, N., Intermedia: the Architecture and Construction of an Object-Oriented Hypermedia System and Applications Framework. OOPSLA '86, Portland, 1986, 186 - 201.

[Mölt83]   Möltgen, G., Stromrichtertechnik. Einführung in Wirkungsweise und Theorie. Berlin: Siemens 1983.

[Pupp87]   Puppe, F., Diagnostisches Problemlösen mit Expertensystemen. Informatik-Fachbericht 148, Berlin: Springer 1987.

[Schm86]   Schmucker K.J., Object oriented programming for the Macintosh. Hasbrouck Heights, N.J. : Hayden 1986.

[Stru89]   P. Struß, Model Based Diagnosis – Progress and Problems. In: W. Bauer, C. Freksa (ed.), Wissensbasierte Systeme, 3. Internationaler GI-Kongreß, München, Okt. 89. Berlin, Heidelberg, New York : Springer-Verlag, 1989.

[Wein89]   Weinand A., Gamma E., Marty R., Design and implementation of ET++, a seamless object-oriented application framework. Structured Programming (1989) 2, 63–87.

Hypertextunterstützung bei Erstellung und Nutzung von Expertensystemen mit der Shell '1st Card'

Dargestellt am Beispiel eines juristischen Expertensystems
(Datenschutzstrafrecht: § 202 a StGB - Ausspähen von Daten)

Gerhard Oppenhorst
Forschungsstelle für juristische Informatik
und Automation der Universität Bonn
Lennestr. 35, 5300 Bonn 1

Kurzfassung

'1st Card' ist eine Entwicklungs- und Anwendungsumgebung für Expertensysteme in Bereichen, in denen Wissen strukturiert werden kann und numerische Berechnungen keine hohe Bedeutung haben.

'1st Card' unterteilt sich in die Expertensystemshell selbst und die Arbeitsumgebung, in der entwickelt und angewendet wird. Die Arbeitsumgebung unterteilt sich wiederum in mehrere Komponenten: Grundlage für das gesamte System ist eine relationale Datenbank, in der alle Informationen des jeweiligen Expertensystems enthalten sind.

- Der Zugriff auf diese Informationen erfolgt
  - mittels Volltextretrieval durch
    - Mausklick auf beliebige ganze Worte bzw. Zeichenketten
    - manuelle Sucheingabe, wobei Verknüpfungen (und, oder, nicht, von ... bis ...) sowie Wildcards zugelassen sind)
  - durch gezielte Verknüpfung von Datensätzen (Karten)
  - durch gezielte Verknüpfung von Textteilen bzw. Worten, die durch Mausklick auf Buttons genutzt werden
- Grafik kann eingebunden werden und wahlweise als Illustration oder funktionales Element (Button) dienen
- externe Programme können jederzeit mit beliebigen vordefinierbaren Aufträgen durch Mausklick auf Buttons gestartet werden

Die Expertensystemkomponente wird über die Verknüpfung von Textteilen mit 'xor' (ausschließendes oder), 'or' (einschließendes oder), und 'and' durch Buttons realisiert. Die Anwendung eines solchen Expertensystems geschieht somit auch über das Anklicken von Textteilen, die Aussagen enthalten. Weder Erstellung noch Anwendung erfordern eine Programmiersprache oder eine irgendwie geartete Einschränkung in der sprachlichen oder grafischen Darstellung des Wissens. 'Programmierung' und Anwendung solcher Systeme erfordern neben intensivem Mauseinsatz lediglich für Texteingaben die Tastatur.

Einführung

In den Geisteswissenschaften werden Expertensystem-Methoden bislang noch wenig genutzt. Das liegt unter anderem daran, daß die heute auf dem Softwaremarkt angebotenen Expertensystemshells sich komplizierter Programmiersprachen oder unzulänglicher Benutzeroberflächen bedienen.

Diesem Mißstand will das Programm 'lst Card' begegnen. Es unterteilt sich in einen Expertensystemshell-Teil und einen Hypertext-Teil, wobei der Hypertextteil auf den Expertensystemteil aufsetzt, aber auch isoliert genutzt werden kann.

lst Card ermöglicht die "Programmierung" von Expertensystemen und Hypertextstrukturen ohne Programmier(sprachen)kenntnise lediglich mit der "Maus" bereits nach kurzer Einarbeitungszeit.

Freie (Text-) Gestaltung:

lst Card ist insbesondere für die einfache anschauliche Darstellung und Verarbeitung von Wissen aus dem geisteswissenschaftlichen Bereich geeignet: Der Ersteller von Expertensystemen ist bei der sprachlichen Darstellung seines Wissens an keinerlei Formalien gebunden. Er bedient sich ganzer Sätze und seines gewohnten Vokabulars. Dafür hat er belie big viele Karten (Bildschirmseiten) zur Verfügung, die ihrerseits wie der helfen (zwingen), das Wissen in kleine Sinnabschnitte aufzuteilen. Zu jeder Karte kann eine beliebig umfangreiche Hilfe angeboten werden, die Erklärungen, Tips oder weitere Informationsquellen anbieten kann. Strukturelle Zusammenhänge (und/oder/nicht) oder Verknüpfungen mit an deren Wissensbereichen werden durch einfachen "Mausklick" auf die ent sprechenden Symbole konstruiert.

Der Expertensystemteil: Aussagenlogik

lst Card ermöglicht mit Mitteln der Aussagenlogik, Wissen DV-mäßig zu erfassen und anzuwenden. Aussagenlogik ist wohl die mit Abstand am ein fachsten zu verstehende formale Logik. Mit den Junktoren "und", "oder" und "nicht" werden Aussagen verknüpft. Aussagen sind in diesem Zusam menhang als Aussagen im sprachlichen, grammatikalisch elementaren Sinn zu verstehen. Durch die Verwendung von Aussagenlogik ist einerseits die leichte Erlernbarkeit und andererseits die Nähe zur natürlichen Sprache gewährleistet.

Der Hypertextteil:

Zu einem Expertensystem im geisteswissenschaftlichen Bereich gehört notwendigerweise ein leistungsstarkes Tool zur Informationsverwaltung, das ohne große Eingaben und Dateiauswahl auf alle Texte zugreifen kann. Zum einen ist hier die intellektuelle Verknüpfung wichtiger Texte miteinander zu verstehen, zu anderen der Zugriff über ein Retrievalsystem, um neu entstandene und nicht vorhergesehene Bedürfnisse befriedigen zu können. Dabei sollte es sich um ein Volltextretrieval handeln, um den Zugriff möglichst flexibel zu gestalten. Gleichzeitig sollten die Texteingaben zur Suche nach Begriffen möglichst gering gehalten werden.

Hierzu bietet lst Card vier Funktionenen an:

1.) Hilfe zu Karten:

Zu jeder Wissenseinheit (Bildschirmkarte) existiert eine pauschale Hilfe in Form einer weiteren Bildschirmkarte, die wie alle anderen Karten frei mit Text und Grafik gestaltet werden kann. Mit Betätigung der HELP-Taste bzw. mit Mausklick auf ein ’?’ in der Funktionsleiste wird die Karte angesprungen, auf die der Hilfeeintrag der aktuellen Karte zeigt (s.u.).

2.) Hilfe zu Buttons über Text(teilen):

Auf jeder Karte können Buchstaben, Worte, Satzteile, Sätze oder beliebige Textbestandteile mit einem Button umrahmt werden. Auch Grafiken können als Buttons definiert werden. Durch einfaches Anklicken eines Buttons wird zu der Bildschirmkarte gesprungen, auf die dieser Button zeigt (s.u.).

3.) Hilfe zu beliebigen Worten:

Jedes Wort einer Karte, unabhängig davon, ob es bereits in einem Button liegt oder nicht, kann einfach mit der zweiten Maustaste angeklickt werden, um wahlweise alle Karten, auf denen dieses Wort ebenfalls steht, anzeigen zu lassen oder ein Verzeichnis dieser Karten anzubieten. Das System springt dann zu der ausgewählten Karte und invertiert dort die entsprechenden Worte, bzw. kehrt für den Fall, daß keine Karte gewählt wurde, wieder zurück zu der Karte, von der aus die Suche begonnen wurde.

4.) Einbindung von Retrieval-, Text- oder beliebiger anderer Programme:

Durch die Möglichkeit, von jeder Karte aus in 1st Card Text- Retrieval- oder sonstige Programme durch einfachen Mausklick auf einen Button aufrufen zu können und diesen Programmen bereits vordefinierte Aufträge übergeben zu können (Text anzeigen, Datenbank nach Informationen zu einem bestimmten Begriff o.ä. durchsuchen), besteht die Möglichkeit, auch klassische Methoden der Entscheidungsfindung zur Verfügung zu stellen, wenn die intern verfügbaren Informationen nicht ausreichen. So ist zum Beispiel auch die automatische Anwahl einer Online-Datenbank über Terminalprogramm, automatischen Login mit anschließender Übergabe einer Suchanfrage und deren Start möglich. Nach der Beendigung des gestarteten Programms bzw. dem Verlassen von Online-Datenbank und Terminalprogramm, findet sich der Anwender sofort an der Stelle wieder, an der er das Programm gestartet hat.

Diese vier Optionen sind auch gemischt einsetzbar, also in beliebiger Reihenfolge unbegrenzt hintereinander kombinierbar.

Blättern:

In der so entstehenden Folge von Karten kann sowohl zurück- als auch vorgeblättert und jederzeit an beliebiger Stelle ein anderer Weg beschritten werden.

Ebenso ist es möglich, durch einfachen Tastendruck oder Mausklick an den Punkt zurückzugelangen, an dem man die Expertensystemoberfläche mit dem ersten Hypertextbefehl verlassen hat.

Definiton von Hilfen:

Die Erstellung der gezielten Verweise (1. und 2. Möglichkeit) erfolgt ebenso unterstützt: Aus einem Verzeichnis aller zur Verfügung stehenden Karten kann mit der Maus ausgewählt werden oder durch Betätigung der HELP-Taste wiederum durch eine Volltextsuche, diesmal durch Eingabe eines Suchbegriffs. Daraufhin werden alle Karten, auf denen dieser Begriff vorkommt, angezeigt, wobei die Begriffe selbst invertiert dargestellt werden. Die Auswahl erfolgt wiederum durch Mausklick.

Ergonomie:

Anwender und Entwickler müssen sich nicht mit Befehlstasten, Antworttasten, Antworttexten o.ä. auseinandersetzen. Der Entwickler kennzeichnet die Teile des Textes einer Karte, die für die Wissensanwendung entscheidungsrelevant sind, lediglich grafisch (per Maus). Der Anwender wiederum entscheidet sich bei der Wissensanwendung lediglich mit der Maus für einen oder mehrere Bereiche des Textes, die für ihn relevant sind. Dabei wird der Umstand ausgenutzt, daß Text und Plazierung des Textes auf dem Bildschirm vom Anwender gleichgesetzt werden. Die Reaktion auf eine Frage durch Mausklick auf Textteile ist also intuitiv und stellt sich wegen der Mausunterstützung zudem - nach gewisser Gewöhnungsphase - als rein motorische Reaktion des Körpers dar, während derer der Blickkontakt zum Bildschirm, und damit zu den Inhalten, erhalten bleibt. Die Mitteilung einer Entscheidung an das System ist also intellektuell nicht reflektiert, wie es etwa bei der Betätigung einer der vielen Tasten auf der Tastatur der Fall sein müßte (Entschluß für eine Alternative, Erinnern bzw. Ablesen, welche Taste gedrückt werden muß, Suchen der Taste auf der Tastatur, Drücken der Taste und schließlich der Blick zurück auf den Bildschirm).

Hardwarekonfiguration:

1st Card läuft auf allen ATARI ST Computern. Diese sehr leistungsstarken und preiswerten Computer mit der Apple-Macintosh-ähnlichen grafischen Benutzeroberfläche sind besonders in Schüler- und Studentenkreisen stark verbreitet. Damit bieten sie die idealen Voraussetzungen für die Fortsetzung der Arbeit am persönlichen Rechner zu Hause. Darüberhinaus lassen sie sich sehr preiswert (unter 100 DM/Rechner) über NIDI-Netze untereinander verbinden. Es gibt sowohl ATARI-ST-Netzwerke, die MS-DOS-Rechner einbinden können, als auch solche, die über eine Brücke oder Gataway in ein externes Netzwerk mit Ring- oder Bus- Topologie nach OSI eingebunden werden können. Das Betriebssystem des ATARI ST verfügt über die gleiche Disketten- und Festplattenorganisation wie MS-DOS. Daten können also über Diskette (3 1/2" und 5 1/4") ausgetauscht werden.

In jedem Fall ist für den Betrieb eine Festplatte oder eine RAM-Disk empfehlenswert, da das System massenspeicherorientiert arbeitet.

1st Card für ATARI ST kostet 298.- DM und wird z.Zt. auch für MS-DOS und UNIX angepaßt.

/I\ System Editor Arbeit Anwendung
Kleine Übersicht über 1st Card und seine Karten
Eine 1st Card-Anwendung besteht aus einer Menge von Karten wie dieser.
Mit diesen Karten kann viel gemacht werden. Einiges wird hier gezeigt:
- Buttons - verzweigen zu anderen Karten: Termine   Ideenkiste   Recht
         - rufen Programme auf: zu 1st Word Plus   zum Malprogramm
         - bieten Hilfe z.B. zu Begriffen: Ökotrophologie   RAM
         - können mit 'oder' und 'und' logisch verknüpft
           werden, so daß beliebig komplexe automatische
           (Experten-) Systeme entstehen.
- Grafiken können als Buttons oder zur Illustration
                                 eingesetzt werden:
- Zu jeder Karte kann eine
  weitere Karte als Hilfe an- gegeben werden, die
  man dann über die Help-Taste anfordert.
- Durch Anklicken beliebiger Worte kann zu jeder anderen Karte
  gesprungen werden, auf der dieses Wort ebenfalls vorkommt.

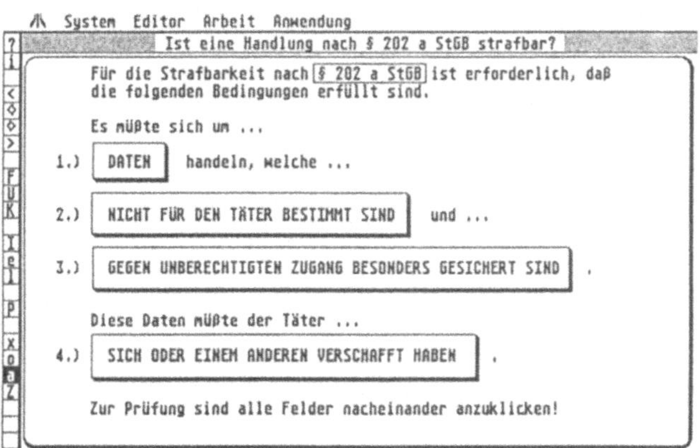

/I\ System Editor Arbeit Anwendung
Ist eine Handlung nach § 202 a StGB strafbar?
Für die Strafbarkeit nach § 202 a StGB ist erforderlich, daß
die folgenden Bedingungen erfüllt sind.
Es müßte sich um ...
1.) DATEN   handeln, welche ...
2.) NICHT FÜR DEN TÄTER BESTIMMT SIND   und ...
3.) GEGEN UNBERECHTIGTEN ZUGANG BESONDERS GESICHERT SIND   ,
Diese Daten müßte der Täter ...
4.) SICH ODER EINEM ANDEREN VERSCHAFFT HABEN   ,
Zur Prüfung sind alle Felder nacheinander anzuklicken!

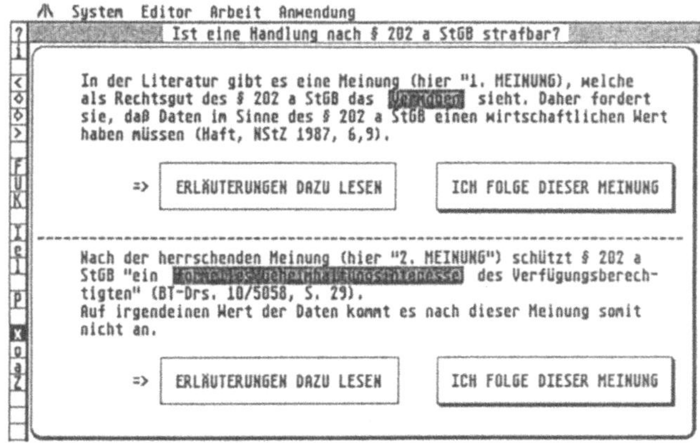

/I\ System Editor Arbeit Anwendung
Ist eine Handlung nach § 202 a StGB strafbar?
In der Literatur gibt es eine Meinung (hier "1. MEINUNG), welche
als Rechtsgut des § 202 a StGB das Vermögen sieht. Daher fordert
sie, daß Daten im Sinne des § 202 a StGB einen wirtschaftlichen Wert
haben müssen (Haft, NStZ 1987, 6,9).
=> ERLÄUTERUNGEN DAZU LESEN   ICH FOLGE DIESER MEINUNG
Nach der herrschenden Meinung (hier "2. MEINUNG") schützt § 202 a
StGB "ein formelles Geheimhaltungsinteresse des Verfügungsberech-
tigten" (BT-Drs. 10/5058, S. 29).
Auf irgendeinen Wert der Daten kommt es nach dieser Meinung somit
nicht an.
=> ERLÄUTERUNGEN DAZU LESEN   ICH FOLGE DIESER MEINUNG

Navigation im Hyperraum:
Fisheye Views in HyperCard

Karl-Heinz Saxer
Institut für Informatik
Universität Zürich

Peter A. Gloor
GfAI
& Institut für Informatik
Universität Zürich

Zusammenfassung

Als Navigationshilfsmittel in Hypermedia-Dokumenten wird das Konzept der verallgemeinerten Fisheye Views von Furnas vorgestellt. Anhand einer Beispielimplementation in HyperCard wird an verschiedenen Beispielen (HyperCard-Stacks) die Nützlichkeit dieses Konzeptes aufgezeigt.

1   Motivation: Navigation in hierarchisch strukturierten Dokumenten

Computerprogramme, strukturierte Datenbanken, Organigramme, On-Line-Text, etc.: überall ist der Benutzer gezwungen, die möglicherweise immens grossen Strukturen mit Hilfe eines kleinen Bildschirms zu betrachten. Das Problem ist, dass viel zu viel Information vorhanden ist, von der viel zu wenig gleichzeitig auf dem Bildschirm gezeigt werden kann.

Mit einer herkömmlichen Schnittstelle ist meistens nur ein kleiner Ausschnitt einer Struktur zu sehen. Zum Beispiel kann HyperCard nur eine einzige Karte zu einem bestimmten Zeitpunkt anzeigen. Der Benutzer bewegt sich von einer Karte zur anderen oder springt auf eine Menukarte zurück. Informationen über globale oder andere Strukturen fehlen meistens gänzlich.

Ein gewöhnlicher Editor zeigt eine bestimmte Programmzeile und ein Dutzend Zeilen davor und danach. Hier bewegt man sich durch Scrollen des Bildausschnittes im Programm. Oft wäre es aber sinnvoll, ohne den Bildausschnitt zu verändern, zu wissen, in welcher Repeat-Schlaufe man sich momentan befindet. Beginnt diese Repeat-Schlaufe oberhalb des angezeigten Bildschirms, ist der Programmierer gezwungen, die aktuelle Editierzeile zu verlassen, um den Überblick zu erhalten.

Ein menugestütztes Informationssystem kann die Auswahlmöglichkeiten an einem bestimmten Knotenpunkt zeigen. Welche Strukturen oberhalb oder mehr als ein Level unterhalb dieses Knotenpunktes noch vorhanden sind, wird nicht angezeigt.

Die Wahrscheinlichkeit, sich in solchen Systemen zu verirren, das heisst, sich an einem völlig unverständlichen Ort zu befinden und keine Ahnung zu haben, wie man wieder an einen bekannten Ort zurückfinden kann, ist gross. Dies passiert, weil solche Views einerseits zu wenig Information über den momentanen Standort in der Struktur und andererseits zu wenig Information über die globale Struktur enthalten.

Zur Behebung dieser Probleme sind aus der Literatur verschiedene Ansätze bekannt. Mit Übersichtskarten, indizierten Files, Browsern etx. sollen dem Benutzer Navigationshilfen angeboten werden. Im Rest dieses Artikels soll ein mögliches Navigatinshilfsmittel und dessen Implementierung in HyperCard näher vorgestellt werden, nämlich die verallgemeinerten Fisheye Views [Fur86].

2 Was sind Fisheye Views

Unter dem Begriff "Fisheye View" versteht Furnas Betrachtungsweisen, die ein verzerrtes Abbild der Umwelt zeigen, analog zu einer Linse mit sehr grossem Winkel (Fischauge). Es wird sowohl die nahe als auch die weitere Umgebung dargestellt, wobei die nahe Umgebung sehr detailliert und die vom aktuellen Betrachtungspunkt weiter entfernt liegenden Objekte weniger detailliert dargestellt werden.

Idealfall einer Fisheye View
Der Idealfall einer Fisheye View ist das Gleichgewicht zwischen lokalen Details und globalen Zusammenhängen. Lokale Details werden benötigt für die lokale Interaktion mit einer Struktur. Die globalen Zusammenhänge werden benötigt, um dem Betrachter anzuzeigen, welche anderen Strukturen sonst noch existieren und wo sie zu finden sind. Globale Information kann sogar bei der Betrachtung von lokalen Details wichtig sein.

Was bewirkt eine Fisheye View
Eine Fisheye View kann eine grosse Struktur derart verkleinern, dass lokale Details zum Vorschein kommen, aber immer noch Aussagen über die Gesamtstruktur gemacht werden können. Globale Zusammenhänge gehen also nicht verloren und dienen zur besseren Orientierung in der Struktur.

3 Natürlich auftretende Fisheye Views

Dass diese Betrachtungsweise relativ weit verbreitet ist, zeigen zwei Beispiele:

Beispiel Firma
Angestellte einer grossen Firma kennen meistens eine Art Fisheye View der gesamten Managementstruktur.

Die Mitarbeiter der eigenen Gruppe kennen sich meistens sehr gut, pflegen sogar privat noch Kontakte. Die lokalen Gruppen- und Departementsleiter sind sicherlich auch bekannt, von weiter entfernten Abteilungen sind aber wahrscheinlich nur noch wichtige Persönlichkeiten und die auch nur noch dem Namen nach bekannt.

Beispiel Nachrichten
Nachrichten weisen fast immer Fisheye-Charakteristik auf, sei es nun in Zeitungen, in Lokalradios oder im Fernsehen. Alle Medien teilen die Information, die sie weitergeben wollen einerseits in Ereignisse von lokaler und andererseits in Ereignisse von globaler Bedeutung auf. Lokale, nationale und internationale Meldungen werden etwa im gleichen Umfang weitergegeben, was bedeutet, dass Meldungen aus fernen Regionen von sehr grosser Wichtigkeit sein müssen, um erwähnt zu werden.

Fisheye Views in Computerumgebung
Diese Beispiele zeigen, dass viele "natürlich" auftretende Ansichten der Welt Fisheye-View-Charakter aufweisen, und dass der Mensch oft Fisheye Views verwendet, um sich grosse Zusammenhänge zu merken. Deshalb könnte dieses Prinzip auch eine gute Schnittstelle zum Anzeigen grosser Informationsstrukturen wie Datenbanken, Online Text, Programme etc. in Computerumgebung sein.

4 Formalisierung des Konzeptes Fisheye Views

Formalisierung [Fur86]

Um das Fisheye-View-Konzept als Computer-Schnittstelle verwenden zu können, muss die Idee klar formalisiert werden. Fisheye Views sind ein Beispiel für eine grundlegende Idee der Anzeige grosser Strukturen auf einem Bildschirm. Das Fisheye-View-Prinzip benutzt eine "Degree of Interest"-Funktion (DOI), welche jedem Punkt in der Struktur einen bestimmten Wert zuordnet, der aussagt, wie interessiert der Benutzer ist, diesen Punkt von seinem momentanen Standort in der Struktur aus am Bildschirm zu sehen. Die Grösse der Anzeige kann beliebig verändert werden, indem man die **n** interessantesten Punkte (aus der DOI-Funktion) der Struktur darstellt.

Der Fishey View Ansatz ist in zwei Komponenten aufgeteilt: Die *A Priori Importance (API)* und die *Distanz (D)* . In ihrer einfachsten Form sieht die DOI-Funktion folgendermassen aus:

$$\mathrm{DOI}_{\mathrm{fisheye}} \, (x|.=y) = \mathrm{API}(x) - \mathrm{D}(x,y)$$

- **$\mathrm{DOI}_{\mathrm{fisheye}}$** $(x|.=y)$ bedeutet im Fisheye-Modell der Grad des Interesses (Degree Of   Interest) eines Punktes **x** vom aktuellen Standort **y** aus.

- **API**(x) ist die globale A Priori Importance des Punktes **x**.

- **D**(x,y) ist die Distanz zwischen dem Punkt **x** und dem aktuellen Standort **y**.

Das heisst, dass das Interesse mit der A Priori Importance zunimmt und in der Distanz abnimmt.

Diese einfache Definition macht die Anwendung des Fisheye-View-Prinzips auf alle Arten von Strukturen, bei denen die nötigen Komponenten definiert werden können, möglich. Baumstrukturen sind von besonderem Interesse, da viele grosse Strukturen im Computer baumartig sind, z.B.:

- strukturierte Programmiersprachen (LISP, PASCAL, C)

- hierarchisch geordneter Text (Manuals)

- hierarchische File Systeme (UNIX)

- hierarchische Hypertext Dokumente

- Managementstrukturen

- hierarchische Menu-Access-Systeme

- etc.

Die Definition der Fisheye-DOI-Funktion für Baumstrukturen würde also Fisheye Views für diese Strukturen möglich machen.

Um die allgemeine Fisheye-Funktion für einen Baum zu definieren, wird die Komponente $D(x,y)$ zu $d_{tree}(x,y)$ wobei hier die Distanz die Pfadlänge zwischen den Punkten x und y ist. Ähnlich wird $API(x)$ zu $d_{tree}(x,root)$, das heisst die A Priori Importance wird dem Abstand des Punktes x von der Wurzel gleichgesetzt unter der Annahme, dass Punkte näher an der Wurzel wichtiger sind als Punkte, die weiter von der Wurzel entfernt sind. Das Minuszeichen gibt den korrekten "Sinn" an, weiter von der Wurzel entfernt bedeutet "weniger wichtig". Die ganze Funktion sieht nun so aus:

$$DOI_{fisheye(tree)} (x|_{.}=y) = -(d_{tree}(x,y) + d_{tree}(x,root))$$

(Fig. 1) illustriert die Komponenten (a) Distanz von y, (b) A Priori Importance im Baum und (c) die Fisheye DOI-Funktion für den Punkt y.

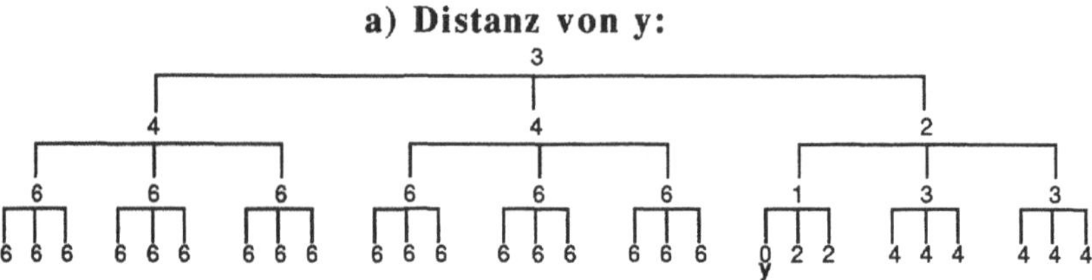

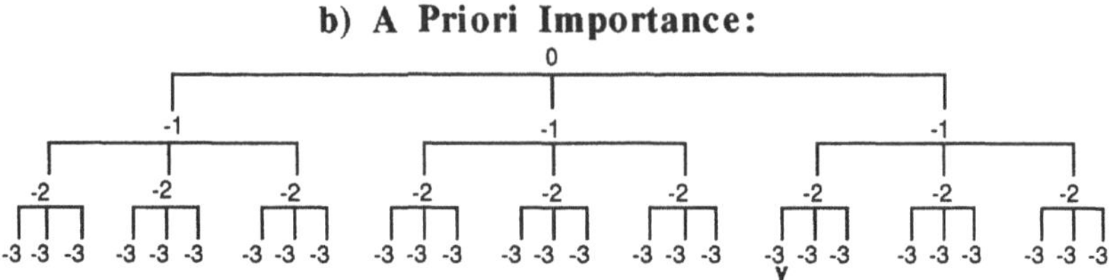

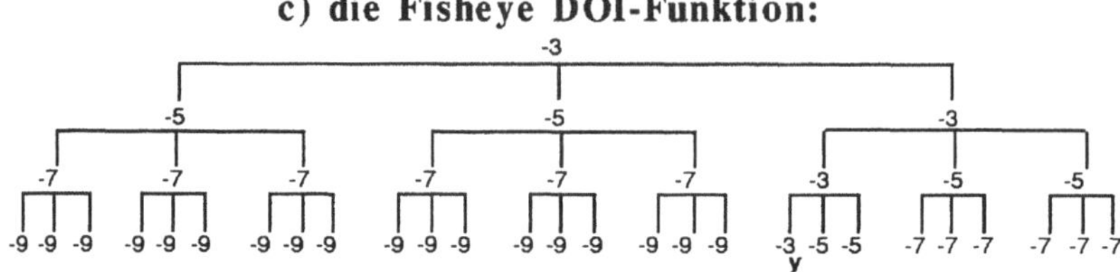

Fig. 1 Distanz, A Priori Importance und Fisheye DOI Funktion in einem Baum

Die Ergebnisse der **DOI**-Funktion sind folgendermassen zu interpretieren: ein arithmetisch höherer Wert ist vom Punkt **y** aus gesehen interessanter als ein tieferer Wert. Also sind die Punkte in (Fig. 1c) mit dem Wert **-3** am "interessantesten", diejenigen Punkte mit den Werten **-5** am "zweit-interessantesten", etc..

Beim Wählen einer Auswahlgrenze **k** und der Anzeige der Punkte **DOI** (x) $\geq$ **k**, kann man Fisheye Views verschiedener Grösse erhalten. So werden mit **k = -3** nur die interessantesten Punkte im Baum angezeigt, nämlich der direkte Pfad vom Punkt **y** zur Wurzel; man spricht von einer *zero order fisheye view* (Fig. 2a). Diese Auswahl ist am "interessantesten", weil die A Priori Importance entlang dieses Pfades um den gleichen Wert zunimmt wie die Distanz. Wenn die Anzeige auf die nächst weniger interessante Stufe, *first order fisheye view* (Fig. 2b; **k = -5**) ausgeweitet wird, werden in der Ahnenlinie jeweils die Geschwister hinzugefügt.

Die nächste Stufe, die *second order fisheye view* , zeigt demzufolge jeweils die Cousins der betreffenden first order fisheye view (Fig. 2c; **k = -7**). Nach dem ursprünglichen Fisheye-View-Gedanken werden bei weiter entfernten Regionen also nur Punkte höherer Wichtigkeit angezeigt.

2a) Zero Order Fisheye View:

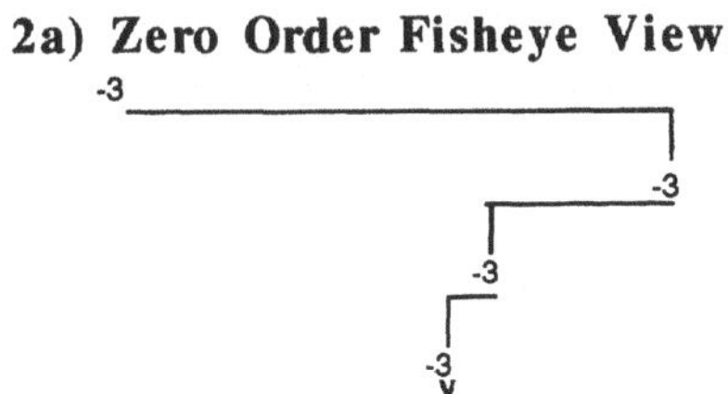

2b) First Order Fisheye View:

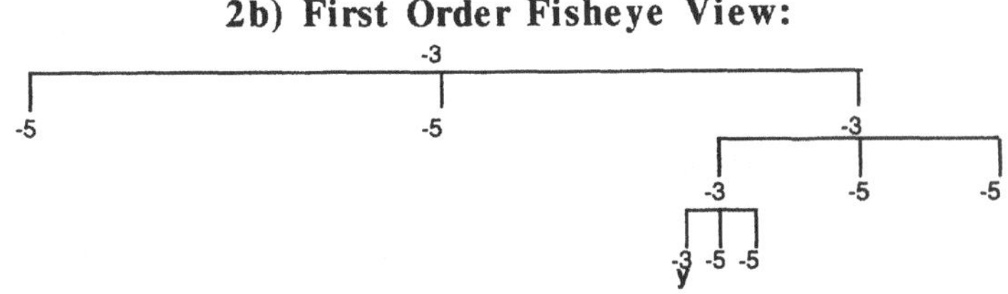

2c) Second Order Fisheye View:

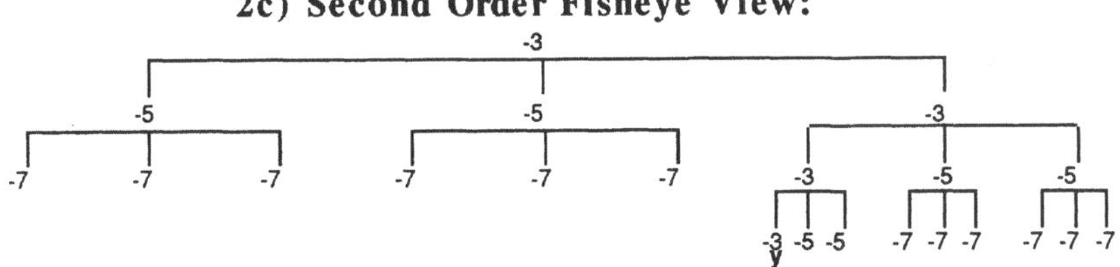

Fig. 2 Zero Order, First Order und Second Order Fisheye View in einem Baum

Fisheye Views haben in einem normalen Baum einige interessante Eigenschaften:

- Die Fisheye-View-Funktion erzeugt eine logarithmisch komprimierte Ansicht des Baumes

- Die Berechnungszeit einer View ist porportional zur Grösse der View und nicht zur Grösse des Baumes.

- Wenn der Ausgangspunkt von y zu y´ gewechselt wird, kann die neue View schnell berechnet werden, da sich nur die Fisheye-View-Werte oberhalb des gemeinsamen Vorfahren von y und y´ ändern.

Diese formalen Eigenschaften der Fisheye Views unterstreichen ihre Effizienz betreffend Interaktion und Berechnung.

Wo Fisheye Views nur bedingt eingesetzt werden können

In einigen Fällen kann es vorkommen, dass das lokale Interesse noch grösser sein kann als es durch die Fisheye-View-Funktion schon dargestellt wird. Es könnte zum Beispiel wichtig sein, dass in einem Programm-Listing die Fisheye View nur um einige Zeilen erweitert werden müsste, um die Anzeige viel aussagekräftiger zu machen. Es kann hie und da auch von grossem Nutzen sein, die Fisheye-View-Funktion nicht nur von einem Punkt aus zu berechnen, [Fur86] spricht in einem solchen Fall von *"Multi Focus Fisheye View"* .

Generell ist zu sagen, dass sich die Fisheye-View-Betrachtungsweise nicht auf alle Strukturen sinvoll anwenden lässt.

5   *Anwendungsmöglichkeiten in HyperCard*

Wenn man sich entschieden hat, bestimmte Aufgaben mit HyperCard zu lösen, muss man sich einiger Grenzen dieser Applikation bewusst werden. Eine der grössten Einschränkungen von HyperCard ist die Tatsache, dass nur ein Window gleichzeitig auf dem Bildschirm dargestellt werden kann. Zudem ist die Grösse dieses Windows auf die Grösse des Bildschirms eines kleinen Macintosh fixiert. Selbst auf dem grösseren Macintosh II Bildschirm kann man das Window nur verschieben und nicht vergrössern oder verkleinern.

Diese Tatsache limitiert nicht nur die Applikation an sich, sondern auch die Übersichtlichkeit der Schnittstelle. Der Anwender ist gezwungen, Struktur in seine Stacks zu bringen. Sobald die Stacks eine bestimmte Grösse erlangen, ist es ratsam, sie zum Beispiel hierarchisch zu strukturieren. Je grösser der Stack, desto sinnvoller ist es, mehrere Hierarchiestufen zu verwenden.

Deshalb wurde eine Fisheye-Schnittstelle für hierarchisch strukturierte HyperCard-Stacks in Form eines zusätzlichen HyperCard-Stacks implementiert, die beliebigen hierarchisch aufgebauten Hyperdokumenten, die auch aus mehreren Stacks bestehen können, vorgeschaltet werden kann und die Orientierung innerhalb dieses Dokumentes erleichert. Sofern bestimmte Namenskonventionen bei der Vergabe der Link- und Kartennamen eingehalten wurden, kann für beliebige Stacks eine Liste mit den Pfadnamen aller hierarchischen Links generiert werden und ausgehend von dieser Liste die Fisheye Views für beliebige Knoten innerhalb dieses Dokumentes erzeugt werden.

Beispiele für Anwendungsmöglichkeiten

* Barbuch [Sax88]

- Adress Stacks

- Bücher-, Schallplatten-, Video-Stacks

- Help Stack

- Präsentations Stacks über beliebige Themen

- etc.

6 Programmierung des Konzeptes in HyperTalk

Wie erwähnt, eignen sich HyperCard Stacks für eine Darstellung in Fisheye Views. Beim Erstellen eines Stacks muss man die Grundstruktur oder Hierarchie nicht von vornherein festlegen, wie zum Beispiel in Datenbanken, sondern kann sie durch Links später aufbauen. Aber auch diese Links sind nicht permanent vorhanden, sondern werden nur bei Bedarf aufgebaut. Diese beiden Tatsachen haben zur Folge, dass HyperCard Dateien zwar meist hierarchisch geordnet sind, aber diese Hierarchie nicht einfach angezeigt oder editiert werden kann. So war das erste Problem bei der Verwirklichung des Fisheye-View-Konzeptes die Festlegung der Hierarchie-Beziehungen in HyperCard Stacks.

Bedingungen an einen Stack

Es wurde davon ausgegangen, dass ein hierarchisch gegliederter HyperCard Stack jeweils von einer Hauptmenukarte aus auf verschiedene andere Karten verzweigt, die selbst auch wieder (Unter-) Menukarten sein können und sich auch wieder verzweigen können. Weiter wurde davon ausgegangen, dass der Menueintrag in der Menukarte mit dem Kartennamen derjenigen Karte übereinstimmt, auf der er verzweigt, was beim Erstellen eines Stacks eine gewisse Disziplin in Sachen Namensgebung der Karten verlangt.

Da HyperCard für Buttons nur eine Schriftart und -grösse zulässt, wurde weiter davon ausgegangen, dass eine Menukarte aus Textfeldern besteht und die Verzweigungen mittels durchsichtiger Buttons, die über den betreffenden Text gelegt werden, zustande kommen. So kann der HyperCard-Anwender sämtliche Schriftarten, die dem Macintosh zur Verfügung stehen, verwenden und muss sich nicht auf die von HyperCard vorgegebene Schriftart für Buttons beschränken.

Generieren der Baumstruktur

Zur Generierung der Baumstruktur werden die Menueinträge mit den Kartennamen verglichen. Sobald eine Übereinstimmung vorhanden ist, gilt die Karte als ein weiteres Blatt im Baum. Dies verlangt aber wiederum, dass bei Querverweisen der Menueintrag nicht mit dem Kartennamen übereinstimmt, denn sonst würde diese Karte im Baum zweimal auftreten, einerseits an der richtigen Position in der Hierarchie, und andererseits aber auch noch eine Stufe unterhalb der Karte, von der der Querverweis ausgeht. Es muss also klar unterschieden werden zwischen hierarchischen Links zur Organisation des Stacks und zwischen Querverweisen. Eine weitere Annahme ist (wie bei der Definition der $DOI_{fisheye(tree)}(x|.=y)$-Funktion vorausgesetzt wurde), dass die Importance gleich der Baumtiefe des Blattes im Baum ist (es besteht die Option, die Importance nachträglich manuell noch zu verändern).

Berechnung der Werte der Fisheye-Funktion

Importance (und Pfadgenerierung)

Die Generierung der Baumstruktur ist hierarchisch, das heisst Baumstufe um Baumstufe wird abgearbeitet. Zuerst werden die Einträge der Hauptmenukarte (Wurzel des Baumes) eingelesen und geprüft, ob nur Text oder auch eine Verzweigung im Baum enthalten ist. Anschliessend werden die Einträge der Menukarten der ersten Baumstufe, dann diejenigen der zweiten Baumstufe etc. abgesucht. Die Importance der jeweiligen Verzweigung (Karte) entspricht der momentan bearbeiteten Baumstufe und wird zusammen mit dem Kartennamen in eine Liste eingetragen.

Der Pfad jeder Karte bis zur Wurzel wird einerseits zur Berechnung der Distanz gebraucht und dient andererseits auch zur besseren Übersichtlichkeit bei der Darstellung der Fisheye View als Tabulatorbaum.

Distance

Die in (Fig. 3) erklärte Formel zur Berechnung der Distanz zwischen zwei Blättern in einem Baum verwendet die Importance der beiden Blätter und die der ersten gemeinsamen Verzweigungspunktes beider Blätter. Da eine Liste mit allen Karten und deren Pfaden schon besteht, lässt sich diese erste gemeinsame Verzweigungskarte leicht finden, die Distanz zwischen den beiden Karten berechnen und in eine um die Distanz erweiterte Liste eintragen.

Formel zur Berechung der Distanz zweier Blätter in einem Baum (siehe Fig. 3):
Distanz = (Abstand der Karte 1 zur Wurzel) + (Abstand Karte 2 zur Wurzel)
      − (2 * Abstand des gemeinsamen Knotenpunktes der beiden Karten zur Wurzel)
Beispiel: (3) + (3) - (2*1) = 4

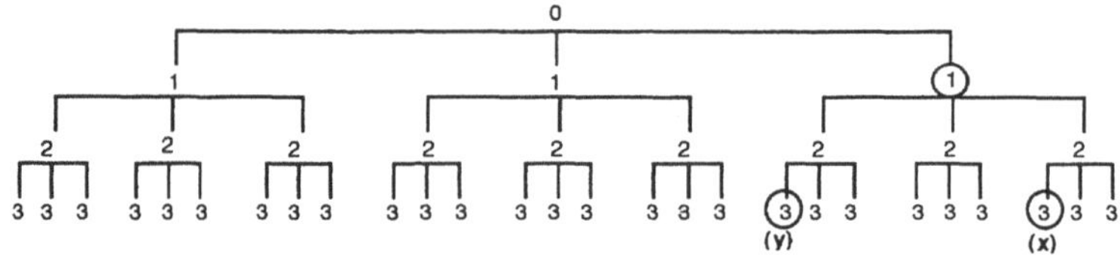

Fig. 3 Abstand des Punktes y vom Punkt x im Baum

Fisheye-Wert

Der Fisheye-Wert einer Karte berechnet sich durch Subtraktion der Distanz von der Importance. Dieser neue Wert wird in einer nochmals erweiterten Liste eingetragen. Beim Bestimmen der Fisheye-Werte wird dauernd geprüft, ob sich der maximale oder der minimale Fisheye-Wert verändern. Diese beiden Werte werden nötigenfalls angepasst und in globalen Variablen gespeichert.

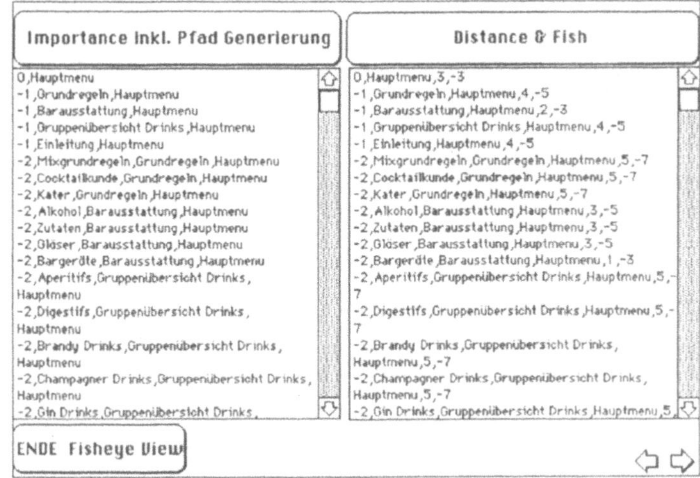

Fig. 4 Karte: "Importance & Distance"

Von der Anfangskarte des Fisheye Stacks aus (Fig. 4) werden alle drei Komponenten der Fisheye-Funktion (Importance, Distance und Fisheye-Wert) generiert.

Importance setzen

Die Option, die Importance von bestimmten Karten zu erhöhen oder zu vermindern, erfordert auch die Änderung der Fisheye-Werte der Karten des jeweiligen Pfades, da sonst bei der Darstellung als Baum diese Karte unter Umständen nicht angezeigt würde, obwohl die Importance erhöht wurde.

Auch bei der Änderung der Importance wird geprüft, ob der maximale oder der minimale Fisheye-Wert gegebenenfalls angepasst werden muss.

Ordnung der Fisheye View

Die Ordnung der anzuzeigenden Fisheye View wird durch Angabe eines Wertes **k** bestimmt und aus der Liste der Karten mit den dazugehörigen Fisheye-Werten erzeugt. Damit der Benutzer einigermassen abschätzen kann, welche Grösse **k** eine sinnvolle Verkleinerung der normalen Anzeige ergibt, werden der minimale und der maximale Fisheye-Wert bei der Frage nach dem gewünschten Wert **k** angezeigt. Der angegebene Wert wird auf Plausibilität (keine Buchstaben) und darauf, ob er innerhalb des minimalen und des maximalen Fisheye-Wertes liegt, überprüft. Nach diesem Test werden alle Karten, deren Fisheye-Wert kleiner oder gleich dem Wert **k** ist, in eine Liste geschrieben.

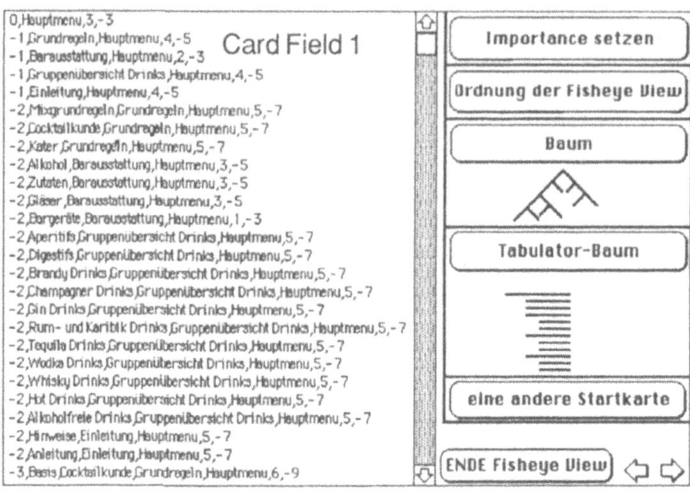

Fig. 5 Karte: "Fisheye View & Baum"

Darstellung als Baum

Zur Darstellung der Fisheye View als Baum wurde ein früher erstelltes Hypertalk-Script verwendet, das aus einer "Kind"- und einer "Vater"-Liste einen Baum zeichnet. Abgesehen von kleinen Modifikationen, wie der Card-Field-Grösse der zu zeichnenden Blätter, der horizontalen und vertikalen Verschiebung beim Zeichnen neuer Äste oder der Zeichnungsgeschwindigkeit, konnte das Programm praktisch unverändert übernommen werden.

Da die Liste der Karten mit den Fisheye-Werten auch den jeweiligen Pfad der Karten zur Wurzel enthalten, können die Kind- und die Vater-Liste, die zum Zeichnen des Baumes nötig sind, einfach generiert werden.

Bevor der Baum gezeichnet wird, muss angegeben werden, ob der Baum mit blockiertem Bildschirm oder normal gezeichnet werden soll. Ist der Bildschirm blockiert, nimmt das Zeichnen etwa 30% weniger Zeit in Anspruch als wenn man auf dem Bildschirm verfolgen kann, wie der Baum entsteht. Mit blockiertem Bildschirm hat man jedoch keine Ahnung, welcher Anteil des Baumes schon gezeichnet ist und wie lange es ungefähr noch dauert, bis der ganze Baum erstellt ist. Die Karte, von der aus die Fisheye View berechnet wurde (Startkarte), wird hervorgehoben, indem sie schattiert dargestellt wird.

Die als Baum gezeichnete Fisheye View kann möglicherweise immer noch zu gross sein, um sie auf einer Karte darstellen zu können. Durch Doppelklicken eines Blattes wird ein Subbaum von diesem Blatt aus auf einer anderen Karte des Stacks gezeichnet (durch einfaches Klicken wird die dem Blatt entsprechende Karte gezeigt). Auch hier wird gefragt, ob der Bildschirm während dem Zeichnen blockiert werden soll oder nicht.

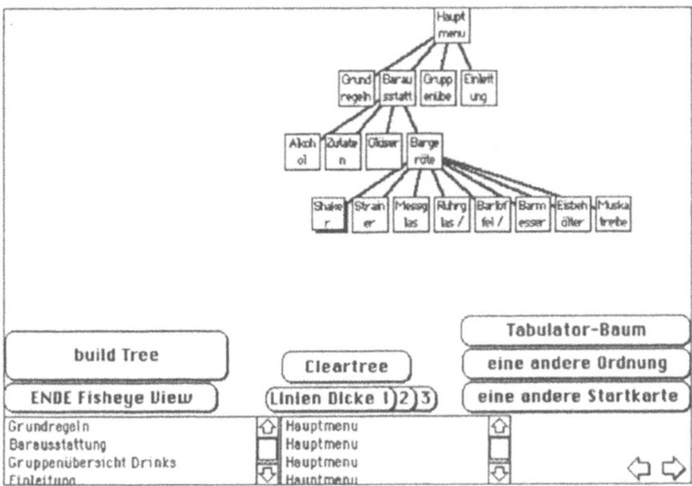

Fig. 6 Karte: "Baum"

Darstellung als Tabulatorbaum

Sollte die Fisheye View derart gross sein, dass sie nicht mehr auf einem Bildschirm als Baum dargestellt werden kann, besteht die Möglichkeit, sie als Tabulatorbaum darzustellen (Fig. 7). Die ausgewählte Liste, die nach Importance geordnet ist, wird thematisch sortiert, so dass die Kindkarten direkt unter ihrer Vaterkarte erscheinen. Danach werden die Zeilen der Liste je nach Tiefe der Importance eingerückt; je tiefer die Importance ist, desto mehr wird die Zeile eingerückt. Diese thematisch sortierte Liste wird in einem scrollbaren Feld eingetragen und kann somit fast beliebig gross werden (max. 30´000 Zeichen). Die Startkarte wird in dieser Liste invertiert dargestellt.

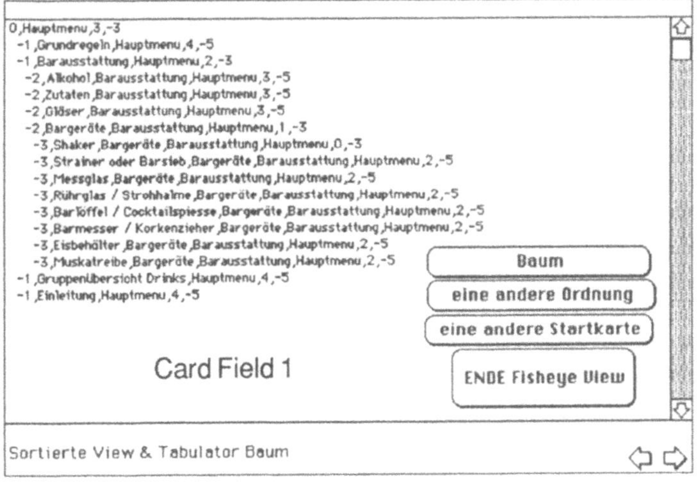

Fig. 7 Karte: "Tabulator-Baum"

Eine andere Ordnung der Fisheye View bestimmen

Sowohl von der Karte, die die Fisheye View als Baum, als auch von der Karte, die die Fisheye View als Tabulatorbaum zeigt, kann eine andere Ordnung der Fisheye View erzeugt werden (von derselben Startkarte aus). Unter der Ordnung wird die Grösse oder der Umfang der Fisheye View verstanden (siehe auch (Fig. 2)).

Eine andere Startkarte bestimmen

Mit der Startkarte ist diejenige Karte eines Stacks, von der aus man die Fisheye View berechnet gemeint (und nicht die "Home"-Karte der deutschen Version von HyperCard). Will man eine Fisheye View von einer anderen Karte aus generieren, so kann man dies von den Karten "Baum", "Tabulatorbaum" und "Fisheye View & Baum" tun. Es wird geprüft, ob die angegebene Karte überhaupt vorhanden ist. Ist dies nicht der Fall, wird eine Fehlermeldung angezeigt und die neue Startkarte kann nochmals eingegeben werden. Ist die Eingabe korrekt, wird die Funktion aufgerufen, die die Distanz von dieser neuen Startkarte zu allen anderen Karten und den Fisheye-Wert berechnet. Der minimale und maximale Fisheye-Wert werden auch den neuen Fisheye-Werten angepasst.

7   Erfahrungen mit der beschriebenen Implementation

Die Geschwindigkeit von HyperCard ist unter anderem auch von der Grösse des zur Verfügung stehenden Arbeitsspeichers abhängig. Das Macintosh-System und der Finder brauchen zusammen ungefähr 475 Kilobyte Arbeitsspeicher. Arbeitet man an einem Macintosh mit nur einem Megabyte Arbeitsspeicher, kann HyperCard nicht mehr alle Resourcen resident halten und arbeitet deshalb langsamer.

Durch die Beschränkung der Field-Länge auf 30´000 Zeichen ist man gezwungen, grössere Zwischenresultate in Variablen festzuhalten. Mit dem Gebrauch von Variablen anstelle der Card Fields umgeht man zwar das Problem der Card-Field-Längen, kann nun aber Hauptspeicher-Probleme bekommen, wenn eine oder mehrere Listen von über 400 Karten und deren Pfad in einer Variablen abgespeichert werden.

Um HyperCard im allgemeinen und den Fisheye Stack im speziellen zu benützen, wird empfohlen, einen Macintosh mit zwei Megabyte Arbeitsspeicher zu verwenden.

Startet man HyperCard unter dem MultiFinder, braucht das Macintosh-System mindestens ein halbes Megabyte Arbeitsspeicher, dazu die 160 Kilobyte Speicher des Finders und, je nach Speicherzuteilung, bis zu einem Megabyte Speicher für HyperCard. Zusammen sind dann schon mehr als 1,5 Megabyte Arbeitsspeicher verbraucht.

Lässt man nun eine Fisheye View eines grossen Stacks (über 300 Karten) berechnen, hat man unter dem MultiFinder möglicherweise Hauptspeicher Probleme. Um dies zu vermeiden, ist es bei grossen Stacks notwendig, die Applikation nur unter dem Finder aufzustarten.

8 *Effizienzüberlegungen*

Mikro-Prozessor / Macintosh-Modell:

Die Programmiersprache HyperTalk, die HyperCard integriert ist, ist eine interpretierte Sprache. Die Ausführungsgeschwindigkeit von HyperTalk-Programmen hängt somit sehr stark vom Mikro-Prozessor des Macintosh ab, auf dem man das Programm ausführt.

Das Programm wurde auf einem Macintosh II mit einem Motorola 68020 Mikro-Prozessor entwickelt. Trotz diversen Optimierungen des Programmes kann die Ausführungsgeschwindigkeit nur als befriedigend bezeichnet werden. Auf einem Macintosh Plus oder einem Macintosh SE mit dem Motorola 68000 Mikro-Prozessor werden die Wartezeiten unbefiedigend lang. Mit einem Macintosh IIcx, der mit einem Motorola 68030 Mikro-Prozessor arbeitet, werden die Antwortzeiten deutlich kürzer und angenehmer. Der neue Macintosh IIci, der den Motorola-68030 Prozessor mit 25 Mghz taktet, soll 75% schneller arbeiten als der Macintos IIcx, dementsprechend kürzer sollten auch die Antwortzeiten ausfallen. Wie (Tab. 1) entnommen werden kann, liegt die Leistungssteigerung bei weitem nicht in dieser Grössenordnung, was gemäss unseren Vermutungen nur an HyperCard liegen kann.

Macintosh-Modell Test-Applikation	Plus / SE	II	II-cx	II-ci
Generierung der Baumstruktur (344 Karten)	51:07	16:21	12:37	10:01
Generierung der Baumstruktur (26 Karten)	6:50	2:09	1:56	1:41
Zeichnen eines Baumes (17 Blätter)	2:47	1:09	0:58	0:44
Erstellen eines Tabulator-Baumes (87 Einträge)	1:06	0:25	0:18	0:13

Zeiten sind in Minuten und Sekunden angegeben

Tab. 1 Antwortzeiten bei verschiedenen Macintosh-Modellen

X-Commands / X-Functions (XCMD's/XFCN's):

X-Commands oder X-Functions sind Befehle oder Funktionen, die in einer anderen Programmiersprache als HyperTalk in HyperCard eingebettet werden können. Typischerweise sind dies Befehle der Programmiersprachen C und PASCAL.

Um die Anwendung tempomässig zu verbessern, könnte man sich überlegen, gewisse Teile beispielsweise in PASCAL zu schreiben, zu kompilieren und sie als X-Commands in HyperCard einzubetten. Da aber relativ häufig die "Find"-Funktion innerhalb von HyperTalk verwendet wird, stellt sich das Problem, dass nur kleine Teile so umgeschrieben werden könnten, was die Effizienz auch nur sehr begrenzt steigern würde.

Aufgrund der obigen Zeitmessungen wird ersichtlich, dass neue Fish Eye Views nicht dynamisch vom Betrachter eines Stacks erzeugt werden können, sondern dass besonders sinnvolle Ansichten a priori vom Autor eines Stacks erstellt und anschliessend dem Leser zur Verfügung gestellt werden müssen. Falls andernfalls der Leser selbst neue Fish Eye Views erzeugen können soll, so muss diese Funktion von Grund auf neu auf X-Command-Basis (ohne Verwendung von HyperCard-Funktionen) ausprogrammiert werden, um Baustrukturen anstatt im Minuten-Bereich (10 Minuten auf einem MacIIci für 344 Karten) im Sekunden-Bereich ausführen zu können.

Literatur

[App88]   Apple Computer Inc. *"HyperCard Script Language Guide: The HyperTalk Language";* Addison-Wesley, 1988

[Fur86]   Furnas, G.W.; *"Generalized Fisheye Views";* CHI Proceeding, April 1986, S. 16 - 23

[How89]   David Howard, D.; Thomas Ritzi, T.; Stile, A. *"Hypertext und Information Retrieval";* Unterlagen zum Seminar Hypermedia; Institut für Informatik, Universität Zürich, Sommersemester 1989

[Sax88]   Saxer, K.H, Bolliger, W.; *"Ein Barbuch mit HyperCard";* Semesterarbeit; Institut für Informatik, Universität Zürich, 1988

[Sha88]   Shafer, D.; *"HyperTalk Programming";* Hayden Books, 1988

Inhaltsorientierte Navigation in automatisch generierten Hypertext-Basen

Udo Hahn[*]   Rainer Hammwöhner[+]   Ulrich Reimer[+]   Ulrich Thiel[#]

[*] Universität Freiburg
Linguistische Informatik/
Computerlinguistik
Werthmannplatz
D-7800 Freiburg

[+] Universität Konstanz
Informationswissenschaft
Postfach 5560
D-7750 Konstanz

[#] GMD-IPSI
Dolivostr. 15
D-6100 Darmstadt

Zusammenfassung

Der automatische Aufbau von Hypertexten aus Kollektionen linearer Texte erfordert Verfahren zur Analyse und Segmentierung von Texten, sowie zur Generierung von Hypertext-Kanten. In diesem Beitrag werden Theorien zur Beschreibung der thematischen Struktur von Texten aufgegriffen und zur Entwicklung von Kriterien genutzt, die es erlauben, inhaltlich begründete Kanten zwischen Textfragmenten zu erzeugen. *Textgraphen* resultieren als netzwerkartige Repräsentationen von Texten und dienen einem auf objektorientierter Interaktion basierenden Dialogmodell als Ausgangsbasis zur semantisch kontrollierten Exploration der *Hypertext-Basis*.

1. Einleitung

Entsprechend den bislang vorherrschenden Anwendungsklassen für Hypertextsysteme – Ideenexploration und -verwaltung (*idea processing*) und Autorenunterstützung (für technische Dokumente, Programmtexte u.ä.) – setzen die Autoren beim inkrementellen Prozeß der Generierung und Modifikation eines Hypertexts die Kanten *manuell*. Will man aber die Funktionalität von Hypertextsystemen auf schon existierende Textkollektionen – etwa für die Zwecke des Information Retrieval, der Faktenextraktion, der Wissensexploration durch Browsing o.ä.[1] – übertragen, stellt sich das Problem, Verfahren bereitzustellen, mit denen umfangreiche Volltexte bzw. Kollektionen von Volltexten in Hypertexte überführt werden können. Dabei ist zunächst eine Dekomposition der Originaltexte in eigenständige Texteinheiten, den Knoten des aufzubauenden Hypertexts, zu leisten, die dann durch inhaltlich begründete Kanten verbunden werden müssen. Für kleinere bis mittlere Textkörper ist dieser Vorgang noch intellektuell zu kontrollieren. Frisse (Frisse 88) schlägt z.B. ein semi-automatisches Verfahren vor, das die Zerlegung des Textes anhand oberflächensyntaktischer Indikatoren, z.B. Kapitelgrenzen, vorsieht, die inhaltliche Strukturierung des Hypertexts aber den Autoren überläßt. Große, über eine Vielzahl von Dokumenten sich erstreckende Hypertexte, wie sie insbesondere bei Anwendungen im Bereich des Information Retrieval zu erwarten sind, sind aber in ihren thematischen Interdependenzen nicht mehr intellektuell zu

---

[1]   Exemplarisch ist diese Konzeption für hochentwickelte Text-Interaktionssysteme bereits in Weyer/Borning 85 und Lenat et al. 83 am Beispiel elektronischer Enzyklopädien beschrieben worden.

erfassen, so daß eine Automatisierung auch der Generierung von Hypertext-Kanten erforderlich wird. Kriterien für die Generierung von Kanten können aus der thematischen Struktur des Ausgangmaterials abgeleitet werden.

Der entstehende Hypertext erweist sich als ein geeignetes Medium für explorative Retrievaldialoge (Bates 86), wie sie in Reaktion auf die Kritik am *Matching-Paradigma*[2] (Robertson 80) des konventionellen Information-Retrieval vorgeschlagen wurden. Darüber hinaus bilden Cluster relationierter Textsegmente eine Grundlage für kontextorientierte Relevanzmaße, die die Relevanz eines Textes nicht nur in Bezug auf ein Interessenprofil, sondern auch anhand der bereits zuvor präsentierten Textabschnitte bestimmen (Tiamyu/Ajiferuke 88).

Ein aus ursprünglich nicht aufeinander bezogenen Einzeltexten aufgebauter Hypertext erfordert eine besondere Unterstützung des Benutzers bei der Hypertext-Navigation. Im Gegensatz zu konventionellen, intellektuell erstellten Hypertexten sind die Kanten nicht absichtsvoll von Autoren bzw. Autorenkollektiven eingefügt, sondern rein thematisch motiviert. Zudem sind Inhalt und Umfang der Textkollektion auch von zufälligen Einflußgrößen abhängig, wie der Verfügbarkeit von Dokumenten, den zeitweiligen Interessen einer Benutzergruppe usf. Das führt dazu, daß wichtige Informationen fehlen, andere hingegen stark redundant repräsentiert sein können. Metainformation, die einzelne Texteinheiten in einen größeren Kontext einordnet, ist nicht vorgegeben, sondern muß während der Navigation erzeugt werden. Diese Problematik motiviert einen Navigationsstil für Hypertexte im Information Retrieval, der konversationale Aspekte der Interaktion mit objektorientierter graphischer Manipulation verbindet (Thiel 89, Thiel/Hammwöhner 89).

In diesem Kontext ist die Forschung im Rahmen der Projekte TOPIC[3] und TWRM[4]-TOPOGRAPHIC[5] angesiedelt. Während das Textkondensierungssystem TOPIC (Hahn/Reimer 86, 88) die inhaltliche Analyse von Volltexten[6] und den Aufbau von Repräsentationen der Textinhalte, sogenannten Textgraphen, leistet, wird der graphisch-interaktive Zugriff auf die aus Volltexten und ihren Repräsentationen aufgebauten *Hypertext-Basen* durch das wissenbasierte Retrievalsystem TWRM-TOPOGRAPHIC (Hammwöhner/Thiel 87, Kuhlen et al. 89) realisiert. Da eine vollständige Beschreibung des Gesamtsystems den Rahmen dieses Beitrags bei weitem sprengen würde, werden wir uns auf folgende Aspekte konzentrieren:

- Die Struktur der automatisch generierten Hypertexte wird in Kapitel 2 beschrieben, während auf die eigentliche Textanalyse und Textgraphgenerierung nicht eingegangen wird.
- Kapitel 3 führt ein Interaktionsmodell ein, das einen flexiblen Umgang mit derartigen Hypertexten erlaubt.

---

[2] Das *Matching-Paradigma* bezieht sich auf den kontextfreien Abgleich einer vollständig vorformulierten Suchanfrage mit einer Textmenge.

[3] TOPIC: Text Oriented Procedures for Information Management and Condensation of Expository Texts

[4] TWRM: Textwissens-Rezeptions-Mechanismus

[5] TOPOGRAPHIC: **Top**ic **O**perating with **Gra**phical **I**nteraction **C**omponents

[6] Das momentan repräsentierte Sprach- und Weltwissen ist auf Produktbeschreibungen von Mikrocomputersystemen ausgerichtet. Um in den Beispielen die ständig wiederholte Nennung von Produkten der Firmen mit drei Buchstaben zu vermeiden, wurde der Phantasierechner *Zenon-X* kreiert.

2. Der Textgraph als Hypertext

Das Ergebnis der Analyse und anschließenden Kondensierung eines Textes durch das TOPIC-System (Hahn/Reimer 88) ist ein Hypertext, den wir *Textgraph* nennen. Die Textgraphen mehrerer Texte bilden eine *Hypertext-Basis*, wobei jedoch mehrere Textgraphen durchaus einen *textübergreifenden* Hypertext bilden können. Die Knoten in einem Textgraphen sind durch verschiedene Kantentypen miteinander verknüpft, die alle automatisch generiert werden (Reimer/Hahn 88). Fünf Klassen von Hypertext-Kanten werden derzeit unterstützt:

1) **Abstraktionsrelationen:** Hierunter fallen Beziehungen, die eine Konzeptspezialisierung anzeigen, sowie frame-spezifische Aggregationsbeziehungen vom Typ 'Slot' und 'Eintrag', die unterschiedlich detaillierte *Zusammenfassungen* eines Textes miteinander verbinden.

2) **Relationen zwischen Themenbeschreibungen und assoziierten Textpassagen:** Kanten diesen Typs erlauben den Zugriff von einer Themenbeschreibung auf die Passagen des Originaltextes zu diesem Thema (*Text-Retrieval*).

3) **Relationen zwischen Themenbeschreibungen und assoziierten Fakten in der Textwissensbasis:** Einem Text entnommene Aussagen zu einem Konzept können direkt aus einer Themenbeschreibung heraus, in der dieses Konzept verwendet wird, zugegriffen werden (*Fakten-Retrieval*).

4) **Rekonstruierte Kohärenzrelationen:** Thematische Progressionsmuster der Themenentwicklung von Volltexten dienen als inhaltlich motivierte Tourenvorschläge für das Navigieren in Hypertexten.

5) **Konstruierte Kohärenzrelationen:** Aus der in Textgraphen repräsentierten referentiellen und semantischen Struktur von Texten werden automatisch intra- und intertextuelle Relationen abgeleitet, die dem Zweck dienen, aus unterschiedlichen Dokumenten entnommene Passagen, die in Bezug auf ein Diskursthema ergänzende, vertiefende oder kontrastierende Informationen enthalten, zu einem Hypertextpfad zusammenzuführen.

In den folgenden Abschnitten gehen wir besonders auf die unter den Punkten 1), 4) und 5) erwähnten Kantentypen näher ein.

2.1 Themenbeschreibungen und Abstraktionsrelationen

Ein Textgraph (Abbildung 1 zeigt einen Ausschnitt eines stark vereinfachten Textgraphen) leistet in erster Linie die *Repräsentation der thematischen Struktur* des zugehörigen Textes auf unterschiedlichen Konkretionsebenen gleichzeitig. Die Blattknoten eines Textgraphen stellen dabei die detaillierteste Untergliederung des Textes in thematisch kohärente Textpassagen dar, während die nicht-terminalen Knoten mehrere solcher Passagen mit ähnlichen Themen zu einer Passage generelleren Themas zusammenfassen. Steigt man einen Textgraphen von den Blattknoten her auf, ergibt sich somit eine Untergliederung des zugehörigen Textes in immer weniger Passagen zunehmend allgemeinerer Themen. Die Wurzelknoten geben schließlich die allgemeinste Charakterisierung des zugehörigen Textes als Ganzes an.

Auf den nicht-terminalen Ebenen eines Textgraphen wird die ursprüngliche, lineare Anordnung der einzelnen Passagen im Text aufgehoben, da ihre Zusammenfassung zu längeren Passagen nach inhaltlichen Kriterien erfolgt und nicht nach ihrer Anordnung im Text. Beispielsweise faßt der Knoten 2 in Abbildung 1 die Textpassagen 1–3 sowie 5–6 zusammen und läßt die sich dazwischen befindliche Textpassage 4 aus.

Neben der Zusammenführung verschiedener, inhaltlich ähnlicher Textpassagen übernehmen die Textgraphknoten auch die Funktion der inhaltlichen Beschreibung der ihnen zugehörigen Passagen. Dazu enthält jeder Knoten als *Themenbeschreibung* ein semantisches Netz. Im einfachsten Fall besteht es nur aus einem Knoten, der den Namen des Konzepts angibt, von dem die betreffende Textpassage primär handelt. So ist das Thema der dem Knoten 4 in Abbildung 1 zugeordneten Passagen (das sind in diesem Fall alle sechs) der Zenon-X, während die Passagen 1–3 und 5–6 von Herstellern (Knoten 2) handeln. Detailliertere Themenbeschreibungen geben zusätzlich zu den Konzepten, mit denen sich ein Textabschnitt befaßt, auch den Aspekt an, unter welchem das Konzept näher behandelt wird. In einem solchen Fall ist in der Themenbeschreibung eine Slot-Kante[7] vorgesehen, über die entweder die näher behandelte Eigenschaft des Konzepts angegeben ist, oder ein anderes Konzept, das mit dem ersten Konzept in einer inhaltlichen Beziehung steht und in bezug darauf ausführlicher diskutiert wird. Beispielsweise faßt der Knoten 5 in Abbildung 1 alle Textpassagen zusammen, die die Cpu des Zenon-X behandeln. Die Angabe eines Konzepts oder einer Eigenschaft mittels einer Slot-Kante ist kontextspezifisch. Das bedeutet, daß es in der betreffenden Textpassage nicht um dieses Konzept (z.B. Cpu im Knoten 5) im allgemeinen geht, sondern daß es nur in dem durch das übergeordnete Konzept gegebenen Kontext (z.B. Zenon-X im Knoten 5) behandelt wird.

Ist der durch eine Slot-Kante spezifizierte Aspekt selber nochmals detaillierter im Text behandelt, so wird mittels einer Eintragskante eine zusätzliche Charakterisierung in der Themenbeschreibung vorgesehen. Beispielsweise repräsentiert der Knoten 6 des Textgraphen in Abbildung 1, daß die Textpassagen 1–3 nicht nur von den Produkten der Zeta-Maschinen GmbH handeln, sondern sich speziell mit einem bestimmten Datenbanksystem befassen.

Neben den Slot- und Eintragskanten können in einer Themenbeschreibung auch Kanten auftreten, die eine Konzeptspezialisierung anzeigen (vom Typ 'Is-a' und 'Instanz': zur Semantik siehe Reimer 89). Ihnen kommt im Textgraph jedoch nur eine Informierungsfunktion zu, indem sie verschiedene Konzepte mit gemeinsamen Oberbegriff durch Relationierung mit diesem Oberbegriff zu Gruppen zusammenfassen. Eine thematische Charakterisierung erfolgt durch solche Kanten nicht. Gleichwohl bieten sich damit beim Retrieval verschieden detaillierte Einstiegspunkte an.

Zusammenfassend wollen wir festhalten, daß die Themenbeschreibungsknoten in einem Textgraph keine Textknoten sind, sondern eine inhaltliche Beschreibung der ihnen zugeordneten Textpassagen bereitstellen (vgl. mit den 'Toc Nodes' in Trigg/Weiser 86). Nur diese Textpassagen bilden Textknoten; sie sind an den Blättern eines Textgraphen eingebunden (in Abb. 1 die Knoten mit der Bezeichnung 'Textpassage *i*').

Zwischen den Themenbeschreibungsknoten eines Textgraphen können Beziehungen unterschiedlicher Art bestehen, die durch entsprechende Hypertextkanten dargestellt sind:

- Eine *Identitätskante* besteht zwischen einem übergeordneten Knoten n und einem untergeordneten Knoten n' genau dann, wenn das Themenbeschreibungsnetz im Knoten n (eventuell nur als Teilgraph) auch im Knoten n' auftritt, jedoch nicht unterhalb einer Slot- oder Eintragskante, da die Angaben unterhalb solcher Kanten nur kontextspezifische Gültigkeit haben.

---

[7] Der Name des Kantentyps 'Slot' (und auch des weiter unten eingeführten Kantentyps 'Eintrag') leitet sich daraus ab, daß der Textanalyse und -kondensierung, die zum Aufbau eines Textgraphen führen, ein Frame-Repräsentationsmodell (Reimer 89) zugrunde liegt. Daraus ergibt sich auch die Semantik dieser Kantentypen.

- Eine *Is-a-* oder *Instanzkante* besteht zwischen einem übergeordneten Knoten n und einem untergeordneten Knoten n' genau dann, wenn n nur einen Knoten enthält, und dieser ein Konzept bezeichnet, das ein (Is-a- oder Instanz-) Oberbegriff des obersten Knotens eines der Netze in n' ist.

- Eine *Slot-Kante* besteht zwischen einem übergeordneten Knoten n und einem untergeordneten Knoten n' genau dann, wenn n nur einen Knoten enthält, der auch in n' auftritt und dort durch eine Slot-Kante näher charakterisiert wird.

- Eine *Eintragskante* besteht zwischen einem übergeordneten Knoten n und einem untergeordneten Knoten n' genau dann, wenn n ein Netz enthält, das aus zwei durch eine Slot-Kante verbundenen Knoten besteht, und in n' das gleiche Netz auftritt, dort jedoch um eine Eintragskante erweitert.

Jeder der oben aufgeführten Kantentypen steht für eine Abstraktionsrelation zwischen zwei Themenbeschreibungen. Technisch betrachtet stellt die hierarchische Textgraphstruktur neben unmittelbaren *link point/link region*-Referenzen Ketten von *link point/link point*-Referenzen (wie sie in traditionellen Hypertextsystemen nicht auftreten; vgl. etwa Conklin 87) wachsender konzeptueller Spezialisierung bereit. Diese Ketten terminieren schließlich in einem *link point* (ein Blatt des Textgraphen).

Zusätzlich zur Verknüpfung durch Abstraktionsrelationen sind alle Textgraphknoten mit den assoziierten Textpassagen verkettet. Ferner ist aus jedem Textgraphknoten heraus, dessen Themenbeschreibung ein Konzept k verwendet, der Zugriff auf Aussagen über dieses Konzept möglich, die aus dem betreffenden Text gewonnen wurden und in der Textwissensbasis abgelegt sind (vgl. Abb.1).

2.2 Rekonstruierte Kohärenzrelationen

Orthogonal zu den im vorangegangenen Abschnitt behandelten Themenbeschreibungen ist die thematische Strukturierung eines Textes durch Kohärenzrelationen. Während die Themenbeschreibungen einen Text danach untergliedern, welche Konzepte in bestimmten Textabschnitten eine dominante Rolle spielen und wie diese Konzepte in einen allgemeineren thematischen Kontext eingebettet sind (durch Slot- und Eintragskanten dargestellt), liegen den Kohärenzrelationen bestimmte Verlaufsmuster der Konzepterwähnung zugrunde. Eine bestimmte Klasse solcher Verlaufsmuster, im folgenden *(thematische) Progressionsmuster* genannt, lassen sich auf lokale, textuelle Konnektivität stiftende Kohäsionsphänomene zurückführen. Dies sind in erster Linie Koreferenzbeziehungen zwischen sprachlich verschieden realisierten Erwähnungen derselben Konzepte sowie lexikalische Kohäsion (Halliday/Hasan 76). Lexikalische Kohäsion ist gegeben, wenn ein im Text erwähntes Konzept eine inhaltliche Beziehung zu einem vorher angesprochenen Konzept aufweist. Legt man eine Frame-Repräsentation von Konzepten zugrunde, dann entspricht eine solche inhaltliche Beziehung der Beziehung zwischen einem Frame und seinen Slots bzw. seinen Slot-Einträgen (die dann jeweils selber wieder für Konzepte stehen). Insofern spielen inhaltliche Beziehungen zwischen Konzepten nicht nur für den Aufbau der in Kapitel 2.1 diskutierten Themenbeschreibungen eine Rolle, sondern auch für die Bestimmung von Progressionsmustern, nur werden sie hierfür anders ausgewertet. Die Progressionsmuster treten sowohl innerhalb eines Absatzes als auch absatzübergreifend auf.

Drei Haupttypen von Progressionsmustern lassen sich unterscheiden (Daneš 74):

- Ein *konstantes Thema* liegt vor, wenn ein Konzept (das Thema) im Text eingeführt und anschließend in mehreren seiner Aspekte näher ausgeführt wird. Beispielsweise liegt dem folgenden Textausschnitt das konstante Thema 'Zenon-X' zugrunde:

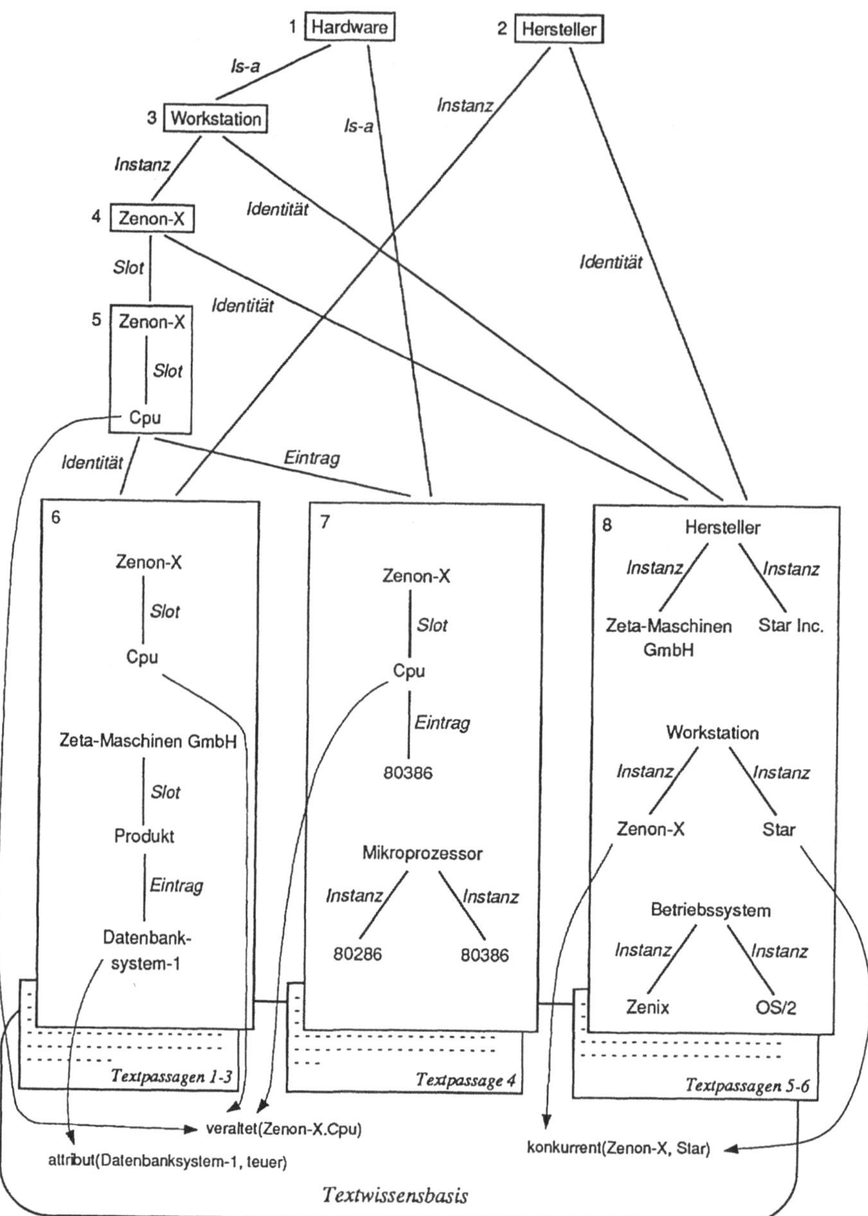

Abb. 1: Ausschnitt eines vereinfachten Textgraphen (ohne Kohärenzrelationen)

"Der Zenon-X ist mit einem 80386-Prozessor als Cpu ausgestattet. Dieser Prozessor . . . Der Rechner wird mit mindestens 1 MByte Hauptspeicher geliefert. Er ist ausbaufähig bis . . . Neben einer seriellen Schnittstelle verfügt der Zenon-X auch über einen parallelen Anschluß . . . "

Dieses Progressionsmuster läßt sich durch den untenstehenden Kohärenzgraphen darstellen. Dabei enthalten die einzelnen Knoten wiederum Themenbeschreibungen (wie in Abb.1), und ihnen ist jeweils als Textknoten die zugehörige Textpassage zugeordnet. Die Verknüpfung der Knoten spiegelt jetzt jedoch die Abfolge der Themen im Text wider:

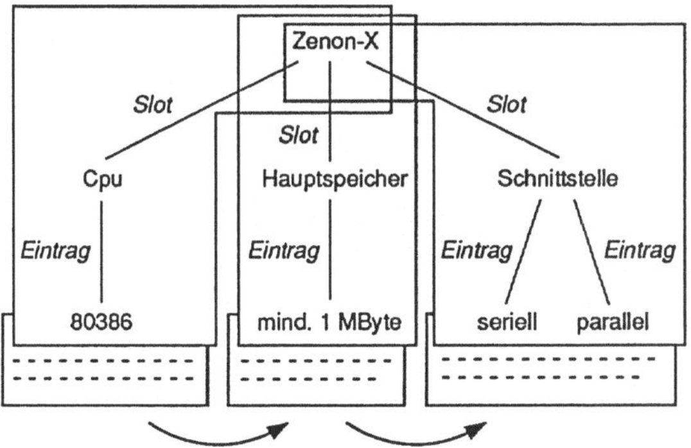

- Eine *lineare Thematisierung von Rhemata* liegt vor, wenn ein zu einem Konzept (dem Thema) ausgeführter Aspekt (das Rhema) anschließend zum Thema wird. Im Beispiel:

  > "Für den Zenon-X ist ein CD-ROM-Laufwerk mit 1.8 GByte Speicherkapazität erhältlich. Dieses Laufwerk ... Das CD-ROM-Laufwerk wird von der Zeta-Maschinen GmbH geliefert, die ... Von derselben Firma wird auch ein Datenbanksystem für den Rechner vertrieben, das ... "

Als Kohärenzgraph:

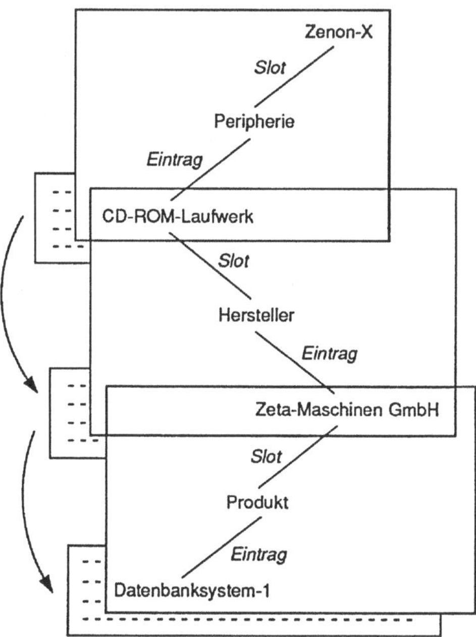

- Das Progressionsmuster *abgeleiteter Themen* liegt vor, wenn in Folge verschiedene Konzepte (Themen) angesprochen werden, die alle einen gemeinsamen Oberbegriff besitzen. Im Beispiel:

  > "Der FS-190-Rechner ... In bezug auf seine Verarbeitungsgeschwindigkeit steht der FS-190 dem Star von Star Inc. nicht nach, der .... Beide werden jedoch noch übertroffen von dem neuen Zenon-X. Er verfügt über ... "

Als Kohärenzgraph:

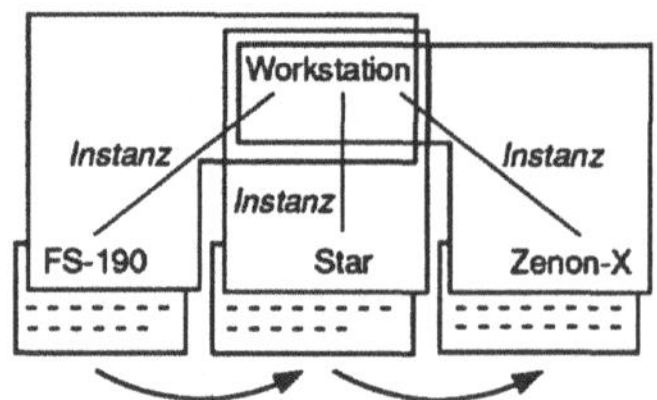

Die obigen drei Progressionsmuster sind Grundtypen, die in verschiedenen Kombinationen auftreten können. Progressionsmuster eignen sich in besonderer Weise als *inhaltlich* motivierte Navigationspfade (vgl. Trigg 88 und Hahn 90) in Hypertexten, da sie die thematische Organisation eines Textes innerhalb von Absatzgrenzen sowie absatzübergreifend widerspiegeln. Die Kohärenzgraphen sind in den in Kapitel 2.1 beschriebenen Textgraph integriert, wobei die Textknoten in den Kohärenzgraphen den Textknoten im Textgraph entsprechen.

2.3 Konstruierte Kohärenzrelationen

Die in den Textgraphen und der Textwissensbasis enthaltene thematische und propositionale Information kann einerseits, wie oben beschrieben, genutzt werden, die thematische Struktur der Originaltexte zu explizieren und dem Benutzer als Navigationshilfe zur Verfügung zu stellen. Damit wird eine selektive Rezeption von Textfragmenten *eines* Textes auf einem vom Benutzer zu wählenden Abstraktionsniveau möglich. Dem steht ein konstruktiver Zugang zu Textinformation gegenüber, der basierend auf dem propositionalen Gehalt der Textwissensbasis einzelne Textfragmente in einen neuen Kontext stellt (Hammwöhner/Thiel 87). Eine Zusammenstellung von unterschiedlichen Originaltexten entstammenden Textfragmenten in sinnvoller Lesefolge ermöglicht es, in der Textmenge implizit gegebene Zusammenhänge offenzulegen und dabei gleichzeitig Redundanz zu vermeiden, indem Wiederholung schon präsentierter Inhalte durch Ausschluß von Texteinheiten verhindert wird.

Die Relationen zwischen den Textfragmenten sind dabei im Prinzip die gleichen, wie sie in linearen Texten auch auftreten, der Unterschied besteht allein in dem konstruktiven, Textgrenzen überschreitenden Gebrauch dieser Relationen. Thematische Progressionsmuster, wie sie in Abschnitt 2.2 beschrieben wurden, können dazu benutzt werden, die thematische Struktur von Hypertextpfaden zu planen, indem z.B. Textfragmente unter dem Gesichtspunkt zusammengestellt werden, daß sie eine nicht redundante, aber möglichst vollständige Beschreibung eines Objekts (Progression mit konstantem Thema) ergeben. Aus dem propositionalen Gehalt der Textwissenbasis lassen sich, in Anlehnung an die *Rhetorische Struktur-Theorie* (Mann/Thompson 88) oder die von Hobbs (Hobbs 85) definierten Kohärenzrelationen, darüber hinaus semantisch fundierte Hypertext-Kanten ableiten, die eine differenziertere Dialogplanung erlauben. Das Spektrum der verfügbaren Relationen ist dabei begrenzt durch die Tiefe der Textanalyse und die Ausdrucksmöglichkeiten der in der Textwissensbasis eingesetzten Frame-Repräsentationssprache, so daß zur Zeit weder temporal, noch kausal oder epistemisch begründete Relationen spezifiziert werden können. Es erweisen sich aber auch einfachere Kohärenzrelationen als genügend aussagekräftig. Im folgenden sind einige Beispiele aufgeführt (wobei die Textfragmente aus einem Text oder aus unterschiedlichen Texten stammen können):

- *Elaboration:* Ein in der ersten Texteinheit eingeführter Sachverhalt wird detaillierter dargestellt.
  "Der *Zenon-X* verfügt über eine leistungsstarke Graphiksoftware." — "Für den *Zenon-X* sind die Graphik-Pakete *Zen-Draw* und *Zen-Paint* verfügbar."
- *Bestätigung:* Ein Sachverhalt wird wiederholt behauptet oder auf allgemeineres zurückgeführt.
  "Der *Zenon-X* läuft unter *Zenix*." — "Für die Rechner der *Zenon*-Baureihe steht das Betriebssystem *Zenix* zur Verfügung."
- *Widerspruch:* Zwei Texteinheiten konstatieren unvereinbare Aussagen.
  "Der *Zenon-X* hat einen *80386*-Prozessor." — "Die Rechner der *Zenon*-Baureihe haben einen *68030*-Prozessor."

3. Inhaltsorientierte Navigation und Präsentation von Textinformation

Dieses Kapitel befaßt sich mit Aspekten eines objektorientierten Hypertext-Interface. Ein erster Abschnitt erläutert die Gliederung des Objektraumes unter dem Gesichtspunkt der Navigation und führt zur Definition einfacher Navigationsoperatoren, während der zweite Abschnitt Präsentationsformen für die komplexen Hypertextstrukturen zeigt.

3.1 Navigation in einem heterogenen Objektraum

Die im vorangehenden Abschnitt beschriebenen intra- und intertextuellen Relationen bilden die Grundlage für die Exploration des durch Textfragmente, Themenbeschreibungsgraphen und propositionales Weltwissen gebildeten Hypertexts. Die komplexe, heterogene Struktur dieses Hypertexts erfordert eine Benutzeroberfläche, die eine flexiblen, situationsangepaßte Präsentation von Hypertext-Inhalten ermöglicht, während das Anwendungsgebiet (Information Retrieval) ein einfaches Interaktionsmodell erfordert, das auch für ungeübte Benutzer verständlich ist. Dabei wird das Interface-Design z.T. von der räumlichen Metapher bestimmt, d.h. der Benutzer manipuliert auf dem Bildschirm sichtbare Objekte, die jedoch im Gegensatz zum rein objektorientierten Ansatz als Elemente einer "visuellen Sprache" (Lakin 87, Thiel 89) auch Äußerungscharakter haben, da die graphischen Darstellungen situationsspezifisch erzeugt werden. Wichtig ist insbesondere auch eine Anpassung der Navigation an die Organisation des Objektraumes, der sich wie folgt darstellt:

- Für jedes Textfragment ist eine thematische und eine propositionale Repräsentation gegeben, nämlich ein Blattknoten des Textgraphen und die Textwissensbasis. Während die in den Knoten des Textgraphen enthaltenen semantischen Netze wegen ihres geringen Umfangs holistisch dargestellt und wahrgenommen werden können, bildet die frame-orientierte Textwissenbasis einen gesonderten Objektraum, der explorativ erkundet werden kann.
- Auf den thematischen Repräsentationen baut sich mit den Textgraphen eine Hierarchie thematischer Abstraktionen auf, die gleichzeitig als Zusammenfassungen und als Indexstruktur dienen können.
- Die propositionale Repräsentation ist die Grundlage für eine semantische Vernetzung von Texteinheiten durch Kohärenzrelationen, wie sie in Abschnitt 2.3 beschrieben wurden.

In dem von diesen Objekten aufgespannten Raum lassen sich zwei orthogonale Navigationsrichtungen unterscheiden:

- Navigation zwischen Textfragmenten bzw. den aus ihnen abgeleiteten Hypertext-Einheiten bei gleichbleibendem Abstraktionsniveau. Diese *horizontale* Navigation (*Browsing*) führt z.B. entlang

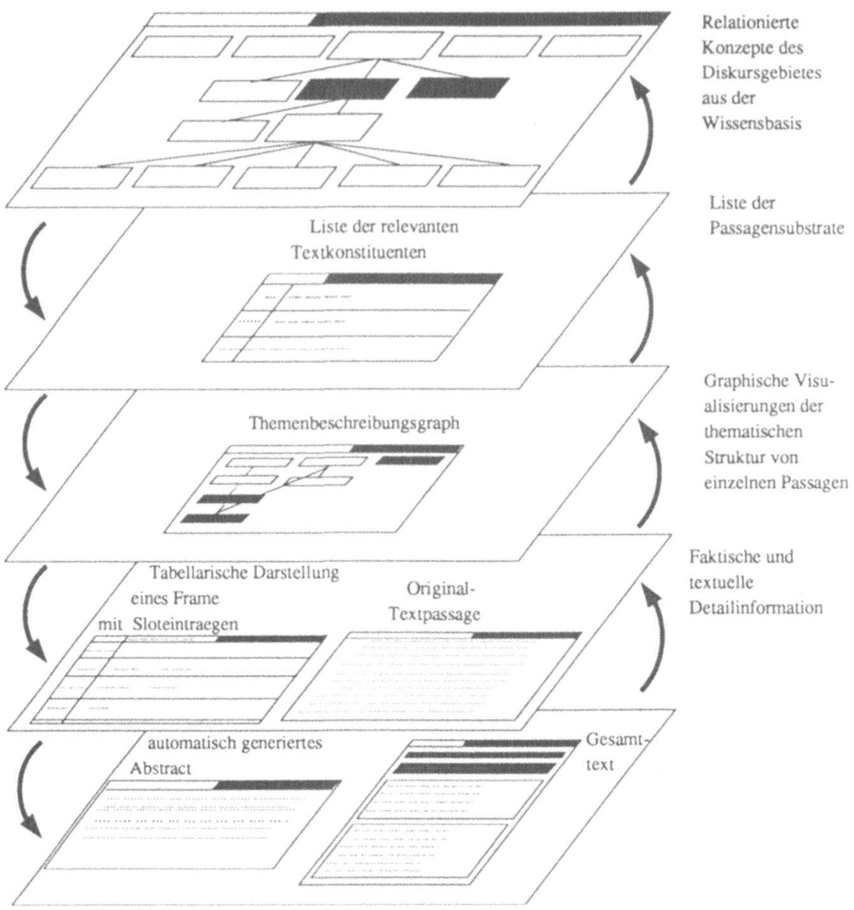

Abb. 2: Stufen der kaskadierten Kondensierung in TWRM-TOPOGRAPHIC (Die Darstellung ist eine dem hier zugrunde gelegten Implementierungsstand des Systems angeglichene Version der Illustration in Kuhlen et al. 89)

einer durch ein thematisches Progressionsmuster motivierten Hypertext-Kante von der Themenbeschreibung eines Textfragmentes zu der eines anderen, kann aber auch innerhalb des in sich geschlossenen Objektraums einer Textwissensbasis zwischen Frames erfolgen.

- Navigation zwischen Hypertexteinheiten unterschiedlichen Abstraktionsgrades. Diese *vertikale* Navigation (*Zooming*, Thiel/Hammwöhner 87) folgt z.B. den Abstraktionsrelationen im Textgraphen, verbindet dessen Blattknoten mit den zugehörigen Textfragmenten, bzw. verweist von Themen des Textgraphen auf Fakten im Textwissen, die diesen Themen zuzuordnen sind. Durch eine Folge von *Zoom*-Operationen läßt sich, ausgehend von generischen Themenbeschreibungen, der Inhalt eines Textfragments im Sinne eines kaskadierten Abstracting (s. Abb. 2) sukzessiv erschließen.

Stehen Operatoren zur Verfügung, die *Browsing* und *Zooming* realisieren, ist von jedem beliebigen Teilobjekt der gesamte Hypertext explorativ zu erreichen. Ein geeigneter Startpunkt für die Navigation wird durch Abgleich der Themenstruktur von Texteinheiten mit einem Interessenprofil gefunden. Die

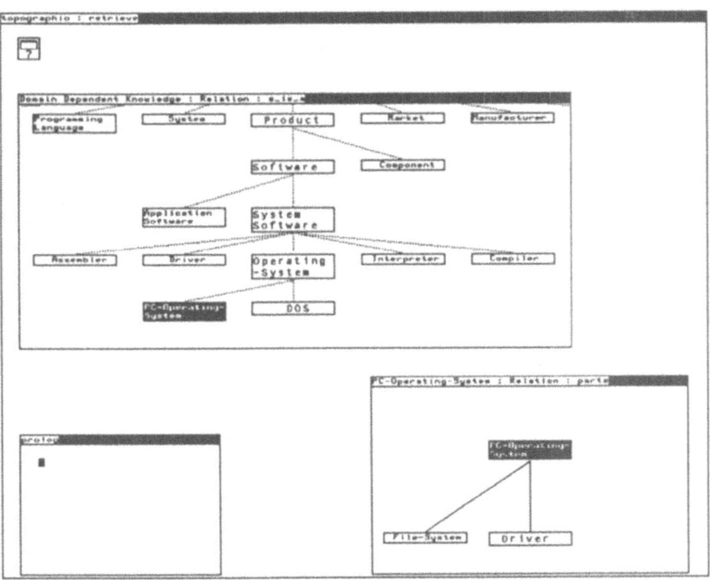

Abb. 3: Monohierarchische Darstellung des Weltwissens in zwei Relationen, einer Spezialisierungs- und einer Teil-von-Relation. Für das Suchprofil ausgewählte Begriffe sind invertiert dargestellt.

Formulierung dieses Interessenprofils geschieht vor Beginn der Exploration durch Auswahl (*Selecting*) von Themen aus einer speziellen Wissensbasis, die das taxonomische Grundwissen des Diskursbereichs enthält, bzw. während der Navigation aus dem Textgraphen.

3.2 Präsentation von Textinformation

Neben einer adäquaten Strukturierung des Objektraumes ist die Auswahl der Präsentationsformen zentral für ergonomische Gestaltung einer Benutzerschnittstelle. Dabei können für die gleichen Informationsobjekte in unterschiedlichen Dialogsituationen verschiedene Darstellungen angemessen sein. Die bisher eingeführten Informationsobjekte Textfragment, Textgraph und Textwissen können in TWRM-TOPOGRAPHIC wie folgt aufbereitet werden:

- **Textfragment:** Der Fließtext als solcher ist kaum für situationsspezifische Darstellungsvarianten (von marginalen Änderungen, z.B. der Typographie etc. abgesehen) geeignet, aber die graphische Realisierung der Einbettung in den Kontext ist für die Rezeption wichtig. Bei der auf die Suche nach ergänzenden Fakten ausgerichteten intertextuellen Navigation wird eine Texteinheit als weitgehend eigenständiges isoliertes Objekt aufgefaßt, während bei Einbettung eines Textfragments in die ursprüngliche Abfolge des Originaltextes eine die Textkohäsion unterstützende Darstellung angemessen ist (indem z.B. der Originaltext als ein geschlossenes Objekt dargestellt wird, wobei gleichzeitig die Interaktion weniger den Aspekt der Navigation als den des Blätterns hervorhebt – s. Abb. 5).

- **Textgraph:** Die semantischen Netze der Textgraphknoten erlauben in graphischer Darstellung eine holistische Wahrnehmung der Thematik einer Textpassage (bzw. eines Clusters von Textpassagen) und damit eine schnelle Einschätzung ihrer Relevanz. Im Kontext des gesamten, häufig sehr umfänglichen Textgraphen wird eine graphische Aufbereitung schnell unübersichtlich, nicht umsonst gibt Abb. 1 einen nur aus drei Passagen abgeleiteten Textgraphen wieder. In diesem Fall kann unter

Berücksichtigung des Interessenprofils eine Reduktion des Materials auf das in der jeweiligen Situation relevante erreicht werden. Alternativ kann aus dem Textgraphen ein indikativ-informatives Abstract (Sonnenberger 88) generiert werden, dessen indikativer Teil die Thematik des Textes charakterisiert, während der informative Teil anhand des Interessenprofiles ausgewählte Fakteninformationen enthält (s. Abb. 5).

- **Text-/Weltwissensbasis:** Für die Exploration der Wissensbasen – z.B. Formulierung des Interessenprofiles – können mehrere Sichten gewählt werden, wie z.B. eine monohierarchische zur Erkundung von Begriffshierarchien (s. Abb. 3), eine polyhierarchische zur Darstellung der relationalen Verknüpfungen *eines* Begriffs. Im Zusammenhang mit der Faktenextraktion aus Texten sind Tabellen vorgesehen.

3.3 Dialog mit TWRM-TOPOGRAPHIC

Der Dialog mit TWRM-TOPOGRAPHIC beginnt mit der Definition eines Interessenprofils anhand der im Weltwissen repräsentierten Taxonomie (s. Abb. 3), die ausgehend von allgemeinen Begriffen durch sukzessives Browsing in den verschiedenen Relationen exploriert werden kann. Während der Navigation wird durch Auswahl von Konzepten mit dem *Select*-Operator ein Teilgraph als Suchprofil ausgewählt. Eine Übersicht über das aktuelle Profil (als Tabelle und/oder Graph), das als thematische Beschreibung eines Clusters relevanter Textfragmente aufgefaßt werden kann, erhält der Benutzer durch *Zooming* auf die Gesamtdarstellung des Weltwissens. Ein weiteres *Zooming* stellt den Schritt von der thematischen

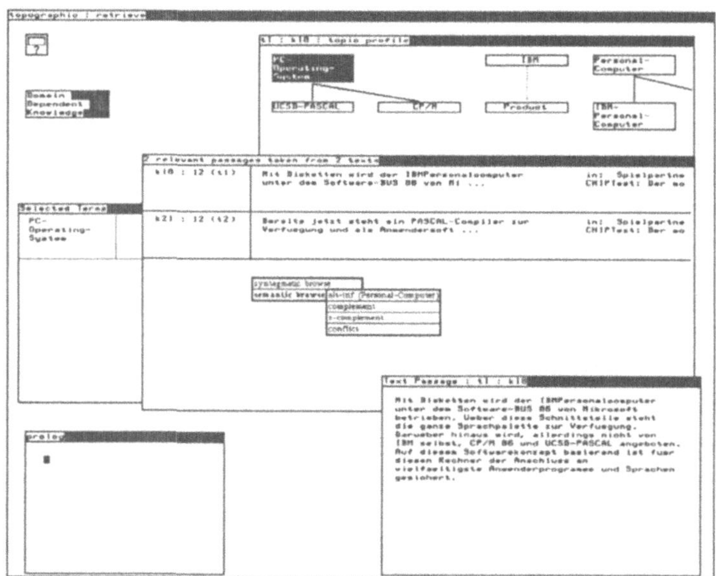

Abb. 4: Der abgebildete Dialogzustand erklärt sich wie folgt: Ausgehend von der Liste der relevanten Passagen wurde das Themenprofil des relevantesten Textfragments erkundet, das zusätzlich in seiner textuellen Form präsentiert wurde. Im Augenblick wird durch Präsentation eines Menüs, das die von dem aktuellen Textfragment ausgehenden Hypertext-Kanten anführt, die Navigation zu einem semantisch verwandten Textfragment vorbereitet (dabei bezeichnen *complement* und *x-complement* elaborative Relationen, während *conflict* auf einen Widerspruch hindeutet. Mit einem Konzept zusätzlich indizierte Relationen, wie *alt-inf(Personal-Computer)*, die einen Kontrast bezeichnet, ermöglichen die Vorgabe eines thematischen Fokus.

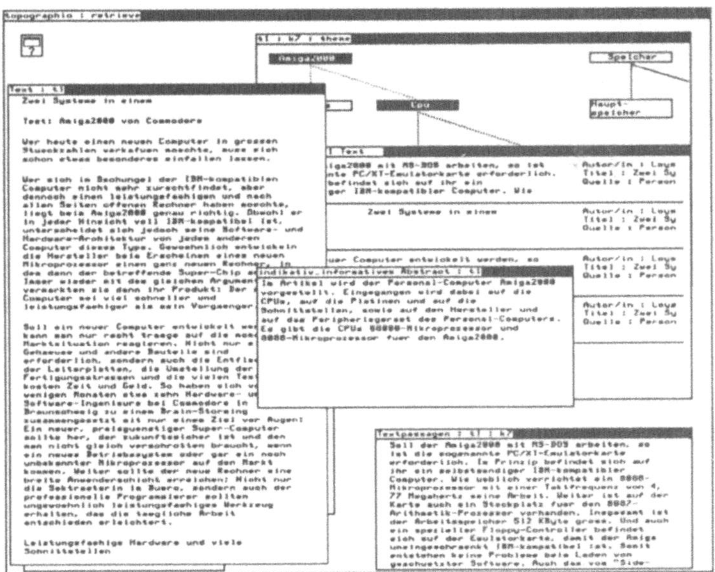

Abb. 5: Die gezeigte fortgeschrittene Dialogsituation illustriert die Möglichkeiten zur gleichzeitigen Präsentation von *lokaler* und *globaler* Information, wobei sowohl textuelle als auch graphische Stilmittel eingesetzt werden: So geben der *Themenbeschreibungsgraph* (oben rechts) und die zugehörige *Passage* unterschiedlich detailliert die Inhalte des Textfragments mit dem (internen) Bezeichner *k7* als lokale Information an, die ergänzt wird durch globale *Kontext*information in Form des situationsadäquat erzeugten *Abstracts* und des Volltextes (Mitte bzw. links). Darüber hinaus stehen weitere Textpassagen, die auch thematisch relevant sind, zur Auswahl (Mitte rechts). (Quelle: Kuhlen et al. 89)

Beschreibung zu einer Liste der relevanten Textfragmente dar, deren Einträge nach absteigender Relevanz sortiert sind (s. Abb. 4).

Diese durch partielles Matching (Hammwöhner/Thiel 87) gefundenen Textfragmente stellen den Ausgangspunkt für die Exploration des Hypertexts dar. Zunächst kann durch *Zooming* zu jeder Passage ein Themenprofil und, ausgehend von diesem, tabellarische Fakteninformation und der Volltext erreicht werden (s. Abb. 4 und 5). Orthogonal zu dieser Navigation in Richtung wachsender Spezifität kann auf jeder dieser Ebenen durch *Browsing* zu einer inhaltlich (oder syntaktisch) benachbarten Texteinheit navigiert werden. Die im aktuellen Kontext sinnvollen Relationen werden bei Bedarf in einem Menü angeboten (s. Abb. 4).

4. Ausblick

Das wichtigste zukünftige Forschungsziel hinsichtlich der Textanalyse ist die Erweiterung der von TOPIC/TOPOGRAPHIC unterstützten Hypertextgraphen um die Berücksichtigung von Kohärenzrelationen, die nicht auf die in Kapitel 2.2 beschriebenen thematischen Progressionsmuster zurückgehen, sondern *Argumentationsmuster* in einem Text anzeigen (vgl. z.B. Mann/Thompson 88). Beispiele hierfür sind die Gegenüberstellung verschiedener Aussagen zu einem Sachverhalt, die zeitlichen Beziehungen zwischen verschiedenen, in einem Text beschriebenen Ereignissen oder die Begründung einer zuvor aufgestellten Behauptung. Die Schwierigkeit mit der Unterstützung solcher Kohärenzrelationen liegt in dem enormen Aufwand, der nötig ist, um sie automatisch (wie die anderen Relationen auch) aus einem Text abzuleiten. Anders als beim konstruktiven Gebrauch von Kohärenzrelationen (vgl. Kap.2.3), der auf der Basis der vorliegenden Themenbeschreibungen erfolgen kann, ist für die Erkennung von Argumentationsmustern in einem Text ein erheblicher Ausbau des Textparsers notwendig. Eine solche Erweiterung ist jedoch geplant.

Für den Ausbau der Navigationskomponente ist die Planung übergeordneter Diskursstrukturen, die analog den Hypertextpfaden als Orientierungrahmen für die Hypertextnavigation dienen können, das nächste Forschungsziel, wie sie z.B. die aus Kohärenzrelationen aufgebauten Schemata der Rhetorischen Struktur-Theorie (Mann/Thompson 88) vorsehen.

Literatur

Bates, M.J. [86]: An Exploratory Paradigm for Online Information Retrieval. In: B.C. Brooks (ed): Intelligent Information Systems for the Information Society. Proceedings of the 6th International Research Forum in Information Science (IRFIS 6), Frascati, Italy, September 16–18, 1985. Amsterdam et al: North Holland, 1986, pp.91–99.

Conklin, J. [87]: Hypertext – An Introduction and Survey. In: IEEE Computer, Vol.20, No.9, 1987, pp.17-41.

Daneš, F. [74]: Functional Sentence Perspective and the Organization of the Text. In: F. Daneš (ed): Papers on Functional Sentence Perspective. Prague: Academia, 1974, pp.106–128.

Frisse, M.E. [88]: From Text to Hypertext. In: Byte, Vol.13, No.10, 1988, pp.247–253.

Hahn, U. [90]: Topic Parsing: Accounting for Text Macro Structures in Full-Text Analysis. In: Information Processing & Management 26. 1990, No.1.

Hahn, U. / U. Reimer [86]: Semantic Parsing and Summarizing of Technical Texts in the TOPIC System. In: R. Kuhlen (ed): Informationslinguistik. Tübingen: Niemeyer, 1986, pp.153–193.

Hahn, U. / U. Reimer [88]: Automatic Generation of Hypertext Knowledge Bases. In: Proc. of the Conf. on Office Information Systems, 1988. New York: ACM Press, 1988, pp.182–188.

Halliday, M.A.K. / R. Hasan [76]: Cohesion in English. London: Longman, 1976.

Hammwöhner, R. / U. Thiel [87]: Content Oriented Relations between Text Units – A Structural Model for Hypertexts. In: Hypertext '87 Papers, Chapel Hill, NC, University of North Carolina, 1987, pp.155–174.

Hobbs, J.R. [85]: On the Coherence and Structure of Discourse. Stanford University, Report CSLI-85-37, 1985.

Kuhlen, R. / R. Hammwöhner / G. Sonnenberger / U. Thiel [89]: TWRM-TOPOGRAPHIC: Ein wissensbasiertes System zur situationsgerechten Aufbereitung und Präsentation von Textinformation in graphischen Retrievaldialogen. In: Informatik Forschung und Entwicklung, Vol.4, No.2, 1989, pp.89–107.

Lakin, F. [87]: Visual Grammars for Visual Languages. In: Proc. 6th National Conf. on Artificial Intelligence, 1987, pp.683–688.

Lenat, D.B. / A. Borning / D. McDonald / C. Taylor / S. Weyer [83]: Knoesphere – Building Expert Systems with Encyclopedic Knowledge. In: Proc. 8th Int. Joint Conf. on Artificial Intelligence, 1983, pp.167–169.

Mann, W.C. / S.A. Thompson [88]: Rhetorical Structure Theory: Toward a Functional Theory of Text Organization. In: Text, Vol.8, No.3, 1988, pp.243–281.

Reimer, U. [89]: FRM: Ein Frame-Repräsentationsmodell und seine formale Semantik. Zur Integration von Datenbank- und Wissensrepräsentationsansätzen. Berlin: Springer-Verlag, 1989.

Reimer, U. / U. Hahn [88]: Text Condensation as Knowledge Base Abstraction. In: Proc. of the 4th IEEE/AAAI Conference on Artificial Intelligence Applications, 1988. Washington: Computer Society Press, 1988, pp.338–344.

Robertson, S. E. [80]: Some Recent Theories and Models in Information Retrieval. In: O. Harbo, C. Kajberg (ed): Theory and Applications of Information Research, London, 1980, pp.131–136.

Sonnenberger, G. [88]: Flexible Generierung von natürlichsprachigen Abstracts aus Textrepräsentationsstrukturen. In: H. Trost (ed): 4. Österreichische Artificial-Intelligence-Tagung. Wiener Workshop Wissensbasierte Systeme. Berlin: Springer-Verlag, 1988, pp.72–82.

Thiel, U. [89]: Zur illokutiven Modellierung konversationaler graphischer Interaktion mit wissensbasierten Informationssystemen. In: Tagungsband GI-Fachtagung Interaktive Schnittstellen für Informationssysteme, Notizen zu Interaktiven Systemen, No.18, 1989, pp.61–77.

Thiel, U. / R. Hammwöhner [87]: Informational Zooming: An Interaction Model for the Graphical Access to Text Knowledge Bases. In: C.T. Yu, C.J. van Rijsbergen (eds): Proceedings of the 10th Annual International ACM SIGIR Conference on Research and Development in Information Retrieval. New York, 1987, pp.45–56.

Thiel, U. / Hammwöhner, R. [89]: Interaktion mit Textwissensbasen: Ein objektorientierter Ansatz. In: Paul, M. (ed): Proc. GI- 19. Jahrestagung I, Berlin, Heidelberg, 1989, pp. 81–95.

Tiamiyu, M. / I.Y. Ajiferuke [88]: A Total Relevance and Document Interaction Effects Model for the Evaluation of Information Retrieval Processes. In: Information Processing & Management, Vol.24, No.4, 1988, pp.391–404.

Trigg, R.H. [88]: Guided Tours and Tabletops – Tools for Communicating in a Hypertext Environment. In: ACM Transactions on Office Information Systems, Vol.6, No.4, 1988, pp.398–414.

Trigg, R.H. / M. Weiser [86]: TEXTNET: A Network-Based Approach to Text Handling. In: ACM Transactions on Office Information Systems, Vol.4, No.1, 1986, pp.1–23.

Weyer, S.A. / A.H. Borning [85]: A Prototype Electronic Encyclopedia. In: ACM Transactions on Office Information Systems, Vol.3, No.1, 1985, pp.63-88.

Benützerorientierter Entwurf von Hypertexten

Andrea Ventura

Projektzentrum IDA
Eidgenössische Technische Hochschule
CH-8092 Zürich

Kurzfassung

Wie sollten Hypertexte entworfen und gestaltet werden, damit die angebotenen technischen Möglichkeiten von den Benützern als angenehm und hilfreich empfunden werden? Dieser Beitrag postuliert, dass benützerorientierter Entwurf von Hypertexten zur Auseinandersetzung mit drei Problemkreisen führt: Formulierung eines Benützungsmodelles, Gestaltung von Bildschirmseiten und Aufbereitung von Metainformationen. Der erste Problemkreis ist den beiden anderen übergeordnet. Ein Entwurfsentscheid über das Benützungsmodell setzt Randbedingungen für Bildschirmgestaltung sowie für Art und Umfang von Metainformationen. Aber auch die Wahl des Benützungsmodelles ist nicht frei. Sie wird von der Denkwelt der anvisierten Benützergruppe und von der Rolle des Hypertextes in jener Welt geleitet.

Aus Gründen der Einfachheit wird im ganzen Artikel der Begriff Hyper*text* verwendet, auch wenn nicht nur Texte sondern auch Bilder, Klänge, Filmsequenzen und Computerprogramme in den Knoten des elektronischen Dokumentes abgelegt werden können.

Einführung

Die Vermittlung von Informationen via Computerbildschirm führt zu einer eigentümlichen Zerstückelung des Angebotenen. Die "auf einen Blick" sichtbare Informationsmenge ist typischerweise klein im Vergleich zur Gesamtinformation. Auf dem Bildschirm können entweder ausführliche Detailangaben, bei denen der Bezug zum Ganzen fehlt, oder Übersichtsinformationen, denen Tiefe und Genauigkeit abgeht, dargestellt werden. Die Benützer eines Hypertextes stehen somit vor der Aufgabe, aus einer Vielzahl von Einzelstücken ein Gesamtbild richtig zusammenzusetzen. Das geistige Puzzle wird noch dadurch erschwert, dass nur wenige Steine aufs Mal sichtbar sind und die übrigen bekannte Steine wiederholt aus der Erinnerung rekonstruiert werden müssen.

Es liegt nun an den Autoren der Hypertexte, diese so in Einzelstücke zu zerlegen, dass den Benützern das Zusammensetzen leicht fällt. Im Gegensatz zu Kartonpuzzles fühlen sich nämlich bei Hypertexten die wenigsten Menschen durch Schwierigkeiten beim Zusammensetzen herausgefordert. Sie erwarten zu Recht, dass ein Hypertext eine Hilfe beim Problemlösen ist und nicht selbst zum Problem wird.

Mit einer geeigneten Entwurfstechnik können Hypertext-Autoren verhindern, dass ihr Produkt zu einer verwirrenden Sammlung chaotisch verknüpfter, elektronisch präsentierter Informationsbrocken verkommt. Benützerorientierter Entwurf von Hypertexten kreist um drei Fragen:

1) **Benützungsmodell:** Mit welchem Begriff, mit welcher Vorstellung aus der Denkwelt der Benützer lassen sich die Aufteilung und die Gliederung des Hypertextes, sowie die verfügbaren Operationen sinnbildlich erklären?

2) **Bildschirmseiten:** Wie soll der Hypertext inhaltlich in Knoten zerlegt und typographisch auf dem Bildschirm dargestellt werden, damit die angebotene Information leicht verständlich und rekonstruierbar wird?

3) **Metainformationen:** Welche zusätzlichen Angaben über den eigentlichen Inhalt des Hypertextes hinaus brauchen die Benützer, um Unklarheiten bei der Handhabung zu beseitigen, um die gesuchten Stellen im Hypertext zu finden und um in Gedanken die Einbettung des gerade sichtbaren Ausschnittes in den Gesamttext zu vollziehen?

Hypertexte sind neuartige Software-Produkte, und es gibt erst wenig Erfahrungen, wie sie optimal auf die Bedürfnisse der Menschen, die sie zur Bewältigung ihrer Aufgaben einsetzen wollen, ausgelegt werden. Es bleibt daher nicht viel anderes übrig, als auf der Suche nach Leitlinien für den Entwurf von Hypertexten Erkenntnisse aus verwandten und bereits etablierten Gebieten heranzuziehen. Insbesondere bieten sich das Teilgebiet der Informatik, welches sich mit Mensch-Maschine-Kommunikation beschäftigt, die kognitive Psychologie, die Sprachwissenschaften und die Typographie an. Auf dieser Basis soll in den folgenden Abschnitten versucht werden, für jeden der oben genannten Problemkreise Lösungsmöglichkeiten aufzuzeigen.

Das Benützungsmodell

Der Umgang mit einem Hypertext ist für die Benützer mit vielen Ungewissheiten verbunden. Nur eine Minderheit kann heutzutage auf Erfahrungen in der Benützung von Hypertexten zurückgreifen. Aber auch für die Autoren ist die Situation schwierig, denn es hat sich noch kein einheitlicher Stil für die Präsentation derartiger elektronischer

Dokumente herausgebildet. Für Papierdokumente aller Art (beispielsweise Sachbücher, Wörterbücher, Führer, etc.) existieren Konventionen über die Art und Weise der Informationsaufbereitung, die Schreiber und Leser kennen. Für Hypertexte gibt es noch nichts vergleichbares.

Die Autoren von Hypertexten müssen somit ihrer Leserschaft explizit mitteilen, wie die Informationen aufgeteilt und verknüpft sind (Struktur des Hypertextes) und mit welchen Mechanismen sie zugänglich gemacht werden (Zugriffsoperationen im Hypertext). Die notwendigen Angaben werden am besten in ein Sinnbild, das sogenannte Benützungsmodell, eingekleidet. Es liefert nämlich nicht nur das Detailwissen sondern gleich ein ganzes Begriffsgerüst, welches das Wissen ordnet und einfach abrufbar macht. Anhand von Beispielen soll gezeigt werden, wie sich in einem geschickt gewählten Benützungsmodell Angaben über Struktur und Operationen elegant einkleiden lassen:

- Eine Sammlung von Programmen soll in einem Hypertextkatalog vorgestellt werden. Dabei soll jedes Programm einzeln, gleichzeitig aber auch die Sammlung als Ganzes beschrieben werden. Als Modell bietet sich der "Karteikasten" an (siehe Abb. 1): jedes Programm wird auf einer Karteikarte beschrieben und kann auf Wunsch gestartet werden. Gleichzeitig listen die überstehenden Reiter die Namen aller Programme auf, sodass der Überblick gewährt ist. Durch Anklicken eines Reiters wird die entsprechende Karte zuvorderst auf den Bildschirm geholt.

Abb. 1: Der "Karteikasten" als Benützungsmodell für einen Hypertext

- Für ein Textverarbeitungsprogramm soll eine ausführliche Anleitung, die die Benützer bei Bedarf konsultieren können, als Hypertext entworfen werden. Als Benützungsmodell wurde das "Buch" gewählt (siehe Abb. 2). Der Hypertext ist in Analogie zu den Kapiteln und Abschnitten eines Buches hierarchisch gegliedert. Die Benützer können im Hypertext "blättern" (mit den Pfeiltasten links oben), über das Inhaltsverzeichnis interessante Kapitel direkt anwählen (durch Anklicken der quadratischen Marke) und nach dem Vorkommen eines Wortes im Text suchen. (Beim gezeigten Beispiel handelt es sich um die on-line Hilfe des Programms MacWrite II von Claris.)

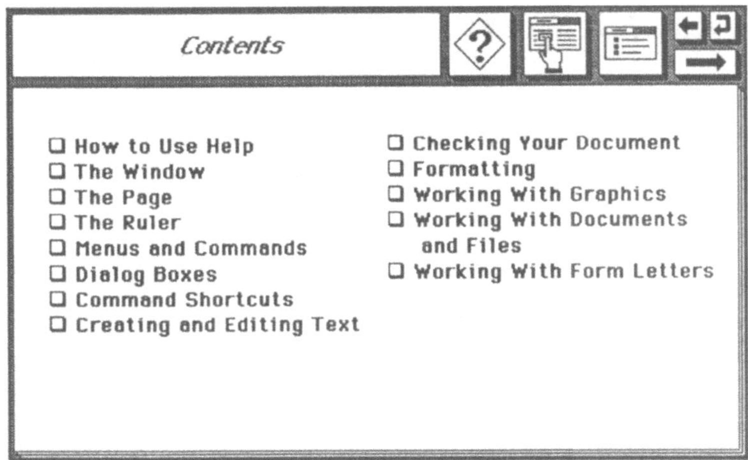

Abb. 2: Das "Buch" als Benützungsmodell für einen Hypertext

- Ein sehr bekanntes Benützungsmodell ist der "Kartenstapel" von HyperCard. Jede Karte füllt genau einen Bildschirm und kann Bilder, Texte und Bildschirmtasten enthalten. Es gibt Operationen um von der momentanen Karte zur nächsten oder zur vorhergehenden Karte, zur ersten, zur letzen oder zur mittleren Karte des Stapels zu gelangen. Es sei allerdings daraufhin gewiesen, dass sich das Kartenstapel-Sinnbild in erster Linie an die Hypertext-Autoren (die ihrerseits ja Benützer des HyperCard Autorensystems sind) richtet. Mit HyperCard können auch ganz andere Benützungsmodelle technisch umgesetzt werden, wie die obigen Beispiele zeigen, welche beide mit HyperCard realisiert wurden.

Die Wichtigkeit von Benützungsmodellen beim Arbeiten mit dem Computer ist aus Untersuchungen über die Gestaltung menschenfreundlicher interaktiver Programme bekannt. In [Baitsch et al. 89] werden Kriterien der Benützungsfreundlichkeit von Computerprogrammen in Form von Checklisten aufgezählt. Der Versuch, eine Theorie des Zusammenwirkens zwischen Mensch und Maschine zu formulieren, das heisst, die kognitiven Prozesse zu beschreiben, die im Menschen bei der Benützung eines Programmes ablaufen, ist in [Norman 86] zu finden. In beiden Quellen spielen Benützungsmodelle eine prominente Rolle.

Die Formulierung eines geeigneten Benützungmodells setzt genaue Kenntnisse der Denkwelt der zukünftigen Benützer voraus. Das Motto "Know the user, know the task"

([Rubin 88]) als Voraussetzung für den geglückten Entwurf von Programmoberflächen gilt gleichermassen für Hypertexte.

Gestaltung von Bildschirmseiten

Das Medium für die Präsentation von Hypertexten ist der Computerbildschirm. Die Aufbereitung von Hypertexten kann sich nicht an Papierdokumenten orientieren, denn die Informationsaufnahme vom Bildschirm verläuft nach eigenen Gesetzen. Einige Besonderheiten seien zur Verdeutlichung erwähnt:

- Ein Bildschirm fasst ca. 24 Zeilen à 80 Zeichen Text, eine Doppelseite in einem Buch ungefähr 50 Zeilen à 2 * 80 Zeichen. Auf einem Bildschirm hat also nur ein Viertel des in einem Buch sichtbaren Ausschnittes Platz.

- Das Lesen ab Bildschirm dauert länger als das Lesen ab Papier. [Shneiderman 89] behauptet, es sei bis zu 30% langsamer (Seite 359, Abschnitt 9.2 "Paper versus screens: A comparison").

- Das Nachschlagen in elektronischen Seiten ist mühseliger als in Papierseiten. Die Benützer sind stärker auf ihr Erinnerungsvermögen angewiesen, wenn sie neue Informationen mit bereits Gelesenem in Beziehung setzen wollen.

Das zweifelhafte Ergebnis einer wenig durchdachten Übertragung von wissenschaftlichen Artikeln, die ursprünglich für das Papier geschrieben wurden, in ein elektronisches Dokument ist im "Hypertext on Hypertext" der Association for Computing Machinery zu erleben [ACM 88].

Bei der Gestaltung von Bildschirmenseiten gilt es zwei Hauptregeln zu beachten:

Regel 1: **Einheitlicher Seitenaufbau**

Ein einheitlicher formal-struktureller Aufbau der Bildschirmseiten erleichtert das Suchen nach bestimmten Informationen und die Wahrnehmung. Der Hypertext in Abb. 2 ist ein gutes Beispiel dafür. Die Bildschirmseite zerfällt in drei Bereiche: das Titelfeld oben links, eine Kollektion von Bildschirmtasten, um die wichtigsten Operationen auszulösen (Hilfe anfordern, Wort suchen, zum Inhaltsverzeichnis gehen, vorwärts und rückwärts blättern) oben rechts und das eigentliche Informationsfeld unten. Diese Einteilung wird im ganzen Hypertext beibehalten (Abb. 3 ff).

Regel 2 : **Eine Seite, eine Aussage!**

Ein Hypertext zerfällt in einzelne Knoten, wobei die Zerlegung in erster Linie nach inhaltlichen Gesichtspunkten vorgenommen wird. Ausserdem sollte aber auch noch die Forderung erfüllt sein, dass ein Knoten auf einer Bildschirmseite dargestellt werden kann. Dabei müssen alle für das Verständnis des Sachverhaltes notwendigen Angaben sichtbar sein.

Regel 2 führt unweigerlich zu Problemen mit den beschränkten Platzverhältnissen auf Computerbildschirmen und kann nur mit Hilfe spezieller Techniken erfüllt werden. Sie sollen wiederum am Beispiel der on-line Hilfe von MacWrite II erklärt werden:

• wenig Wörter
  Hypertext-Autoren sollten sich einen knappen, präzisen Schreibstil zulegen. Auch Stichwörter statt ganzer Sätze sind zulässig, solange das Verständnis der Benützer nicht leidet.

• Graphik statt Text
  Besonders im technisch-wissenschaftlichen Bereich ist es üblich, Sachverhalte sehr kompakt mit Hilfe von Zeichnungen (Diagramme, Pläne, Karten) darzustellen. Abb. 3 zeigt, wie beispielsweise verschiedene wichtige Begriffe für das Arbeiten mit einem Textverarbeitungsprogramm (Kopfzeile, Begrenzungslinien, Hauptteil des Textes, Fussnote, Fusszeile) anhand einer Graphik (verkleinerter Bildschirmabzug des Arbeitsfensters von MacWrite II) einfach erklärt und zueinander in Beziehung gesetzt werden können.

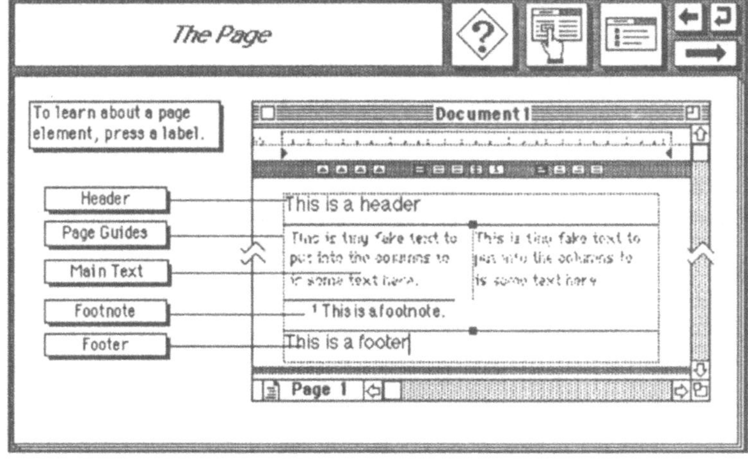

Abb. 3: Kompakte Informationsdarstellung durch Graphik statt Text

- einblendbare Informationskomponenten
  Der Inhalt eines Knotens wird in dauernd sichtbare Informationen einerseits und von den Benützern bei Bedarf einblendbare Angaben andererseits zerlegt. Es kann mehrere Einblendkomponenten geben, und jede darf fast den ganzen Bildschirm füllen. Auf diese Art lässt sich sehr viel Information auf kleinem Raum übersichtlich unterbringen. Abb. 4 zeigt eine eingeblendete Erklärung des Begriffs "Kopfzeile" aus Abb. 3.

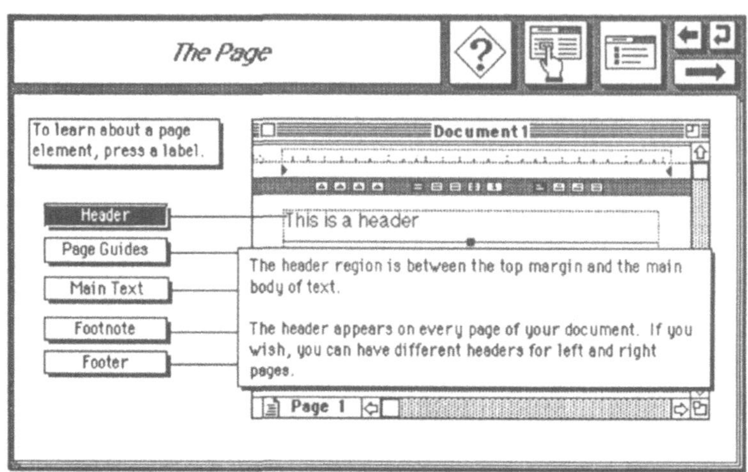

Abb. 4: Viel Information auf kleinem Raum durch eingeblendete Erläuterungen.

- hierarchisch zerlegte Informationen
  Die Information wird hierarchisch aufbereitet: ausgehend von einer Übersicht werden in mehreren Stufen die Angaben immer stärker aufgefächert und auf mehrere Knoten aufgeteilt. Abb. 5a zeigt den Menübalken von MacWrite II. Durch Anklicken eines Menüs werden die Benützer zu einem nächsten Knoten im Hypertext geführt, der eine Beschreibung mit einer Liste der Befehle enthält (Abb. 5b). Auch in der Befehlsliste kann durch Anklicken wiederum der Übergang zu einem Knoten, auf dem die Wirkung des gewählten Befehles erläutert wird, ausgelöst werden. Die hier beschriebene Zerlegung von Informationen (Menübalken - Einzelmenü - Einzelbefehl) lässt sich in sehr vielen Fällen problemlos anwenden, ohne dass die hierarchische Struktur gekünstelt wirkt. Womit erklärt wäre, warum viele Hypertexte ganz oder teilweise hierarchisch gegliedert sind.

- linear zerlegen
  In manchen Fällen kann der Inhalt eines Knotens nicht auf natürliche Art und Weise auf mehrere Ebenen verteilt werden, was die Vorausetzung für Einblendungen oder hierarchisches Zerlegen wäre. Dann bleibt nur ein lineare Aufteilung übrig. Der Knoten wird auf einer zusammengehörenden Sequenz von Bildschirmseiten

dargestellt. Wichtig ist dabei, dass die zusammengehörenden Bildschirmseiten deutlich als Teil einer Folge markiert werden, wie beispielsweise in Abb. 5b, unten rechts.

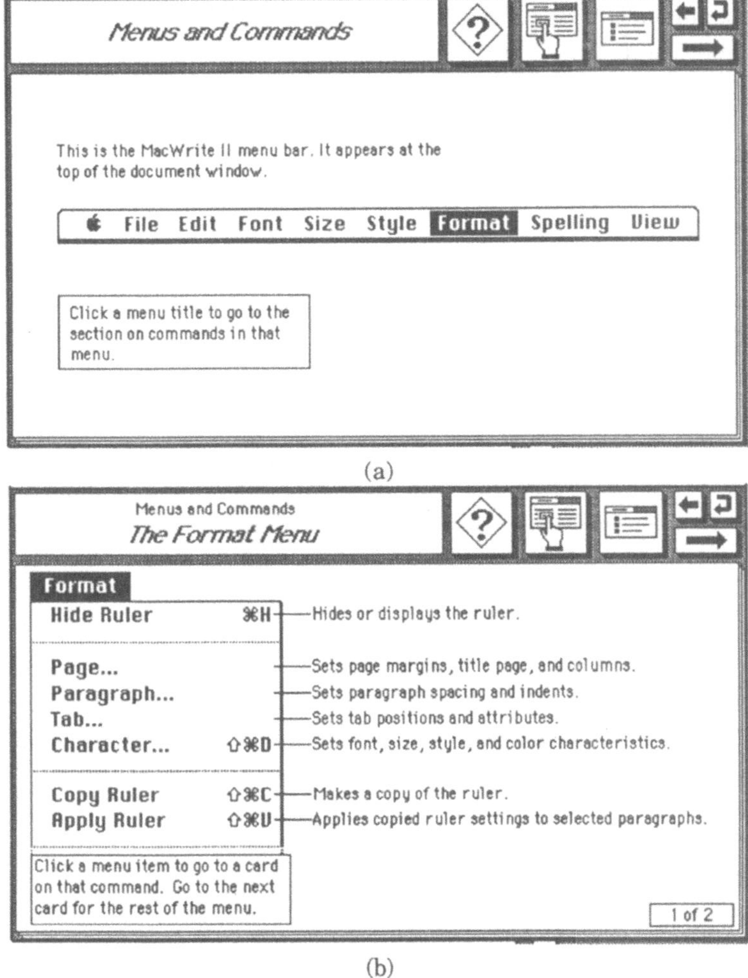

(a)

(b)

Abb. 5: Von der Übersicht (a) ... zum Detail (b)

Für das Schreiben von elektronischen Dokumenten sollte auf Erkenntnisse über die menschenfreundliche Gestaltung von Bildschirmmasken zurückgegriffen werden. Sie sind beispielsweise in [Baitsch et al. 89] zusammengestellt. Eine weitere wichtige Quelle von Anregungen sind Sprachwissenschaftler, die sich mit der Kunst, bzw. Wissenschaft, technische Dokumente zu verfassen, abgeben. [Nickels 88] ist ein lesenswerter Beitrag einer Anglistin über die Herausforderung technische Schriftstücke für den Computerbildschirm statt für das Papier zu schreiben.

Metainformationen

Unter Metainformationen sollen alle Angaben im Hypertext verstanden werden, die nicht zum eigentlichen Inhalt gehören, sondern *über* den Hypertext informieren und damit die Handhabung erleichtern. Es lassen sich verschiedene Arten von Metainformationen unterscheiden:

- Benützungshinweise
  Jeder Hypertext muss einen Teil enthalten, worin das Benützungsmodell explizit erklärt wird, die Art und Weise, wie die Ausführung von Befehlen ausgelöst wird, wie der Hypertext wieder verlassen werden kann und welche graphischen Symbole verwendet werden und was sie bedeuten. Dieses "on-line" Handbuch muss so plaziert werden, dass es von Anfängern leicht gefunden wird. Als gutes Beispiel sei der Hilfemechanimsus von MacWrite II erwähnt, dessen Inhaltsverzeichnis in Abb. 2 zu sehen ist. Die erste Eintragung "How to use Help" erklärt den Umgang mit dem Hilfetext. Ausser diesen globalen Benützungshinweisen, die für den ganzen Hypertext gelten, gibt es aber auch lokale Hinweise, die sich nur auf eine bestimmte Bildschirmseite beziehen. Abb. 3 zeigt beispielsweise eine eingerahmte Anweisung oben links im Textfeld , wie sich weitere Erläuterungen einblenden lassen.

- Übersichtsinformationen
  Der Inhalt eines Hypertextes sollte nach verschiedenen Kriterien geordnet in Übersicht dargestellt werden. Die wichtigsten Möglichkeiten sind ein thematisch geordnetes Inhaltsverzeichnis, ein alphabetisch geordnetes Schlagwortverzeichnis, sowie eine graphische Übersichtskarte, um die Verbindungen zwischen einzelnen Knoten, bzw. zwischen Teilen des Hypertextes sichtbar zu machen.

- Kontextinformationen
  Die gedankliche Einbettung des momentan sichtbaren Ausschnittes in den Gesamthypertext wird durch Beschreibung des Kontextes erleichtert. Eine kleine Erinnerungsstütze genügt: sei es dass im Titel einer Bildschirmseite noch einmal das übergeordnete Kapitel erwähnt wird (siehe Abb. 5a und b), sei es, dass zusammengehörende Sequenzen von Bildschirmseiten durchnumeriert werden. (Abb. 5b, unten rechts).

Traditionelle Informationssammlungen, die einem grossen Benützerkreis mit unterschiedlichen Vorkenntnissen offen stehen sollen, verfügen über ein reichhaltiges Angebot von Metainformationen, die den Umgang mit der Sammlung erleichtern. Bibliotheken bieten verschiedenartige Kataloge an, hängen Lagepläne mit der thematischen Verteilung von Büchern auf Räume und Regale auf, verfassen Merkblätter für die Regeln der Ausleihe und plazieren an einer gut sichtbaren Stelle einen Informationsschalter. Wörterbücher enthalten neben dem eigentlichen Wörterverzeichnis Hinweise für die Benützer, worin "Zeichen von besonderer Bedeutung, Auswahl der Stichwörter, Anordnung und Behandlung von Stichwörter, Herkunft der Wörter, Erklärungen und Verdeutschungen, Aussprache und im Wörterverzeichnis verwendete Abkürzungen" (siehe Duden, Bd. 1, Die Rechtschreibung, 19. Auflage, 1986) behandelt werden. Die Wichtigkeit und der Nutzen dieser bewährten Orientierungshilfen ist unbestritten. Sie sollten daher für den Entwurf von Hypertexten sinngemäss adaptiert und übernommen werden.

Zusammenfassung

Benützerorientierter Entwurf von Hypertexten heisst, ein **Benützungsmodell** als Sinnbild für die Handhabung formulieren und den Hypertext nach diesem Vorbild aufbauen, sorgfältig **Bildschirmseiten gestalten** und reichlich **Metainformationen** als weitere Orientierungshilfe vorsehen.

Literatur

[ACM 88]
ACM Press, Database & Electronic Products Series: *Hypertext on Hypertext*. New York 1988

[Baitsch et al. 89]
Ch. Baitsch, Ch. Katz, Ph. Spinas, E. Ulich: *Computerunterstützte Büroarbeit. Ein Leitfaden für Organisation und Gestaltung*. Verlag der Fachvereine, Zürich 1989

[Nickels 88]
H. Nickels Shirk: *Technical Writers as Computer Scientists: The Challenges of Online Documentation*. in Ed. Barrett (ed.): Text, ConText, and HyperText. Writing with and for the Computer. MIT Press, 1988

[Norman 86]
D. A. Norman: *Cognitive Engineering*. in Norman/Draper (ed.): User Centered System Design. Lawrence Erlbaum Ass., Hillsdale N.J., 1986

[Rubin 88]
T. Rubin: *User Interface Design for Computer Systems*. Ellis Horwood Ltd., Chichester 1988

[Shneiderman 89]
B. Shneiderman: *Hypertext Hands-on! An Introduction to a new Way of Organizing and Accessing Information*. Addison-Wesley, Reading Mass. 1989

$\Upsilon\pi\text{ADAPT}\epsilon\rho$ – Ein adaptives Hypertextsystem zur Präsentation von Lerninhalten

Heinz-Dieter Böcker, Hubertus Hohl und Thomas Schwab

Universität Stuttgart, Institut für Informatik
Herdweg 51, D-7000 Stuttgart 1

1 Überblick

$\Upsilon\pi\text{ADAPT}\epsilon\rho$ (sprich „Hypadapter") ist ein System, das Programmierer bei der Aneignung der Programmiersprache COMMON LISP [Steele Jr. 84] individuell unterstützt. Es verhält sich dabei wie ein *intelligenter Assistent* [Teitelman 79, Böcker 88], der eine adaptive und adaptierbare Lernumgebung anbietet: $\Upsilon\pi\text{ADAPT}\epsilon\rho$ generiert individualisierte Präsentationen von tutoriellen Informationen und erlaubt den Benutzern, private Hypertext-Pfade im komplexen Netz der Informationseinheiten anzulegen und zu verwalten.

$\Upsilon\pi\text{ADAPT}\epsilon\rho$ ist als Hypertextsystem [Conklin 87] implementiert, erweitert um eine Komponente zur Benutzermodellierung [Rich 83, Schwab 89]. Es kann folgendermaßen charakterisiert werden: Die verfügbaren Lerninhalte, die den Anwendungsbereich COMMON LISP beschreiben, sind als Informationseinheiten in einer komplex strukturierten *Wissensbasis* repräsentiert. In Abhängigkeit vom Kenntnisstand des Benutzers, der in einem dynamischen *Benutzermodell* repräsentiert ist, identifiziert eine auf *Auswahlregeln* basierende Auswahlkomponente geeignete Lerninhalte. Diese werden auf einer direkt-manipulativen Benutzeroberfläche visualisiert. Die Präsentation wird dabei durch *Präsentationsregeln* bestimmt, die über den Inhalt des Benutzermodells gesteuert werden. Ein auf Hypertext-Designprinzipien basierendes Browsingwerkzeug unterstützt die Navigation im Netz der Lerninhalte. Benutzermodelle in $\Upsilon\pi\text{ADAPT}\epsilon\rho$ sind dynamisch: Um den Lernfortschritt des Benutzers zu modellieren, wird das Modell während des Navigationsprozesses automatisch aktualisiert.

2 Die Wissensbasis

Die Wissensbasis beschreibt einen Teil des für COMMON LISP relevanten Programmierwissens. Sie ist als semantisch verzeigertes Netz von heterogenen Informationseinheiten, die Lerninhalte (*topics*) repräsentieren, strukturiert. Die Wissensbasis gliedert sich in folgende *Teilräume*, deren Lerneinheiten sowohl innerhalb eines Raumes als auch mit Einheiten anderer Teilräume semantisch verknüpft sind:

Meta-Topics — beschreiben die konzeptionelle Struktur der Wissensbasis. Jeder Teilraum wird durch ein Meta-Topic repräsentiert, das u.a. Verweise auf alle in diesem Raum enthaltenen Lerninhalte beinhaltet. Damit können Meta-Topics als Ausgangspunkte für Suchprozesse und Navigation in der Wissensbasis dienen.

Programmierkonzepte — bilden das abstrakte Grundgerüst jeder Programmiersprache. Sie sind — zusätzlich zu Bezügen auf andere Teilräume — in eine Heterarchie eingebettet, die konzeptionelle Spezialisierungen und Generalisierungen zum Ausdruck bringt. Dabei werden allgemeine Programmierkonzepte (z.B. Datentyp, Rekursion) in den Schichten der Heterarchie zu COMMON LISP-spezifischen Konzepten (z.B. Liste, Makro) verfeinert.

Funktionen — repräsentieren Wissen über die individuellen COMMON LISP-Funktionen, Makros und Special Forms.

Programmierziele — spezifizieren normative Kategorien für den LISP-Programmierer, wie z.B. stilistische Eigenheiten, Fragen der Effizienz oder die Bevorzugung bestimmter Sprachkonstrukte.

Optimierungsregeln — beschreiben Transformationsregeln, mit denen Programmcode gemäß den durch die Programmierziele vorgegebenen Richtlinien optimiert werden kann.

Programmierfehler — beinhalten Informationen über typische Programmierfehler, die z.B. durch eine Analyse des Programmcodes entdeckt werden können.

Die Eigenschaften einer Lerneinheit werden durch *Attribute* definiert. Jeder Lerninhalt umfaßt neben Teilraum-spezifischen Attributen die folgenden allgemeinen Attribute: Name, Schwierigkeitsgrad, notwendiges Vorwissen, Verweise auf verwandte bzw. gemeinsam darzustellende Lerneinheiten, ein Verweis auf die zugehörige Meta-Lerneinheit, Beschreibung, Beispiele, Anmerkungen, Zusammenfassung und Verweise auf Literatur.

Die Attribute *Beschreibung*, *Beispiele* und *Anmerkungen* stehen in verschiedenen Ausprägungen, passend für Benutzer unterschiedlichen Kenntnisstandes, zur Verfügung. Die Werte dieser Attribute sind Texte mit graphischen Illustrationen und *aktiven* Elementen. Aktive Elemente können auf der Benutzeroberfläche durch Zeigehandlungen aktiviert werden, um bestimmte Aktionen auszulösen.

3 Benutzermodellierung

$\Upsilon\pi$ADAPT$\epsilon\rho$ verwendet *dynamische, individuelle Benutzermodelle* [Rich 83], um Informationen über einzelne Benutzer zu repräsentieren. Jedes Modell umfaßt eine Menge von Eigenschaften mit Werten, die den Benutzer charakterisieren. Diese Eigenschaften reichen von allgemeinen Angaben zur Person, Erfahrungen mit bestimmten Computersystemen, dem gegenwärtigen Kenntnisstand von Lerninhalten bis zu Vorlieben bei der Präsentation von tutoriellen Informationen.

Durch die Verwendung von *Stereotypen* [Schwab 89] ist es möglich, zusätzliche Informationen über den Benutzer zu erschließen. Ein Stereotyp definiert eine Menge von Eigenschaften mit zugehörigen Ausprägungen, die häufig gemeinsam auftreten. Treffen einige dieser Ausprägungen auf einen bestimmten Benutzer zu, so kann man annehmen, daß er auch die übrigen Stereotyp-Eigenschaften besitzt (solange keine gegenteilige Information vorliegt).

Jeder Benutzer wird einem der Stereotypen *novice*, *beginner*, *intermediate* oder *expert* zugeordnet. Sie modellieren den Lernfortschritt vom Neuling zum Experten durch Differenzierung bezüglich des Kenntnisstandes von Lerninhalten. Dabei beherrscht jeder Stereotyp Lerninhalte bis zu einem bestimmten Schwierigkeitsgrad.

Im Unterschied zur relativ stabilen Wissensbasis verhalten sich die Benutzermodelle *dynamisch*: Der während der Arbeit mit dem System erzielte Lernfortschritt des Benutzers bewirkt Anpassungen im Modell, beispielsweise eine Reklassifikation bezüglich Stereotypen, was sich unmittelbar auf die Präsentation von tutoriellen Informationen auswirkt.

Das Benutzermodell bestimmt die Auswahl und Präsentation der Lerninhalte. *Auswahlregeln* identifizieren die für einen bestimmten Benutzer geeigneten Lerninhalte auf der Grundlage von im Benutzermodell repräsentierten Informationen. Damit wird einerseits verhindert, daß Benutzer mit Lernthemen konfrontiert werden, die ihrer Qualifikation nicht entsprechen; andererseits wird eine schrittweise Erweiterung des Wissenshorizonts unterstützt. Die Auswahlregeln basieren auf folgenden Kriterien:

- Vermeidung schon bekannter Lernthemen,

- Vermeidung von Lernthemen mit unbekanntem Vorwissen,

- Bevorzugung von unmittelbar benötigten Lernthemen,

- Bevorzugung von Lernthemen mit Beziehungen zu bereits Bekanntem,

- Übereinstimmung des Lernthemen-Schwierigkeitsgrades mit der Qualifikation des Benutzers.

Die Präsentation eines Lerninhalts berücksichtigt individuelle Aspekte. Dabei werden diejenigen Attribute und Verweise ins Blickfeld gerückt, die den Bedürfnissen und Interessen des Benutzers, wie im Benutzermodell repräsentiert, am ehesten entsprechen. Dazu werden *Präsentationsregeln* gemäß folgenden Kriterien formuliert:

- Anpassung der Präsentation von Attributen wie *Beschreibung, Beispiele und Anmerkungen* an die Qualifikation des Benutzers,

- Berücksichtigung des Lernertyps sowie Vorlieben des Benutzers bezüglich gewisser Attribute,

- Auswahl unterschiedlicher Detaillierungsgrade (z.B. kurze Übersicht oder vertiefende Erklärungen).

4 Die Benutzerschnittstelle

$\Upsilon\pi$ADAPT$\epsilon\rho$ bietet eine direkt-manipulative Benutzerschnittstelle an, die vorwiegend selektionsorientierte Interaktionstechniken unterstützt. Operationen werden durch Zeigehandlungen mit der Maus ausgelöst. Dem Benutzer wird eine explorative Vorgehensweise ermöglicht, die durch Navigation im Netz der Lerninhalte mittels Verfolgen von Verweisen gekennzeichnet ist. Dabei behält der Benutzer die Kontrolle über den Dialog. Das System schlägt bestimmte Lerninhalte vor, aus denen der Benutzer auswählen kann.

Die zu präsentierenden Lerninhalte werden in multiplen, sich überlappenden Fenstern visualisiert (*Viewer*). Jeder Viewer verwaltet seine eigene chronologische Historie der bisher in ihm dargestellten Lerninhalte (*Topic History*). Dies ermöglicht dem Benutzer, individuelle Pfade im Netz der Lerninhalte anzulegen und diese durch den Zugriff auf die Topic History zurückverfolgen zu können.

Durch die Repräsentation von Dialoghistorien wird verhindert, daß sich der Benutzer beim Navigieren im komplexen Netz der Informationseinheiten „verirrt". Darüberhinaus stellt $\Upsilon\pi$ADAPT$\epsilon\rho$ alternative Zugriffstrategien auf Lerninhalte zur Verfügung, die den in Hypertextsystemen häufig auftretenden Orientierungsproblemen begegnen und Abkürzungsmöglichkeiten bieten:

Knowledge Maps — stellen Teile des Informationsnetzes als Graph dar. Insbesondere kann damit die Generalisierungsheterarchie im Raum der Programmierkonzepte visualisiert und beschritten werden.

Bookmarks — erlauben dem Benutzer, für ihn wichtige Punkte im Laufe des Navigationsprozesses zu markieren, um später darauf zuzugreifen.

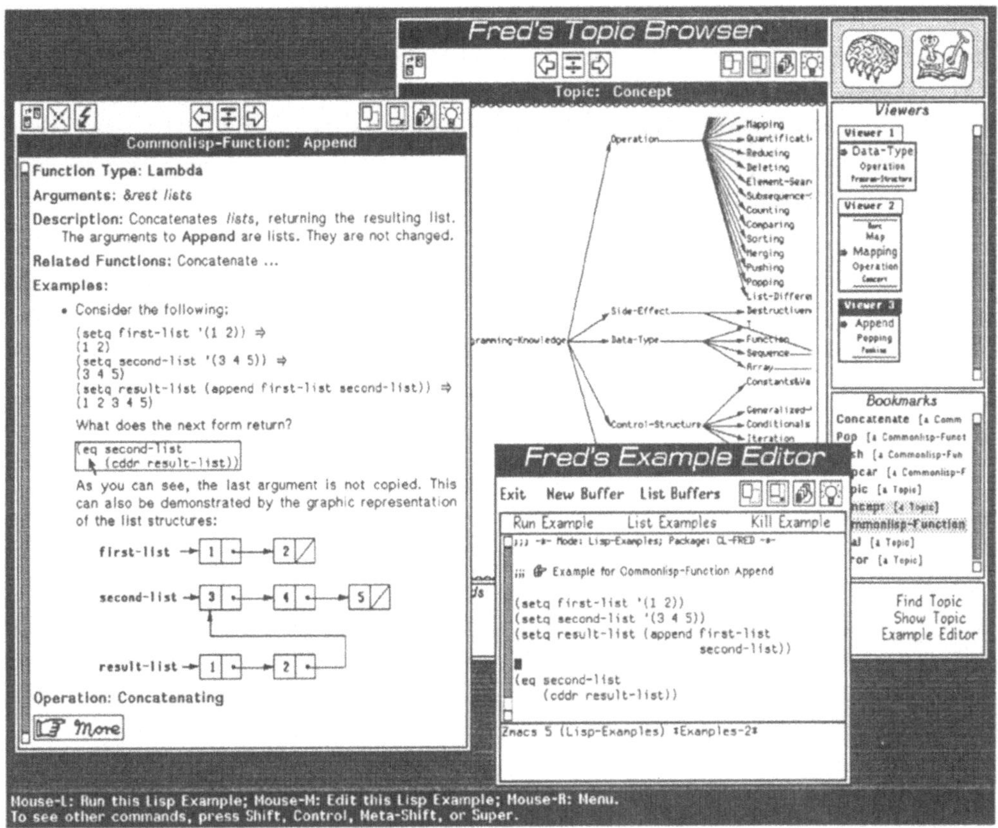

Abbildung 1: Ausschnitt der Lernumgebung des Programmierers Fred.

Direct Access — ermöglicht den direkten Zugriff auf Lerninhalte über deren Namen. Damit werden ineffiziente Suchprozesse vermieden, die durch das Verfolgen vorgegebener Pfade verursacht werden.

Als Beispiel zeigt Abbildung 1 einen Ausschnitt der Benutzeroberfläche für einen Programmierer namens Fred. Zentrale Komponente ist der *Topic Browser*, der neben einer Kommandoschnittstelle (zum Direktzugriff auf Lerninhalte) einen integrierten Viewer, ein graphisches Menü aller weiteren im System vorhandenen Viewer (mit Ausschnitten ihrer Topic History) sowie ein Menü aller Bookmarks umfaßt. In Viewer 3 (auf der linken Seite des Bildschirms) ist der Lerninhalt Append durch Präsentation einer Teilmenge seiner Attribute visualisiert. Die Darstellung der Attribute beruht dabei auf den Präsentationsregeln, die auf Freds Benutzermodell operieren. Dieses Modell charakterisiert Fred als LISP-Anfänger. Deshalb sind Description und Examples auf Anfänger zugeschnitten.

ΥπADAPTερ unterstützt eine an Beispielen orientierte Lernstrategie. Dazu sind jedem Lerninhalt Attribute zugeordnet, die Code-Beispiele enthalten. Dieser LISP-Code ist aktiv: durch Anklicken kann er evaluiert bzw. zum weiteren Experimentieren in einen Beispiel-Editor (siehe Abbildung 1) kopiert werden. Aktive Beispiele unterstützen damit eine "Learning by doing" Strategie: Sie regen den Programmierer dazu an, sich mit bestimmten Problemen auseinanderzusetzen und ermöglichen tiefere Einblicke in den Problembereich.

Die wesentliche Eigenschaft von ΥπADAPTερ ist seine *Adaptivität*: Die Benutzerschnittstelle spiegelt immer eine individuelle Sicht auf die darunterliegende Wissensbasis wider. Sie zeichnet sich durch eine individualisierte Auswahl und Präsentation von Informationseinheiten aus. ΥπADAPTερ wirkt als automatischer Informationsfilter, der die für den Benutzer augenblicklich relevanten tutoriellen Informationen hervorhebt und weniger wichtige Aspekte in den Hintergrund rückt.

Während der Navigation durch die Wissensbasis wird das Benutzermodell implizit aktualisiert: Jede Inspektion eines Lerninhalts führt z.B. zu einer Erhöhung des dem Lerninhalt zugeordneten Kenntnisgrades im Benutzermodell. Damit wird der Lernfortschritt vom Neuling zum Experten modelliert. Dies kann dazu führen, daß derselbe Lerninhalt zu verschiedenen Zeitpunkten unterschiedlich präsentiert wird.

Die so generierten Präsentationen stellen einen Vorschlag dar, ohne den Benutzer einzuschränken. Es ist jederzeit möglich, Informationen einzusehen, die bei der Präsentation ausgefiltert wurden.

5 Ausblick

ΥπADAPTερ geht bei der internen Repräsentation sowie der Präsentation von Informationseinheiten über konventionelle Hypertextsysteme (z.B. Symbolics Document Examiner [Walker 88]) hinaus. Die Wissensbasis verfügt neben der faktischen Ebene der eigentlichen Lerninhalte über eine zusätzliche explizite Repräsentation, die die konzeptionelle Informationsstruktur widerspiegelt. Die Präsentation bleibt nicht auf ein fixes Layout mit fest vorgegebenen Verweisen beschränkt, sondern berücksichtigt immer die gegenwärtigen individuellen Anforderungen des Benutzers.

ΥπADAPTερ verfügt noch nicht über interaktive Werkzeuge zum Editieren der Wissensbasis. Aufgrund der komplexeren internen Repräsentation sind die in Hypertextsystemen eingesetzten Autorensysteme so zu erweitern, daß Änderungen sowohl auf der faktischen wie auf der konzeptionellen Ebene möglich werden.

Literatur

[Böcker 88] H. D. Böcker. OPTIMIST: Ein System zur Beurteilung und Verbesserung von Lisp-Code. In R. Gunzenhäuser und H. D. Böcker (Hrsg.), *Prototypen benutzergerechter Computersysteme*, Kapitel 9. Verlag Walter de Gruyter & Co., Berlin - New York, 1988.

[Conklin 87] J. Conklin. Hypertext: An Introduction and Survey. *Computer*, 20(9):17–41, September 1987.

[Rich 83] E. Rich. Users are individuals: individualizing user models. *International Journal of Man-Machine Studies*, 18:199–214, 1983.

[Schwab 89] T. Schwab. Methoden zur Dialog- und Benutzermodellierung in adaptiven Computersystemen. Dissertation, Fakultät Informatik der Universität Stuttgart, Oktober 1989.

[Steele Jr. 84] G. L. Steele Jr. *Common LISP: The Language*. Digital Press, Digital Equipment Corporation, 1984.

[Teitelman 79] W. Teitelman. A Display Oriented Programmers Assistant. *International Journal of Man-Machine Studies*, 11(2):157–187, 1979.

[Walker 88] J. Walker. Supporting Document Development with Concordia. *Computer*, 21(1):48–59, January 1988.

Hypertext für den Unterricht –
eine kritische Standortbestimmung

Arnold Aders   Bettina Ansel

Fachstelle Informatik im Hochschulunterricht
Institut für Informatik der Universität Zürich

Kurzfassung

Aus didaktischen und erzieherischen Überlegungen zur Motivation des
Schülers, zur erzieherischen und didaktischen Absicht des Lehrers und
zu möglichen Unterrichtsmethoden werden Beurteilungskriterien für
bestehende bzw. Anforderungen an zukünftige Hypertext-Systeme für
den Unterricht abgeleitet. Unterrichtsrelevante Funktionen sind u.a.
Navigationshilfen, die Multimedia-Fähigkeit und die Unterstützung
mehrerer Benützerstufen. Mehrbenutzerfähigkeit ist eine für den Unterricht wichtige technische Voraussetzung. Anhand dieser Kriterien wird
die Eignung von HYPERCARD und einiger weiterer Hypertext-Systeme für
den Unterricht beurteilt.

1. Einleitung

Hypertext und Hypermedia sind populär, ja geradezu ein Modethema; wie fast alles
hat das Vorteile und Gefahren.

Die weite Verbreitung und schon fast allgemeine Verfügbarkeit von Hypertext- und
Hypermedia-Systemen, zumindest von HYPERCARD auf Apple Macintosh, hat viel
Nützliches, Schönes und – wenn wir von Unterricht sprechen – viel zum Lernen An-
regendes gebracht. Aber dabei ist auch eine Flut von oberflächlich, lieblos und
schlecht Gestaltetem entstanden, die wir nicht über die Schulen und Autodidakten
hereinbrechen lassen sollten.

Es wird jetzt viel von Hypertext-Standards gesprochen; doch gibt es schon seit langem
eine Reihe von Regeln sowohl für die grafische als auch für die software-ergonomische
Gestaltung nicht nur von Hypertext-Software, sondern von Software überhaupt, die
zusammen einen de facto Standard darstellen. Der Beitrag von Andrea Ventura zu
dieser Tagung handelt unter anderem davon [Ventura 90].

Gerade HYPERCARD ist so leicht zugänglich, so weit verbreitet, scheint intuitiv so leicht verständlich und ist so einladend gestaltet, dass mancher zukünftige Autor darob die hohen Anforderungen an die gute und sorgfältige Entwicklung und Gestaltung z.B. eines Unterrichtsprogrammes nur allzu leicht vergisst. Mancher Möchtegern-Autor fragt sich angesichts der Faszination des Werkzeuges nicht genügend selbstkritisch, ob er inhaltlich und fachdidaktisch dem Stoff gewachsen ist, den darzustellen er sich vornimmt. Hierzu kommt, dass die weit verbreitete Euphorie für den real existierenden Hypertext, wie z.B. HYPERCARD, manchen Benützern und Autoren den Blick verstellt auf das *Konzept Hypertext* und auf die Bedürfnisse des Unterrichts und allgemein des Lernens. Das Konzept Hypertext geht weiter als jedes einzelne Werkzeug oder System.

Dieser Beitrag möchte mithelfen, die Diskussion auch auf diese Punkte zu lenken, damit zukünftige Entwicklungen sowohl von Hypertext-Dokumenten (Hypertexten) als auch von Hypertext-Werkzeugen und -Systemen für den Unterricht sich vermehrt am Konzept Hypertext und an den Erfordernissen des Unterrichts und des Lernens orientieren.

2. Kriterien

Im folgenden versuchen wir, zunächst einige grundlegende didaktische, unterrichtsmethodische und erzieherische Gegebenheiten darzustellen und dann daraus Beurteilungskriterien für bestehende bzw. Anforderungen an zukünftige Hypertext- und Hypermedia-Systeme für den Unterricht abzuleiten.

2.1. Didaktische, unterrichtsmethodische und erzieherische Überlegungen

a) Die Motivation des Schülers

Lernen soll Spass machen. Auch das Lernen mit Hypertext kann besonderen Spass machen, wenn ein paar Punkte beachtet werden.

Notwendig dafür, dass Lernen überhaupt stattfindet, ist die *Motivation des Lernenden*. Wir sprechen von *intrinsischer Motivation*, wenn die Motivation aus dem Lernenden selbst kommt und sich unmittelbar auf den Lerngegenstand bezieht, z.B. Neugierde, und von *extrinsischer Motivation*, wenn die Motivation von aussen kommt und sich nicht oder nur indirekt auf den vordergründigen Gegenstand des Lernens bezieht, z.B. Androhung bzw. Vermeidung von Sanktionen, Notendruck. Siehe z.B. [Thomae 80].

Der Lehrer, in zweiter Linie auch ein Unterrichtsprogramm bzw. dessen Autor, muss die (intrinsische) Motivation des Schülers dauernd aufrechterhalten, fördern und verstärken.

Eine erzieherische und Unterrichts-Methode, die sich beim Einsatz von Hypertext anbietet und die die intrinsische Motivation fördert, ist das sogenannte *Entdeckende Lernen:* der Schüler soll lernen, selbst (die "richtigen") Fragen zu stellen, nicht nur vorgesetzte Antworten zu verdauen. "Entdeckendes Lernen führt zu besserem Transfer." [Frey 89]

b) Die erzieherische und didaktische Absicht des Lehrers

In der Schule sind die *Lernziele* die Interpretation des Lehrplanes durch den Lehrer. Der Lehrer bzw. der Autor eines Unterrichtsprogrammes ist verantwortlich für
- den *Lerninhalt,* d.h. dafür, was er der Neugierde des Schülers vorsetzt,
- die *Lernmethode,* d.h. wie er das macht, und
- den *Lernfortschritt* der Schüler.

Werden nun Entdeckendes Lernen als Methode und Hypertext als Medium eingesetzt, so drängt es sich auf, die Verantwortung für den Lerninhalt und den Lernfortschritt zunehmend vom Lehrer auf die Schüler zu verschieben, d.h. die Schüler zu teilweise autodidaktischem Lernen hinzuführen.

Wie bei jedem Computer-Einsatz sollen auch hier die *sozialen Auswirkungen* auf das Lernen und den Unterricht bei der Planung und Vorbereitung berücksichtigt und bei der Einführung besonders kritisch verfolgt werden. Wie werden z.B. das Kommunikations- und das Teamverhalten der Schüler und der Schülerinnen beeinflusst? Wie können die Kommunikations- und die Teamfähigkeit gefördert werden?

c) Unterrichtsrelevante Funktionen von Hypertext-Systemen

Welche Lernmethoden *unterstützt* das Hypertext-System besonders?

Ein Hypertext für den Unterricht ist zunächst eine Lernlandschaft im fast klassischen Sinn, wenn nicht der Autor oder Programmierer bewusst Elemente direktiver Interaktion einbaut, wie z.B. Testfragen, die der Benützer richtig beantworten muss, bevor er fortfahren kann. Solche Testfragen führen jedoch zu einer Sequentialisierung, die die Möglichkeiten des Konzeptes Hypertext nur ungenügend ausnützt.

Lernmethoden, die ein Hypertext- und Hypermedia-System für den Unterricht besonders unterstützen sollte, sind
- Entdeckendes Lernen
- Individualisierung des Lernens hinsichtlich Zeit, Ort, Tempo, Inhalt, Reihenfolge
- Projekt-Unterricht, z.B. Erweiterung des Hypertextes, d.h. der Lernlandschaft, durch die Schüler

Welche Funktionen eines Hypertext-Systems sind für den Unterricht wünschbar oder besonders nützlich?

Als eine der in didaktischer Hinsicht wichtigsten technischen Voraussetzungen eines Hypertext-Systems für den Unterricht erweist sich die echte *Mehrbenutzer-Fähigkeit*. Nur sie ermöglicht

- individuelle, persönliche Annotationen und Links durch die Schüler, die die Erscheinung des Hypertextes für die Mitschüler (zunächst) nicht beeinflussen und die auch dann bestehen bleiben, wenn das Hauptdokument geändert wird.
- Kommunikation: Groupware, elektronische Post (E-Mail), elektronische Konferenz (Bulletin Board), usw., die sich zur Intensivierung der Auseinandersetzung mit dem Stoff und zur Anregung und Bereicherung besonders auch der nicht elektronisch vermittelten Diskussionen bewährt haben [Yankelovich 87a, 87b, Catlin 89].

In einem reinen Hypertext oder in einer reinen Lernlandschaft gibt es – wie übrigens auch in einem herkömmlichen sequentiellen Lehrtext – zunächst nichts, das den Lernfortschritt sicherstellt. Es geschieht also leicht, dass ein Schüler lange und mit viel Spass in der Lernlandschaft herumwandert, aber dabei nichts lernt, das ihn seinem Lernziel näher bringt. Früher oder später wendet er sich mehr oder weniger frustriert ab, seine Motivation ist dahin. Die Gefahr, sich in der komplex vernetzten Struktur eines grossen Hypertextes zu verirren ("getting lost in hyperspace"), ist mehrfach beschrieben worden, z.B. in [Conklin 87].

Wie stellt nun der Lehrer bzw. Autor den *Lernfortschritt* sicher, oder wie fördert er ihn wenigstens?

Bei einem guten klassischen, herkömmlichen, d.h. sequentiellen Lehrtext (Lehrbuch) wird der "rote Faden" durch die sequentielle Struktur vermittelt. Der Autor bildet die sachlogische Struktur des dargestellten Gegenstandes (die oft alles andere als sequentiell ist) auf die sequentielle Struktur des Textes ab. Übungsbeispiele und -aufgaben verteilt er meist über die Kapitel.

Das Verfassen eines Hypertextes liegt näher beim Entwickeln eines Unterrichtsprogrammes als beim Verfassen eines herkömmlichen sequentiellen Textes. Die Struktur eines Hypertextes ist per definitionem nicht-sequentiell, vernetzt. Die Übersicht, die Orientierung, der "rote Faden" müssen auf andere Weise vermittelt werden. Auch der Autor eines Hypertextes bildet die sachlogische Struktur seines Gegenstandes auf die Struktur des Hypertextes ab. Besonders bei komplexen Gegenständen ist diese direkte Abbildung u.U. einfacher als das Verfassen eines herkömmlichen sequentiellen Textes, weil Hypertext für die Abbildung komplexer Strukturen das mächtigere Konzept ist. Abschnitts- oder kapitelbezogene Übungsbeispiele und -aufgaben kann der Autor auch in einem Hypertext den entsprechenden Informationsknoten direkt zuordnen. Aber was geschieht mit globalen Aufgabenstellungen?

Dass ein Hypertext die Struktur eines komplexen Gegenstandes angemessener abbilden kann als ein sequentieller Text, hat didaktisch gesehen auch seine Tücken. Der

Lernprozess ist in jedem Fall durch seinen zeitlichen Ablauf sequentiell. Jeder Leser kann die Knoten (Informationseinheiten) in anderer Reihenfolge besuchen, d.h. aber auch, dass der Autor nicht ohne weiteres verhindern kann, dass einzelne Leser Knoten auslassen, die für das weitere Verständnis wesentlich sind.

Von den Konzepten Lernlandschaft und Entdeckendes Lernen her stellt sich also das Problem Lernfortschritt, vom Konzept Hypertext her das Problem Navigation.

Ein altes und für den Unterricht mit Hypertext wichtiges didaktisches und methodisches Hilfsmittel sind *Arbeits- und Aufgabenblätter*. Ein Hypertext-System für den Unterricht könnte und sollte deren Abarbeitung wie auch deren Erstellung unterstützen. Wie die beteiligten Personen – Schüler und Lehrer – sich in diese beiden Aufgaben (Abarbeitung und Erstellung von Arbeits- und Aufgabenblättern) teilen wollen, wird dabei vom System nicht präjudiziert, sondern ihnen selbst überlassen. So gesehen sind Arbeits- und Aufgabenblätter oder ihr elektronisches Pendant eine wichtige unterrichtsbezogene Orientierungshilfe für die Navigation im Hypertext.

In diesem Sinne soll das Hypertext-System auch die *Erstellung von Berichten* des Schülers über seine Erkundung der Lernlandschaft und über seine dabei gewonnenen Erkenntnisse und Einsichten unterstützen.

Hilfreich für das Zurechtfinden der Schüler ist auch eine automatische *Log-Funktion*, mit deren Hilfe sie ihre Wege und Irrwege rekonstruieren und zurückverfolgen können.

2.2. Hypertext-spezifische Kriterien

a) Die Software-Design-Philosophie des Hypertext-Systems

Hinsichtlich der Software-Design-Philosophie von Hypertext-Systemen gibt es zwei idealtypische Extreme:

- *Alleskönner*, die in jeder Einzeldisziplin den Spezialapplikationen (Textverarbeitung, Graphik-, Animations-, Multimedia-Werkzeuge, Datenbank, usw.) unterlegen sind
- *Integration* vollwertiger Spezialapplikationen unter einer einheitlichen Oberfläche bzw. Vernetzung (von Dokumenten) beliebiger Applikationen mit einem einheitlichen, allumfassenden Hypertext-Mechanismus. Meyrowitz fordert eine systemnahe Implementation von «Start Link»/«Complete Link» über ein sogenanntes Linkboard; alle Applikationen sollten dann dieses Linkprotokoll unterstützen, analog zu Cut-Copy-Paste über das Clipboard [Meyrowitz 89].

b) Die Umsetzung der Hypertext-Konzepte

Die wesentlichen Elemente von Hypertext sind in verschiedenen Systemen in unterschiedlicher Ausprägung verwirklicht:

Was für Eigenschaften haben *Links* (Verbindungen zwischen den Knoten)? Wie werden sie eingerichtet? Wie werden sie aktiviert? Sind sie unidirektional oder bidirektional? Sind individuelle Links möglich? Werden die Links getrennt von den Daten abgespeichert? Ist es möglich, das gleiche Material in verschiedenen Kontexten unterschiedlich zu vernetzen?

Welche *Navigationshilfen* bietet das Hypertext-System? Automatisch erzeugte Map, Fisheye Views, andere?

Welche *Retrieval- oder Such-Funktionen* bietet das Hypertext-System? Diese hängen stark ab von der zugrundegelegten Datenbank.

c) Die Multimedia-Fähigkeit

Hierbei interessieren die Graphik-Fähigkeit, die Programmierbarkeit, die Animationsmöglichkeiten sowie was für Multimedia-Peripherie-Geräte ansteuerbar, integrierbar sind: CD-ROM, CD-Audio; Interactive Video (Laserdisk, Video Band).

d) Benützerstufen

Ein gutes Hypertext-System unterstützt mindestens drei Benützerstufen – Leser, Autor und Programmierer. Damit wird z.B. der Anfänger teilweise davor geschützt, aus Unkenntnis Hypertext-Dokumente zu zerstören ohne es zu wollen.

2.3. Weitere Kriterien

Der Vollständigkeit halber führen wir hier noch ein paar *technische Anforderungen* auf, die zwar nicht Hypertext-spezifisch, aber besonders für den Einsatz im Unterricht immer wieder wichtig sind: Zuverlässigkeit, Stabilität; Erweiterbarkeit, Konfigurierbarkeit, Anpassbarkeit; Portabilität (System-Plattformen: Hardware, Betriebssystem) und schliesslich auch noch Performance.

Nicht-technischen, kommerziellen und Umgebungs-Kriterien wird im Bildungsbereich allgemein zu wenig Bedeutung zugemessen. Dazu gehören: Verfügbarkeit, Käuflichkeit, Zugänglichkeit, Verbreitung und Kontinuität der Entwicklung. Diese Kriterien gelten sowohl für die Werkzeuge als auch für die Hypertext-Dokumente (= Lernmaterialien) und sind bei Software für den Unterricht oft nur schlecht erfüllt. Ebenso wichtig sind Preis, Lizenzbedingungen sowie Qualität und Kontinuität der Unterstützung (Updates, Troubleshooting, usw.).

3. Verschiedene Hypertext-Werkzeuge

Die hier durchgeführte Beurteilung verschiedener Hypertext-Werkzeuge beruht nicht auf einer wissenschaftlichen Analyse, sondern auf subjektiven Eindrücken.

HYPERCARD für den Apple Macintosh ist das dominierende Hypertext-Werkzeug für Unterrichtszwecke. Da sich die MS-DOS-Welt den durch die *Macintosh User Interface Guidelines* [Apple 87] gesetzten Standards immer stärker nähert (Windows, Presentation Manager), scheint es uns gerechtfertigt, die durch HYPERCARD gesetzten Massstäbe als Ausgangspunkt zu nehmen und verschiedene Hypertext-Werkzeuge beider Welten daran zu messen.

Es existiert eine grosse Anzahl HYPERCARD-Stacks für den Unterricht, welche jedoch von sehr unterschiedlicher Qualität sind. Häufig scheint es fraglich, ob in diesen Stacks überhaupt eine sachgerechte Umsetzung des zu vermittelnden Stoffes verwirklicht ist. Neben inhaltlichen Aspekten lassen sehr oft auch die Gestaltung der Benützeroberfläche und der Einsatz von Grafik zu wünschen übrig. Häufig halten sich die Entwickler von Unterrichtsprogrammen nicht an die Standards der *Macintosh User Interface Guidelines*. Leider merkt man auch vielen Stacks an, dass sie aus herkömmlichen Unterrichtsprogrammen hervorgegangen sind und im wesentlichen nur mit einer hypertextähnlich aufgebauten Benützeroberfläche versehen worden sind.

Ein Nachteil bestehender Unterrichtssoftware liegt darin, dass sie Stückwerk bleibt, d.h. mit diesen Programmen lassen sich höchstens einzelne Lektionen oder Teilaspekte eines Fachgebietes abdecken. Was noch fehlt, sind durch ein Hypertext-Werkzeug unterstützte Kurse, die einen sinnvollen Einbau des Computers in das Curriculum erlauben.

Im folgenden sollen nun verschiedene Hypertext-Werkzeuge miteinander verglichen und auf ihre Eignung für den Unterricht geprüft werden. Die oben angeführte Kritik an bestehenden HYPERCARD-Stacks für den Unterricht wirft Fragen auf wie: In wieweit soll ein Hypertext-Werkzeug dem Entwickler die Verletzung von Standards und bewährten Konzepten verunmöglichen? Wäre dies überhaupt wünschbar, oder sollte man nicht die Ausbildung von Entwicklern und Autoren von Unterrichtssoftware sehr viel intensiver betreiben? Da die Aspekte des benützerorientierten Entwurfs des einzelnen Hypertext-Dokumentes im Beitrag von Andrea Ventura [Ventura 90] behandelt werden, soll im weiteren der in Abschnitt 2 entwickelte Kriterienkatalog nicht auf einzelne Beispieldokumente, sondern auf die verschiedenen Hypertext-Werkzeuge selbst angewandt werden.

3.1. HYPERCARD 1.2.2 (Macintosh)

Da HYPERCARD zu jedem Macintosh kostenlos mitgeliefert wird, ist es das am weitesten verbreitete und am leichtesten zugängliche Hypertext-Werkzeug und hat praktisch den Status von Public Domain Software. Diese Vertriebsphilosophie hat HYPER-CARD zu einem de facto Standard für Hypertext-Werkzeuge gemacht, und dies obwohl es sich nicht ganz an die Richtlinien der *Macintosh User Interface Guidelines* hält (z.B. mehrfache Fenster nicht unterstützt).

Von der Software-Design-Philosophie her ist HYPERCARD ein Alleskönner, d.h. seine Textverarbeitungs-, Grafik-, Animations- und Datenbankfunktionen sind recht beschränkt und den jeweiligen Spezialapplikationen deutlich unterlegen. In HYPERCARD lassen sich externe Peripheriegeräte wie CD-ROM-Spieler und interaktiver Bildplattenspieler problemlos ansteuern, was für den Unterrichtseinsatz besonders attraktiv ist. HYPERCARDs fein abgestufter Übergang der Benützerstufen (Leser–Autor–Programmierer) lässt sich schön auf die an der Unterrichtssituation beteiligten Personen abbilden (Schüler–Lehrer–Unterrichtssoftwareprogrammierer). Die Beschränkung der Knoten auf eine Bildschirm-Seite erfordert eine sorgfältige Strukturierung des Materials durch den Autor, da der beschränkte Platz zu Konzeptbrüchen (Zerstückelung auf zu viele Karten oder Gebrauch von Scrolling Fields) verleitet.

HYPERCARD ist stark bildschirmorientiert und bietet daher nur schwache Druckmöglichkeiten. Es ist nicht echt mehrbenutzerfähig und unterstützt daher weder persönliche Annotationen und individuelle Links noch elektronische Kommunikation. Es bietet nur wenige Navigationshilfen: Der Schüler kann zwar seinen Weg durch den Hypertext zurückverfolgen oder sich die 42 zuletzt besuchten Knoten anschauen, verfügt aber nicht über einen automatisch erzeugten grafischen Browser (Map) oder über sogenannte Fisheye-Views.

Die Programmiersprache Hypertalk ist für Programmierer und Autor leicht verständlich und leicht zu erlernen. Sie liefert generell aussagekräftige Fehlermeldungen. Hypertalk ist jedoch von seinem Aufbau her nicht wirklich objektorientiert (nur beschränkte Vererbung, keine Hierarchie von Backgrounds oder anderen Objekt-Klassen, Variabeln entweder sehr lokal oder sehr global).

HYPERCARD ist nicht portabel und in seiner Stabilität nicht über alle Zweifel erhaben. Viele der Einschränkungen und Nachteile von HYPERCARD lassen sich durch die Erweiterung mit in PASCAL oder C geschriebenen XFCNs und XCMDs weitgehend beseitigen (z.B. Kreation eigener Menüs), was natürlich die Komplexität der Software erhöht und höhere Anforderungen an Programmierer und Autor stellt.

3.2. PLUS (Macintosh und MS-DOS)

Ein grosser Vorteil von PLUS gegenüber HYPERCARD ist seine Portabilität zwischen Macintosh-Computern und IBM-PC-kompatiblen Computern unter OS/2 Presentation Manager oder MS-DOS MS-Windows.

Im Gegensatz zu HYPERCARD unterstützt PLUS Farbe (Speicherbedarf für Farbe $\geq$ 2 MB RAM). Die Textfelder in PLUS gestatten die Verwendung verschiedener Schrifttypen, und sogenannte Datenbank-Felder ermöglichen die Kontrolle des Formats eingegebener Daten. Grafische Objekte können in PLUS mit Scripts versehen werden, und HYPERCARD-Stacks können importiert werden. Wie in HYPERCARD kann auch in PLUS zu gleicher Zeit nur ein Fenster offen sein, dieses ist jedoch nicht auf die Grösse des Bildschirms beschränkt und kann einer der 7 Fenstertypen des Apple-Desktops sein. Plus-Stacks können mit einer Runtime-Version verbreitet werden. PLUS stellt keinen automatisch erzeugten grafischen Browser zur Verfügung. Die Software enthält noch zu viele Fehler, und die Dokumentation ist ungenügend.

3.3. SUPERCARD 1.0 (Macintosh)

SUPERCARD bietet bessere Textverarbeitung, Grafik und Animation als HYPERCARD und unterstützt Farbe (Speicherbedarf $\geq$ 1,5 MB RAM für Farbe). Ähnlich wie SUPERPAINT erlaubt SUPERCARD Grafik im Paint- und im Draw-Modus. Buttons können eine beliebige Form haben, und Draw-Objekte können mit Scripts versehen werden. In SUPERCARD können mehrere Fenster gleichzeitig offen sein. Wie HYPERCARD und PLUS stellt auch SUPERCARD keinen automatisch erzeugten grafischen Browser zur Verfügung. Die Dokumentation zu SUPERCARD ist knapp genügend, es sind aber schon einige SUPERCARD-Handbücher auf dem Markt, z.B. [Michel 89].

SUPERCARD hält sich an die *Macintosh User Interface Guidelines*: Es unterstützt sowohl die verschiedenen Arten von Fenstern des Apple-Desktops als auch die Bildung eigener Menüs, was für Unterrichtszwecke ein Vorteil ist. Mit SUPERCARD lassen sich somit echte Macintosh-Standalone-Applikationen entwickeln, die mit einem Doppelklick zu starten sind und denen man nicht mehr ansieht, dass sie mit SUPERCARD entwickelt worden sind. Dies bringt zwar für jedes Projekt einen Speichermehrbedarf von ~300 KB, heisst aber, dass der Benutzer dieser Unterrichtsprogramme SUPERCARD selbst nicht zu kaufen braucht.

Die Software-Entwicklungsphase unterscheidet sich grundsätzlich von derjenigen in HYPERCARD: In HYPERCARD finden Entwicklung und Benützung der Stacks in derselben Umgebung statt, SUPERCARD-Projekte werden in SuperEdit entwickelt (SuperEdit kann HYPERCARD-Stacks importieren). Der Editor ist nicht-modal, d.h. die Scripts verschiedener Objekte können gleichzeitig bearbeitet werden. Da die Scripts der Objekte im Editor deaktiviert sind, können sie in SuperEdit nicht getestet werden. Projekte können also nur in SUPERCARD selbst ausgeführt und benützt werden.

Die vielen Vorteile, die SUPERCARD gegenüber HYPERCARD bietet, bringen leider eine erhöhte Komplexität mit sich. So ist es für Autor und Programmierer vergleichsweise schwierig zu erlernen, und die Aufteilung in Editor und Interpreter verlangt ein eher umständliches Hin- und Herwechseln während der Entwicklungsphase. Die Tatsache, dass SUPERCARD im Gegensatz zu HYPERCARD die Möglichkeiten der grösseren Macintosh-Computer ausnützt (Farbe, beliebige Knotengrösse), zwingt Programmierer und Autor, im Auge zu behalten, auf was für Maschinen die Unterrichtsprogramme schliesslich benutzt werden. Unter Umständen muss man sich doch auf Knoten der Grösse des kleinen Macintosh-Bildschirms beschränken oder für die verschiedenen Maschinen unterschiedliche Versionen eines Unterrichtsprogrammes entwickeln.

3.4. GUIDE 2.0 (Macintosh und MS-DOS)

GUIDE ist portabel und stellt zudem relativ bescheidene Hardware-Anforderungen: Auf der Macintosh-Seite genügen 512 KB RAM, auf AT- oder PS/2-Computern läuft es unter Microsoft Windows ($\geq$ 640 KB RAM).

In GUIDE können mehrere Fenster beliebiger Grösse gleichzeitig offen sein. Es unterstützt sowohl Farbe als auch Objekt- und Pixelgrafik. Die Multimedia-Fähigkeit von GUIDE beschränkt sich auf Text und Grafik (keine Animation), aber externe Peripheriegeräte wie CD-ROM-Laufwerk und interaktiver Bildplattenspieler können problemlos angesteuert werden. Auch GUIDE stellt keinen automatisch generierten grafischen Browser zur Verfügung. Mit der Applikation GUIDE ENVELOPE können Standalone-Applikationen erstellt und verbreitet werden.

GUIDE unterstützt nur vier Typen von Links (Replacements, Notes, References, Commands), es bietet keine Programmiermöglichkeiten in der Art von Hypertalk, höchstens in der Art von XCMDs. Somit schränkt GUIDE zwar im Vergleich zu HYPERCARD die Möglichkeiten des Entwicklers in Sachen Benützeroberflächen-Design stark ein, verhindert aber auch weitgehend Verletzungen der *Macintosh User Interface Guidelines* [Ragland 88].

3.5. LINKWAY 1.0 (MS-DOS)

LINKWAY ist ein menü- und mausgesteuertes Autorensystem, das Text, Grafik (Farbe) und fünf Benutzerstufen unterstützt. Mit dem PS/2 Speech Adapter aufgezeichnete Sprache kann eingebunden werden, und die Steuerung von Laserbildplatte und CD-ROM-Laufwerk ist möglich. LINKWAY stellt bescheidene Hardware-Anforderungen, die Minimalkonfiguration ist eine Maschine mit Diskettenlaufwerk, $\geq$ 384 KB RAM und

einer Maus. Es kommt mit wenig Arbeitsspeicher aus, da die Grafik separat in Bild-
dateien abgespeichert wird und nur bei Bedarf von dort geholt wird. Dies macht LINK-
WAY aber auch eher langsam. LINKWAY ist zwar nicht so billig wie HYPERCARD, aber es
werden günstige Schulpakete (12 Lizenzen) und Pakete für lokale Netzwerke (für bis zu
50 Maschinen) angeboten. LINKWAY ist wie GUIDE eher starr, kann aber mit in PASCAL,
C, BASIC usw. geschriebenen Subroutinen erweitert werden.

3.6. HYPERTIES (MS-DOS)

HYPERTIES ist an der University of Maryland entstanden und hat in vielem den
Charakter eines Prototyps. Es soll einerseits als praktisches und leicht erlernbares
Werkzeug zum Lesen von Datenbanken mit instruktivem Charakter, z.B. in Museen,
und andererseits als Plattform für die Forschung in Sachen Hypertext-Benützer-
schnittstellen dienen [Conklin 87]. HYPERTIES unterstützt Farbe und kann mit der
Maus, über einen Touch Screen oder die Tastatur bedient werden. Die Laser-
bildplatten-Steuerung wird unterstützt. HYPERTIES unterscheidet zwischen einer
Autoren- und einer Leserversion, die Navigation erfolgt via Links oder über einen Index
von Artikeln. HYPERTIES ist zwar einfach zu bedienen, seine Benützeroberfläche be-
friedigt aber dennoch nicht.

3.7. INTERMEDIA 3.0 (A/UX)

INTERMEDIA ist ein Hypertext-Werkzeug, das an der Brown University, Rhode Island,
speziell für den Unterricht entwickelt wurde und von Apple vertrieben wird [Yankelo-
vich 87a, 87b]. INTERMEDIA läuft unter A/UX (Apple Unix) und ist im Gegensatz zu den
bisher besprochenen Werkzeugen in seiner Software-Design-Philosophie nicht ein
Alleskönner, sondern integriert vollwertige Spezialapplikationen unter einer gemeinsamen Oberfläche. Es ermöglicht auf einfachste Weise die Verknüpfung von Dokumenten, die mit den einzelnen Applikationen InterText, InterDraw, InterVal und InterPix
erstellt worden sind. Links sind in INTERMEDIA immer bidirektional. Dokumente, die
mit herkömmlichen Macintosh-Applikationen wie MSWORD, MACDRAW oder MACPAINT
erstellt worden sind, können in INTERMEDIA importiert werden. Es können mehrere
Fenster gleichzeitig offen sein. Dank der A/UX-Plattform ist INTERMEDIA echt mehrbenutzerfähig. Die Dokumentation zu INTERMEDIA ist vergleichsweise gut.

INTERMEDIA basiert auf der relationalen Datenbank INGRES (vgl. dazu auch [Smith 87]).
Die Information über die Verknüpfung der Dokumente wird separat in sogenannten
Webs abgespeichert, somit sind die Links, die z.B. von einem Textdokument ausgehen,
nur sichtbar, wenn ein Web geöffnet ist. Die separate Abspeicherung von Daten und
Verknüpfungen erlaubt es, das gleiche Material in verschiedenen Kontexten unter-
schiedlich zu vernetzen. INTERMEDIA bietet echte Navigationshilfe in Form eines gra-

fischen Browsers, welcher die Links, die vom jeweils aktiven Dokument ausgehen, anzeigt. Der Browser wird vom System automatisch erstellt und nachgeführt.

Die vielen Vorteile von INTERMEDIA lassen es auf den ersten Blick als das ideale Hypertext-Werkzeug für den Unterricht erscheinen. Leider weist aber auch INTERMEDIA einige Negativpunkte auf. Es ist ein Hochschul-Prototyp und kein ausgereiftes Produkt. INTERMEDIA hat eine beschränkte Verbreitung, es sind nur wenige Hypertext-Dokumente (INTERMEDIA-Webs) erhältlich. Die Multimedia-Fähigkeit (z.B. Video) ist in INTERMEDIA erst geplant. INTERMEDIA ist ein abgeschlossenes System, sein Source Code ist nicht verfügbar, und es kann nicht erweitert und programmiert werden. Die Autoren von INTERMEDIA-Webs sind somit auf die angebotenen Spezialapplikationen angewiesen und können Mängel, z.B. bei der Animation, nicht wie in HYPERCARD mit XCMDs und XFCNs wettmachen.

A/UX-System-Installation und -System-Betreuung sind zwar im Vergleich zu anderen Unix-Systemen bedienerfreundlich verwirklicht, und A/UX-Version 2.0 soll das noch weiter verbessern. Aber im Vergleich zum Macintosh-Betriebssystem ist A/UX – entsprechend der höheren Funktionalität – dennoch gross und schwerfällig. Die Anforderungen an das fachliche Wissen des Systembetreuers und sein Zeitaufwand sind deutlich höher.

Aufgrund ihrer Mächtigkeit stellen INTERMEDIA und A/UX hohe Hardware-Anforderungen: Eine Netzwerkinstallation erfordert einen Server (mindestens Macintosh II), der unter A/UX läuft und zumindest 4 MB RAM hat. Neben dem A/UX muss der Server 40-80 MB Festplattenspeicherplatz haben für die Speicherung von Dokumenten und Linkdaten. Jede Client-Maschine (mindestens Macintosh II) muss 4 MB RAM haben, und Server und Clients brauchen je eine EtherTalk-Karte. Dazu kommen noch die Kosten für eine A/UX-Lizenz für jede Maschine und die Ethernet-Installation.

3.8. NOTECARDS

NOTECARDS entstand am Xerox Palo Alto Research Center, es ist nur schwer erhältlich und daher als Prototyp zu klassifizieren. Es ist in die Xerox Lisp Programmierumgebung eingebettet, stellt einen automatisch generierten grafischen Browser zur Verfügung und ist echt mehrbenutzerfähig. Vom Konzept her bestehen gewisse Parallelen zu INTERMEDIA, NOTECARDS wurde aber nicht speziell für den Unterrichtseinsatz entwickelt, sondern als allgemeine Umgebung zur Verarbeitung von Information und Ideen [Halasz 87, 88].

4. Das ideale Hypertext-System für den Unterricht – Ausblick

Für den Unterricht brauchen wir ein Hypertext-System, das alle Vorteile von HYPER-CARD mit den Vorteilen der anderen erwähnten Systeme verbindet oder noch darüber hinausgeht. – HYPERCARD, einfach noch besser!

Mehr oder weniger interessante Prototypen gibt es genug; für den breiten Einsatz im Unterricht brauchen wir ein Produkt!

Viele Anwender (potentielle Autoren & Benützer) im Bildungsbereich sind nur als Anwender qualifiziert und interessiert; das Design eines neuen Hypertext-Produktes für den Unterricht muss das berücksichtigen.

Ist es in erster Linie ein Entwicklungs- oder ein Marketing- und Vertriebs-Problem, zu diesem Produkt zu kommen?!

5. Literatur

[Apple 87]
Apple Computer Inc.: *Human Interface Guidelines: The Apple Desktop Interface.* Reading, Mass.: Addison-Wesley, 1987.

[Catlin 89]
Catlin, Timothy, Paulette Bush und Nicole Yankelovich: *InterNote: Extending a Hypermedia Framework to Support Annotative Collaboration.* In: Hypertext '89 Proceedings. Pittsburgh, Pennsylvania, Nov. 5-8, 1989, S. 365-378.

[Conklin 87]
Conklin, Jeff: *Hypertext: An Introduction and Survey.* Computer, Vol. 20, No. 9, September 1987, S. 17-41.

[Frey 89]
Frey, Karl, Angela Frey-Eiling und Elvira Landolt-Marazzi: *Allgemeine Didaktik.* Arbeitsunterlagen zur Vorlesung. Zürich: vdf Verlag der Fachvereine, 1989 (3. Aufl.) Kap. 17, S. 13.

[Halasz 87]
Halasz, Frank G., Thomas P. Moran und Randall H. Trigg: *NoteCards in a Nutshell.* In: Proceedings of the 1987 ACM Conference of Human Factors in Computer Systems (CHI+GI '87). Toronto, Ontario, Apr. 5-9, 1987, S. 45-52.

[Halasz 88]
Halasz, Frank G.: *Reflections on NoteCards: Seven Issues for the Next Generation of Hypermedia Systems.* Communications of the ACM, Vol. 31, No. 7, July 1988, S. 836-852.

[Meyrowitz 89]
Meyrowitz, Norman: *The Missing Link: Why We're All Doing Hypertext Wrong*. In: Barrett, Edward (Ed.): The Society of Text. Hypertext, Hypermedia, and the Social Construction of Information. Cambridge, Mass.: MIT, 1989.

[Michel 89]
Michel, Steve: *Steve Michel's SuperCard Handbook*. Berkeley CA: Osborne McGraw-Hill, 1989.

[Ragland 88]
Ragland, Craig: *Guide 2.0 and HyperCard 1.1: Choices for Hypermedia Developers*. HYPERAGE, May-June 1988, S. 49-56.

[Smith 87]
Smith, Karen E. und Stanley B. Zdonik: *Intermedia: A Case Study of the Differences Between Relational and Object-Oriented Database Systems*. OOPSLA '87 Proceedings. Orlando, Florida, Oct. 4-8 1987, S. 452-465.

[Thomae 80]
Thomae, Hans: *Motivation*. In: Roland Ansanger und Gerd Wenninger (Hrsg.): Handwörterbuch der Psychologie. Basel: Beltz 1980, S. 294-298.

[Ventura 90]
Andrea Ventura: *Benützerorientierter Entwurf von Hypertexten*. Beitrag zu dieser Tagung.

[Yankelovich 87a]
Yankelovich, Nicole, George P. Landow und David Cody: *Creating Hypermedia Materials for English Literature Students*. SIGCUE, Outlook, Spring/Summer 1987, S. 12-25.

[Yankelovich 87b]
Yankelovich, Nicole, George P. Landow und Peter Heywood: *Designing Hypermedia 'Ideabases' – The Intermedia Experience*. Iris Technical Report 87-4, Institute for Research in Information and Scholarship, Brown University, Providence, RI, 1987.

Ausbildung mit Hypertext/Hypermedia-Systemen

Martin Nagler
Universität Erlangen-Nürnberg
IMMD VI - Lehrstuhl für Datenbanksysteme
Martensstr. 3, 8520 Erlangen

HyperCard/Hypermediasysteme/Hypertext

Das Schlagwort Hypertext sorgt in jüngster Zeit im Bereich der Ausbildung/Lehre für Furore. Endlich soll ein Medium existieren, mit dessen Hilfe eine orginalgetreue Darstellung assoziativ verknüpfter Wissensinhalte möglich ist. Am Lehrstuhl für Datenbanksysteme wurde auf der Basis von HyperCard (Apple Macintosh) ein Lehrsystem für eine Hauptstudiumsvorlesung mit dem Ziel geschaffen, eine vollständige Verknüpfung aller Wissensinhalte zu erzielen. Ein wesentliches Ergebnis dieses Projektes war die Erkenntnis, daß man nicht einfach die Struktur der bisherigen Darstellungsmittel übernehmen darf, sondern vor der Implementierung eine Neustrukturierung des Lehrstoffes notwendig ist. Aus unseren bisherigen Erfahrungen bietet das neu geschaffene System die Möglichkeit einer neuen Veranstaltungsform, der "Meta-Vorlesung". Der Dozent klärt mit Unterstützung des Hypermediasystems die Studenten nur über die wichtigsten Sachfragen und über die fundamentalen logischen Zusammenhänge auf. Der Student kann anschließend mit demselben System in eigenständigem interaktiven Selbststudium die Vorlesung nacharbeiten. Diese Methode ist jedoch nur sinnvoll, wenn das Lehrsystem abwechslungsreich ist und sich nicht in der Präsentation von Langtexten erschöpft. Im Rahmen dieses Vortrages soll über die bisherigen Ergebnisse und Erfahrungen mit einem Lehrssystem basierend auf Hypertext/Hypermedia berichtet werden.

Zielsetzung des Ausbildungssystems

Der Lehrstoff der Vorlesung umfaßt ein komplexes Gebiet (Architektur und Implementierung von Datenbanksystemen), das aus Teilgebieten besteht, die stark miteinander verknüpft sind. Man besitzt Schwierigkeiten , einen Einstieg in die komplexe Thematik zu finden. Ziel des Systems war es, ausgehend von überblicksartigen Darstellungen die einzelnen Teilbereiche detailliert zu erklären, wobei zunächst auf folgende Punkte besonderer Wert gelegt wurde:

- Darstellung der wechselseitigen Abhängigkeiten durch assoziative Verknüpfungen
- Erläuterung von schwierigen Sachverhalten und Algorithmen anhand kleiner Animationen
- Möglichkeit des sequentiellen Lesens
- Vollständiges Schlagwortverzeichnis für Basisbegriffe

Gestaltungsgesetze für Hypertextsysteme

Hypertextsysteme bergen die Gefahr in sich, daß man zuviele Verknüpfungen und Freiheitsgrade anbietet, so daß der Benutzer mehr oder weniger schnell den Überblick und die Orientierung verliert. Um dies zu vermeiden, sollte man bei der Konstruktion von Hypertextsystemen unbedingt die Gestaltgesetze der Wahrnehmungstheorie berücksichtigen. Folgende Gesetze kann man unterscheiden:

- Gesetz der Nähe
- Gesetz der Gleichartigkeit
- (- Gesetz der guten Gestalt)
- (- Gesetz des glatten Verlaufs)

Bei der Konzeption des Lehrsystems wurde zunächst der Lehrstoff analysiert und gemäß dem Gesetz der Nähe in kleine, logisch zusammengehörige Einheiten unterteilt. Die Einheiten dürfen dabei nicht zu sehr in ihrem Umfang variieren (Gesetz der Gleichartigkeit). Falls im "Hypertextmodus" mit dem System gearbeitet wird, kann man nicht durch sequentielles Lesen von einer Einheit zur nächsten gelangen, sondern nur über die geschachtelten Inhaltsverzeichnisse oder über assoziative Verknüpfungen. Bei der Implementierung der Animationen (z.Zt. 25 Animationen) wurden die Gestaltgesetze ebenfalls beachtet

Klassifikation der Wegespeicherung

Trotz der Beachtung der Gestaltgesetze besteht weiterhin die Gefahr, daß der Benutzer die Orientierung verliert (Hyperlabyrinth). Man muß deswegen Möglichkeiten anbieten, den eingeschlagenen Weg zurückzuverfolgen (wobei entsprechende Abkürzungen unterstützt werden müssen), beziehungsweise zu definierten Ausgangspunkten zurückzukehren.

Man kann grundsätzlich folgende Möglichkeiten unterscheiden:

- Der Benutzer ist selbst für die Aufzeichnung des eingeschlagenen Weges verantwortlich. (Gefahr der Vergeßlichkeit)
- Das System zeichnet den Weg auf. Die Gefahr bei dieser Lösung ist die nicht vorhandene Flexibilität. Im Extremfall werden entweder alle Schritte aufgezeichnet oder es wird ein zu grobes Raster mitgeführt.
- System und Benutzer wechseln sich ab. Dem Benutzer wird ein Hilfsmittel zur expliziten Aufzeichnung des Pfads zur Verfügung gestellt, mit dessen Hilfe er bestimmte Karten aufzeichnen beziehungsweise abrufen kann. Darüber hinaus stellt das System implizite Aufzeichnung zur Verfügung, falls in ein bestimmtes Hauptthemengebiet hineingesprungen wird.

Wir haben uns für die dritte Variante entschieden. Der Stoff wurde zunächst gemäß dem Gesetz der Nähe in logische Einheiten zusammengefaßt. Navigiert der Nutzer innerhalb einer Einheit, ist er selbst für die Speicherung des Weges verantwortlich. Springt er von einer Einheit zu einer anderen, speichert das System automatisch den Pfad ab. Durch wiederholtes Betätigen eines Buttons kann der Benutzer den abgespeicherten Weg zurückverfolgen.

Spurensicherung

Systeme zur Ausbildung sind auf das Feedback des Benutzers angewiesen. Folgende Hilfsmittel stehen zur Verfügung:

- explizite Abfrage des Benutzers (Frage und Antwortspiel)
- implizites Erfassen des Benutzers (darunter versteht man das Aufzeichnen der "Spur" des Benutzers).

In unserem System wird der Weg des Benutzers implizit erfaßt. Diese Entscheidung beruht auf der Vorgabe, daß das System zur Unterstützung einer Vorlesung und zur Rekapitulation des Stoffes dient und deshalb auf reine Wissensabfragen verzichtet wurde. Um trotzdem einen Überblick über die Nutzung des Systems zu besitzen, werden die Pfade eines Nutzers in einer Datei abgespeichert und können später durch entsprechende Dienstprogramme analysiert werden. Aufgrund einer solchen Analyse können Änderungen an der Struktur des Systems notwendig werden. Nützlich ist in diesem Zusammenhang eine zusätzliche Kommentierungsmöglichkeit, welche der Benutzer zu jedem Zeitpunkt aufrufen kann und der er seine Schwierigkeiten mit dem System mitteilen kann (z.B. er hat den logischen Zusammenhang nicht verstanden).

Intelligente Benutzerführung

Das System sollte in der Lage sein, abhängig vom eingeschlagenen Weg und sonstigen Informationen, die es durch Lernabfragen vom Benutzer bekommt, dem Benutzer ein seinen Fähigkeiten angepaßtes Lehrsystem anzubieten. Das bedeutet, daß ein Anfänger mit anderem Lehrmaterial konfrontiert wird als ein Experte auf dem Fachgebiet. Die Standardvorgehensweise präsentiert dem Benutzer an einigen Stellen mehrere Fragen und bietet abhängig von der Anzahl der richtig beantworteten Fragen unterschiedliches Lehrmaterial an. In unserem System versuchen wir ein verdecktes Vorgehen. Jeder Button einer Bildschirmseite (Karte) erhält eine Gewichtung. Dabei unterscheiden wir zwischen {sinnvoll, weniger sinnvoll, nicht sinnvoll} Arbeitet der Benutzer mit dem System, werden die Gewichtungsfaktoren der betätigten Buttons aufgezeichnet und einer Bewertungsfunktion unterworfen. Je nachdem, ob bestimmte Schwellwerte überschritten bzw. unterschritten werden, werden bestimmte Pfade gesperrt oder geöffnet bzw. es wird vom Anwender verpflichtend gefordert, ein bestimmtes Kapitel durchzuarbeiten. Diese Methode der Benutzerführung besitzt jedoch ebenfalls mehrere Schwächen:

- Die Festlegung der Bewertungsfunktion mit ihren Schwellwerten ist willkürlich.
- Die Einteilung von Buttons ist gefährlich und berücksichtigt in keiner Weise den vorher eingeschlagenen Weg, von dem es sehr wohl abhängen kann, wie sinnvoll ein bestimmter Pfad sinnvoll werden kann.
- Spielereien des Benutzers mit dem System werden bestraft.

Anpassen an einzelne Benutzer (Customizing)

Beim Nacharbeiten eines beliebigen Lehrstoffes mit den üblichen Methoden wie Skripten und Büchern weiß der Studierende ziemlich genau, welche Bereiche er beherrscht und welche Bereiche er noch nacharbeiten muß. Bei einem Hypertextsystem ist diese Situation nicht gegeben. Durch das wahllose Springen verliert man schnell den Überblick darüber, was man bereits begriffen hat und was noch nachzuholen ist. Aus diesem Grund wird zur Zeit in das System eine Customizingkomponente integriert. Jeder Benutzer muß sich gegenüber dem System anmelden. Jede Karte wird um ein Feld erweitert, welches den "Kenntnisstand" eines bestimmten Nutzers bezüglich dieser Karte wiedergibt. Ein leeres Feld besagt, daß der Benutzer den Inhalt dieser Karte nicht kennt. Ein Punkt in einer Karte zeigt einen geringen, aber noch ausbaubedürftigen Kenntnisstand an, während zwei Punkte das Beherrschen der Karte durch den Benutzer signalisieren. Durch entsprechende Mausklicks ist der Benutzer für dieses Feld selbst verantwortlich (Selbstkontrolle).

Kopplung von mehreren Medien

Der Einsatz von Sprache und belebten Bildern unterstützt die Akzeptanz des Systems. Seitenlange Erklärungstexte langweilen auf Dauer den Benutzer. Den Einsatz von Animationen beziehungsweise gesprochenem Text empfindet der Benutzer als abwechslungsreicher. Nach unseren Erfahrungen entsteht der Eindruck eines angenehmen und interessanten Lehrmediums, das sich eng an konventionelle Lehrmethoden (Frontalunterricht, Diskussion) anlehnt. Im System sind etwa 25 Animationen zu den verschiedensten Gebieten (Schattenspeicher, Sicherungspunkte, etc.) enthalten. Zur Zeit werden etwa 10 weitere Animationen implementiert und in das System integriert.

Zusammenfassung und Ausblick

Die Arbeit am Lehrsystem hat gezeigt, daß man sich im Vorfeld der Realisierung ausführlich mit wahrnehmungspsychologischen Fragen beschäftigen muß, um ein Hypertextsystem zu konstruieren, das nicht nur technische Spielerei, sondern auch vom Benutzer angenommen wird. Für die Realisierung eines Systems sind darüber hinaus Punkte wie die Spurensicherung, Customizing, Wegespeicherung, etc. zu beachten. HyperCard bietet die programmiertechnischen Möglichkeiten, um Systeme zu konstruieren, die dem Ideal von Hypertextsystemen sehr nahe kommen.

Literatur:

/Anderson88/   Anderson, J.R.: Kognitive Psychologie, Heidelberg, 1988

/Apple88/   Apple: HyperCard Script Language Guide, Addison-Wesley, Massachusetts, 1988

/Balzert83/   Balzert, H.(Herausgeber): Software-Ergonomie, Stuttgart, 1983

Das Projekt NESTOR

Martin Richartz
Institut für Telematik
Universität Kaiserslautern

Joachim Schaper
Digital Equipment GmbH, CEC Karlsruhe
D-7500 Karlsruhe 1

Zusammenfassung

Das Digital Equipment CEC Karlsruhe sowie die Universitäten Karlsruhe und Kaiserslautern kooperieren, gemeinsam mit weiteren Institutionen, auf dem Gebiet des computerunterstützten Lernens. Das Gemeinschaftsprojekt mit dem Namen NESTOR (NEtworked Stations for TutORing) beabsichtigt, eine Reihe von integrierten Softwarewerkzeugen zu entwickeln, die Planung, Entwicklung und Ausführung von Courseware in einer Umgebung vernetzter Multimedia-Arbeitsstationen unterstützt.

1. Einleitung

Das Hauptziel von NESTOR [89 DEC] ist die Basis für den Einsatz computerunterstützten Lernens zu erweitern und die dafür benötigte umfassende Autoren- und Lernumgebung zu entwickeln. Die treibenden Motive dabei sind:

- Den Einsatz moderner, effizienterer Technologien für computerbasiertes Lernen zu ermöglichen

- Eine umfassende, integrierte Unterstützung für Autoren sowie Studenten bereitzustellen

- Investitionen in Hardware, Software und Courseware zu schützen

Motiviert durch die aufkommende ökonomisch günstige und breite Verfügbarkeit verteilter Workstations mit Multimediafähigkeit und den allseits steigenden Bedarf an Ausbildung wurde die Entwicklung von NESTOR begonnen. Der steigende Ausbildungsbedarf läßt sich in allen Bereichen verfolgen: In der Industrie werden Innovationszyklen immer kürzer, die Komplexität des Stoffes immer größer, so daß der Einsatz dezentraler Ausbildung mit der erwähnten Technologie als der einzige ökonomische Ausweg erscheint. Ähnliches läßt sich über die akademische Ausbildung sagen, wo zudem in vielen Bereichen heute unzureichende Dozenten/Studenten Zahlenverhältnisse zu beklagen sind; und schließlich sind auch in den Schulen die Auswirkungen der Wissensexplosion und der Einfluß moderner Technologien zu spüren. Die zunehmende Spezialisierung von Expertenwissen erfordert Lösungen zur dezentralen kooperativen Wissensakquisition.

Daraus ergeben sich nun fast schon zwangsläufig einige Anforderungen an eine umfassende Lern- und Autorenumgebung:

- Verteilte Umgebung für

    -- kooperatives Schreiben/Erstellen von Kursen

    -- kooperatives Lernen (das verteilte Klassenzimmer)

    -- Fernstudium, dezentrales Lernen

- Umfassende Autorenunterstützung, und dies ist nach unserem Verständnis weit mehr als die

Implementierung eines computergestützten Kurses. Es ist nötig, den Autorenprozeß von der Planung über Analyse und Entwurf bis hin zu Implementierung und Ausführung durch Studenten zu unterstützen.

- Der Einsatz von Hypermedia als eine Basis-Technologie ergeben für NESTOR die Rolle einer umfassenden, integrierten Informationsumgebung für alle seine Benutzer. Dazu ist es nötig, daß die Rollen von Autoren/Lehrern und Studenten/Schülern nicht strikt getrennt werden. Einmal verwendet der Student Autorenwerkzeuge um seine privaten Annotationen zu erstellen, zum andren kann er auch, vor allem in akademischer Umgebung, sehr schnell in die Autorenrolle geraten, indem er neue Informationsteile in das System einbringt.

- Das System soll ein Konzept zur Trennung von Sachwissen und Lehrstrategie (instructional strategy) bieten, um einerseits die kooperative Entwicklung von Kursen durch Fachexperten und Lehrexperten (instructional designers) zu ermöglichen und andererseits die Wiederverwendung von Fachwissen unter anderen Lehrstrategien zu ermöglichen.

- Als vorweggenommene Entwurfsentscheidung soll NESTOR einen einheitlichen Objektbegriff verwenden, konsistent in der Begriffswelt der Benutzer und in der Implementierung des Systems. Niemand soll mehr den für die Wissensvermittlung überkommenen Begriff *Datei* verwenden müssen.

- Nach Erfahrungen unserer Instructional Designer beträgt der Aufwand für 1 Stunde CBT zwischen 100 und 500 Arbeitsstunden.

2. NESTOR Architektur

Um eine Basis für die oben eingeführten Anforderungen an NESTOR zu erstellen, wurde eine dreischichtige Architektur entworfen, deren einzelne Schichten sich kurz charakterisieren lassen:

- Educational PLATFORM für Autoren und Studenten. Sie stellt Autorenprozesse, Lehrstrategien, Kurs- und Projektgerüste, Kursbausteine zur Verfügung, die allerdings durch die Benutzer änder- und erweiterbar sind.

- PLATFORM, die die wesentlichen Konzepte und Werkzeuge für die Implementierung von Autorenprozessen, Lehrstrategien, Kursgerüsten, Kursbausteinen bereitstellt.

- BASESYSTEM, das die technische Unterstützung für die Verwirklichung der durch die oberen Schichten genannten Konzepte bereitstellt. Sie stellt eine virtuelle Maschine dar, die alle von den Werkzeugen der oberen Schichten benötigten Operationen zur Verfügung stellt. Die obere, integrierende Abstraktion, unter der sich die Details des Basis-Systems verbergen heißt NICE, und stellt somit eine klare Schnittstelle zur Platform dar.

Die gesamte Architektur geht aus Abbildung 1 hervor, sie wird in den folgenden Abschnitten weiter detailliert.

Das Hypertext/Hypermedia Konzept, insbesondere wenn es mit dem objekt-orientierten Ansatz verbunden wird, wird als besonders geeignet zur Aufbereitung, Darstellung und Vermittlung von Wissen angesehen. Es haben sich aber mittlerweile einige Schwächen dieses Konzeptes herausgestellt, von denen uns diese besonders betreffen:

- Das Problem des *Orientierungsverlusts* eines Benutzers (typischerweise eines Studenten) und der damit einhergehenden Ablenkungsgefahr. Das reine assoziative Paradigma, wie es durch Bush und Nelson eingeführt wurde und in bekannten Implementierungen umgesetzt wurde, bietet diesbezüglich keine Unterstützung.

- Dem Hypertext-Konzept fehlt eine weitergehende Autorenunterstützung, so daß sich der Bedarf für zusätzliche Konzepte ergibt.

Das war der Ausgangspunkt für die oberen Schichten von NESTOR. In der PLATFORM wird das objekt-orientierte Hypermedia Konzept mit dem Konzept der *PreScript*'s verbunden und die entsprechenden Werkzeuge bereitgestellt. Sie stellt das Gerüst für die Erstellung von *PreScripts* für verschiedene Autorenprozesse, Lehrstrategien usw. dar.

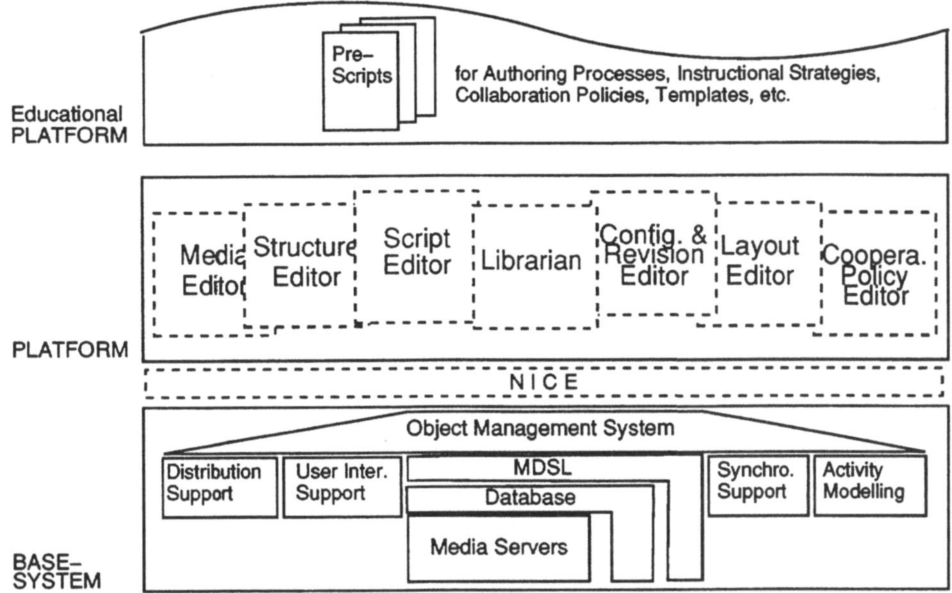

Abb.: 1   *NESTOR System Architektur*

2.1 PreScripts

Der Ansatz, mit dem die oben geschilderten Probleme des reinen Hypermedia-Konzepts angegangen werden, hat den Namen *PreScript*. Er setzt auf dem von dem Basissystem bereitgestellten objekt-orientierten Hypermedia-System auf. Im wesentlichen kommen die folgenden drei Komponenten hinzu:

- *Generische Netze*
  Alle NESTOR-Benutzer, insbesondere solche in der Autorenrolle, erzeugen oder erweitern Hypermedia-Dokumente. Generische Netze helfen, ein konsistentes und vollständiges Hypermedia-Dokument zu verfassen. Sie können die Rückgrat-Struktur von Dokumenten, einen Autorenprozeß oder aber das Gerüst für eine Lehrstrategie (Instructional Strategy) darstellen.
  Generische Objekte definieren die Typen und Verbindungen von Objekten, die zu einem Hypermedia-Dokument gehören. Insofern kann man in ihnen so etwas wie die 'Syntax' für Hypermedia Dokumente sehen. Das Arbeiten unter Führung eines generischen Netzes hat Ähnlichkeiten mit dem Arbeiten in einem syntaxgesteuerten Editor.

- *Regeln*
  Sie dienen im wesentlichen zwei Zwecken. Einmal werden sie eingesetzt um dynamisch, d.h. abhängig vom Ausführungszustand, die Integrität eines Hypermedia-Dokuments prüfen zu können. Zum anderen dienen Sie der Festlegung von Navigationsregeln.
  Beispiel: Es kann die Verfolgbarkeit eines Links von der Bedingung abhängig gemacht werden: "Es sind mindestens 70% der Kurseinheiten des aktuellen Moduls erfolgreich absolviert worden"

- *Prozeduren*

  Schließlich finden wir Prozeduren, wie sie im imperativen Paradigma verwendet werden. Sie können Links oder Knoten im Hypermedia-Dokument zugeordnet werden und werden entsprechend bei der Link-Verfolgung oder beim Knotenbesuch ausgeführt. Diese Komponente ist weniger für den täglichen Gebrauch durch Autoren gedacht, sondern bietet vielmehr die Möglichkeit zu weitgehender Anpassung des Systems, da es zunächst hauptsächlich experimentell eingesetzt werden wird.

2.2 PLATFORM und Educational PLATFORM

In der PLATFORM sind nun alle Werkzeuge für den Umgang mit Hypermedia und PreScripts zusammengefaßt. Zum einen finden sich hier alle Werkzeuge für den Umgang mit den verschiedenen Medientypen. Zu diesen gehören Text-, Dokumenten-, Grafik-, Video- und Audioeditoren. Der *Layout Editor* erlaubt das Zusammenfügen von mehreren Medieneinheiten in einem einheitlichen Layout. Mit ihm ist es ebenso möglich, generische Layouts zu erstellen, die dann beim Abruf von Medieneinheiten automatisch zugeordnet werden. Ein *Configuration and Revision Editor* genanntes Werkzeug ist für die Versionenverwaltung und die Erstellung von 'versendbaren' Kurseinheiten verantwortlich.

Der *Cooperation Policy Editor* ermöglicht die Festlegung von Rollen und Rechten in Kooperations-Szenarios wie etwa Tutor-Funktionen etc.

Der *Script Editor* ist das Werkzeug, mit dem die vorgestellten PreScripts erstellt werden; der *Structure Editor* stellt ganz allgemein die Funktionen zum Erstellen und Ändern von Knoten und Links in Hypermedia-Dokumenten zur Verfügung.

Ein zentrales Werkzeug ist der Librarian. Er kann in mehreren Instanzen auftreten, eine jede einen anderen *View* präsentierend. Er ist das Retrieval-Werkzeug für Hypermedia-Dokumente. Dabei wird durch Visualisierung der Hypertext-Netze die Orientierung unterstützt, ebenfalls durch Pfad-Aufzeichnung und der Möglichkeit, den kompletten Ausführungszustand über die Grenzen von Sitzungen hinweg aufzubewahren. Außerdem sind in gewissem Umfang SQL-Anfragen auf den Hypertexten möglich.

Wesentlich an allen Werkzeugen ist, daß sie als weitgehend als grafische Werkzeuge realisiert sind. Somit werden Autoren weitestgehend von der Pflicht, in klassischer Weise zu programmieren, entbunden.

Die Educational PLATFORM faßt eine Menge von vorgefertigten Hypermedia-Dokumenten und PreScripts zusammen und stellt gleichzeitig die Ebene für die Anpassung (Customization) von NESTOR dar. Von *Instructional Designern* werden PreScripts für standardisierte Autorenprozesse, Kursschablonen und Lehrstrategien geschrieben. Bei Bedarf können diese den jeweiligen Bedürfnissen angepaßt oder auch völlig neu geschrieben werden.

2.3 BASESYSTEM

Das BASESYSTEM besteht aus aus 6 Hauptbestandteilen. Eine Datenbankkomponente stellt die Operationen für multimediale Daten wie Text, Bild, Video, Audio und Graphik zur Verfügung. Sie setzt sich aus Servern, die medienspezifische Eigenschaften implementieren, einer relationalen Datenbank (RDB), die die Modellierung der einzelnen Medien übernimmt und einer integrierenden *multimedia-data-storage-layer*, die eine objekt-orientierte Sichtweise auf alle Medien gestattet, zusammen.

Eine Synchronisationskomponente sorgt für die synchrone Verarbeitung von Multimedia Daten zum Präsentationszeitpunkt und stellt diejenige Funktionalität zur Verfügung, die die Eigenschaften der einzelnen Medientypen bzgl. des Zeitverhaltens charakterisieren.

Die Benutzerschnittstelle wird durch eine zentrale Serverkomponente realisiert, an die die jeweiligen Anwendungen ihre Anforderungen weiterleiten. Hierdurch wird eine weitgehende Entkopplung der Applikationsspezifischen Teile von der Funktionalität, die die Benutzerschnittstelle (Menus, Dialogboxen, Graphbrowser ...) implementiert, erreicht. Das unterliegende Fenstersystem ist X-Windows [Jones 89]. Die eigentlichen Aktivitäten eines Benutzers im System (z.B. Auswahl einer Operation in einem Werkzeug) werden durch die Komponente *Activity Modelling* aufgezeichnet und auf ihre Ausführbarkeit geprüft bevor die eigentliche Systemaktion gestartet wird. Hierdurch wird es zum Beispiel, möglich den Benutzer durch kontextsensitive Hilfe in der Bedienung des Systems zu unterstützen oder typische Aktionsmuster durch *prefetch*-Techniken in der Verarbeitungsgeschwindigkeit zu verbessern.

Da die Hardware-Basis bereits von einer verteilten Umgebung ausgeht, werden in einem Modul (*Distribution Support*) Operationen zur Verfügung gestellt, die das Verteilen von Funktionalität in einer transparenten Weise ermöglichen.

Ein *Object-Management-System* sorgt für die uniforme Repräsentation aller Objekte im BASESYSTEM zur Laufzeit des Systems. Es gewährleistet ein für den Benutzer transparentes Verhalten des Systems, d.h. die Erzeugung oder Modifikation von Objekten im System wird auf die darunterliegenden Schichten abgebildet, so daß der Benutzer den Eindruck eines persistenten Systems erhält.

2.4 NICE

Die Erstellung von computergestützten Kursen in Bezug auf Mensch- und Maschinenresourcen ist im allgemeinen sehr aufwendig. Hieraus resultiert der Wunsch, die erstellten Kurse in einem Format abzulegen, das es erlaubt Teile aus einem Kurs wieder zu verwenden, zu modifizieren oder neue Teile hinzu zu fügen. Da der Komplexitätsgrad von *courseware* auf Grund der stark geschachtelten und vernetzten Strukturen sehr hoch ist, und zusätzlich die Strukturen selbst aktive Komponenten (z.B. Synchronisations-, Präsentationsinformation) enthalten, wurde eine vollständige objekt-orientierte Programmiersprache (NICE) als Repräsentations- und Austauschbasis gewählt. NICE ist in seinen Konzepten an Smalltalk-80 [84 Gold] angelehnt und verfügt in den wesentlichen Konzepten über Klassen, Instanzen und benutzt Einfachvererbung als Abstraktionsmechanismus. Jegliche Daten und Operationen im BASESYSTEM besitzen einen Stellvertreter in NICE und zur Laufzeit werden von NICE aus die entsprechenden Operationen in BASESYSTEM ausgelöst. Die Autoren-Werkzeuge in NESTOR werden entweder in NICE selbst programmiert oder benutzen NICE Aufrufe um Objekte des BASESYSTEMs zu manipulieren. NICE hat Repräsentationen sowohl für Standarddatenklassen wie String, Character, Array, Dictionary als auch kursspezifische Klassen wie Goal, Objective, Instructional Strategy, CourseUnit, Course, Question, Answer etc.

3. Ausblick

Die laufenden Aktivitäten in NESTOR konzentrieren sich im Moment auf die Implementierung eines Prototyps, um die Tragfähigkeit der Vorgestellten Konzepte zu belegen. Dieser erste von einer Reihe von Prototypen wird im Lauf des Sommers 1990 fertiggestellt werden und soll bereits einige Beispiel-Kurse enthalten. Beispiele mindestens zweier Kurstypen sollen implementiert werden. (Benutzung einer DECwindows Anwendung und *Exploratory HyperMedia*)

4. Literatur

[89 DEC]   *NESTOR Requirements and Architecture*, The NESTOR group, Digital Equipment Cor. Internal Report DEC-TR 653

[90 Dürr]   *A Data Scheme Approach To Multimedia DBS Architecture*, M.Dürr, S.Lang, Submitted to International Conference on Multimedia Information Systems, Singapur Jan.1991

[84 Gold]   *Smalltalk-80 - The Language and its Implementation*, A.Goldberg, D.Robson, Addison Wesley

[89 Jones]   *Introduction to the X-Window System*, Oliver Jones, Prentice Hall 1989

HERMES
Botschafter eines neuen Ausbildungskonzeptes für die Betriebswirtschaftslehre

Eric Schoop

Lehrstuhl für Betriebswirtschaftslehre und Wirtschaftsinformatik,
Rainer Thome, Universität Würzburg, Sanderring 2, 8700 Würzburg

Zusammenfassung

Die Ausbildungssituation im Fach Betriebswirtschaftslehre an den bundesdeutschen Hochschulen ist durch zunehmende Überlast gekennzeichnet. Ständig steigende Studentenzahlen bei nahezu gleichbleibendem Raum- und Lehrpersonalangebot führen gerade im Grundstudium zu mittlerweile erheblichen Kapazitätsengpässen. Gleichzeitig werden seitens des Arbeitsmarktes eine stärkere Praxisorientierung der Lehrinhalte und eingehende Erfahrungen der Absolventen im Umgang mit rechnergestützten Administrations- und Informationssystemen gefordert. Das Projekt *HERMES* zur Entwicklung einer flexiblen Hypermedia-Datenbank für den selbständigen, aktiven Wissenserwerb im Fach Betriebswirtschaftslehre versucht, beiden Aspekten Rechnung zu tragen. Der vorliegende Beitrag beschreibt Zielsetzung, Aufbau und den derzeitigen Stand des Projektes.

1. Umgebung

Wir leben im Informationszeitalter. Entscheidend für den Wissenserwerb und die Wissensumsetzung wird in künftigen Jahren weniger eine bestimmte Methodik des Lernens alleine sein, als vielmehr die Fähigkeit, die Flut der auf uns einstürzenden Informationen aktuell und zugriffsfähig abzuspeichern, um sie später nach bestimmten Kriterien wieder problemorientiert zu selektieren. Gleichzeitig wird die Ergänzung oder gar der vollständige Ersatz bisheriger Exekutivfunktionen durch dispositive Aufgaben im Sinne administrativer Tätigkeiten in Büros für immer mehr Mitarbeiter unserer postindustriellen Gesellschaft zur eigentlichen Hauptaufgabe. Hiermit werden insbesondere die Absolventen höherer Bildungsgänge (Fachhochschulen, Universitäten) konfrontiert werden.

Die Organisation von Büroarbeit im Sinne einer unterstützenden Automations- und Kommunikationsleistung durch gezielten Hard- und Software-Einsatz auf der Basis fundierter Systemanalysen ist ein Schwerpunkt der Wirtschaftsinformatik als moderne Teildisziplin der Betriebswirtschaftslehre. Doch darf sich nicht nur die Ausbildung angehender Wirtschaftsinformatiker im Sinne der Unterrichtung in Systementwicklung dieses Themas annehmen. Die weitaus größere Anzahl von Volks- und Betriebswirten studiert nicht rechnerorientiert, wird sich jedoch später ebenfalls zum Anwenderkreis moderner Informationssysteme zählen müssen. Auch diese Studenten sollten daher heute schon eine entsprechende Vorbereitung erfahren können.

2. Zielsetzung

Aus diesem Grund beschäftigt sich der Lehrstuhl für Betriebswirtschaftslehre und Wirtschaftsinformatik an der Universität Würzburg schon seit mehreren Jahren mit Möglichkeiten, das abstrakte Lernen betriebswirtschaftlicher Zusammenhänge durch Stoffvertiefung unmittelbar an Rechnersystemen zu ergänzen. Der Erwerb von Fertigkeiten im Bewältigen administrativer Aufgabenstellungen wie Finanzbuchhaltung, Kostenrechnung, Auftragswesen, Materialwirtschaft oder Fertigungsvorbereitung und der elektronische Datenaustausch mit anderen "virtuellen Unternehmen" waren Hauptgegenstand des dreijährigen Forschungsprojektes *VULCAN* (gefördert duch das Deutsche Forschungs Netz DFN, vgl. [Tho89]). Praxisseminare dieser Art sind mittlerweile fest in das Lehrangebot der Universität Würzburg integriert.

Seit Mitte 1989 wird ergänzend hierzu das Informationssystem *HERMES* als hypertextbasiertes, oekonomieorientiertes Retrieval multimedial erklärter Sachverhalte aufgebaut. Primäre Zielsetzung ist die vorlesungsergänzende Vermittlung insbesondere dynamischer Zusammenhänge, wie sie in der Betriebswirtschaftslehre häufig auftreten, auf der Basis rechnergestützter Selbstlern-Arbeitsplätze. Im Vordergrund des Projektes steht nicht die Entwicklung reiner CBT (computer based training) Lernsoftware. Solche Programmelemente sollen eher ergänzend an entsprechenden Stellen in das aufzubauende Informationsnetz mit eingebunden werden. Zentrales Anliegen ist vielmehr die Erklärung von Grundfragen der Betriebswirtschaftslehre, Wirtschaftsinformatik und Logistik in Form eines Hypermedia-Systems unter einer benutzerfreundlichen, leicht bedienbaren Oberfläche mit vielfältigen, alternativen Möglichkeiten des selbstbestimmten Wissenszugangs. Die einzelnen Beiträge entstehen am Lehrstuhl im Rahmen wissenschaftlicher Ausarbeitungen mit Hilfe einer speziell für *HERMES* entwickelten Hypertext-Autorenumgebung auf Basis der Software HyperCard der Firma Apple Computer, ergänzt um eine Reihe weiterer Multimedia-Programme. Eine erste Version des Informationssystems wird Ende 1990 auf optischen Speichermedien (CD-ROM und Bildplatte) erscheinen und den Universitäten für die Ausbildung im Fach Betriebswirtschaftslehre auf Selbstlern-Arbeitsplätzen zugänglich gemacht werden. Das System ist lauffähig auf Apple Macintosh Rechnern und kann auch im Netzverbund eingesetzt werden.

3. Aufbau

Die eigentliche Konzeption von **HERMES** verfolgt im Sinne der einführenden Bemerkungen zwei Hauptziele, die in Form getrennter Komponenten zum Ausdruck kommen. Zum einen soll der Student mit dem System schon im Rahmen der klassischen Lehre vermitteltes Wissen durch Wiederholung und interaktive Stoffvertiefung ergänzen. Dies erfolgt im Instruktionsteil des Informationssystems. Daneben soll jedoch gleichzeitig durch selbstgesteuerte Nutzung der Programme erreicht werden, daß der Ökonomie-Student durch das System Erfahrung im Umgang mit modernen Medien und alternativen Information Retrieval Konzepten erlangt. Die entsprechenden Möglichkeiten hierzu sind in der Administrationskomponente zusammengefaßt.

Der Instruktionsteil des Systems ist selbst wieder zweigeteilt. Auf oberster Ebene werden Kurzfassungen aller Themengebiete der Betriebswirtschaftslehre inclusive Wirtschaftsinformatik und Logistik präsentiert. Diese Abstracts sind als untereinander begrifflich vernetztes Hypertext-System (durch einen den entsprechenden Verweisankern nachgestellten "*" gekennzeichnet) aufgebaut, zeigen auf aktuelle Sekundärliteratur und erlauben ein schnelles, assoziativen Gedankengängen folgendes Information Browsing (ähnlich, wie man es vom Durcharbeiten von Lexika kennt, wo Begriffe auf Unterbegriffe verweisen, die beim Nachschlagen wiederum neue Referenzen nennen ...). Neben den durch die Autoren fest vordefinierten Verzweigungen in andere Themenbereiche oder zur nachfolgend beschriebenen Multimedia-Stoffvertiefung kann der Anwender während der Arbeitssitzung durch Selektieren beliebiger Begriffe jederzeit auch dynamisch in andere Bereiche wechseln.

In der Vertiefung der Themenerklärungen ergänzen grafische Darstellungen, Stand- und Bewegtbilder, Sprache und akustische Effekte die lexikalischen Kurzerläuterungen und geben im Rahmen von Simulationen und Beispielsrechnungen sowie durch Einspielen von Videosequenzen dem Anwender die Möglichkeit einer interaktiven und anschaulichen Informationsgewinnung. Dieser Bereich des Instruktionsteils ist der eigentliche Nucleus von **HERMES**. In Lehrbüchern kann mittels Text oder Schaubildern Wissen über dynamisches, vernetztes Systemverhalten, wie es beispielsweise in Material- und Informationsflußsystemen im Bereich der Werkstattfertigung die Regel darstellt oder auch in komplexen Organisationsstrukturen wie sich rekursiv beeinflussenden Kennzahlen- oder Finanzplanungssystemen oder bei Projektverfolgungsaufgaben an der Tagesordnung ist, nur schwer vermittelt werden. Der Einsatz von Multimediawerkzeugen zur Darstellung von Bewegtgrafiken (Trickfilmen) und Animationsfolgen sowie die Ergänzung durch Sprache und Video geben der Stoffvermittlung ein völlig neues Gesicht.

Der administrative Systembestandteil besteht einmal aus einem komplexen Interaktionsmodell. Es dient der Navigation im Hypertextbereich des Informationssystems in Form alternativer Zugriffsmethoden (Index- oder Volltextsuche, Verfolgen statischer oder dynamischer Verknüpfungen), bietet während einer Arbeitssitzung Orientierungshilfen an, ermöglicht die Ergänzung des Stoffes um eigene Anmerkungen und bindet externe Programme in das System ein. Diese bestehen aus einer Standard-Textverarbeitung, einem vollständigen Studenteninformationssystem mit der Möglichkeit einer mailboxgestützten Kommunikation zwischen Studenten und Lehrstuhlmitarbeitern, sowie letztlich aus einem eigenständigen Hypertextsystem zur Übernahme und privaten Weiterverarbeitung von Informationsbausteinen durch den Anwender selbst. Künftig soll auch der Zugang zur Lehrstuhlbibliothek möglich sein. Diese letztgenannten Programme sind als modulare Ergänzung des eigentlichen Informationssystems zu verstehen und werden daher speziell für die Einsatzumgebung in Würzburg entwickelt.

4. Projektstand

Das Projekt wurde im Sommer 1989 unter dem Arbeitstitel "BWL Info" gestartet. Die Vorstellung eines ersten Prototypen erfolgte Ende August 1989 in Trier anläßlich des 11. internationalen Forums der EAIR (European Association for Institutional Research) im Rahmen der begleitenden Softwareausstellung und Anfang Oktober 1989 in Berlin auf dem CIP Statuskongreß. Eine weiterentwickelte Version mit zusätzlicher Einbindung von Videosequenzen wurde auf der CeBit Messe in Hannover vom 21.-28.03.90 präsentiert.

Zur Zeit erfolgen in großem Umfang inhaltliche Ausarbeitungen der Hauptthemenstellungen der Betriebswirtschaftslehre. Dabei wird den Autoren eine standardisierte Editierumgebung (*HERMES*-Autor) für die Entwicklung des Hypertextbereiches zur Verfügung gestellt. Die Texte, die durch Multimedia-Beiträge zur vertiefenden Erläuterung der Zusammenhänge ergänzt sind, werden anschließend am Lehrstuhl mit Hilfe eines noch im Entwicklungsstadium befindlichen Redaktionswerkzeuges untereinander verknüpft, hinsichtlich der Oberfläche vereinheitlicht, gegebenenfalls aktualisiert und in das Gesamtinformationsnetz eingebunden. Parallel hierzu erfolgen derzeit Verbesserungen bezüglich der Oberflächengestaltung. Die Programme werden bei gleichbleibender Funktionalität auf die mittlerweile verfügbare HyperCard-Version 2.0 portiert und hinsichtlich ihrer Ablaufgeschwindigkeit weiter verbessert. Außerdem werden in den nächsten Monaten für bestimmte Themenstellungen kurze Videofilm-Sequenzen zur ergänzenden Stoffvertiefung erstellt.

Die modulare Konzeption von *HERMES* sieht nicht nur die Trennung in Hypertext- und – flexibler zu gestaltende – Multimedia-Beiträge vor, sondern ermöglicht aufgrund der zeitlich versetzten Phasen der Texterstellung und der späteren redaktionellen Zusammenführung der Beiträge mit Hilfe separater Programme Modifikationen des Gesamtsystems im Sinne eines evolutionären Prototypings. Durch Anpassung nur der Redaktionsprogramme können existierende Beiträge so auch im Nachhinein noch an neue Systemversionen angepaßt werden.

Durch eine während der Projektentwicklung mitlaufende Beobachtung studentischer Anwender von Prototypen und durch entsprechende cognitions- und arbeitspsychologische Beratung sollen die Methoden der Benutzerführung gerade unter den Aspekten "learner control" und "cognitive overhead" sowie alternative Darstellungsformen des Wissens im Multimedia-Bereich untersucht und verbessert werden. Gleichzeitig werden auch Erkenntnisse für die geplante spätere Umsetzung des Systems für den betrieblichen Aus- und Weiterbildungsbereich gesammelt. *HERMES* ist damit nicht nur Vorbote künftiger Informationssysteme, sondern gleichzeitig auch eine interessante Plattform zur Erforschung der Möglichkeiten von Hypermedia-Konzepten im Rahmen einer zeitgemäßen Informationsverarbeitung in betriebswirtschaftlichen Anwendungsfeldern.

5. *Literatur*

[Scho89] Schoop, Eric:
Der Einsatz multimedialer Informationssysteme für die betriebswirtschaftliche Aus- und Weiterbildung, S. 161-169, in: Roithmayer, F. (Hrsg.): Der Computer als Instrument der Forschung und Lehre in den Sozial- und Wirtschaftswissenschaften, Schriftenreihe Österreichische Computer Gesellschaft, Band 50, Oldenbourg, Wien-München 1989

[Scho90] Schoop, Eric/Gatzka, Reinhold:
"BWL Info". Das betriebswirtschaftliche HyperText MultiMedia Informationssystem auf Apple Macintosh, S. 35-37, in: WiSt - Wirtschaftswissenschaftliches Studium, Heft 1, Januar 1990

[Tho89] Thome, Rainer:
Betriebswirtschaftliche Ausbildung in virtuellen Unternehmen, S. 133-138, in: Roithmayer, F. (Hrsg.): Der Computer als Instrument der Forschung und Lehre in den Sozial- und Wirtschaftswissenschaften, Schriftenreihe Österreichische Computer Gesellschaft, Band 50, Oldenbourg, Wien-München 1989

Hypermediale Schulungssoftware
für die innerbetriebliche Standortplanung

B. Hellingrath, M. Kloth, A. Tembrink

Fraunhofer-Institut für Materialfluß und Logistik
Emil-Figge-Str. 75
D-4600 Dortmund 50

1. Einleitung

Intention beim Einsatz von Schulungssoftware ist es, das Problemlösungsverhalten eines Lernenden durch erfolgreiche Integration neuer Lehrinhalte in das bereits existierende Wissen den Anforderungen des Anwendungsgebietes anzugleichen. Im Rahmen der Erstellung derartiger Software ist versucht worden, die zunächst unüberschaubare Komplexität didaktischer Situationen, die innerhalb von Lehr-/ Lernprozessen auftreten, auf die als wesentlich erachteten Elemente und Beziehungen zu reduzieren. Diese setzen sich vor allem aus der strukturierten Präsentation von Themen sowie dem Testen der Benutzerfähigkeiten und der daraus abgeleiteten Vermittlung weiterer Lehrinhalte zusammen. Das am FhG-IML in Zusammenarbeit mit der Firma Praxiswissen erstellte Schulungssystem soll im Bereich der innerbetrieblichen Standortplanung (Layoutplanung) eingesetzt werden. Die entwickelten Konzepte sind jedoch nicht anwendungsspezifisch und daher auch für andere Problembereiche einsetzbar.

2. Anwendungsgebiet

Die innerbetrieblichen Standortplanung befaßt sich mit dem optimalen Anordnen von Organisationseinheiten oder Betriebsmitteln auf einer Grundfläche oder Basisfläche. Bei den anzulagernden Betriebsmitteln handelt es sich in der Regel um Maschinen, Maschinengruppen, Läger, Arbeitsplätze oder sonstige räumliche Einheiten, die Bestandteil der künftigen Fabrikhalle bzw. Anlage sind. Das Schulungssystem soll dem Benutzer helfen, Problemstellungen der innerbetrieblichen Standortplanung zu verinnerlichen, die Vorgehensweise derartiger Planungsprozesse nachzuvollziehen und anschließend selbstständig bearbeiten zu können. Dazu werden neben der Einordnung der innerbetrieblichen Standortplanung in eine komplette Fabrikplanung die relevanten Einfluß-grössen eingeführt und in einer Vorstellung der Planungssystematik angewandt.

Das potentielle Benutzerspektrum des Schulungssystems reicht vom Anfänger, der das System mit der Intention benutzt, Anleitungen und Hilfestellungen für die Bearbeitung zukünftiger Layoutplanungsprojekte zu erhalten, bis hin zum erfahrenen Experten, dessen Ziel es ist, vertiefende Information aus der Arbeit mit der Schulungssoftware herauszuziehen. Zielsetzung bei der Erstellung des Systems war dabei allerdings nicht, einen Lehrer zu ersetzen, sondern ihn in einer Gesamtschulung zu unterstützen.

3. Systemarchitektur

Die am FhG-IML erstellte Schulungssoftware folgt der Strukturierung der meisten Systeme in diesem Bereich und läßt sich in vier funktional unterschiedliche Bereiche unterteilen (Wissens-, Schüler-, Tutorielles- und Kommunikationsmodul) [Wenger 87]:

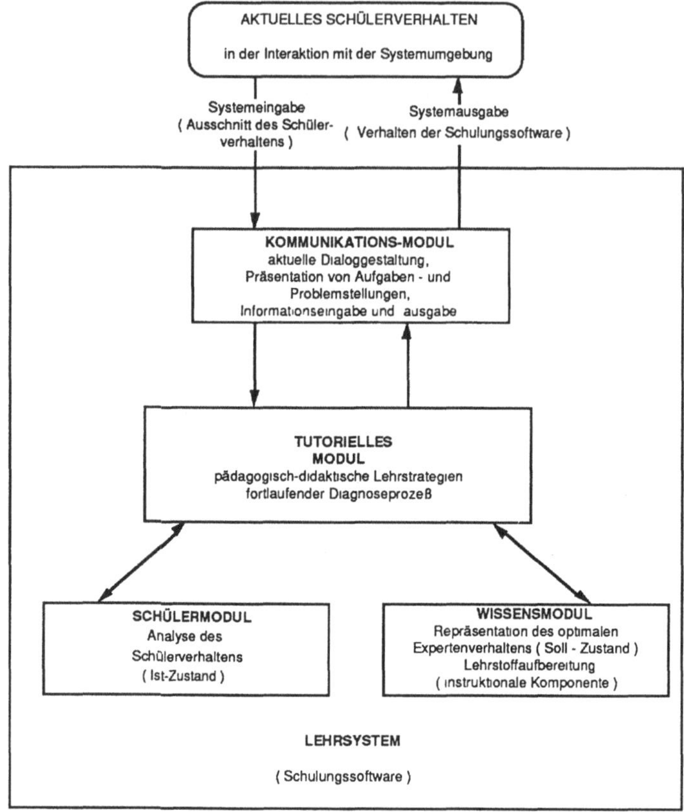

Abbildung 1: Modularer Aufbau der Schulungssoftware

Das **Wissensmodul** enthält die Inhalte, Strukturen und Verfahrensweisen des Lehrstoffes und repräsentiert damit die Gesamtheit der zu vermittelnden Wissensinhalte in Form von Fakten-, Konzept-, Strategie-, und Regelwissen. Der Lehrstoff ist in atomare Wissenseinheiten unterteilt, die in Knoten (Lektionen, Unterrichtseinheiten und -reihen) thematisch zusammengefaßt werden.

Das **Schülermodul** ist für die kontinuierliche Diagnose und Modellierung des Kompetenzstatus des Schülers verantwortlich. So werden fortlaufend Lern- und Wissensdiagnosen gebildet, um die Lern- oder Wissensdefizite möglichst unmittelbar zu erfassen. Dieses wird mit Hilfe von differenzierten, lokalen und übergeordneten Aufgaben überprüft, die jeweils nach Abarbeitung eines Knotens gestellt werden.

Mit dem **Tutoriellen Modul** wird die Grundlage für die Steuerung des Lehr-/ Lernprozesses zwischen Schüler und System geschaffen. Es ist dem Wissensmodul aufgesetzt und überträgt die Knoten und Wissenseinheiten des Wissensmoduls in ein semantisches Netz, welches die Abhängigkeiten, Voraussetzungen und Zwangsläufigkeiten zwischen den Wissenseinheiten repräsentiert. Weiterhin ist es für die Aktivierung didaktischer Interventionen verantwortlich, wie z.B. das Wiederholen von Lehrabschnitten nach unkorrekter Bearbeitung einer Aufgabe und die erneute Überprüfung des Stoffes mittels einer neuen Aufgabe. Mit Hilfe der adaptiven Präsentation der einzelnen Wissensinhalte wird der unterschiedliche Wissensstand eines Schülers vom Anfänger bis zum Fachmann berücksichtigt.

Das **Kommunikationsmodul** stellt die Realisierung der Benutzeroberfläche dar. Dabei müssen sowohl die Darstellungsformen (Fenster, Menüs), die Techniken (Buttons, Text und Graphiken), als auch die Funktionen (Graphiken ändern, überlagern, Animationen und Audiosignale) auf die Belange der Methoden zur Steuerung im semantischen Netz sowie die Aufbereitung der Wissensinhalte an sich zugeschnitten sein. Die sich daraus ergebenden Schwerpunkte bei der Erstellung dieser Schulungssoftware wurden infolge der Komplexität und Struktur des Anwendungsgebietes sowie basierend auf den ausgewählten Softwaresystemen (SuperCard und LISP) in der hypermedialen Darstellung der Information für den Lernenden und in der Bereitstellung einer flexiblen Lehr -/ Lernumgebung gelegt, die insbesondere im Intelligent Computer Assisted Instruction (ICAI) als wichtig hervorgehoben wird [Duchastel 88].

4. Präsentation und Steuerung

Zur optimalen Umsetzung dieser Schwerpunkte wurden Hypertextkonzepte sowohl auf der Ebene der Benutzeroberfläche (Kommunikationsmodul) als auch auf der darunterliegenden Ebene der Steuerung innerhalb des semantischen Netzes (Tutorielles Modul) realisiert.

Die grundlegenden Elemente von **Hypertext** sind Knoten (nodes) und Verbindungen (links), die in einer Datenbasis abgelegt sind. Die Knoten sind durch "links" miteinander verbunden, die die verschiedenen Assoziationen zwischen den Konzepten darstellen. Diese Knoten und Verbindungen haben ihre Entsprechung auf der Graphikebene des Programms. Zu jedem Knoten der Hypertextbasis existiert ein Fenster auf dem Bildschirm, in dem die jeweilige Information angezeigt ist.

Im Rahmen des Projektes ist eine Hypertext-Datenbasis (semantisches Netz) erstellt worden. Ein Knoten dieses Netzes entspricht an der Benutzeroberfläche einer Präsentationseinheit, die man sich als eine Menge von hintereinanderliegenden, ausgefüllten Karteikarten vorstellen kann, zwischen denen man während einer Sitzung hin- und herblättert. Die Netzstruktur der Hypertext-Datenbasis gibt dem Benutzer beim freien Verfolgen der Verbindungen Wegweiser in die Hand, welche den "roten Faden" bilden, der sich an den inhaltlichen und pädagogischen Aspekten des Lehrstoffes orientiert (Tutorielles Modul). Damit sind dem Lernenden Optionen verfügbar gemacht, die ihn entsprechend seinen eigenen Interessen und seinem jeweiligen Sachverständnis auf den tutoriellen Dialog Einfluß nehmen [Kunz 87].

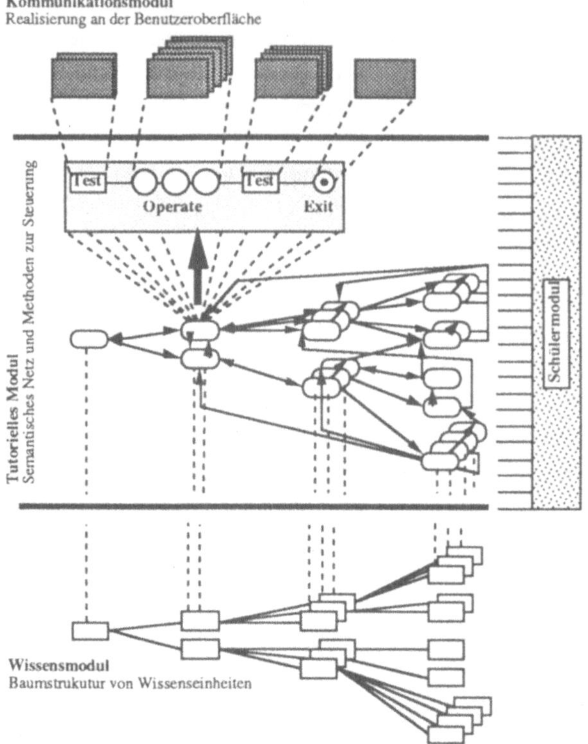

Abbildung 2: Verbindung zwischen Hypertext-Datenbasis (sem. Netz) und den Einheiten an der Benutzeroberfläche im Modulkonzept

Auch die hypermediale Oberfläche (Kommunikationsmodul) gewährleistet durch die maussensitive Dialogsteuerung einen großen Spielraum für die aktive Teilnahme des Schülers im Instruktionsprozesses, indem es nicht nur Verbindungen zu Knoten der Hypertext-Datenbasis zur Verfügung stellt, sondern auch Verbindungen zu Knoten auf der Oberfläche. Diese Verbindungen haben verschiedene Funktionen:

- Verbindung von Referenzen auf Konzepte,
- Verbindung von Texten zu Kommentaren oder Ergänzungen zu dem Text,
- Darstellung von organisatorischen Informationen,
- Verbindung zweier aufeinander aufbauender Konzepte und deren Nachfolger,
- Verbindungen von Tabelleneinträgen zu längeren Beschreibungen, anderen Tabellen oder Graphiken.

Die Transformation von Informationen in verschiedene Präsentationsmodi wie Text, Blockgraphik, Vollgraphik und Animation erhöht die Anschauungskraft der dargestellten Inhalte. Die Kombination der verschiedenen Darstellungsformen erlaubt es zeitliche Entwicklungen, kausale Zusammenhänge, Vergleiche sowie Über-, Unter,- oder Nebenordnungen von Objekten zu verdeutlichen und dem Benutzer zu neuen Sichtweisen und damit zu produktivem Problemlösen zu verhelfen [Euler 87].

Der Fortlauf einer Sitzung, d.h. die Steuerung innerhalb des semantischen Netzes, ist abhängig von persönlichen Entscheidungen des Benutzers sowie seiner Aufgabenbearbeitung. Das System versucht den Schüler während der Sitzung zu lenken, überläßt dem Benutzer jedoch letztlich die Entscheidung über Fortgang bzw. Wiederholung von Einheiten. Somit kann der Benutzer nach persönlichen Interessen die Arbeit mit dem System gestalten, wobei im Hintergrund eine Steuerungskomponente eine Modellierung des Schülers über inhaltliche Defizite aufstellt und bei Bedarf dem Benutzer Vorschläge zum weiteren Sitzungsverlauf unterbreitet. Diese Steuerungskomponente ist in LISP implementiert und beinhaltet im wesentlichen die Navigierung innerhalb des semantischen Netzes, die Protokollierung der Bearbeitung der einzelnen Wissenseinheiten und die Auswertung der Aufgabenbearbeitung.

5. Perspektiven

Um Schulungssysteme auf breiter Basis einsetzen zu können, wird z.Z. entsprechend den auftretenden Anforderungen bei der Erstellung des Schulungssystems an einer modular aufgebauten und erweiterbaren **Entwicklungsumgebung** gearbeitet. Mit Hilfe dieser Entwicklungsumgebung soll sich der Aufwand bei der Erstellung von Schulungspaketen im wesentlichen auf die didaktische Aufbereitung des Anwendungsthemas sowie der Umsetzung des Themas innerhalb des Kommunikationsmoduls reduzieren. Die anwendungs-unabhängigen Steuerungs- und Bewertungsstrategien sollen als Bestandteil der Entwicklungsumgebung über-nommen werden können, vergleichbar zu dem System IDE [Russel 87].

Ein weiterer Schwerpunkt der Weiterentwicklung liegt in der intensiveren Berücksichtigung mulitmedialer Präsentationsmechanismen, wie z.B. Video- und Audiotechniken. Die weitere Integration dieser Techniken verspricht eine den verschiedenen Anwendungsgebieten noch besser geeignete Präsentation der Lehrinhalte.

Die Konzeption eines derartigen hypermedialen Schulungssystems verspricht eine konstruktive Unterstützung zur Einarbeitung und Vertiefung in komplexe Themenstellungen und ist daher als Hilfsmittel für die Weiterbildung besonders geeignet.

6. Literatur

Duchastel, P.C.: Models For AI in Education and Training. In P. Ercoli, R. Lewis (Hrsg.): Artificial Intelligence Tools in Education; North-Holland, Amsterdam, 1988

Euler, D.; Jankowski, R.; et.al.: Computerunterstützter Unterricht. Möglichkeiten und Grenzen; Vieweg Verlag; Braunschweig; 1987

Kunz, G.C.; Schott, F.: Intelligente Tutorielle Systeme. Neue Ansätze der computerunterstützten Steuerung von Lehr-Lern-Prozessen; Verlag für Psychologie Dr. C.J. Hogrefe; Göttingen; 1987

Russel, D.M.: The Instructional Design Environment: The Interpreter. In J. Psotka, L.D. Massey, S.A. Mutter (Hrsg.): Intelligent Tutoring Systems: Lessons Learned; Lawrence Earlbaum Associates; Hillsdale, N.J.; 1987

Wenger, E.: Artificial Intelligence and Tutoring Systems; Morgan Kaufman; Los Altos, CA; 1987

Das Thema ist die ganze Welt: Hypertext im Museum

Martin Warnke

Rechenzentrum der
Universität Lüneburg
Stresemannstr. 6
2120 Lüneburg

Zusammenfassung

Zur dokumentierenden Aufbereitung einer mittelalterlichen *mappa mundi*, die die ganzheitliche Weltsicht des hohen Mittelalters graphisch und textuell präsentiert, werden in einem laufenden Projekt Hypertext- und Multimedia-Methoden eingesetzt. Die verschiedenen sich durchdringenden Ordnungsschemata der Vorlage verlangen nach mehrschichtigen Darstellungsweisen und individuellen Zugriffspfaden zum Gehalt des Gegenstandes; ihre stark assoziative Struktur macht sie zum interessanten Anwendungsfall des Hypertext-Konzepts.

1. Eine mittelalterliche Welt-Anschauung: die Ebstorfer Weltkarte

Die Ebstorfer Weltkarte ist eine mittelalterliche Weltkarte, die um die Mitte des 13. Jahrhunderts im norddeutschen Raum entstanden ist [2], vermutlich in Ebstorf, einem Ort zwischen Lüneburg und Uelzen. Auf einer Fläche von etwa 3,5 * 3,5 Metern im Quadrat zeigt sie[1] eine Auswahl der damaligen Vorstellungen zu geographischen, theologischen, mythologischen, historischen, aber auch zoologischen und botanischen Themen. Bilder und erläuternde Texte [5, 8], alle in lateinischer Sprache, reichern die geographische Darstellung der damals bekannten Welt an (siehe Abb. 1). Vermutlich handelt es sich um eine Art Kompendium, das zur Belehrung der Novizinnen und Pilger diente.

Ganz im Geiste des hohen Mittelalters ist die Welt noch insgesamt verständlich: die Bibel gibt den Erklärungsrahmen ab, in dem die Welt vollständig und rund ruht; wirkliche Örter der bekannten Welt existieren neben mythologischen, wenn dies die Bibelexegese verlangte. Es wird ein hermetisches Weltbild präsentiert, das wesentlich dadurch ausgezeich-

---

[1]Da das Original im zweiten Weltkrieg zerstört wurde, existieren nur noch vier identische Nachbildungen der Karte: eine hängt im Museum für das Fürstentum Lüneburg, eine im Kloster Ebstorf, der Eigentümerin des zerstörten Originals, eine auf der Plassenburg in Kulmbach, die vierte Kopie ist verschollen. Nach Auskunft der Äbtissin des Klosters Ebstorf berichteten Augenzeugen, daß die Repliken in Machart und Farben dem Original sehr nahe kommen.

net ist, daß seine Elemente nicht isoliert existieren, sondern wechselseitig aufeinander Bezug nehmen, um das Bild im Ganzen zu stützen.

So verlaufen beispielsweise die zeitliche und räumliche Achse gemeinsam von Ost nach West [7]: von oben, aus dem Osten, kam das Heil, dort befinden sich das Haupt Christi und das Paradies, das kurz hinter Indien zu finden ist - als tatsächlicher Ort auf der Erde. Exakt mittig angebracht markiert Jerusalem den Nabel der Welt, die dort dargestellte Auferstehung Christi den Zeitenwechsel von Altem zu Neuem Testament. Unten im Westen finden wir uns selbst, am Rande der Welt, in Endzeitstimmung. Die Dinge haben ihren Ort nicht nur rein zufällig, sondern notwendigerweise dort, wo die Bibel sie hinstellt. Ein Alt-germanist drückte dies so aus: "Die Karte präsentiert die Welt nicht so, wie sie war, sondern wie man sei sich vorstellte" [3].

Eine solche stark symbolhafte Darstellung der Welt weicht natürlich erheblich von heutigen Kartenwerken ab und läßt sie fremdartig erscheinen: Landstriche sind verzerrt oder rein schematisch wiedergegeben, die Ausrichtung der Ebstorfer und aller anderen mittelalterlichen Weltkarten geht nach Osten, nicht wie heute üblich nach Norden. Hinzu kommt, daß die Texte nur schwer lesbar sind, weil sie in recht kleinen Lettern geschrieben sind, oben an der Karte angebrachte Schrift kann so nicht mehr entziffert werden. Außerdem sind nur wenige Betrachter dazu in der Lage, den lateinischen Text zu übersetzen. Erschwerend für das Verständnis ist weiterhin, daß der kulturelle Hintergrund für eine Deutung der Bebilderungen schon lange verloren gegangen und heute nur noch Fachleuten geläufig ist.

Ohne eine ausführliche Kommentierung, ohne die Darstellung von Details der Karte und ohne eine Hilfe bei der Entzifferung der Schrift bleibt dem Betrachter vieles von der Materialfülle verborgen. Gerade der Reichtum des in der Ebstorfer Weltkarte festgehaltenen Wissens jedoch, wenn erschlossen, eröffnet dem Betrachter ein plastisches und facettenreiches Bild der Denk- und Lebensweise eines entfernten Jahrhunderts.

Insgesamt sind etwa 1500 Texteintragungen auf der Ebstorfer Weltkarte verzeichnet, rund 500 Gebäudedarstellungen, 160 Gewässer, 60 Inseln und Gebirgszüge, 45 Menschen oder menschenähnliche Wesen und etwa 60 Tiere [2].

Als Beispiel für die Detailfülle der Ebstorfer Weltkarte mag hier der Abschnitt über den Elefanten gelten. In der Abbildung 2 wird ein detaillierter Ausschnitt der Karte mit dem Bild des Elefanten gezeigt. Auf der Gesamtkarte befindet er sich am unteren Küstenabschnitt ein Stück rechts neben den Füßen Christi. Ein Teil des erläuternden Textes zur Zeichnung des Elefanten lautet in deutscher Übersetzung [2] (S. 45):

"Wenn sie Junge haben, bringen sie diese ins Wasser oder in den Wald wegen der Drachen, die ihnen gern auflauern und sie erwürgen. Zwei Jahre gehen sie mit dem Nachwuchs schwanger, gebären nicht mehr als ein Mal und nur ein einziges Junges. Sie leben dreihundert Jahre. Früher waren sie in ganz Afrika und Indien verbreitet, nun sollen sie nur noch in Indien und den ... Sieben Bergen vorkommen. Elefanten bevorzugen die Berge. Sie haben einen langen Rüssel und führen mit ihm die Nahrung zum Mund. Der Rüssel ähnelt einer Schlange....".

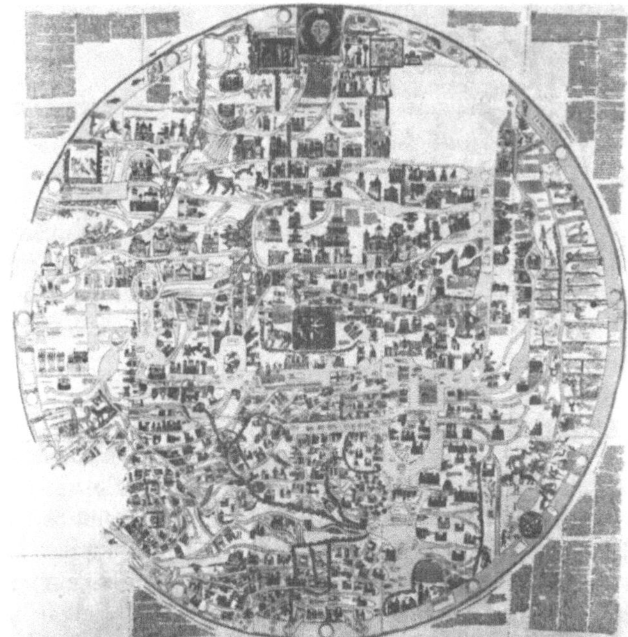

Abbildung 1: Gesamtansicht der Ebstorfer Weltkarte

Abbildung 2: Der Elefant

2. Die Aufbereitung der Karte mittels Hypermedia

Die roten Fäden der Wirklichkeit

Wie bei kaum einem anderen Gegenstand ist die in der Ebstorfer Weltkarte verkörperte Informationsfülle assoziativ strukturiert, es gilt besonders augenfällig Ted Nelsons Prämisse für die Hypertext-Vision: "*Everything is deeply intertwingled* [6]". Der Betrachter stößt auf Details, die der Erklärung bedürfen, und zwar - sofern man ihn oder sie läßt - in unvorhersehbarer Abfolge und damit nur von ihm oder ihr selbst steuerbar.
Die Notwendigkeit, ein Erläuterungswerk für die ausgestellte Ebstorfer Weltkarte zu erarbeiten, verbindet sich mit der eigentümlichen Struktur das Artefakts so, daß der Gedanke an Hypermedia-Methoden naheliegt, zumal schon in anderen Museen derartige Systeme installiert worden sind: so besitzt das *J. P. Getty Museum* in Malibu, Californien, ein Informationssystem zu mittelalterlichen Handschriften [1] und antiken Vasen; das *design museum* in London betreibt einige Rechner für Auskünfte über seine Ausstellungsstücke nach Hypertext-Manier. Der Versuch der Hamburger Kunsthalle, den "Computer als Werkzeug der Kunst-Betrachtung" [4] zu verwenden, rückt besonders den Aspekt der assoziativen Verbindungen zwischen verschiedenen Werken in den Vordergrund.

Hypertext bietet die Möglichkeit, den Strukturen des darzustellenden Gegenstandes bei der Dokumentation gerecht zu werden. Bewährte Darstellungstechniken bei Kartenwerken können die topologischen Strukturen dokumentieren, daneben existieren Zusammenhänge, die von der Theologie und anderen Disziplinen bereitgestellt worden sind und im Gegenstand eine Rolle spielen. Alle diese Strukturen können im Hypertext nebeneinander existieren, wie sie es auch im Gegenstand tun.
Diese Koexistenz verschiedener Strukturen versöhnt die Standpunkte derjenigen, die nach Strukturen Ausschau halten und diese als das wesentliche erachten mit denjenigen, die Strukturen als aufgesetzt empfinden: "(Engelbart und Pask) nehmen generell an, daß jede natürliche Hierarchie, die in Gegenständen existiert, hervorgehoben werden sollte; ich halte dagegen, daß alle Strukturen als völlig willkürlich angesehen werden müssen und daß alle Hierarchien, die wir vorfinden, interessante Zufälle darstellen." [6] (S. 32, Übersetzung M.W.)

Die projektierte Anwendung

Das hier beschriebene Projekt verfolgt die Absicht, im *Museum für das Fürstentum Lüneburg* ein Hypermedia-System zu installieren, das den Museumsbesuchern ermöglicht, sich die zum Verständnis der Karte notwendigen Hinweise und Informationen selbst zu verschaffen. Dabei dient die Rechneranwendung ausdrücklich nicht als Ersatz für die Karte (schon aus technischen Gründen, wie weiter unten noch gezeigt wird), sondern lediglich als Erläuterungswerk.

Dazu entstehen folgende Systemkomponenten:

• Die Karte ist als Graphik in Ausschnitten auf dem Bildschirm zu betrachten. Das Zugriffsschema auf die Karte ist topologisch orientiert und folgt dem Paradigma eines üblichen Atlas mit Übersichts- und Detailkarten.

• In diesen Graphiken werden aktive Bereiche definiert (HyperCard-Tasten), die vom Betrachter anzuwählen sind und eine Verzweigung auf Erläuterungsbildschirme auslösen. Diese enthalten die lateinischen Texte in Umschrift und in deutscher Übersetzung. Graphische Objekte werden noch einmal reproduziert und ggf. erläutert.

• Ein Index ermöglicht den Objektzugriff auf textuellem Wege; dabei müssen sowohl die mittelalterliche als auch die moderne Schreibung vorkommen. Aus dem Index heraus kann auf die Graphik verzweigt werden.

• Nicht nur die explizit angelegten Querverweise sollen möglich sein, über einen Thesaurus sollen auch die Verweise verfolgbar sein, an die bei der Systementwicklung noch niemand gedacht hat.

• Ein weiterer Strang ist die Integration von Videosequenzen. Wie im Getty-Museum sollen sie verhindern, daß die Betrachter lange Textpassagen am Bildschirm lesen müssen, was erfahrungsgemäß recht unangenehm ist. Sie lockern die Darstellung auf und sind das angemessene Medium für Kurzreportagen über das aktuelle Umfeld der Karte.

• Den Betrachtern werden Wege durch die Karte angeboten, um das Materialstudium vorzustrukturieren. Diese Wege sind thematisch gegliedert: geographisch als Handelswege, Kreuzzüge, Pilgerreisen, aber auch thematisch als Aufriß einer mittelalterlichen Theologie, Zoologie oder Botanik, wobei wir bei der thematischen Gliederung auch an Spezialkarten denken, wie sie in einem Atlas vorkommen. Gerade hier, in Verbindung mit Atlas und Index, soll die mehrschichtige Darstellung realisiert werden, von der eingangs die Rede war.

Der Realisationsstand

Derzeit sind folgende Systemkomponenten fertiggestellt worden:

• Die gesamte Ebstorfer Weltkarte liegt in Form von 81 Detailkarten und neun Übersichtskarten im Format $11,5*11,5$ cm^2 vor, zu denen noch eine Gesamtübersicht kommt. Die Abbildungen 3 und 4 zeigen jeweils eine Übersichtskarte und eine Detailkarte, zu der man aus der Übersicht gelangen kann:

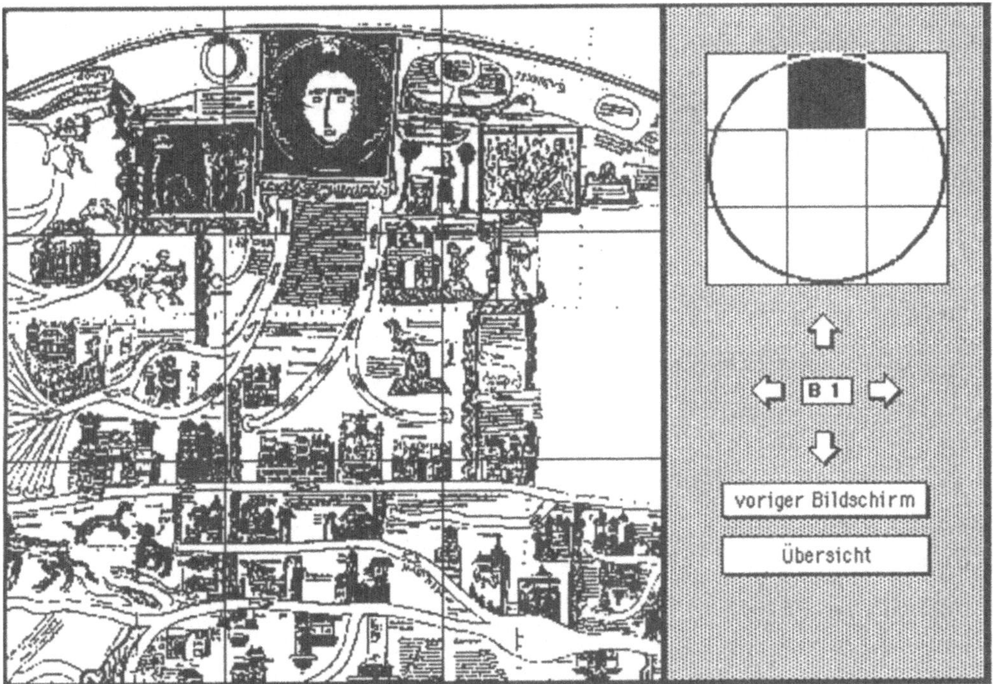

Abbildung 3: Übersichtskarte oben Mitte

• Die Navigationsinstrumente auf den Einzelkarten sind vorhanden. Sie arbeiten nach folgendem Schema:

- Es gibt eine Windrose von Pfeiltasten, die zu den angrenzenden Kartenausschnitten auf derselben Maßstabsebene in die jeweilige Richtung blättert. In der Mitte der Windrose ist das Planquadrat der gerade sichtbaren Karte verzeichnet.

- Die Taste "voriger Bildschirm" verzweigt zum zuletzt angezeigten Bildschirm.

- Die Taste "Überblick" verzweigt zum jeweils gröberen Maßstab, also von der Einundachtziger- zur Neunerteilung oder von dieser zur Gesamtübersicht.

- Im Neuner- oder Einundachtzigerblock oben rechts werden sowohl die Lage des aktuellen Standorts angezeigt als auch die Möglichkeit geschaffen, durch Mausklick direkt auf das entsprechende Feld zu verzweigen. Die Kartenübersicht ist also gleichzeitig auch das Auswahlmenü. Hierdurch stützen sich die Funktionalität der Standortanzeige und der Navigation, so daß die Bedienoberfläche an Durchsichtigkeit gewinnt. Der gerade eingestellte Maßstab der Kartendarstellung wird implizit dadurch angezeigt, daß entweder neun oder 81 Ausschnitte im Navigationsblock oben rechts zu sehen sind.

- Die neun Felder, in die der Ausschnitt der Ebstorfer Weltkarte in der Neunerteilung zergliedert ist, sind selbst aktive Bildschirmteile, die für eine Verzweigung auf das jeweilige Detail sorgen. So kommt man von Abbildung 3 nach Abbildung 4, indem man das Feld oben in der Mitte in Abbildung 3 mit der Maus anwählt. An dieser Technik ist besonders günstig, daß wir auf komplizierte Bedienelemente verzichten konnten, die zwischen Maßstäben wechseln. Das allgemeine Schema ist, daß immer auf Details verzweigt wird, wenn in die Graphik selbst hineingeklickt wird.

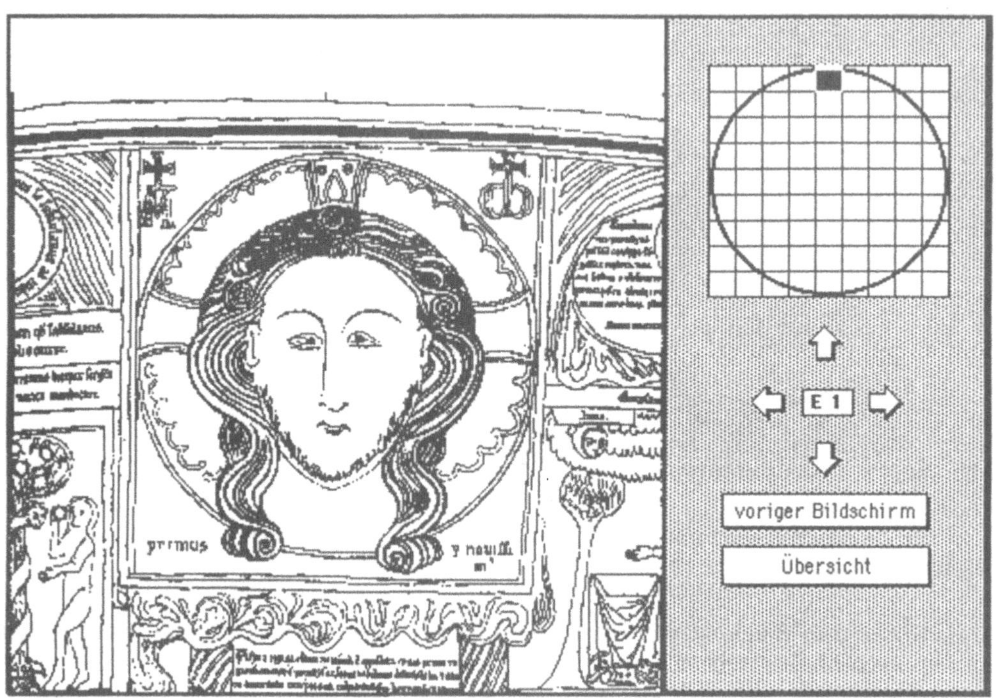

Abbildung 4: Detailkarte oben Mitte von Abbildung 3

• Die Objekte auf der Detailebene (Einundachtzigerteilung) werden ebenfalls mit Tasten unterlegt, so daß auch hier auf eine detailliertere Stufe, nämlich auf die Erklärungskarten verzweigt wird, wenn die Objekte selbst mit der Maus angewählt worden sind. Dies ist allerdings erst ansatzweise realisiert. Abbildung 5 zeigt das Erscheinungsbild, wenn der Mauszeiger in den aktiven Bildschirmbereich gerät: der Bereich wird invers dargestellt, um den Benutzern zu signalisieren, daß eine Aktion auszulösen ist, wenn der Mausknopf gedrückt wird. Diese Technik wird auch bei den neun Feldern der Übersichtskarte eingesetzt.

Wir beschränken uns bewußt darauf, nur auf der Detailebene (Einundachtzigerteilung) Verzweigungen auf Erklärungskarten zuzulassen, um die Bedienoberfläche einfach zu halten.

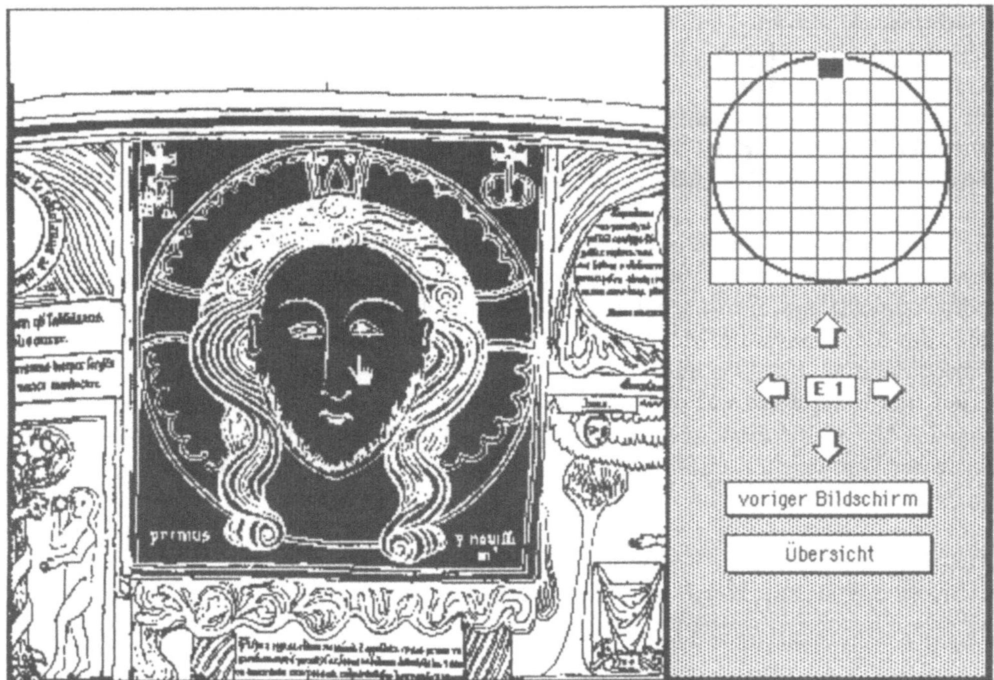

Abbildung 5: Aktive Bildschirmteile heben sich bei Berührung hervor,

• Sämtliche Textpassagen (rund 1500 Stück), die auf der Ebstorfer Weltkarte vorkommen, sind in einer Dateiverwaltung erfaßt und stehen zur Weiterverarbeitung bereit. Die lateinischen Texte müssen nun noch übersetzt und zusammen mit den Graphiken, auf die sie sich ggf. beziehen, zu Erläuterungsbildschirmen zusammengefaßt werden.

Die technischen Methoden

Das Projekt wird auf der Grundlage der Rechnerfamilie Apple Macintosh und der Hypermedia-Software HyperCard realisiert.

Bei der Digitalisierung der Graphik sind wir folgendermaßen vorgegangen:

Zunächst ist eine Strichzeichnung der farbigen Vorlage [5] mittels eines Scanners mit 64 Graustufen in ungefährer Bildschirmauflösung (75 dpi) digitalisiert worden. Mit Hilfe einer Retusche-Software für Grauwertbilder (Digital Darkroom) ist dann der Schwellenwert für das Umschlagen von Grau in Schwarz oder Weiß eingestellt worden, der Kontrast wurde zuvor auf 100% eingeregelt, so daß keine Grauwerte mehr auftraten. Dieses Verfahren hat uns eine umfangreiche Nachbearbeitung der Bilder auf Bildpunktebene erspart. Allerdings hatte daran auch die schon im letzten Jahrhundert angefertigte Strichzeichnung wesentlichen Anteil.

Anschließend wurden Nachbesserungen mit Hilfe einer Bildpunkt-Graphik-Software (MacPaint II oder HyperCard) vorgenommen, zuletzt die Graphiken in HyperCard eingesetzt.
Der Grund für die Verwendung von HyperCard anstelle anderer Produkte, die auch Grauwerte oder Farben zuließen, liegt in der Geschwindigkeit des Zugriffs, die bei HyperCard gerade noch erträglich ist (s. u.).

Die Texte sind neu abgeschrieben und in eine Dateiverwaltung abgelegt worden, die Verwendung von Schrifterkennungssoftware verbot sich wegen der schlechten Qualität der gedruckten Vorlage. Derzeit befindet sich eine HyperCard-Anwendung in der Entwicklung, die die Datensätze in einen HyperCard-Stapel übernimmt und das Anlegen der Bildschirmtasten, die dann auf die jeweiligen Textpassagen verzweigen, unterstützt. Dabei lassen sich Konsistenz und Vollständigkeit überprüfen, da in den Datensätzen der Textpassagen bereits die Planquadrate verzeichnet sind, auf denen sie liegen: Zahl, Lage und Bezug der Verzweigungstasten können mithin rechnergestützt überprüft werden.

3. Erfahrungen mit Hard- und Software

Bei allen rechnertechnischen Problemen, denen wir uns bislang gegenübersahen, liegt die Ursache in noch zu geringer Systemleistung von Hard- und Software.

Für eine zumutbare Zugriffszeit auf die digitalisierten Graphiken mußten wir auf Farbe oder Grauwerte verzichten, denn schon der Zugriff auf die Schwarz-Weiß-Graphiken mit einem HyperCard-kompatiblen Produkt, das auch Farbe zuläßt (SuperCard), war im Vergleich etwa einen Faktor vier langsamer, die Verwendung von Farben hätte selbst bei den Macintosh-Modellen der oberen Leistungsklasse zu unerträglichen Wartezeiten geführt.

Die Beschränkung auf Schwarz und Weiß, zusammen mit der schon hohen aber dennoch zu geringen Auflösung des Bildschirms von 72 dpi stellte uns vor die Aufgabe, die Graphiken speziell für diese Randbedingungen neu zu erstellen, denn jede automatische Umwandlung der Farbgraphik in eine Rastergraphik mit den angegebenen Merkmalen, etwa durch Einscannen und anschließendes Nachfahren von Bereichen gleicher Graustufe (*Autotrace*), liefert zu schlechte Resultate. Der Grund hierfür ist der, daß der Abstraktionsprozeß von einer farbigen Vorlage mit feinen Details bis hin zu holzschnittartiger Vergröberung das Erkennen von Relevanz erfordert, womit Automaten bekanntlich überfordert sind. Glücklicherweise hat sich ein Autor des letzten Jahrhunderts [5] dieser Mühe bereits unterzogen; wir haben dessen Strichzeichnung der Weltkarte zur Vorlage genommen.

Die Verarbeitung von Grauwert- oder Farbbildern in großer Zahl findet des weiteren ihre Grenzen in der Massenspeichertechnologie. Wir verwenden zur Speicherung von Grauwertbildern löschbare optische Plattenlaufwerke, deren mittlere Zugriffszeit von etwa 90 ms noch um einiges zu hoch für einen schnellen Bildwechsel bei Hypermedia-Anwendungen liegt. Bislang eignen sich hierfür nur große konventionelle Magnetplatten.

Zusammenfassend läßt sich folgern: die Bildschirme müssen besser, Hard- und Software sowie Massenspeicher müssen schneller werden, um Hypermedia-Anwendungen entwickeln zu können, deren Graphik auch nur annähernd mit der herkömmlicher Papiermedien konkurrieren kann. Wir beschränken uns deshalb bei der Dokumentation der Ebstorfer Weltkarte auch darauf, ein Wiedererkennen der Objekte der Vorlage auf dem Rechnerbildschirm zu ermöglichen, die Vorlage selbst bleibt unersetzlich.

Obwohl an eine ernsthafte Konkurrenz zu Print-Medien bei der Graphik-Präsentation erst in einigen Jahren zu denken ist, macht die Möglichkeit, wie hier strukturerhaltend abzubilden und einen flexiblen Zugriff auf die Kartenelemente zu ermöglichen, doch einigen Sinn, so daß wir in dem Projekt eine fruchtbare langfristige Aufgabe sehen.

Ich danke sehr herzlich der Äbtissin des Klosters Ebstorf, Frau v. Pusch, und dem Direktor des Museums für das Fürstentum Lüneburg, Herrn Dr. Michael, für die Unterstützung, die sie unserer Arbeit gewähren. Den Studentinnen und Studenten Anja Hirt, Gerhard Leder, Paul-Ferdinand Siegert und Carmen Wedemeyer danke ich für die viele Arbeit, die sie in das Projekt bereits hineingesteckt haben und dafür, daß die Arbeit solchen Spaß macht.

Literatur

[1]   Fox, E. A.: The Coming Revolution in Interactive Digital Video. Commun. acm, *32(7)* , 794 ff (1989).

[2]   Hahn-Woernle, B.: Die Ebstorfer Weltkarte. Kloster Ebstorf.

[3]   Kugler, H.: Die Ebstorfer Weltkarte. Ein europäisches Weltbild im deutschen Mittelalter. in: Zeitschrift für deutsches Altertum, *Jg. 116(Heft 1),*S. 1-29 (1987).

[4]   Lipp, A.: Kunst im Netzwerk. Hamburg: Hamburger Kunsthalle 1986.

[5]   Miller, K.: Die Ebstorfkarte, Heft 5. Stuttgart: Jos. Rothsche Verlagshandlung 1896.

[6]   Nelson, T.: Computer Lib/Dream Machines. Redmond: Tempus Book of Microsoft Press 1987. Überarbeitete Ausgabe von 1974.

[7]   Ruberg, U.: Mappae Mundi des Mittelalters im Zusammenwirken von Text und Bild, in: Text und Bild, Aspekte des Zusammenwirkens zweier Künste im Mittelalter und früher Neuzeit. Wiesbaden: 1980.

[8]   Sommerbrodt, E.: Die Ebstorfer Weltkarte. Hannover: 1891. Mit einem Atlas von 25 Lichtdrucktafeln.

»Film als Buch«
Hyperdokumente zur Filmanalyse

WOLFGANG COY
Universität Bremen Informatik

1. Einleitung

»Ehe man sich Griffith und Eisenstein oder Murnau vornimmt, um nur die bekanntesten Beispiele zu nehmen, ehe man mit damit anfangen kann, sie sich anzuschauen, müßte man erst die materiellen Möglichkeiten , die es gibt zusammenbringen, die beispielsweise darin bestehen, einen Film vorzuführen, ihn langsamer laufen zu lassen, um etwa zu sehen, wie Griffith oder jemand anders irgendwann an einen Schauspieler herangegangen ist und die Großaufnahme, wenn nicht unbedingt erfunden, so doch zum erstenmal mit einer gewissen Methode verwendet hat. Wie er daraus eine Stilfigur gemacht hat, wie er etwas gefunden hat, so wie ein Schriftsteller irgendwann eine bestimmte Grammatik erfunden hat. Aber dazu muß man den Film von Griffith haben und ihn sich in Ruhe ansehen können, um den Moment zu entdecken, wo man spürt: da passiert etwas. Und wenn man zum Beispiel der Meinung ist, daß etwa fast Analoges, aber auf andere Weise, etwa in Rußland passiert ist, was dessen Folge oder Erbe oder Vetter oder Ergänzung ist, wenn man es mit Eisenstein vergleichen möchte, dann muß man den Film von Eisenstein haben, ihn sich in Ruhe auf den Moment hin anschauen, dann die beiden Momente zeigen und das außerdem mit anderen zusammen machen und nicht allein, um zu sehen, ob das wirklich was ist. Und wenn nichts da ist, dann sucht man eben woanders. So wie Wissenschaftler im Laboratorium arbeiten. *Aber dieses Labor gibt es nicht.* Die einzige Stelle, wo es Forschung gibt, ist die Pharmazeutik, ein bißchen noch die Medizin und ein paar Universitäten, aber da immer im Zusammenhang mit militärischen Projekten Da forscht man allerdings, dafür gibt es Instrumente. Aber nicht fürs Kino. Wenn wir hier sowas machen wollten... «
Ich habe eine Vorstellung von der Methode, aber nicht die Mittel. ... Man muß sich den Film anschauen können, aber nicht in einer Projektion, weil man da immer sagen muß: Wir haben doch vor einer Dreiviertelstunde gesehen, erinnern sie sich ... Das bringt nichts. Man müßte das sehen und danach vielleicht eine andere Großaufnahme, aber zusammen.« [14]. Jean Luc Godards Unbehagen an der Unmöglichkeit einer »wahren Analyse des Kinos«, einer Analyse, die den Film als Film und nicht nur als Text oder Vortrag über den Film wahrnimmt, ist nun etwa über zehn Jahre alt, geäußert am Beginn einer Vorlesung am Conservatoire d'Art Cinématographique in Montreal. Die Vorlesung trug den programmatischen Titel »Introduction à une veritable histoire du cinéma et de la télévision«. Diese veritable Geschichte des Kinos technisch zu erleichtern, ist durch die massenhafte Perspektive interaktiver multimedialer Systeme ein deutliches Stück nähergerückt. Ein Schritt in diese Richtung, die interaktive Analyse eines Films, geschrieben als Hypertext, ist Gegenstand dieses Papiers.

Der Film, der mit Hilfe eines Hypertextsystems analysierbar gemacht werden soll, ist ein Film von Jean Luc Godard: »One plus One« (*Cupid Productions, London, 1968*), neben »Le gai savoir« und dem Video »Ici et ailleurs« eine der primär medienkritischen Arbeiten Godards. Beschrieben werden sollen hier die technischen Schritte zur Interaktion, nicht die Analyse selber, die noch gar nicht abgeschlossen ist.

Der Film selber, zehn Jahre vor Godards Vorlesung gedreht, thematisiert die antirassistische Rassenbewegung der »Black Power«, deren Texte in einer melodramatischen Szenenkette mit den Probeaufnahmen zum Rolling Stones-Song »Sympathy for the Devil« (*Olympic Studio, London, März-Juni 1968*) verwoben werden. Ein zentrales Thema des Films ist es, die Enteignung der ethnischen „schwarzen" Musik zum kommerziellen/„weißen" Rock'n Roll, die von Black Panthern wie Leroi Jones [17] oder Eldridge Cleaver beschrieben wird, vorzuführen. Als Beispiel dienen die Rolling Stones »die wie faschistische Führer sind, mit einem total sadistischen Verhältnis zum Publikum, das es übrigens auch gar nicht anders will.« Der Film ist zeitgleich mit den Événements des Mai 68 in Paris und er trägt dessen utopischen Überschuß in sich — aber auch Godards Einschätzung der Möglichkeiten der Utopie »Und dann, bei diesem 'One plus One' ging es auch darum, zu zeigen, ohne es ausdrücklich zu sagen, daß etwas nicht in Ordnung ist. Es ist nicht in Ordnung, zu sagen: hier Revolution, da Faschismus.«

»Jede Gruppe herumlungernder weißer Boys, die einen Haarschnitt und männliche Hormone nötig haben, kann eine Popgruppe sein. Nichts anderes ist Pop.« [1]

2. Lesen & Schreiben lernen: Filmanalyse als Hypertext

In jedem Medium wird ein rezipierbares Produkt erstellt. Beim Buch ist dies der Prozeß des Schreibens, der sich wieder in die Einzeltätigkeiten des Materialsammelns, des Auswählen und des Anordnen des Materials gliedert. Diesem Schreiben steht das Lesen in vielfältiger Form entgegen, das ein Sichten ausgewählten und angeordneten Materials ist. Im Medium Film geschieht dies entsprechend. Das gedrehte, geschnittene Material wird vom Zuschauer angesehen. Den »Film lesen lernen« [20] ist die Aneignung des homogenen künstlerischen Mediums Film. Aber es ist nicht der Film allein, der zu schreiben und zu lesen ist. Es wird auch über den Film geschrieben und über den Film gelesen — im heterogenen Medium Filmbuch, das Text und Standbild mischt und die Idee der Filmsequenz evozieren muß. Dies wird notwendigerweise in unvollkommener Form evoziert, so daß uns die »wahre« Geschichte des Films, wie Godard es nennt, eine mit angemessenen Mitteln präsentierte Geschichte des Films, verborgen bleibt, solange wir nicht ihr Potential entfesseln. Dies ist das Ziel des vorgestellten Projekts PROFIL (Projekt Filmanalyse).

Der Prozeß des Schreibens als Sammeln und Auswählen, Anordnen und Präsentieren von gespeichertem Wissen gilt auch für interaktive Medien. Die Frage nach dem Verhältnis von Angeordnetem und zu Lesen dem muß freilich neu bestimmt werden; sie ist nicht a priori gegeben. In diesem Sinne

---

[1] Alle Bildunterschriften sind den Filmdialogen entnommen.

handelt es sich bei der interaktiven multimedialen Filmanalyse um *eine* Ausprägung eines Hyperdokuments.

Technische Medien speichern „geschriebenes" Wissen und präsentieren es „lesbar" in zeitlich, räumlich versetzter, multiplizierbarer und distribuierter Form. Wissen als semiotische Kategorie ist dabei
eine dreistellige Relation $\Gamma=(\alpha,\tau,,\omega)$ zwischen Autor α, Dokumentkorpus δ und Leser ω. Im Hypertext ist die Präsentation des Dokumentkorpus als Text $\tau(\delta)$ materiell an den Rechner gebunden. Im
multimedialen Einsatz gibt es unterschiedliche mediale Speicherformen für den Dokumentkorpus.
Im Filmbuch, wie es hier untersucht wird, bestehen diese aus digitalisiert gespeicherten Texten,
Grafiken, Standbildern, Ton und aus analogem Film. Rechner speichern Wissen in Form des Dokumentkorpus und präsentieren das derart gespeicherte Wissen für die Leser. Im eigentlichen Sinne ›repräsentieren‹ sie es allerdings nicht, obwohl gewisse Forschungen zur Künstlichen Intelligenz dies
unter Mißachtung der Beziehungen des Wissens zu Autor und Leser immer wieder implizieren wollen [9]. Ohne zumindest potentiellen Leser wird Wissen bedeutungslos, die dreistellige Relation Γ
wird undefiniert.

Die Aneignung von Wissen in gespeicherter Form durch den Leser ist ein eigenständiger, intelligenter Prozeß. Leser konkatenieren Wissen linear, verbinden Teile, die nicht nebeneinanderliegen,
analysieren und verstehen das Gelesene. Die Konkatenation wird im linearen Text durch den Autor
vorgegeben, im nichtlinearen Dokumentkorpus werden statische Verbindungen zwischen Grundeinheiten dieses Korpus vorgegeben oder Prozeduren zur dynamischen Verbindung dieser Grundeinheiten angeboten. Die lineare, statische oder prozedurale Anordnung wird im Hyperdokument
programmiert unterstützt. Das Verstehen bleibt jedoch die originäre Leistung des Lesers (als drittem
Teil der Relation Γ), das nicht von einem Programm übernommen werden kann — auch dies ein Irr-
weg mancher KI-Forscher. Im Rahmen der prozeduralen Konstruktion von Verbindungen wird Wissen in neuer Form präsentierbar, es findet ein Wissenstransfer statt. Wissen wird bearbeitet oder
transferiert. Auch der modern gewordene Begriff der ›Wissensverarbeitung‹ ist nur mit dem Blick auf
den Leser voll zu entfalten. Rechnerprogramme be-arbeiten Wissen, ver-arbeiten muß es der Leser.
Im Kontext des Hyperdokument werden diese Begriffe schlaglichtartig klarer.

›Glauben Sie, daß Kultur Ordnung ist?‹

Mit dem derart bestimmten Begriff des im Rechner gespeicherten Wissens wird der Computers als
eigenständiges ›neues‹ technisches Medium entfaltet, gekennzeichnet durch interaktives Arbeiten
und multimediale Vielfalt. Visionäre wie Ted Nelson sprechen in diesem Kontext sogar von einer

›Befreiung des/zum Computer‹ (*Computer Lib*) [21]. Dies steht in interessanter Spannung, aber nicht notwendig im Widerspruch zur Medienauffassung vom Computer, wie sie Winograd und Flores im Kontext rechnerunterstützter Gruppenarbeit entwickeln [26].

3. How to read a film?

Diese Frage ist Titel von James Monacos Einführung in die Cinéastik [20]. Gemeint ist das Lesen im Sinne des be-lesenen Rezipienten. Im multimedialen Filmbuch ist der Begriff des Lesens aller multimedialen Dokumente unmittelbar einleuchtend. Doch durch den Hypertextcharakter des Filmbuchs wird eine Frage sofort präsent: ›Wie schreibt man ein Filmbuch?‹, wie verarbeitet man den Medienwechsel.

Der Medienwechsel ist im Kontext des Kino- und Fernsehfilms nicht ungewohnt. Mit der Entstehung des Films als Kunstform ist der Rückgriff auf die geschriebene Literatur als Drehvorlage ein eingeübter Brauch. Doch das Verhältnis von Buch und Film ist keine Einbahnstraße. und die schriftliche Analyse von Filmen füllt Bibliotheken. Filmlexika unterliegen dabei dem gleichen Widerspruch wie jedes Lexikon: Sie müssen Material linear anordnen, für das keine ein-eindeutige lineare Anordnung besteht. Die besonders inhaltsleere alphabetische Anordnung kann durch chronologische, geographische oder andere Kategorien ersetzt und ergänzt werden. Der Stoff selber ist jedoch nicht linear verwoben. Bei Film-Lexika ergibt sich ein zweiter Widerspruch: Der Widerspruch zwischen ›Medium Buch‹ und ›Medium Film‹. Das Buch als technisches Medium läßt eben die Präsentation des Film als Film nicht zu. Standbilder sind die notdürftige Brücke zum Visuellen. Godards Klage trifft dieses Dilemma: *›Ich habe eine Vorstellung von der Methode, aber nicht die Mittel. ... Man muß sich den Film anschauen können, aber nicht in einer Projektion, weil man da immer sagen muß: Wir haben doch vor einer Dreiviertelstunde gesehen, erinnern sie sich ... Das bringt nichts.‹*

Das Projekt Filmbuch versucht dies durch den multimedialen, interaktiven Charakter des rechnergestützten Hyperdokuments zumindest in Ansätzen zu überwinden. Am interaktiven Arbeitsplatz ist es möglich, Filmsequenzen zu sehen, Film gegen Film zu setzen und Film mit Text zu verbinden. Der Preis dieser Möglichkeiten ist die Last, neue Formen des Schreibens und Lesens entwickeln zu müssen.

Ein Grundproblem aller Hypertexte wird im Filmbuch noch verstärkt: Inhaltsverzeichnisse, die einen schnellen Überblick erlauben, aber auch das Bestimmen des erreichten Ortes erleichtern [22], sind mit der langsamen Technik des Videorecorders und der starken Betonung des Bildmaterials besonders wichtig. Die Betonung der Inhaltsverzeichnisse liegt auf den bildhaften, auch ikonisierten Elementen.

Ziel des Schreibens muß es sein, dem Leser einen Pfad durch den Dokumentkorpus anzubieten. Diese Pfad wird interaktiv dynamisch bestimmt, doch die möglichen Entscheidungen sollten vom Autor vorhersehbar sein, auch wenn die schiere Anzahl möglicher Pfade nur eine globale Strukturierung zuläßt. Als Mittel dieser Vorstrukturierung bieten sich ausgeschilderte Pfade an, ›trails‹ im Sinne Vannevar Bushs [3,4,5] oder ›guides‹,. wie sie z.B. im BBC-Projekt ›Future Worlds‹ [25] verwendet werden.

Die Konstruktion von *Guides* geht von der Trennung des Materialsammelns und der Anordnung dieses Materials aus. Das ausgewählte Material — im Filmbuch: der Film, das Drehbuch, zugehörige Texte, Standbilder, Ton — wird von verschiedenen Autoren interpretiert und geordnet. Die einfachste Anordnung ist der Film selber. Er kann ohne weiteren kommentierenden Eingriff angesehen werden. Leser können aber auch angebotenen, analytischen Ordnungspfaden folgen, sie durchlaufen, aber auch an einzelnen Einschnitten wechseln und somit einen Perspektivwechsel im Material erleben. Natürlich muß dem Leser die Möglichkeit geboten werden, ein Notizbuch zu benutzen, seine

Erkenntnisse beim Lesen zu notieren, interessante Teile des Hyperdokuments, aber auch Filmsequenzen zu kopieren.

»Und Amerika macht genau das, was es will. Einbißchen Schießen, ein bißchen Krieg. Und all das zu konsumieren im Farbfernsehen.«

Für die wissenschaftliche Arbeit an der Filmanalyse kann die Notizbuchfunktion erweitert werden, so daß der Leser eigene Pfade durch das Material konstruieren kann und somit zum Autor wird. Diese »trails« dienen dann als erweiterter Zettelkasten, doch sie auch mögen anderen Lesern zur Verfügung gestellt werden. Im Projekt Filmanalyse wird diese erweiterten Notizfunktion genauer untersucht werden.

Ein konsequenter Schritt führt vom individuellen Zettelkasten zur individuellen Ausarbeitung. Das Filmbuch bietet im jetzigen Stand die materielle Dokumentenbasis für spezifische Ausarbeitungen, die als Text mit Bildern und Grafiken ausgedruckt werden können. Das interaktive multimediale Filmbuch ist damit auch eine erweiterte Basis herkömmlicher Dokumentenproduktion.

4. Das Projekt Filmanalyse— Technische Aspekte

Das Projekt PROFIL profitiert von der raschen technischen Entwicklung, in deren Gefolge massenhaft multimediale und interaktive Geräte verfügbar werden. Konkret werden im Projekt Mikrorechner (des Typs Macintosh unter Mac OS 6.0.4) mit 24-Bit Farbaufnahme und Wiedergabe und zwei S-VHS Videorecorder eingesetzt, die die Darstellung von analog gespeicherten Filmszenen ermöglichen. Analoge Direktzugriffsspeicher wie Bildplattenspieler sind bisher nur für kurze Laufzeiten verfügbar; die Übertragung von Filmen auf diese Platten ist teuer. Rechneransteuerbare Videorecorder sind zwar langsam, aber sie lassen die billige und schnelle Überspielung von Filmen praktisch beliebiger Länge zu. Die Ausstattung des Arbeitsplatzes mit zwei Recordern ist nützlich. Sie bietet einmal die Möglichkeit, zeitgleiche Betrachtung unterschiedlicher Filme oder den Vergleich unterschiedlicher Filmszenen oder Einstellungen des gleichen Films vorzunehmen. Der zweite Recorder kann aber auch zur Kopie von Einstellungen und Szenen benutzt werden.

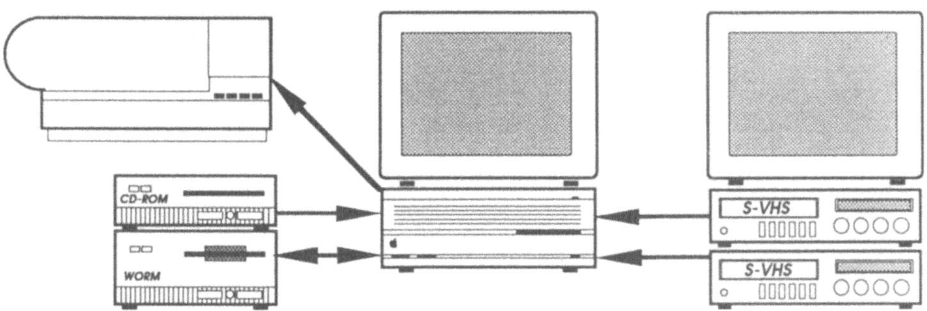

Texte, Grafik, Standbilder und Tonsequenzen werden in digitalisierter Form gespeichert und bearbeitet. Derzeit werden die Filmbilder auf eigenen Monitoren dargestellt. An der Alternative einer gemischten Darstellung von analogem Videosignal und digitalen Signalen auf einem gemeinsamen Großbildschirm wird gearbeitet. Neben den Monitoren steht auch ein Farbdrucker zur Verfügung, um die Ergebnisse eines Analysedurchgangs in Form eines Dokuments ausgeben zu können.

5. Film als Erzählgestus

Die langfristige Wirkung des Filmbuchs liegt jedoch weniger in der Nutzung nun entstandener technischen Möglichkeiten, sondern in der kulturellen Wirkung dieser neuen Perspektiven, insbesondere in der langfristigen Wirkung auf die ·Kulturtechnik Buch·.
Ein zentrales Moment der Kommunikation ist die Erzählung, die erzählte Geschichte. Dies gilt für die Urformen der Literatur, Gesang, Sage und Märchen und es gilt für die entfalteten schriftlichen Formen der Literatur, Gedicht, Epos, Roman. Während der Gesang noch zyklische Formen erlaubt, ist die Schriftform typischerweise linear angeordnet [13,16]. Während der Kinofilm diesem einfachen linearen Muster schon aus dem technischen Grund der Projektion folgt, besitzen die bildenden Künste dagegen von Natur aus einen geringeren Grad inhärenter Ordnung. Ihre Anordnung ist logisch eigentlich nur als Graph interpretierbar.

Graphstrukturen sind auch die Grundstruktur des Hypertextes und die Herausforderung für das Filmbuch in Hyperdokumentenform. Es ergeben sich zwei zentrale Fragenkomplexe:

• Wie schreibt und liest man einen Hyperkorpus?

• Welche neuen ästhetischen Formen erlaubt diese Präsentationsform Hyperkorpus?

Die erste Frage wurde soweit dies schon erkennbar ist, im vorherigen Abschnitt beantwortet. Für die zweite Frage steht die Antwort noch aus. Mit der Entfaltung der ·Gutenbergschen Ära· [8] lockert sich der lineare Gestus der Erzählung. In der Literatur werden nach und nach komplexere Erzählkonstruktionen entwickelt. Joyces Handlungsparallelität, Musils Verschränkung von Essays im Roman, die verschachtelten Rück- und Vorprojektionen Schmidtscher Typoskripte oder Pynchons Comic Strip-Romane sind pointierte literarische Beispiele aus diesem Jahrhundert. Auch in der wissenschaftlichen Literatur ist eine solche Auflösung der Linearität über die Lexika hinaus zu beobachten, so im kybernetischen Text ·Cybernetics of Cybernetics· einer Forschergruppe um Heinz v.Foerster [23]. Eher lesetechnische Auflösungen der Linearität entstehen in der Form der Zeitungen und Zeitschriften. Sie sind aus linear geschriebenen Beiträgen aufgebaut, aber ihre logische Grundstruktur ist am besten als baumartig zu beschreiben. Die logischen Referenzstrukturen von Lexika und Handbüchern sind schließlich allgemeine Graphen, deren Knoten lineare Textstücke, Grafiken oder Bilder.

»Das ist keine Frage von rechts oder links, sondern von schwarz oder weiß.«

Elektronische Massenmedien, Rundfunk und Fernsehen bieten wie die Erzählung oder der Film bezogen auf den einzelnen Sender lineare Strukturen an. Auf Grund der Vielzahl der Sender kann die völlig andere Strukturen annehmen. Spätestens die Fernbedienung erlaubt im *TV-Scanning* ein graphartiges verzahntes unterschiedlichster Bild- und Tonsequenzen zu einem originellen, wenngleich aleatorisch bestimmtem Rezeptionserlebnis.
Es gibt also unterschiedliche, formale wie inhaltliche Belege dafür, daß der lineare Text seinen historischen Zenit überschritten hat. Freilich mag eine solche Bewegung erst mit genügendem zeitlichem Abstand angemessen wahrgenommen werden.

6. Kino und Fernsehen als Vorläufer interaktiver Medien?
Ob Kino und Fernsehen nur Episoden in der Geschichte der künftig interaktiven Medien sind, wird sich zeigen [8,27]. Offen ist auch, in welcher Form der Film durch diesen Prozeß verändert wird. Daß Film trotz Fernsehserien keine konstante Ästhetik und Technik hat, zeigen Godards Arbeiten. Als eigentliche Frage bleibt, ob Roman, Film oder Fernsehen Geschichten erzählen und damit einer sehr viel ältere Tradition verhaftet bleiben oder ob die »neuesten Medien« auf den Gestus des Erzählens verzichten wollen. Technisch wird dies prinzipiell möglich. Für interaktive (Hyper-)Medien ist es umgekehrt äußerst schwierig diesen Gestus des Erzählens zu behalten. Doch dieser Diskurs umfaßt nicht bloß die Technik, wenngleich sie ihn erst ermöglicht. »Glauben Sie, daß Kultur Ordnung ist?« wird die allegorische Gestalt der Demokratie in Godards Film gefragt — in einem Film, in dem die Ordnung der Handlung bereits aufgelöst ist. Ein Phänomen, zu dem er zehn Jahre später bemerkt, »es wäre besser gewesen, wenn es statt der kurzen Szenen eine durchgehende Geschichte gegeben hätte, so, wie es ein Thema gab.« [14].

Literatur

[1] Barett, E. (Hrsg.), Text, ConText, and HyperText — Writing with and for the Computer. Cambridge, Mass. (USA): MIT Press 1988

[2] Brand, S.: The Media Lab — Inventing the Future at MIT. New York: Viking Penguin 1987

[3] Bush, V.: As we may think. Atlantic Monthly *176(1)*, (1945)

[4] Bush, V.: Memex Revisited, Science Is Not Enough. 75-101. New York: William Morrow 1967

[5] Bush, V.: Pieces of the Action. New York: William Morrow 1970

[6] Conklin, J.: Hypertext: A Survey and Introduction. *20*(9), 17-41 (1987)

[7] Coy, W.: Von QWERTY zu WYSIWYG - Texte, Tastatur & Papier. Sprache im technischen Zeitalter *Jhrg. 25*(Nr. 102/87), 136-144 (1987)

[8] Coy, W.: Après Gutenberg — Über Texte und Hypertexte, in W. Rammert (Hrsg.): Jahrbuch Technik&Gesellschaft. 5. Frankfurt/Main: Campus, 1989

[9] Coy, W. & L. Bonsiepen: Erfahrung und Berechnung — Kritik der Expertensystemtechnik. Informatik Fachberichte Nr. 229. Berlin—Heidelberg—New York—Tokio: Springer 1989, 330 p.

[10] Deleuze, G.: Das Bewegungs-Bild — Kino 1. (Übers. von U.Christians & U.Bokelmann) Frankfurt/M: Suhrkamp 1989

[11] Engelbart, D.C. & W.K. English: A Research Center for Augmenting Human Intellect, in: Proc. AFIPS Fall Joint Computer Conference Fall 68, 1968

[12] Englebart, D. & W.K.English: A Research Center for Augmenting Human Intellect, in: Proc. Fall Joint Computer Conference 395-410, 1968

[13] Flusser, V.: Die Schrift. Göttingen: 1987

[14] Godard, J.-L.: Einführung in die wahre Geschichte des Kinos. (Übers. von F.Grafe & E.Patalas) München: Hanser, 1981

[15] Goodman, D.: HyperCard Developer's Guide. New York: Bantam Books, 1988

[16] Goody, J., I. Watt & K. Gough: Entstehung und Folgen der Schriftkultur. (Übers. von F. Herborth), stw 600, Frankfurt/M: Suhrkamp, 1986. Einleitung von H.Schlaffer; Teilausgabe von »Literacy in Traditonal Societies«, Cambridge: Cambrige University Press, 1968

[17] Jones, L., Ausweg in den Haß — Vom Liberalismus zur Black Power, Darmstadt: Josef Melzer, 1966.

[18] Kluge, A. (Hrsg.), Bestandsaufnahme: Utopie Film. Frankfurt/M: Zweitausendeins, 1983, 592 p..

[19] Lambert, S. & S.Ropiequet (Hrsg.), CD ROM- The New Papyrus. Redmond, Wash. (USA): Microsoft Press, 1986

[20] Monaco, J.: Film verstehen — Kunst, Technik, Sprache, Geschichte und Theorie des Films. (Übers. von H.-M.Bock & B.Westermeier) Reinbek bei Hamburg: Rowohlt 1980. Originalausgabe: How to read a film, Oxford: Oxford University Press, 1977

[21] Nelson, T.: Computer Lib — Dream Machines. Redmond, Wash.: Microsoft Press 1987. Überarbeitete Neuausgabe der Ausgabe von 1974.

[22] Nievergelt, J. & A.Ventura: Die Gestaltung interaktiver Programme. Stuttgart: Teubner, 1983

[23] v. Foerster, H. .a.: The Cybernetics of Cybernetics. San José, Ca. (USA): San José State University Press, 1986, 523 p. Reprint der Erste Aufl. Urbana, Ill. 1974

[24] Virilio, P.: Krieg und Kino — Logistik der Wahrnehmung. (Übers. von F.Grafe & E.Patalas) Edition Akzente München: Hanser 1986, 191p.

[25] Whitby, M.: Brave new Worlds. MacUser 5(3/89), 28-35 (1989)

[26] Winograd, T. & F. Flores: Erkenntnis—Maschinen—Verstehen. (Übers. von L.Voet) Berlin: Rotbuch Verlag 1989, Nachwort: W.Coy, „Ein post-rationalistischer Entwurf. Original: Understanding Computers and Cognition, Norwood (USA): Ablex, 1986

[27] Zieglinski, S.: Audiovisionen — Kino und Fernsehen als Zwischenspiele in der Geschichte. rde 2480 Reinbek bei Hamburg: Rowohlt 1989, 318p..

Tanz auf dem Bildschirm
— Das Projekt TANZARCHIV —

LENA BONSIEPEN
Universität Bremen Informatik

1. Bewegung notieren

Der amerikanische Choreograph und Tänzer Merce Cunningham beschrieb im Jahr 1968 seine Vision einer technisch unterstützten Tanzdokumentation. »Er fordert zwei in Zeit- und Raumdarstellung synchronisierte Projektionswände oder Bildschirme in einer technisch noch nicht realisierbaren Vision. Auf einer Leinwand oder einem Bildschirm ist der normale Tanzablauf zweidimensional zu sehen mit Kostümen, Dekor usw. Auf der anderen Leinwand sind in einer dreidimensionalen Aufnahmetechnik "Strichmännchen" dargestellt, die genaue Informationen über Bewegungsformen und -details vermitteln. Damit soll folgendes erreicht werden: 'The shapes move in depth giving accurate details as to the movement, the time is indicated on the side by conventional music score or by seconds, minutes, hours, the space is defined by outlines indicating edge of stage, wing if needed, downstage etc. (...). There are refinements necesssary about this, naturally — the face for example, the exact positions (...) distortions of the fingers and the toes, smallnesses not orderly registered.'« [5]

Die Vision von Merce Cunningham spiegelt ein Dilemma der Tanzdokumentation: Tanz hat wie jedes Bühnengeschehen keine eindeutig fixierbare Notations- und Präsentationsform. Seit dem 15. Jahrhundert findet man Tanzschriften, mit denen ähnlich wie in der Musik, z. T. auch an die Musiknotation angelehnt, Choreographien bzw. Bewegungsabläufe festgehalten werden. (vgl. Abb. 1.) Ebenfalls in Analogie zur Musikdokumentation besteht aber das Problem, daß die statische Notation zwar zur Bewegungsanalyse, zur genauen Dokumentation der räumlichen und zeitlichen Abläufe geeignet ist, künstlerische Intention hingegen ebenso wie Feinheiten der Bewegung, die nicht einem bestimmten Tanzstil verpflichtet sind, unberücksichtigt bleiben. Der Einsatz von Film- bzw. Videoaufzeichnungen hat die Möglichkeit der Tanzdokumentation deutlich gesteigert, wenn auch wegen der unterschiedlichen ästhetischen Kriterien von Film und Theater nicht gelöst. Tanzdokumentation als wissenschaftliche und künstlerische Aufgabe ist also dem Wesen nach multimedial: die (Tanz-)Schrift dient der statischen Notation exakter Bewegungsabläufe, die Filmaufzeichnung der Darstellung des künstlerischen Ausdrucks und der visuellen Unmittelbarkeit.

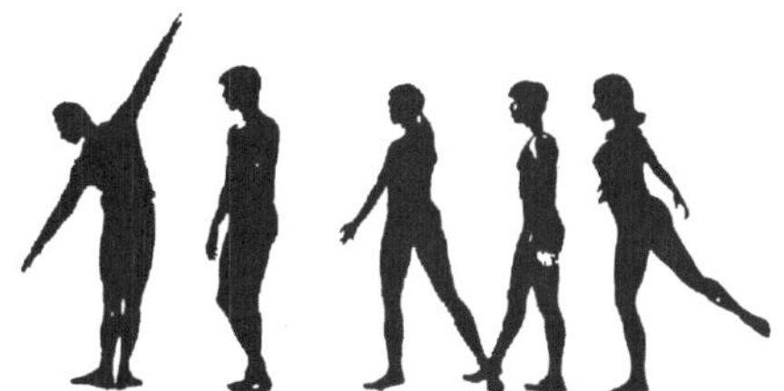

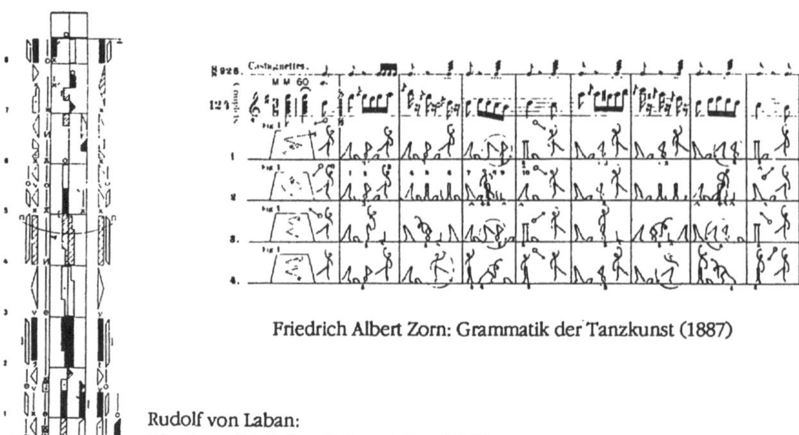

Friedrich Albert Zorn: Grammatik der Tanzkunst (1887)

Rudolf von Laban:
Kinetographie Laban/Labanotation (1929)

Abb. 1: Zwei Beispiele für Tanznotationen

Die *Dokumentationstelle für Tanz und Bewegung* in Bremen [9] ist ein relativ junges Archiv, in dem Dokumentationsmaterial des zeitgenössischen Tanzes unterschiedlicher medialer Qualität gesammelt und verfügbar gemacht wird: Ton (Musik und Sprache), Text (Literatur, Kritiken, wissenschaftliche Texte, Programmzettel), Film/Video, Grafik (Tanzschriften, Kostüme, Bühnenbild, choreographische Notizen), Foto (Porträts, Szenenfotos). Die Dokumentationsstelle steht in Kontakt mit anderen Tanzarchiven (dem Tanzarchiv Köln und US-amerikanischen Archiven). Die Nutzungsanforderungen an das Archiv sind in erster Linie wissenschaftlicher und künstlerischer Art; daneben werden auch sogenannte "Medienpakete" für Studenten und Pädagogen zusammengestellt.

2. Hypermedia-Systeme für die rechnergestützte Archivarbeit

Es scheint charakteristisch für die gegenwärtige Phase fortgeschrittener Dokumentenbearbeitung durch Hypermedia-Systeme zu sein, daß die technischen Möglichkeiten der Qualität der Produkte und den Bedürfnissen potentieller Anwender nach solchen Systemen vorauseilen (vgl. [8]). Um der relativen Beliebigkeit der Anwendung von Hypermedia-Systemen entgegenzusteuern, steht im Mittelpunkt des Projekts ·TANZARCHIV· die Analyse eines Arbeitsplatzes, der mit einer Vielzahl von Dokumenten unterschiedlicher medialer Qualität zu tun hat, und die aus dieser Analyse abgeleitete Rechnerunterstützung des Arbeitsplatzes durch ein Hypermedia-System. Der Ausgangspunkt des Projekts ist also die konkrete Anwendung, deren Eigenart analysiert wird und nach deren spezifischen Anforderungen ein Hypermediasystem entwickelt wird. Die *Dokumentationsstelle* erweist sich unter dieser Zielsetzung als ein hervorragend geeigneter Kooperationspartner: Tanzdokumentation ist notwendig multimedial; die Nutzungsanforderungen an das Archiv erfordern vielfältige Zugänge und Verknüpfungen des Archivkorpus.

Erster Arbeitsschwerpunkt des Projekts ist die Entwicklung eines Archivkatalogs. Es sind die folgenden Arbeitsschritte geplant:

1. Analyse des Archivarbeitsplatzes in Kooperation mit den Leiterinnen der Dokumentationsstelle (Theaterwissenschaftlerin, Tanz-Filmerin).
2. Festlegung der internen Repräsentation des Materials, Bereitstellung von Digitalisier-Einrichtungen, von Such-, Zugriffs- und Manipulationsprozeduren.
3. Präsentation des Archivmaterials in Form eines interaktiven, multimedialen Katalogs für gelegentliche Nutzer des Archivs. Grundlage für die Organisation und Strukturierung des Materials ist die vorausgegangene Arbeitsplatzanalyse.
4. Technische Unterstützung der interaktiven Auswahl und der (halb-)automatisierten Zusammenstellung von Medienpaketen.
5. Perspektivisch: Präsentation des Archiv-Korpus für andere Nutzungsanforderungen, hier: wissenschaftlicher Archivarbeitsplatz, Tanzfilm-Produktion, choreographische Analyse.

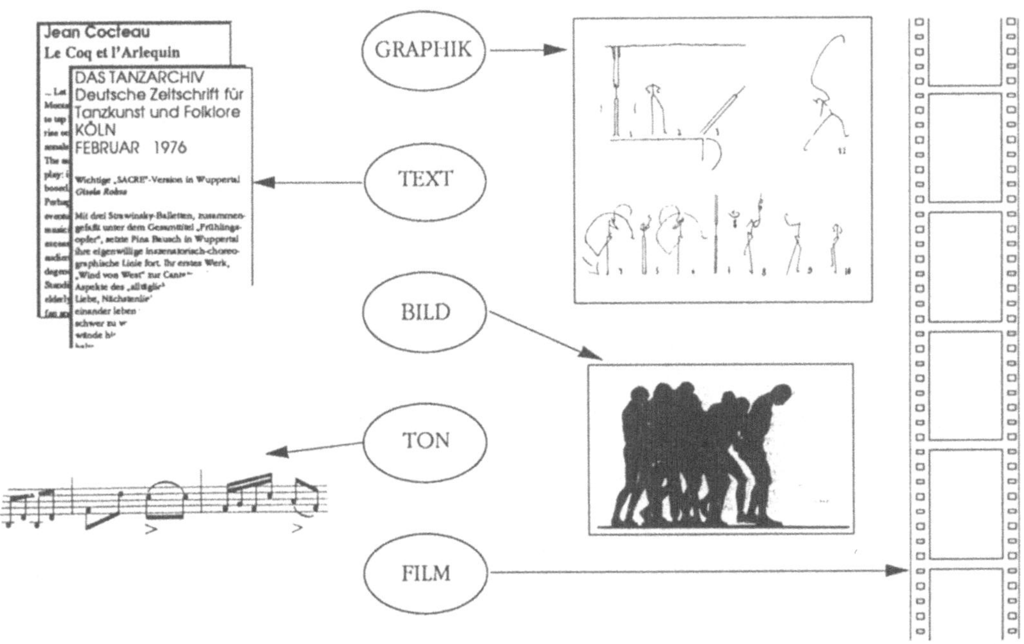

Abb. 2: Dokumente im Tanzarchiv

Die technische Ausrüstung des Archivs besteht aus einem Mikrorechner des Typs Macintosh II, der durch optische Platten aufgerüstet ist. Text, Ton, Graphik und Photos werden in digitalisierter Form verfügbar gemacht, entsprechende Digitalisier-Geräte stehen zur Verfügung. Für die Darstellung des umfangreichen Video-Materials muß mangels verfügbarer Alternativlösungen auf den Videorecorder zurückgegriffen werden, der vom Rechner aus angesteuert wird. Die Ausgabe des analogen Videosignals erfolgt zur Zeit über einen zweiten Monitor, an einer kombinierten Ausgabe von Videosignal und digitalem Signal auf einem Bildschirm wird gearbeitet. Daneben werden Möglichkeiten geprüft, kurze Filmsequenzen digital zu speichern oder auf einem analogen Bandspeicher zu mischen, um die Zugriffszeiten beim schnellen "Blättern" im Katalog zu verkürzen.

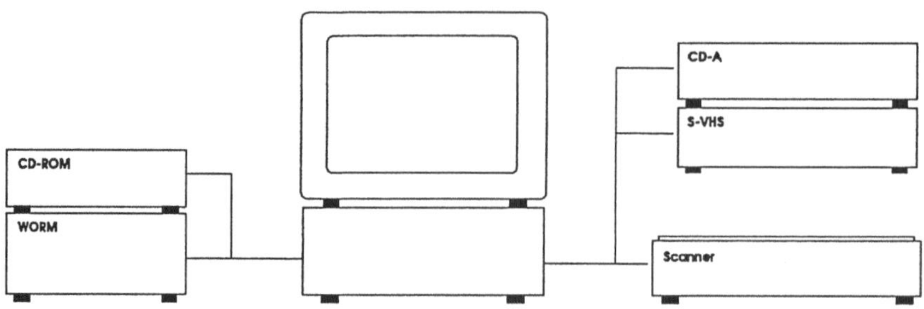

Abb. 3: Rechnergestützter Archivarbeitsplatz

Neben der Realisierung der technischen Unterstützung des Archivs (Arbeitsschritte 2 - 4) soll das Projekt zur Analyse der Möglichkeiten beitragen, die Multi-Media-Systeme für die sinnvolle und nutzbare Unterstützung von Arbeitsprozessen haben können. Das Projekt befindet sich in einer fortgeschrittenen Planungsphase und ist eingebettet in eine Reihe weiterer Projekte an der Universität Bremen, die die rechnergestützte interaktive Archiv- und Katalogarbeit zum Thema haben (u. a. »FILMBUCH« [3]) und in denen in Kooperation ein gemeinsamer technischer Kern des Hypermedia-Systems erarbeitet wird.

3. Literatur

[1] Brand, S.: The Media Lab — Inventing the Future at MIT. New York: Viking Penguin 1987

[2] Coy, W.: Après Gutenberg — Über Texte und Hypertexte, in: Rammert (Hrsg.): Jahrbuch Technik&Gesellschaft. 5. Frankfurt/Main: Campus 1989

[3] Coy, W.: »Film als Buch«: Hyperdokumente zur Filmanalyse, in diesem Band 1990

[4] Frenkel, K. A.: The Next Generation of Interactive Technologies. Comm. of the ACM 32(7), 872-881 (1989)

[5] Jeschke, C.: Tanzschriften — Ihre Geschichte und Methode. Bad Reichenhall: 1983

[6] Laban, R. v.: Die Kunst der Bewegung. (Übers. von Karin Vial & Claude Perrottet) Wilhelmshaven: Florian Noetzel Verlag 1988 (Originalausgabe: The Mastery of Movement, Plymouth, 1950)

[7] Nievergelt, J. & A.Ventura: Die Gestaltung interaktiver Programme. Stuttgart: Teubner 1983

[8] Press, L.: Thoughts and Observations at the Microsoft CD-ROM Conference, personal computing. Comm. of the ACM 32(7), 784-788 (1989)

[9] Die Dokumentationsstelle für Tanz und Bewegung in Bremen. tanz aktuell *Dez. 89/Jan. 90*, 43-45 (1989)

[10] Whitby, M.: Brave new Worlds. MacUser *5*(3/89), 28-35 (1989)

HYPER-T:
Auf den Spuren subtiler Denkprozesse von Psychotherapeuten als Beispiele für Experten in komplexen, schlechtdefinierten Situationen

Franz Caspar

Psychologisches Institut der Universität Bern

Gesellschaftsstr. 49, CH 3012 Bern

Zusammenfassung

"HYPER-T" steht für "<u>hyp</u>othesis generation processes <u>e</u>valuation and <u>r</u>econstruction <u>t</u>ool", der Name spielt aber natürlich auch an "<u>Hyper</u>"-Media an. Es handelt sich dabei um eine HyperCard-Anwendung, welche zur Unterstützung der Rekonstruktion von Denkprozessen im Kopf von Psychotherapeuten entwickelt wurde. Obwohl Hyper-T speziell für die Anwendung in der Psychotherapieforschung entwickelt wurde, ist ein guter Teil der zugrundeliegenden Überlegungen und der Methodik von allgemeiner Relevanz für das Erforschen subtilerer als einfacher regelgeleiteter Denkprozesse bei Experten generell.

1. Die Aufgabe von Experten in komplexen Situationen

Ein Teil der Aktivität von Experten ist zweifellos von relativ klaren, explizierbaren Regeln geleitet. Ein anderer Teil ist allem Anschein nach subtiler. Der Anteil von *intuitivem* Denken z.B.scheint von zwei Haupt-Faktoren abzuhängen: Je *komplexer* Aufgaben sind, je mehr "weiche" Informationen verarbeitet werden müssen, und je weniger klare Theorien herangezogen werden können, desto grösser die Wahrscheinlichkeit, dass eher intuitive als rational-analytische Prozesse ablaufen und dass sie auch zu den bestmöglichen Resultaten führen. Je *erfahrener* Experten sind, desto grösser die Wahrscheinlichkeit, dass sie eher intuitiv als rational-analytisch denken und so im Durchschnitt zu optimalen Resultaten kommen (HAMM, 1988). Es darf insgesamt angenommen werden, dass komplexere Prozesse insbesondere dann involviert sind, wenn es nicht einfach um gute Durchschnittsleistungen, sondern um besonders kreative Leistungen, das Zurechtkommen mit schlechtdefinierten Situationen und um "multiple constraint satisfaction" geht.

2. Probleme beim Erschliessen des Denkens in komplexen Situationen

Wenn wir aus wissenschaftlichem oder praktischem Interesse - z.B. beim Entwickeln von Expertensystemen - Zugang zu Denken gewinnen wollen, das nicht von einfachen Regeln geleitet ist, stehen wir vor beträchtlichen Problemen. Experten handeln zwar oftmals, "als ob" sie sich auf bestimmtes Wissen oder auf bestimmte Regeln stützten, diese sind jedoch weder ihnen selber noch Aussenstehenden auf einfache Weise zugänglich. Dies gilt nach Erkenntnissen der angewandten Entscheidungsforschung besonders für Phasen des Problemlösens, in denen es darum geht, ein Problem zu *erfassen und zu definieren*, im Gegensatz zu späteren Phasen des Handelns. SCHÖN (1988) spricht etwa von *"knowledge-in-action"* und grenzt es von "knowledge-for-action" ab. In der Tat gehen ja konnektionistische Modelle (e.g. McCLELLAND & RUMELHART, 1986) davon aus, dass zumindest ein guter Teil der Informationsverarbeitung intuitiv abläuft, nicht auf expliziten semantischen Einheiten beruht und als Folge davon prinzipiell nicht auf einfache Weise zugänglich ist.

Ob man sich nun solchen Modellen anschliesst oder nicht: Es sind gut gesicherte Erkenntnisse der Problemlöse-Psychologie, dass überwiegend solche Prozesse erinnert werden, die bewusst abgelaufen sind, und dass Erinnerungsspuren von *weniger bewussten* Prozessen *schnell zerfallen*, insbesondere wenn sie durch spätere Informationsverabeitungs-Aktivitäten gestört werden (ERIKSON & SIMON, 1984). Je mehr man folglich von Experten verlangt, sich bei Rekonstruktionsversuchen den Erfordernissen der Forschungsprozedur anzupassen, je *rigider und zeitaufwendiger* solche Rekonstruktionsversuche sind, desto destruktiver sind die Interferenzen, welche vom Forscher verursacht werden, und desto mehr tatsächliche Erinnerungen (im Gegensatz zu Konstruktionen, die richtig oder falsch sein können) werden zerstört. Je unflexibler die Forschungsprozeduren sind im Aufnehmen *aller Aspekte*, die an den ursprünglichen Prozessen beteiligt sind, desto lückenhafter und weniger nützlich wird das erarbeitete individuelle Modell davon, was abgelaufen ist, sein. Ein besonderer Aspekt ist dabei, dass vieles darauf hinweist, dass menschliches Denken grundsätzlich *nicht linear* abläuft (CONKLIN, 1987). Wenn die bisher dargestellten Überlegungen stimmen, dann müsste jeder Versuch, Rekonstruktionen in einem linearen Raster ablaufen zu lassen, methodenbedingte Interferenzen erzeugen.

Ein *psychotherapeutisches Interview* ist ein Prototyp für Situationen, die nicht durch on-line Forschungsprozeduren gestört werden dürfen, wenn die beobachteten Denkprozesse wirklich dem entsprechen sollen, was normalerweise im Alltag abläuft. Damit rückt eine angemessene Methodik zum Rekonstruieren dessen, was während eines Interviews mit einem Klienten im Kopfe des Therapeuten abgelaufen ist, unmittelbar nach diesem Interview, in den Vordergrund.

3. Die Aufgaben von Hyper-T

HYPER-T dient dazu, individuelle Informationen von einem realistischen Ausschnitt von Experten-Denken und -Handeln in "vorgefertigte", aber viel Spielraum offenlassende Raster *aufzunehmen* und für spätere Ergänzungen und Verbindungen effizient *zugreifbar zu machen*. Hyper-T ist charakterisiert durch die Flexibilität von computer-implementierten Hypermedia-Systemen und hilft, eine grosse Menge von unterschiedlichsten Informationen zu explorieren, zu repräsentieren und sich in ihr herumzubewegen.

Dabei geht es im konkreten Fall des Nachvollziehens von Hypothesenbildungsprozessen in Psychotherapie-Interviews um das Transkript von Therapeuten- und Klientenäusserungen, introspektive Berichte des Therapeuten nach dem Interview, Beobachtungen seitens der Untersucher und verschiedene Informationen, die bei der schrittweisen Auswertung der Daten anfallen. Abgesehen vom generellen Ablaufmuster (s. unten) sollen dabei der Therapeut (als Untersuchter) und die Untersucher nicht eingeschränkt werden in ihrer Flexibiltät, was sie wann wie bearbeiten wollen. Alles, was bereits erarbeitet wurde, soll jederzeit auf einfache Weise zugreifbar sein.

4. Überblick über den Einsatz von Hyper-T

Um möglichst wenig Erinnerungsspuren zu verlieren, findet die Rekonstruktion unmittelbar nach dem Interview statt. Der Therapeut wird nicht gleich mit der Videoaufzeichnung konfrontiert, weil diese für ihn auch neue, i.S. von während der Sitzung nicht beachtete, Informationen enthält. Diese sind für ihn inhaltlich tendenziell interessanter als seine eigenen Erinnerungen und lenken von diesen ab. Das stufenweise Exponieren mit immer reichhaltigerer Information (freies Erinnern → Konfrontation mit Transkript → Konfrontation mit Videoaufzeichnung) soll sicherstellen, dass einerseits zunächst eher "unspoiled" Erinnerungen festgehalten werden. Dann soll aber auch sichergestellt werden, dass alles erfasst wird, was mit geeigneter Anregung reaktiviert werden kann. Wieweit erste Auswertungen auch bereits wieder dem Therapeuten vorgelegt werden können, hängt sehr vom konkreten Setting ab.

Abbildung 1: Überblick über den Einsatz von HYPER-T:

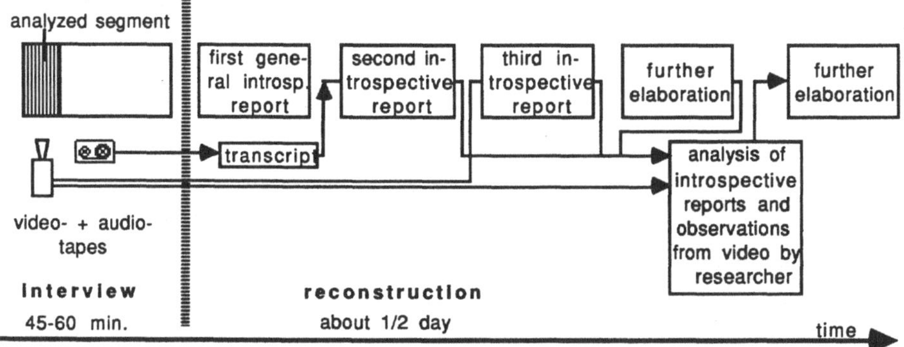

Alle Kommentare des Therapeuten werden unmittelbar während der Rekonstruktion eingetippt und er kann genau verfolgen (und gegebenenfalls korrigieren), was festgehalten wird.
Alle Arten von Informationen werden dabei auf massgeschneiderten Karten festgehalten. Sie stehen während des Rekonstruktionsgespräches und während der späteren Auswertung beliebig zur Verfügung. Insbesondere kann auch der Therapeut nach Belieben und effizient mit bereits früher individuell erarbeiteten oder standardmässig vorbereiteten Elementen konfrontiert werden. Dies wird möglich durch die Leichtigkeit mit der in HyperCard in und zwischen Stapeln manövriert werden kann und individuelle Verbindungen geschaffen werden können.

5. Ein Karten-Beispiel

Die Abbildung zeigt eine *"statement"*-Karte. Der statement-stack ist sozusagen das Rückgrat von Hyper-T und dient dem Festhalten des Transkriptes von Klienten- und Therapeutenäusserungen (in den ersten beiden grossen Feldern). Die folgenden beiden Felder dienen dem Festhalten der Therapeuten-Erinnerungen zum Transkript und zum Video-Band. Die weiteren grossen Felder nehmen Beobachter-Kommentare zum Videoband sowie Informationen von der folgenden qualitativen Auswertung auf. Die kleinen Felder oben auf der Karte bedürfen wohl keiner weiteren Erklärung. Weitere Felder zur späteren quantitativen Auswertung sind unsichtbar überlagert und können mithilfe der Knöpfe zuoberst rechts (die auf den von uns verwendeten MacIntosh SEs normalerweise vom Menu-Balken verdeckt sind) nach Bedarf sichtbar bzw. unsichtbar gemacht werden.

Der *"create new card"*-Knopf wird beim Tippen des Transkriptes verwendet, um Karte für Karte einen Stapel im benötigten Umfang zu kreieren. Die *"go"*-Knöpfe links oben dienen dem Manövrieren zwischen verschiedenen Karten. Die *"create ...link"* Knöpfe dienen dazu, während der Rekonstruktion innert Sekunden individuelle elektronische Verbindungen zu anderen Karten zu schaffen. Konkret kreieren sie "go"-Knöpfe und plazieren diese am erwünschten Ort auf der vorliegenden Karte. Die kreierten "go"-Knöpfe enthalten zunächst relativ komplexe Programme, welche das Herstellen der individuellen Verbindung unterstützen. Anschliessend werden diese Programme durch jeweils ein simples "go" Kommando ersetzt.

Mehrere weitere Karten-Typen, zum Beispiel zum Erfassen von "case based reasoning" oder der Gesamt-Sicht des Problems, sind im Prinzip ähnlich aufgebaut. Sie sind bei CASPAR (1989) genauer erklärt.

6. Hypermedia in anderen Einsätzen in der intensiven, qualitativen Forschung

Hypermedia haben mit ihrer Flexibilität spezifische Vorteile bei der elektronischen Unterstützung von gewissen Typen und Phasen von Forschung: In einer *Explorationsphase* sieht ein Forscher Daten auf der Suche nach Auffälligkeiten und Regelmässigkeiten durch. Dies geschieht ohne leitende Algorithmen. In einer solchen Phase ist es entscheidend, einen leichten Zugang zu Informationen zu haben und sie in kurzen Zeiträumen zusammenbringen zu können. Die Hypothesen- und Konzeptbildung wird so erleichtert. Ein geeignetes Hypermedia-System kann nicht nur besser an das spontane Denken von Psychotherapeuten als Forschungsobjekte, sondern auch an das von Forschern angepasst werden.

Oftmals dient das *Quantifizieren* von Daten - welches immer den bedauerlichen Verlust von Kontext-Informationen mit sich bringt - vor allem dem Zweck, das Handhaben von Daten zu vereinfachen, lange bevor das Quantifizieren zum Zwecke des Vergleichbar-Machens von individuellen Fällen wirklich unvermeidlich wird. Wir beginnen nun, HyperCard über die oben beschriebene Hyper-T-Anwendung hinaus für mehreren andere Aufgaben zu verwenden, um den Zeitpunkt der Quantifizierung möglichst weit hinauszuschieben. Hier steckt nach unserer Auffassung ein allgemeines, weithin noch ungenutztes Potential für HyperMedia im Forschungseinsatz.

7. Diskussion von Hyper-T als Hypermedia-Anwendung

HYPER-T nutzt und demonstriert gleich mehrere Vorteile von Hypermedia im allgemeinen und HyperCard im speziellen:

- Die Möglichkeit zur nonlinearen Repräsentation von Daten entspricht, nach allem was wir bisher wissen, optimal dem Denken nicht nur des Untersuchungs"gegenstandes" sondern auch des Untersuchers.
- Die Flexibilität im Aufbau der Repräsentationen (i.e. vor allem die Leichtigkeit, mit der Verbindungen aufgebaut werden können) erleichtert die Entwicklung idiosynkratischer Modelle in einer Situation, in der der Zeitfaktor weit über rein ökonomische Aspekte hinaus eine entscheidende Bedeutung hat.
- Die Leichtigkeit, mit der Graphiken und Text miteinander verbunden werden können, unterstützt die Entwicklung von unterschiedlich aussehenden Karten für unterschiedliche Zwecke und erleichtert so die Mitarbeit der untersuchten Therapeuten mit einem Minimum an methodeninduzierten Interferenzen.
- Das System ist auch durch Programmier-Laien relativ leicht an andere Forschungssituationen anpassbar. Um dies zu gewährleisten, wurde bei der Entwicklung von HYPER-T nicht über die Ebene des Programmierens in HyperTalk hinausgegangen.
- Wenn auch die volle Anwendung des Systems einige Vertrautheit damit voraussetzt, so sind doch einzelne wichtige Teile leicht ohne besondere Vorkenntnisse benutzbar. So lassen sich oftmals am Untersuchungsort Personen finden, die über die so wichtige Erfahrung im Transkriptschreiben verfügen, jedoch nicht ohne weiteres kompliziertere Textverarbeitungssysteme bedienen könnten. Nach unserer Erfahrung ist HyperCard auf der Ebene des Schreibens so benutzerfreundlich, dass eine etwa fünfminütige Einführung reicht, damit das Transkript des therapeutischen Dialoges zuverlässig in die richtigen Felder und Karten geschrieben werden kann.

Obwohl noch nicht genügend empirische Daten vorliegen, um einen inhaltlichen Bericht über Hypothesenbildungsprozesse bei Psychotherapeuten zu geben, kann HYPER-T aufgrund der bisherigen Erfahrungen bereits als erprobtes und für unsere Zwecke geeignetes Forschungsinstrument angesehen werden. Bei der Beurteilung über die Grenzen unserer eigenen Anwendung hinaus erscheint es uns wichtig, die Aufmerksamkeit nicht primär auf Programm-Details zu legen, sondern auf die grundlegenden Ideen, da ähnliche Anwendungen in anderen Projekten ja ohnehin für diese masszuschneidern wären. Wenn darüber hinaus auch einige Detail-Lösungen exportiert werden oder der Anregung dienen könnten, umso besser.

Literatur:

Caspar, Franz, Hyper-T: A tool for the analysis of clinical interviews, Technical Report # 6, Institute of Cognitive Science, University of Colorado at Boulder, 1989
Conklin, J., Hypertext: An introduction and survey. Computer, 1987, 20,9, pp. 17-41
Ericsson, A. & Simon, H.A., Protocol Analysis. Verbal Reports as Data. Cambridge, Mass., MIT Press, 1984
Hamm, R.M., Clinical intuition and clinical analysis: Expertise and the cognitive continuum. In: Dowie, J. & Elstein, A. (eds): Professional judgment. Cambridge University Press, Cambridge, Mass., 1988, pp. 78-108
McClelland, J. L., Rumelhart, D.A.& G.E. Hinton, The Appeal of Parallel Distributed Processing, in: Rumelhart, D.A. & McClelland, D.E.: Parallel Distributed Processing, Vol. 1, MIT Press, Cambridge, Mass., 1988, pp. 3-44
Schön, D.A., From technical rationality to reflection-in-action. In: Dowie, J. & Elstein, A. (eds): Professional judgment. Cambridge University Press, Cambridge, Mass., 1988, pp. 60-77

Projekt unterstützt vom Schweizerischen Nationalfonds, 81.439.0.87

Vom Hypertext in der Kunst zur Kunst des Hypertext

Heiko Idensen/Matthias Krohn
Universität Hildesheim
Marienburger Höhe 22
3200 Hildesheim

Zusammenfassung

Für die Entwicklung ästhetischer Strategien im Umgang mit Hypertext/Hypermedia-Environments werden Modelle von Vernetzungsoperationen aus dem Bereich der Philosophie, der Literatur und der gesellschaftlichen Wissensakquisition herangezogen.

Multimedia wurde zuerst im Bereich der Kunst, insbesondere der Medienkunst benutzt, um dort Performances, Aktionen zu bezeichnen, die unterschiedliche technische Medien (Tonband, Video, Diaprojektion u.a.) zur Umsetzung ihrer gestalterischen Ideen einsetzten. In den Beispielen der frühen multimedialen Kunst kann allerdings kaum von einem integrativen Gebrauch der Medien gesprochen werden: dieser erscheint erst mit dem Einzug des Computers als Universalmedium, mit dem es möglich wird, die verschiedenen Medien zu integrieren und zu steuern.

Allerdings: Was Integrierbarkeit der Medien auf der einen Seite - eben der technischen - heißt, bedeutet auf der anderen - der ästhetisch-kommunikativen - einen Wandel der Eigenständigkeit der genuinen Formensprache des jeweiligen Mediums. Dieser Wandel läßt sich bereits deutlich etwa in der aktuellen Videokunst beobachten, in der zunehmend computergenerierte oder nachbearbeitete Bilder, aber auch interaktive Momente einfließen.

Ein Hypermedia-System integriert und kontrolliert den Einsatz bisher getrennter und getrennt benutzter Medien, wie Fernsehen, Buch, Video, Musik und gesprochene Sprache.

"Auf Tastendruck können sich die Ausflügler am Computer beispielsweise einem Maya-Tempel nähern, einige Stufen erklimmen und oben eine Inschrift in Augenschein nehmen. Von dort dürfen sie ihren Blick über den Regenwald schweifen lassen und den Affen lauschen, deren Lärm im O-Ton aus dem Computerlautsprecher dringt. Ein weiterer Tastendruck genügt, und die Computertouristen können auf einer Geländekarte ihren Standpunkt bestimmen..."

Das Beispiel eines Reiseführers aus dem Spiegel Nr. 12/1990 zeigt nicht nur eine beliebte, weil volksnahe Multimedia-Applikation aus dem Bereich Freizeit, Bildung und Kultur, sondern offenbart vor allem eine neue Kulturtechnik: Denn die integrierten Medien werden interaktiv gesteuert und auf einer einzigen gemeinsamen Oberfläche des Erlebens abgebildet.

Die Integrationswut der Universal-Maschine Computer, die Möglichkeit, alles mit allem - gleich in welchem Medium es sich vordem materialisierte - verbinden zu können, verändert auch nachhaltig die Paradigmen der in Koexistenz gebräuchlichen Kulturtechniken wie Schreiben, Lesen, Erkennen, Zeichnen, Filmen, Hören, Sprechen, Musizieren. Alle diese Fähigkeiten des sich Äußerns und Verstehens fallen auf der homogenen Erlebnisoberfläche des Monitors eines Hypermediasystems in einen komplexen Akt von Produktion und Rezeption zusammen.

Interaktive Hypermedia-Anwendungen sollten daher keineswegs als einfache medienintegrative Systeme angesehen werden: sie sind mehr als ihre Teile und daher auch als eigenständiges Medium mit einer noch zu konzipierenden Formensprache anzusehen.

Augenblicklich stehen wir am Beginn der Entwicklung von telematischen multimedialen Systemen als einer neuen Kulturtechnik. Zwar zentriert sich der Hauptteil des Forschungsinteresses noch vordringlich auf die Bewältigung technischer Probleme wie Synchronisation und Vereinheitlichung von Datenformaten, doch gewinnt zunehmend auch der ästhetisch-kommunikative Bereich an Bedeutung: eine Kunst des Erstellens von und der Navigitation durch hypermediale Dokumente ist im Begriff sich zu entwickeln.

Aber auch die Kunst des Hypertext hat ihre Tradition. Das Prinzip der freien Verknüpfung von Wissenspartikeln, der flächigen und nicht-hierachischen Vernetzung von Wissen ist bereits immer auch eine Kulturtechnik von Künstlern und Philosophen gewesen. Im Projekt der Enzyklopädie zu Beginn der französischen Aufklärung werden Verknüpfungsmöglichkeiten und Techniken der Wissensakquisition entworfen, die für die Konzeption aktueller Hypertext-Applikationen strukturelle Hilfen geben können.

Der Plan von Diderot und D'Alembert war es, ein Buch zu verfassen, das "die Leistungen des menschlichen Geistes in allen Disziplinen und Jahrhunderten" (Diderot) zusammenhängend dokumentieren sollte. Das Problem der Einteilung und Zuordnung dieser Wissensgebiete versucht Diderot durch drei sich ergänzende Systeme zu lösen: durchgehend alphabetische Ordnung der einzelnen Artikel / systematische Ordnung durch einen Stammbaum des Wissens / Querverweise und thematische Sammlung mehrerer Artikel zu einem Stichwort. Dem Leser der Enzyklopädie wird der Zugriff auf die Daten durch einen alphabetischen Index, einen hierachischen Thesaurus, bidirektionale Links und Knoten ermöglicht. Das Rückgrat der Wissensorganisation bleibt allerdings der Stammbaum des Wissens: Die grundlegende Einteilung der Wissensbereiche durch die Enzyklopädisten entspricht dabei keineswegs der herrschenden Klassifizierung. So steigt etwa die Bedeutung der Naturgeschichte gegenüber der Kirchengeschichte erheblich. In der Systematik selbst wird der aufklärerische Impetus der Enzyklopädie deutlich, so konnte etwa die zentrale Rolle der christlichen Offenbarung durch einen derartigen Wissenbaum denunziert werden. Das Verfahren subversiver Aufklärung findet seine Fortsetzung schließlich im Instrument der Querverweise über mehrere Bände, die jährlich erscheinen und damit der Zensur nicht unmittelbar zugänglich waren. So verstand Diderot die Verknüpfungen keineswegs als lexikalische Verweise auf benachbarte Sachgebiete, sondern er benutzte sie systemsprengend, assoziativ: "Man kann Hinweise, wie immer sie auch beschaffen sein mögen, nicht oft genug geben. Überflüssige Hinweise wären immerhin besser als unterlassene." (Diderot) Das Projekt der Enzyklopädie kann man - schon allein seines Anspruchs wegen, das gesammte Weltwissen in ein Buch zu fassen - nur als kollektives Werk einer vernetzten

Definitorik verstehen, das sich selbst in einem stetigen Korrektur- und Erweiterungsprozeß (update) befindet. Diderot verkörpert in diesem Projekt gewissermaßen den Typus eines übergreifenden, verbindenden Denkens, das sowohl technisch-wissenschaftlich als auch ästhetisch vorgeht. Für die Architektur hypermedialer Datenbanken rät er: "Die Enzyklopädie ist gleichsam die Erdkunde, die ausführliche Beschreibung aller Orte, die wohldurchdachte allgemeine Topographie all dessen, was wir in der intelligiblen Welt und in der sichtbaren Welt kennen. ...Es verhält sich mit dem Aufbau einer Enzyklopädie wie mit der Gründung einer großen Stadt. Man sollte nicht alle Häuser nach einem und demselben Muster bauen, selbst wenn man ein allgemeines, an sich schönes und für jeden Bauplatz brauchbares Muster gefunden hätte. Die Einförmigkeit der Gebäude, die immer die Einförmigkeit der Straßen zur Folge hat, würde der ganzen Stadt ein tristes und fades Gesicht geben. Spaziergänger ertragen nicht die Langeweile einer langen Mauer, ja nicht einmal die Langeweile eines ausgedehnten Waldes, der sie anfangs bezaubert hat."

Schon in der antiken Rhetorik finden wir Verfahrensweisen und Methoden, die durchaus mit der Verortung des Wissens in Datenbanken und den Irrfahrten durch vernetzte Datenbestände zu tun haben. Die klassische Gedächtniskunst gründet sich auf eine Topographie mentaler Bilder, die den heutigen Phantasien einer Navigation im Hyperspace in nichts nachsteht: der Redner geht durch die Architektur des alten Roms, sieht die Plätze, Orte und Standbilder, an denen Bilder und Geschichten gespeichert sind, und in dieser Bewegung durch kulturelle Erinnerungsplätze memoriert er Gedanken und Worte. Mit Hilfe dieser Mnemotechnik, bei der Orte Assoziationen im Gedächtnis hervorrufen, gelangt der Inhalt einer Rede durch gezieltes Umhergehen wieder auf die Lippen des Poeten.

Im Verlauf der Weiterentwicklung dieser "Art of Memory" wird dieser Prozeß des Verbindung von Worten mit Orten, mit Symbolen, Bildern, Wappen, Zahlen, Karten, Buttons... immer weiter formalisiert, so daß wir in dem Versuch, eine Kunst des Hypertext zu entwickeln auf eine Vielzahl historischer Wissenskonzeptionen zurückgreifen können.

Formalisierte Rhetoriken haben schon sehr früh zu seltsamen Outputs geführt, die an erste Sprachexperimente mit dem Computer denken lassen: So konnte der Rhetoriklehrer Seneca 200 Zeilen Poesie, die von Studenten jeweils mit einer Zeile rezitiert wurden, problemlos wiederholen und zwar vorwärts und rückwärts.

Der katalanische Gelehrte Raimund Lull konstruierte im 13.Jh. eine Philosophie-Maschine: bestehend aus drei ineinandergestellten Kreisen, von denen die beiden inneren beweglich sind, lassen sich neun absolute und neun relative Prädikate kombinieren, und diesen Urteilen dann wieder Prinzipien mittels des inneren Kreises als Schlüsselbegriffe zuordnen.

Andere Kombinations-Künste wie Erinnerungsräder, Planetentabellen, astronomische Kalender, labyrinthische Wissensformationen ... überziehen die philosophischen Systeme mit Netzwerken nicht-linearer Informationsverarbeitung, die in verschiedene Richtungen durchquert werden können. Schreiben, Lesen, Denken wird fortan zu einer abenteuerlichen Reise.

Modelle für ein Navigieren durch vernetzte Datenstrukturen von Texten, Bildern und Symbolen finden sich neben diesen Beispielen von künstlichen Gedächtnissen als kulturelle

Speichermedien auch in Literatur und Kunst. Nicht selten sind diese ästhetischen Entwürfe und Modelle sogar eine utopische Vorwegnahme neuer Techniken der Wissenproduktion.

In einer Entwicklungsreihe mit Kempelens Sprechmaschine zur Vokalsynthese und einer Reihe künstlerischer und literarischer Sprach-, Denk- und Bildermaschinen ist die Schreibweise Raymond Roussels zu sehen, der neben einer Unzahl phantastischer Maschinenentwürfe in seiner vernetzen Schreibweise verstärkt Systeme ineinander verschachtelter Listen verwendet.

Im Jahr 1937 auf einer Surrealisten-Ausstellung gibt es bereits den Versuch, seine Sprache in ein mechanisches Modell umzusetzen: der in der linearen Buchform durch endlose Aufzählreihungen, Abschweifungen, Fußnoten und Parenthesen mit 9-fachem Verschachtelungsgrad 'unlesbarer Text' ist dabei auf eine "Roussel-Lesemaschine" übertragen worden. Als eine Art Buch-Online-Hilfe wird dem Leser eine Navigation mittels Karten auf Pappkarton nach der Art eines Rundregisters erleichtert. Die einzelnen Karten ermöglichen das Lesen der jeweiligen Verschachtelungsebene, ohne Unterbrechung des Leseflusses durch weitere Klammerungen. Ein Prinzip, das durch Filter und Referenz-Links in einem Hypertextsystem leicht realisiert werden kann.

Eine ähnliche Komplexität im Verweis- und Verschachtelungsgrad erreicht die Organisation des "Tractatus logico-philosophicus" von Ludwig Wittgenstein. Dieser besteht lediglich aus sechs Sätzen, die jeweils durch eingeschobene Kommentare mit punktierten Zahlen (1.1, 1.11, 1.111 etc.) hinunter bis zur 4. Ebene differenziert werden.

Solch vielfach verzweigtes Schreiben und Lesen im mehrdimensionalen Raum gibt uns Anregungen, Hypertext nicht nur als reine Technik zu sehen, sondern als eine Rhetorik und eine Kunst.

Daß auch die Wissenschaft sich längst solcher Methoden bedient, zeigt Marvin Minskys "Society of mind - Mentopolis", mit dem er ein labyrinthisch verzweigtes Verweissystem verschiedener Modelle von Gedächtnis, mentalen Kognitionsprozessen, Spracherwerb, Lernen etc. vorlegt. Das Buch selbst ist interessanterweise in der Strukturierung von 308 Wissenspartikeln wiederum ein Modell dessen, was es zum Inhalt hat: Veranschaulicht wird das aus vielen einzelnen "Agenten" zusammengesetze Funktionieren des menschlichen Geistes, das der Leser durch aktives assoziatives Verketten selbst nachvollziehen kann.

Hypertext als nicht-sequentielles Schreiben und Lesen ist von Anfang an als ein Produktionssystem konzipiert worden, das Denkprozesse durch die Visualisierung komplexer Strukturen prozessural unterstützen soll. Leider wird es bei der Mehrzahl kommerzieller Sofware auf ein reines Präsentationssystem reduziert, das zudem - versehen mit unzureichenden "read-only"-Run-time Modulen - nicht einmal ein Verbreiten von Hyperdokumenten erlaubt.

Da in den technischen Informationsenvironments alles mit allem verbunden werden kann und zudem die Fäden der Bedeutungsvektoren (der Links) nicht mehr im Menschen selbst zusammenlaufen, ist die Frage nach einer ästhetischen Programmierung der Informationstechniken eine entscheidende.

Sieht man von den unterschiedlichen technischen Realisationen eines solchen aktiven Navigierens einmal ab, eröffnet die Gestaltung von Schreib- und Leseoperationen in Hypertext-Environments den Autoren als auch den Lesern einen neuen Operations-, Denk-, Einbildungs- und Produktionsraum: Cyberspace, Hyperspace, Gesamtdatenwerk, Netzwerk technischer Bilder, Buch der Welt, Labyrinth der Bibliothek oder intertextuelle Einschreibung sind unterschiedliche Bezeichnungen für ein virtuelles mehrdimensionales Interface zwischen Mensch/Maschine, Mensch/Buch, Mensch/Welt.

Texte werden zu einem Geflecht, einem Netzwerk von Ideen, die sich repräsentieren in Knoten, in denen viele Stimmen synästhetisch zusammenklingen.

Die besten Programme und Netzwerkkonzepte für neue Wissenszirkulation nützen allerdings nichts, wenn sie nicht von unterschiedlichen gesellschaftlichen Gruppen, Projekten, Institutionen quer durch alle Wissensgebiete benutzt werden. Während Hypertext-Systeme eine Herausforderung für neue Arten des Einbildens mittels Informationstechnologie darstellen, werfen die Rückgriffe auf ästhetische Strategien ein neues Licht auf diese Technologie des Schreibens und Lesens. Und statt die Entfremdung des Menschen zu vervollkommnen erscheinen die Terminals von Hyper-Media-Environments plötzlich als Oberflächen, auf denen in kooperativen sozialen Prozessen Informationen hergestellt und verteilt werden.

PooL-Processing ist als Projekt der beiden Autoren seit Anfang 1988 auf Medienfestivals, Kolloquien, Workshops in unterschiedlichen sozialen Kontexten aktiv: In offensiver Entwendung ästhetischer und textueller Produktionsformen durch die Verknüpfungs- und Vernetzungsmöglichkeiten des Computers werden Texte und Grafiken aus unserem "Archiv für ästhetische Information" (historische Quellen zu Maschinen, Erfindungen, Wissensverarbeitung, experimenteller Literatur, Science Fiction, Medienkunst, Philosophie, Netzwerk ...) mittels interaktiver Hypertext-Environments verknüpft und mit dem jeweiligen sozialen und kulturellen Kontext konfrontiert. Arbeitsgebiete: Entwicklung kooperativer Software-Umgebungen, die Verbreitung von Hypertext-Dokumenten über kombinierte Buch-Software-Pakete, Kunst-Netzwerke, kollektive Schreibexperimente, wissenschaftliche Forschungsprojekte.

Nähere Beschreibungen in:

/**EUR 88**/ Europäisches Medienkunstfestival, Osnabrück 1988, S.308-310

/**EUR 89**/ Europäisches Medienkunstfestival, Osnabrück 1989, S.178-196

/**ARS 89**/ ars electronica 89, Linz 1989, S.16-17

/**ARS 90**/ ars electronica (Linz), Im Netz der Systeme, Berlin 1990, S.123-140

/**RÖT 90**/ Rötzer, Florian, Der digitale Schein, Frankfurt/Main 1990

Stichwortverzeichnis

Band 211: H. W. Meuer (Hrsg.), SUPERCOMPUTER '89. Mannheim, Juni 1989. Proceedings, 1989. VIII, 171 Seiten. 1989.

Band 212: W.-M. Lippe (Hrsg.), Software-Entwicklung. Fachtagung, Marburg, Juni 1989. Proceedings. IX, 290 Seiten. 1989.

Band 213: I. Walter, Datenbankgestützte Repräsentation und Extraktion von Episodenbeschreibungen aus Bildfolgen. VIII, 243 Seiten. 1989.

Band 214: W. Görke, H. Sörensen (Hrsg.), Fehlertolerierende Rechensysteme / Fault-Tolerant Computing Systems. 4. Internationale GI/ITG/GMA-Fachtagung, Baden-Baden, September 1989. Proceedings. XI, 390 Seiten. 1989.

Band 215: M. Bidjan-Irani, Qualität und Testbarkeit hochintegrierter Schaltungen. IX, 169 Seiten. 1989.

Band 216: D. Metzing (Hrsg.), GWAI-89. 13th German Workshop on Artificial Intelligence. Eringerfeld, September 1989. Proceedings. XII, 485 Seiten. 1989.

Band 217: M. Zieher, Kopplung von Rechnernetzen. XII, 218 Seiten. 1989.

Band 218: G. Stiege, J. S. Lie (Hrsg.), Messung, Modellierung und Bewertung von Rechensystemen und Netzen. 5. GI/ITG-Fachtagung, Braunschweig, September 1989. Proceedings. IX, 342 Seiten. 1989.

Band 219: H. Burkhardt, K. H. Höhne, B. Neumann (Hrsg.), Mustererkennung 1989. 11. DAGM-Symposium, Hamburg, Oktober 1989. Proceedings. XIX, 575 Seiten. 1989

Band 220: F. Stetter, W. Brauer (Hrsg.), Informatik und Schule 1989: Zukunftsperspektiven der Informatik für Schule und Ausbildung. GI-Fachtagung, München, November 1989. Proceedings. XI, 359 Seiten. 1989.

Band 221: H. Schelhowe (Hrsg.), Frauenwelt – Computerräume. GI-Fachtagung, Bremen, September 1989. Proceedings. XV, 284 Seiten. 1989.

Band 222: M. Paul (Hrsg.), GI – 19. Jahrestagung I. München, Oktober 1989. Proceedings. XVI, 717 Seiten. 1989.

Band 223: M. Paul (Hrsg.), GI – 19. Jahrestagung II. München, Oktober 1989. Proceedings. XVI, 719 Seiten. 1989.

Band 224: U. Voges, Software-Diversität und ihre Modellierung. VIII, 211 Seiten. 1989

Band 225: W. Stoll, Test von OSI-Protokollen. IX, 205 Seiten. 1989.

Band 226: F. Mattern, Verteilte Basisalgorithmen. IX, 285 Seiten. 1989.

Band 227: W. Brauer, C. Freksa (Hrsg.), Wissensbasierte Systeme. 3. Internationaler GI-Kongreß, München, Oktober 1989. Proceedings. X, 544 Seiten. 1989.

Band 228: A. Jaeschke, W. Geiger, B. Page (Hrsg.), Informatik im Umweltschutz. 4. Symposium, Karlsruhe, November 1989. Proceedings. XII, 452 Seiten. 1989.

Band 229: W. Coy, L. Bonsiepen, Erfahrung und Berechnung. Kritik der Expertensystemtechnik. VII, 209 Seiten. 1989.

Band 230: A. Bode, R. Dierstein, M. Göbel, A. Jaeschke (Hrsg.), Visualisierung von Umweltdaten in Supercomputersystemen. Karlsruhe, November 1989. Proceedings, 1989. XII, 116 Seiten. 1990.

Band 231: R. Henn, K. Stieger (Hrsg.), PEARL 89 – Workshop über Realzeitsysteme. 10. Fachtagung, Boppard, Dezember 1989. Proceedings. X, 243 Seiten. 1989.

Band 232: R. Loogen, Parallele Implementierung funktionaler Programmiersprachen. IX, 385 Seiten. 1990.

Band 233: S. Jablonski, Datenverwaltung in verteilten Systemen. XIII, 336 Seiten. 1990.

Band 234: A. Pfitzmann, Diensteintegrierende Kommunikationsnetze mit teilnehmerüberprüfbarem Datenschutz. XII, 343 Seiten. 1990.

Band 235: C. Feder, Ausnahmebehandlung in objektorientierten Programmiersprachen. IX, 250 Seiten. 1990.

Band 236: J. Stoll, Fehlertoleranz in verteilten Realzeitsystemen. IX, 200 Seiten. 1990.

Band 237: R. Grebe (Hrsg.), Parallele Datenverarbeitung mit dem Transputer. Aachen, September 1989. Proceedings, 1989. VIII, 241 Seiten. 1990.

Band 238: B. Endres-Niggemeyer, T. Hermann, A. Kobsa, D. Rösner (Hrsg.), Interaktion und Kommunikation mit dem Computer. Ulm, März 1989. Proceedings, 1989. VIII, 175 Seiten. 1990.

Band 239: K. Kansy, P. Wißkirchen (Hrsg.), Graphik und KI. Königswinter, April 1990. Proceedings, 1990. VII, 125 Seiten. 1990.

Band 240: D. Tavangarian, Flagorientierte Assoziativspeicher und -prozessoren. XII. 193 Seiten. 1990.

Band 241: A. Schill, Migrationssteuerung und Konfigurationsverwaltung für verteilte objektorientierte Anwendungen. IX, 174 Seiten. 1990.

Band 242: D. Wybranietz, Multicast-Kommunikation in verteilten Systemen. VIII, 191 Seiten. 1990.

Band 244: B. R. Kämmerer, Sprecherunabhängigkeit und Sprecheradaption. VIII, 110 Seiten. 1990.

Band 246: Th. Bräunl, Massiv parallele Programmierung mit dem Parallaxis-Modell. XII, 168 Seiten. 1990

Band 247: H. Krumm, Funktionelle Analyse von Kommunikationsprotokollen. IX, 122 Seiten. 1990.

Band 248: G. Moerkotte, Inkonsistenzen in deduktiven Datenbanken. VIII, 141 Seiten. 1990.

Band 249: P. A. Gloor, N. A. Streitz (Hrsg.), Hypertext und Hypermedia. IX, 302 Seiten. 1990.

Band 250: H. W. Meuer (Hrsg.), SUPERCOMPUTER '90. Mannheim, Juni 1990. Proceedings, 1990. VIII, 209 Seiten. 1990.

Band 251: H. Marburger (Hrsg.), GWAI-90. 14th German Workshop on Artificial Intelligence. Eringerfeld, September 1990. Proceedings, 1990. X, 333 Seiten. 1990.

Band 252: G. Dorffner (Hrsg.), Konnektionismus in Artificial Intelligence und Kognitionsforschung. 6. Österreichische Artificial-Intelligence-Tagung (KONNAI), Salzburg, September 1990. Proceedings, 1990. VIII, 246 Seiten. 1990.

Band 253: W. Ameling (Hrsg.), ASST '90. 7. Aachener Symposium für Signaltheorie. Aachen, September 1990. Proceedings, 1990. XI, 332 Seiten. 1990.

Band 254: R. E. Großkopf (Hrsg.), Mustererkennung 1990. 12. DAGM-Symposium, Oberkochen-Aalen, September 1990. Proceedings, 1990. XXI, 686 Seiten. 1990.

Band 255: B. Reusch, (Hrsg.), Rechnergestützter Entwurf und Architektur mikroelektronischer Systeme. GME/GI/ITG-Fachtagung, Dortmund, Oktober 1990. Proceedings, 1990. X, 298 Seiten. 1990.

Band 256: W. Pillmann, A. Jaeschke (Hrsg.), Informatik für den Umweltschutz. 5. Symposium, Wien, September 1990. Proceedings, 1990. XV, 864 Seiten. 1990.

Band 257: A. Reuter (Hrsg.), GI – 20. Jahrestagung I. Stuttgart, Oktober 1990. Proceedings, 1990. XVIII, 602 Seiten. 1990.

Band 258: A. Reuter (Hrsg.), GI – 20. Jahrestagung II. Stuttgart, Oktober 1990. Proceedings, 1990. XVIII, 602 Seiten. 1990.

Band 259: H.-J. Friemel, G. Müller-Schönberger, A. Schütt (Hrsg.), Forum '90 Wissenschaft und Technik. Trier, Oktober 1990. Proceedings, 1990. XI, 532 Seiten. 1990.